高等院校经济管理类规划教材

世界经济地理

（修订版）

郑胜华　潘海颖 编著

ZHEJIANG UNIVERSITY PRESS

浙江大学出版社

目　　录

再 版 前 言

世界经济地理是研究世界各国各地区的产业分布及其空间地域系统的科学。按照地理学科的三分法,世界经济地理从属于经济地理学的区域经济地理学分支(陈才,2001),是部门经济地理研究的归宿,是经济地理研究的区域总结与落实,被称为是地理科学体系中最活跃和最富有生命力的学科。

在经济全球化的背景下,世界经济越来越成为一个有机的整体,各个民族、各个国家和地区的经济比以往任何时候都更为紧密相联和互相依赖。中国加入世贸组织后,中国的经济发展也越来越国际化,越来越离不开世界经济的发展体系。

正是在这样的形势和背景下,许多大学在经贸管理、旅游管理、财经商贸类的专业中都开设了《世界经济地理》这门课程。世界经济地理的知识不仅是经济工作者必备的基础知识,而且也正在成为各专业学生热切希望了解和掌握的知识。我们正是在几年来的本科教学过程中,切身感受到学生求学的热情,同时也感到需要一本内容广泛、数据新颖、兼具知识性和趣味性的教材。基于这样的指导思想,我们在实践和应用的领域进行了一些探索。本书的主要特色有:

第一,全书打破了多数教材讲述经济地理和产业地理时分农业、工业、交通、能源等的习惯写法,分国别论述,便于学生清晰地掌握各地的情况,在教学中也能够方便地进行对比分析。

第二,全书主要选择了经贸和旅游较为发达的国家和地区,着重强调各地的经济特征、贸易发展和旅游资源,让学生全方位地了解世界。

第三,本书在结构上也作了一些变化,开篇提供一些常识性的资料和数据,配上出行小知识,并在每篇的末尾安排两个轻松的板块:"亲身体验",介绍各地的风土人情;"友情链接",提供教育、财经、文艺、出版等相关背景材料。鲜活的知识,能够最直接地指导工作和实践。

第四,书中引用的统计资料、经济数据大部分是 2006—2008 年的,较能够反映和体现最新的经济情况。

本书出版后,受到了全国各大专院校相关专业教师和学生以及社会各相关领域人士的热烈欢迎,销售量喜人。但是本书出版已有 4 年,一些数据和内容已经相对滞后,为了更好地满足读者的要求,我们对本书进行了修订。在本书的写作过程中,借鉴了许多专家和学者的观点,收集了大量的资料,我们尽可能地在参考文献中一一列出,也在此对他们表示深深的感谢,若有疏漏,望能见谅。同时也要感谢浙江工业大学优秀课程建设基金对本书的赞助。

由于本书涉及的内容十分广泛,加之写作时间紧,我们学识和水平有限,在 2004 年初版时的书稿中,存在各种缺点和错误。现虽然作了校订,但错误与缺点仍在所难免,欢迎各界读者匡正赐教。本书的编写、修订、出版和发行,得到了浙江大学出版社的大力支持和帮助,特别是本书编辑王错老师更是倾注了大量心血,付出了巨大努力,在书稿修订再版之际,谨向他们表示衷心的感谢!

郑胜华　潘海颖

2009 年 9 月于杭州

经济全球化

全球化是当代世界经济的一个显著特征,是世界经济不可逆转的发展趋势。

经济全球化是指在生产国际化和资本国际化的基础上,通过各国经济间的相互依存、相互渗透,调整世界经济,使之趋向于整体化的过程。经济全球化是世界各国经济随着国际分工和商品交换的发展而日益密切联系的过程和必然。

经济全球化约在 1 000 年前始于地中海,随着 15、16 世纪的地理大发现而加快进程。18 世纪中叶以来,随着工业革命和资本主义经济的发展,经济全球化的形式和内涵也在不断变化发展。目前,以高科技的迅猛发展为背景,它正在经历着一个新的阶段,其核心是金融全球化、资本国际化,并且与国际信息网络化同步发展。跨国公司的发展,是推进经济全球化的重要孵化器。

经济全球化不仅代表了一种新的经济增长方式的形成与发展,而且已成为影响 21 世纪世界经济和政治格局的根本因素。

国际经济合作与区域经济一体化

国际经济合作概述

世界经济是一个有机的整体,是世界上各个民族、各个国家和地区在国际分工的基础上所形成的经济上互相联系、互相依赖的有机体系。所有国家都必须基于国际分工,开拓国际间长期、稳定、互利的经济贸易关系。当今世界,交通运输国际化、生产国际化、资本国际化、信息国际化、经济生活国际化的深度和广度都是前所未有的。

从根本上讲,国际经济关系的本质是追求本国在国际交往中的利益和比较经济利益。研究者发现了国际经济关系中被称为"4C"规律的普遍现象,即:国际经济竞争、国际经济矛盾、国际经济协调、国际经济合作。

国际经济关系不仅意味着各国在经济实力上的竞争关系,也意味着实行对外开放的主权国家要以竞争者的身份进入国际之林,在国际竞争的洪流中不断提高自己的竞争地位和竞争能力,以实现本国经济发展的战略目标。任何一种国际经济行为都反映了该行为主体(国家、企业或个人)所要追求的价值、利益和目标。国际经济关系中的矛盾是长期、普遍、大量存在的。不同的国家、民族、集团和企业在谋求自身经济利益时面临着有限的资源和市场,而且种种非经济因素也可能导致国际经济矛盾的产生。为了解决存在的矛盾与问题,往往采取各种国际经济协调方式,比如:对话协商、联合会谈、双边多边谈判、经济外交、政府首脑会议、国际调解、国际仲裁和国际司法等等,以求得协商一致。

从宏观来看,国际经济合作是国际间不同经济行为主体(国家、集团、经济组织、企业等)为了实现生产要素的国际移动(组合与配置)的一种有效的经济机制,其所研究的要素移动是指生产要素在国际间的直接移动,是国际经济合作的实质和主要内容。根据生产要素国际移动的特点,国际经济合作的主要内容与方式应当包括:国际投资合作、国际信贷合作、国际科技合作、国际劳务合作(国际工程承包、劳务输出输入、国际旅游、来料加工和来料装配等)、国际经济援助、国际租赁、国际信息与管理合作、国际资源开发(包括建立开发区与开发自然资源的开发活动)等等方式。开展国际经济合作的国家,必须是实行对外开放政策的主权国家。争取和平和谋求发展是世界各国人民的普遍要求,国际经济合作顺应了国际间各种生产要素的组合与配置的运动规律,已经成为国际交往中和国际论坛上不可抗拒的历史潮流。加强国际经济合作是世界经济发展的必由之路。

从国际经济合作的对象和范围来看,可以分为以下几种。

第一类:双边合作,指两国政府、企业或厂商之间的经济合作。

第二类:多边合作,指两个国家以上的政府、企业或厂商之间的经济合作。

第三类:国家集团之间的合作,如发达国家之间、发展中国家之间、发达国家与发展中国家之间的经济合作、东西方经济合作等。

第四类:区域经济合作,如各地区所组织的区域性经济同盟、关税同盟、共同市场等。

第五类:全球经济合作,这是建立国际经济新秩序的未来目标模式。

在世界经济地理的范畴内,本章将主要探讨区域经济合作(或称之为区域经济一体化)的问题。

区域经济合作是指区域内各成员根据平等、自主和互利原则,在共同的战略利益基础上,在各自政府授权的共同机构领导下,通过共同协商,使区域内各国经济生活由国家过程逐步转变为国际过程,即消除各国生产要素在区域内自由移动的障碍,发挥各国生产要素优势,实行区域内生产要素的优化配置,从而促进区域内专业分工、协作生产、发展规模经济效益,建立一个包括商品、资本和劳动力在内的统一市场的过程。区域经济合作的目标是通过区域经济合作组织来实现的。区域经济合作组织,又称为区域经济集团,是第二次世界大战以后世界经济发展中出现的新现象,其层次取决于区域内商品和生产要素无国界自由移动的范围和程度。它的发展可以分为五个阶段:

第一阶段:自由贸易区。区内各成员国互相取消关税和其他贸易限制,但各成员国间仍维持本国对非成员国的关税及贸易限制。这是区域经济合作的初级阶段。

第二阶段:关税同盟。不仅要求成员国间取消彼此的关税及其他贸易壁垒,实施自由贸易,而且还对非成员国实行统一的关税和贸易政策。比起自由贸易区,关税同盟又沿着一体化方向登上了一个新台阶。

第三阶段:共同市场。要求在关税同盟的基础上,各成员国之间实行资本和劳动力等生产要素的自由流动,进而促进商品和生产要素在市场上的结合。

第四阶段:经济同盟。除了包括共同市场的内容外,还要求成员国在社会经济政策,包括货币、财政、经济发展和社会福利政策等方面进行协调一致。

第五阶段:完全经济一体化。要求成员国在经济上取消国界,实行统一的经济政策,还要求成员国在政治上有共同的权力机构,拥有各国政府完全授权的中央议会及其执行机构。这是经济一体化的最高阶段。迄今为止,世界上还没有一个完全经济一体化的实例。

世界主要区域经济组织

一、欧盟

欧洲联盟(简称欧盟,European Union——EU),由欧洲共同体(European Communities)发展而来,是一个集政治实体和经济实体于一身,在世界上具有重要影响的区域一体化组织。

欧洲联盟的宗旨是"通过建立无内部边界的空间,加强经济、社会的协调发展和建立最终实行统一货币的经济货币联盟,促进成员国经济和社会的均衡发展","通过实行共同外交和安全政策,在国际舞台上弘扬联盟的个性"。1946年9月,英国首相丘吉尔曾提议建立"欧洲合众国"。1950年5月9日,法国外长罗伯特·舒曼代表法国政府提出建立欧洲煤钢联营的倡议,得到了联邦德国、意大利、荷兰、比利时和卢森堡等国的响应。1951年4月18日,法国、联邦德国、意大利、荷兰、比利时和卢森堡在巴黎签订了建立欧洲煤钢共同体条约(又称《巴黎条约》);1952年7月25日,欧洲煤钢共同体正式成立。1957年3月25日,这六个国家在罗马签订了建立欧洲经济共同体条约和欧洲原子能共同体条约,统称《罗马条约》;1958年1月1日,欧洲经济共同体和欧洲原子能共同体正式组建。1965年4月8日,六国签订的《布鲁塞尔条约》决定将上述三个共同体的机构合并,统称欧洲共同体,但三个组织仍各自存在,具有独立的法人资格。《布鲁塞尔条约》于1967年7月1日生效,欧洲共同体正式成立。1973年后,英国、丹麦、爱尔兰、希腊、西班牙和葡萄牙先后加入欧共体,成员国扩大到12个。欧共体12国间建立起关税同盟,统一了外贸政策和农业政策,创立了欧洲货币体系,并建立了统一预算和政治合作制度,逐步发展成为欧洲国家经济、政治利益的代言人。1991年12月11日,欧共体马斯特里赫特首脑会议通过了以建立欧洲经济货币联盟和欧洲政治联盟为目标的《欧洲联盟条约》,亦称《马斯特里赫特条约》(简称《马约》)。1993年11月1日《马约》正式生效,欧共体更名为欧盟。这标志着欧共体从经济实体向经济政治实体过渡。1995年,奥地利、瑞典和芬兰加入欧盟,成员国扩大到15个。

欧盟的统一货币为欧元(Euro),1999年1月1日正式启用,除英国、希腊、瑞典和丹麦以外的11个国家于1998年首批成为欧元国。2002年1月1日零时,欧元正式流通。

欧盟成立后,经济快速发展。1995年至2000年间经济增速达3%,欧盟的经济总量从1993年的约6.7万亿美元增长到2002年的近10万亿美元。2006年欧盟国内生产总值13.6万亿美元,人均GDP约2.8万美元。

2002年11月18日,欧盟15国外长会议决定邀请塞浦路斯、匈牙利、捷克、爱沙尼亚、拉脱维亚、立陶宛、马耳他、波兰、斯洛伐克和斯洛文尼亚10个中东欧国家入盟。2003年4月16日,在希腊首都雅典举行的欧盟首脑会议上,上述10国正式签署入盟协议;2004年5月1日,这10个国家正式成为欧盟的成员国。这是欧盟历史上的第五次扩大,也是规模最大的一次扩大。此次扩大后的欧盟成员国从15个增加到25个,总体面积扩大近74万平方千米,人口从约3.8亿增至4.5亿。欧盟现有27个成员国和约5亿人口(2007年),总部设在比利时首都布鲁塞尔。

欧洲经济一体化大体经历了三次大的飞跃。第一次飞跃(1958—1968年):逐步建立起统一的对外关税,以实现关税同盟的目标;第二次飞跃(1969—1992年):建立欧洲统一内部大市场,实现共同市场阶段的目标,即商品、资本、人员和劳务在欧共体内部的自由流动;第三次飞跃(1993年至今):按照《马约》内容,通过共同努力,将欧盟逐步缔造为一个政治经济一体化的联盟。

与其他区域经济一体化组织相比,欧盟具有较高水平的制度性安排,具体表现在以下几个方面:

(1)欧盟具有严密的组织。目前,除欧盟委员会外,下面还设立了为数众多的职能性组织,这些职能性组织对于保证欧盟的不断完善,发挥了不可忽视的作用。

(2)欧盟具有很强的排他性。《罗马条约》中指出,其目的是建立共同市场和逐步使其成员国的经济政策一致化。为此,欧盟在取消内部关税和非关税壁垒的同时,还对外施行统一的贸易政策,客观上对其他国家构成了歧视。

(3)欧盟需要成员国让渡部分主权,这在欧共体和欧盟发展过程中显得十分突出。例如《马约》规定:所属成员国加入经济货币联盟需要有前提条件,其中之一是成员国的政府财政赤字占其 GDP 的比例不得超过 3%。

二、北美自由贸易区(NAFTA)

北美自由贸易区由美国、加拿大和墨西哥三国组成(三国于 1992 年 8 月 12 日就《北美自由贸易协定》达成一致意见,并于同年 12 月 17 日由三国领导人分别在各自国家正式签署。1994 年 1 月 1 日,协定正式生效,北美自由贸易区宣布成立)。

20 世纪 80 年代以后,墨西哥实行的对外开放政策为 NAFTA 的建立创造了可能性。正如同一时期大量的发展中国家开始推行对外开放的贸易政策一样,发达国家和发展中国家的贸易往来改变了第二次世界大战后长期维持的传统贸易模式。加上便利的交通和通讯技术的迅猛发展,加拿大的原材料、墨西哥的劳动力与美国的技术管理相结合,为一种新型自由贸易区模式——北美自由贸易区(NAFTA)的建立和发展展现了光明前景。

北美自由贸易区囊括 4.2 亿人口和 11 万亿美元的国民生产总值,使它成为当今世界上最大的自由贸易区。其宗旨是在 10 年内逐步消除所有贸易和投资限制(几个敏感行业的过渡期为 15 年),实现区域内自由贸易。由于有 1989 年实施的《美加自由贸易协议》,美国和加拿大消除贸易壁垒的过程实际上早就开始了,因此 NAFTA 主要是墨西哥对美、加消除贸易壁垒的过程。其主要内容包括:消除关税和削减非关税壁垒、开放服务贸易、便利和贸易有关的投资,以及实行原产地原则等。

北美自由贸易协定由北美自由贸易协议和劳工(NAALC)、环境(NAAEC)两个附属协议构成。协定的宗旨是:取消贸易壁垒;创造公平的条件,增加投资机会;保护知识产权;建立执行协定和解决贸易争端的有效机制,促进三边和多边合作。

《北美自由贸易协定》的签订,对北美各国乃至世界经济都产生了重大影响。首先,对区域内经济贸易发展有积极影响。对美国而言,积极的影响是:第一,不仅工业制造业企业受益,高科技的各工业部门也将增加对加拿大、墨西哥的出口,美国同墨西哥的贸易顺差将会因此而增加。第二,美国西部投资的扩大。第三,由于生产和贸易结构的调整结果,将会出现大量劳动力投入那些关键工业部门。第四,协定对墨西哥向美国的移民问题将起到制约作用。消极的影响主要有:技术性不强的消费品工业对美国不利,为改善墨西哥与美国边境环境条件,美国要付出 60 亿～100 亿美元的经济和社会费用,关税削减使美国减少大笔收入,加重了美国的负担。协定对加拿大、墨西哥两国同样有很大的影响。最后,它对国际贸易和资本流动也会产生影响。北美自由贸易区的建立,一方面扩大了区域内贸易,但另一方面使一些国家担心贸易保护主义抬头,对区域外向美国出口构成威胁。

NAFTA 的实施扩大了北美贸易,不过这种增长还不是全方位的。虽然三国彼此的贸易额增加,但是其在贸易伙伴中地位的改变并不相同。到目前为止,美国在墨西哥的直接投资虽然大幅增加,但是还没有见到服务贸易的明显扩大。

(1) 贸易发展。经过 10 年的发展,NAFTA 成员国之间的货物贸易额迅速增长,三边贸易额翻了一番,从 1993 年的 3 060 亿美元增长到 2002 年的 6 210 亿美元。由于美国和加拿大已经互为最大的贸易伙伴,贸易发展稳定,因此内部贸易发展主要表现为美国、加拿大与墨西哥贸易的增长。1993—2003 年,美国对墨西哥的出口增长了 1.3 倍。加拿大和墨西哥的贸易尽管规模不大,但是也增长了 5 倍。现在,墨西哥是加拿大的第三大贸易伙伴,加拿大是墨西哥的第二大出口贸易伙伴。不过,NAFTA 对三国贸易相互依赖的影响却并不均衡,NAFTA 的贸易发展提高了墨西哥在美国进出口中的地位,而相比之下,美国在墨西哥贸易中的地位并没有比加入 NAFTA 之前更突出。

(2) NAFTA 对直接投资(FDI)的影响。与贸易类似,NAFTA 实施以后,美国和加拿大之间 FDI 基本没有变化。双边直接投资从 1989 年的 1 040 亿美元增长到 2001 年的 2 440 亿美元,增长了 135%,低于同期美国对非成员国增长的 281%。美国、墨西哥和加拿大、墨西哥相互直接投资却增长迅速(主要是美国和加拿大在墨西哥的投资),美国和加拿大在墨西哥外资中的比重也有所增长。从 1993 年到 2001 年,美国和墨西哥 FDI 存量从 160 亿美元增长到 640 亿美元,增长了 288%,远高于同期美国对非成员国 FDI 增长的 169%。从 1990 年到 2001 年,墨西哥占美国 FDI 流出的比例从 2.2% 上升到 2.9%,占加拿大 FDI 流出的比例从 0.2% 增长到 1%;美国占墨西哥 FDI 流入的比例从 62.9% 上升到 65%;加拿大占墨西哥 FDI 流入的比例从 1% 左右增长到 3.3%。北美贸易伙伴对墨西哥 FDI 流入的份额相应从 63.9% 增加到 68.3%。

3. 服务贸易的发展。NAFTA 虽然包括内容广泛的开放服务业条款,但开放最突出的是金融和电信部门;其他部门和以前相比,成果则相对较小。例如,北美地区的旅游业在 NAFTA 之前就已经非常开放了,在服务贸易开放方面没有障碍,但在汽车和海运两个重要而敏感的运输部门,服务贸易自由化并没能打开其封闭的局面。

NAFTA 带动形成了以美国为轴心的生产和加工一体化,其表现是美国和加拿大、美国和墨西哥两个双边一体化的加总。

加拿大和美国密切的贸易联系早在建立 NAFTA 之前就已经存在并日臻成熟,已相互为最大的贸易伙伴。加拿大是美国能源、木材、纸张、食品等原料的重要供应国,也是美国飞机和汽车部件以及化学品制造的基地所在。由于经济发展水平差异不大,美国与加拿大生产一体化主要表现为水平的产业内分工,它是便捷、质量和设备利用差异的产物,可以说加拿大是美国地理、资源和技能的延伸。便利的交通和边境每天为地跨两国的公司运送着成千上万种的商品,在飞机和汽车制造、钢铁、食品加工、化学品和布料加工业等领域存在密切的产业内贸易联系。NAFTA的建立没有对这种已经较为稳定的一体化联系产生明显影响,双方只是继续沿着既有的道路深化发展。

而美国与墨西哥的生产和加工一体化则在NAFTA之后获得了大发展,尽管这一进程在NAFTA建立之前就已经开始酝酿了。NAFTA建立以后,由于墨的劳工便宜,对美出口税率又低,所以美国大公司纷纷将汽车、电器、纺织等需要大量劳工的加工环节搬到墨西哥,然后将产品返销美国。和美国与加拿大的贸易不同,美国与墨西哥的生产一体化带有明显的垂直的产业内分工的特点。墨西哥与美国贸易的特点是美国将零部件运到墨西哥加工后再返回美国。

北美自由贸易区的发展实践说明,除了经济发展水平相当的发达国家可以组成经济集团以外,经济发展水平不同的发达国家和发展中国家,也可以通过谈判建立面向市场的区域经济合作组织。实践证明,不管是发达国家,还是发展中国家,它们都将从自由贸易中获利。从这个意义上讲,北美自由贸易协定是双赢的协议。

NAFTA启动后,美洲的经济合作和经济一体化进程并没有到此止步。按照原来的设想,北美三国将把自由贸易协议逐步向中南美洲推广。

同欧盟相比,NAFTA属于一个比较松散的经济一体化组织,成员国的合作主要限于贸易投资一体化,其他职能机构很少,经济一体化水平比较低。另一方面,三个国家之所以能够组成经贸一体化组织,一个关键的因素是它们的经济互补性较强。美、加发达国家有着先进的科技,资金较为雄厚,缺乏的是资源和劳动力;墨西哥拥有廉价的劳动力,资源也比较丰富,但在资金和技术方面则感到欠缺。这样,三国组成经贸一体化组织,可以相互弥补各自的缺陷,使各自的长处得到充分发挥。

三、亚太经济合作组织(APEC)

1989年11月,由澳大利亚倡议,在堪培拉举行了首次亚太经济合作部长会议,开始了亚太地区政府间的多边经济合作。我国于1991年加入该组织。1993年6月正式启用亚太经济合作组织的名称。1993年11月,在美国西雅图召开了第一次非正式首脑会议,确定了亚太地区经济合作的目标:贸易和投资自由化。1994年12月,在印度尼西亚的茂物召开第二次非正式首脑会议,确定发达成员国在2010年以前实现贸易和投资自由化,发展中国家在2020年以前实现贸易和投资自由化。1995年11月日本大阪非正式首脑会议明确宣布,经济技术合作也是亚太经济合作组织的重要目标。APEC成立以来,已为国际经济合作创立了一种独特的"亚太经合组织方式"。这种方式承认多样化,允许灵活性,坚持相互尊重、平等互利、协商一致、求同存异、自主自愿的原则,实行贸易和投资自由化单边行动与集体行动相结合;以磋商代替谈判,以承诺代替协定,避免高度机制化和强制性对各方形成约束,以利不同发展水平的各成员的权益和要求得到较好的平衡,促进共同发展与繁荣。

与欧盟经济合作模式不同的是,APEC有其独特的运行方式,是一种在评审机制基础上的单边行动与集体行动相协调的贸易投资自由化。这种经济合作的独特方式,既照顾了亚太地区各国与地区的实际情况,又体现了亚太地区的开放性、多样性和渐进性的基本特征。

与其他区域经济组织相比,APEC 的独特之处表现为,它是一个带有松散组织特征的非制度性的开放经济组织。具体地说,由于该组织成员国众多,既有发达资本主义国家,也有发展中国家,发展水平参差不齐,社会制度差别较大;该组织没有制度上的约束,亚太经合组织的严密程度在所有区域经济一体化组织中可以说是最低的。在 APEC 内部,各成员可以根据本国或地区的实际情况制定切实可行的单边行动计划,而 APEC 成员的集体行动则贯穿于关税、非关税、投资等 15 个领域,集体行动计划需由所有成员集体协商制定。单边行动计划是基础,集体行动计划是补充。APEC 组织方式其实就是一种其成员互相磋商的过程,但不是谈判,因而其效力也就较弱。另一方面,APEC 实行的是地区开放主义,即不仅向本地区开放,也向区域外国家开放,这虽然体现了 WTO 的多边主义原则,但也使该组织失去了排他性特征。从这一点来说,APEC 还不是一个真正意义上的区域经济一体化组织。

四、东南亚国家联盟(ASEAN)

东南亚国家联盟的前身是由马来西亚、菲律宾和泰国三国于 1961 年 7 月 31 日在曼谷成立的东南亚联盟。1967 年 8 月,印度尼西亚、新加坡、泰国、菲律宾四国外长和马来西亚副总理在泰国首都曼谷举行会议,发表了《东南亚国家联盟成立宣言》即《曼谷宣言》,正式宣告东南亚国家联盟(简称东盟,Association of Southeast Asian Nations——ASEAN)的成立。东盟成立 30 多年来,已日益成为东南亚地区以经济合作为基础的政治、经济、安全一体化合作组织,并建立起一系列合作机制。

东盟除印度尼西亚、马来西亚、菲律宾、新加坡和泰国五个创始成员国外,20 世纪 80 年代后,文莱(1984 年)、越南(1995 年)、老挝(1997 年)、缅甸(1997 年)和柬埔寨(1999 年)五国先后加入该组织,使东盟由最初成立时的五个成员国发展到目前的十个成员国。东盟 10 国的总面积有 450 万平方千米,人口约 5.3 亿(1998 年统计数字)。观察员国为巴布亚新几内亚。东盟 10 个对话伙伴是:澳大利亚、加拿大、中国、欧盟、印度、日本、新西兰、俄罗斯、韩国和美国。

东盟的宗旨是以平等和协作精神,共同努力促进本地区的经济增长、社会进步和文化发展;遵循正义、国家关系准则和《联合国宪章》,促进本地区的和平与稳定;同国际和地区组织进行紧密和互利的合作。

为了早日实现东盟内部的经济一体化,东盟自由贸易区于 2002 年 1 月 1 日正式启动。自由贸易区的目标是实现区域内贸易的零关税。文莱、印度尼西亚、马来西亚、菲律宾、新加坡和泰国 6 国已于 2002 年将绝大多数产品的关税降至 0%～5%。越南、老挝、缅甸和柬埔寨 4 国将于 2015 年实现这一目标。

东盟国家在经济领域的合作主要有:

(1) 通过推行特惠关税贸易制等方式进行贸易合作,推动成员国间的商品流通;

(2) 加强在工业领域的合作,主要包括由各国政府主持的"东盟共同工业建设项

目"和经政府批准、由民间的东盟商工会执行的"东盟互补工业建设项目";

（3）成立东盟金融公司,相互进行资金融通,解决成员国短期支付困难,并为东盟区域开发项目提供贷款;

（4）协调一致,共同对外。

2003年10月,东盟第九次首脑会议在印尼巴厘岛召开。与会各国首脑在会上通过了"东盟共同体"宣言,确立了更为明确具体的目标,向更加密切的共同体迈进。这标志着东盟在政治、经济、安全、社会与文化领域内的全面合作进入历史新阶段,并朝地区一体化迈进了一大步。10月8日,中国政府在印度尼西亚巴厘岛举行的第七次东盟与中国领导人会议上宣布加入《东南亚友好合作条约》,并与东盟签署了建立"面向和平与繁荣的战略伙伴关系"的联合宣言,使中国成为第一个加入《东南亚友好合作条约》的域外大国。东盟国家在继续推进区域内自由贸易的同时,积极加强与本地区国家及相关国际组织的联系。

五、南方共同市场(MERCOSUR)

1991年3月26日,阿根廷、巴西、乌拉圭和巴拉圭四国总统在巴拉圭首都亚松森签署《亚松森条约》（条约于同年11月29日生效）,宣布成立南方共同市场（简称南共市,South American Common Market——MERCOSUR）。1995年1月1日,南共市正式启动。它是世界上第一个完全由发展中国家组成的共同市场,是拉美最大的一体化经济组织。南共市总人口约2亿,国内生产总值近1万亿美元（2002年底）,占拉美地区国内生产总值的一半左右。共同市场小组行政秘书处设在乌拉圭首都蒙得维的亚。

该组织宗旨是：通过有效利用资源、保护环境、协调宏观经济政策、加强经济互补,促进成员国科技进步和实现经济现代化,进而改善人民生活条件并推动拉美地区经济一体化进程的发展。

智利（1996年）、玻利维亚（1997年）、南非（2000年）、墨西哥和委内瑞拉（2004年）是南共市的"联系国"。智利已开始就成为正式成员同南共市进行谈判。

理事会是最高决策机构,由成员国外交部长和经济部长组成,理事会主席由各缔约国外长轮流担任,任期半年;理事会至少每年举行一次由各国总统参加的会议,必要时可召开若干次会议,负责制定一体化进程的政策。共同市场小组是执行机构,负责实施条约和共同市场理事会做出的决议,就执行贸易开放计划、协调宏观经济政策、与第三国商签经贸协定等提出建议。共同市场小组下设贸易事务、海关事务、技术标准、税收和金融政策、陆路运输、海上运输、工业和技术政策、农业政策、能源政策和宏观经济政策协调等10个工作组。贸易委员会负责共同市场联合商业政策,监督共同对外关税的执行。联合议会委员会由成员国议员组成,职责是促进本国执行共同市场决定。经济和社会协商论坛由成员国商业团体和工会代表组成,起顾问作用。

2003年12月16日,在蒙得维的亚举行的第25次首脑会议上决定增设常设代表委员会。在这次首脑会议上,南共市和拉美另一经济组织安第斯共同体(安共体)签署了自由贸易协定,宣布双方将在10年内取消绝大部分产品的关税,从而为建立南美统一大市场迈出重要一步。南共市和安共体几乎涵盖整个南美,总人口逾 3 亿,年生产总值 1 万多亿美元。

南共市积极发展同世界主要国家和集团的关系。1995 年 12 月,南共市与欧盟签署了《区域性合作框架协议》,至 2002 年 11 月,南共市与欧盟共进行了 8 轮贸易谈判,取得了重大进展。决定 2005 年建成跨洲自由贸易区。1998 年 7 月,南共市及其联系国首脑与南非总统曼德拉共同签署了关于扩大南共市与"南部非洲发展共同体"14 个成员国间贸易的谅解备忘录。迄今,南共市已同中国、欧盟、日本、俄罗斯和韩国等建立了对话或合作机制。

六、西非国家经济共同体(ECOWAS)

西非国家经济共同体(Economic Community of West African States,ECOWAS),是非洲地区最大的发展中国家区域性经济合作组织,成立于 1975 年 7 月,总部设在拉各斯,共有 16 个成员国,包括西非经济共同体的 6 个成员国。该组织的宗旨是:推动成员国在所有经济领域的合作与发展,提高人民生活水平,维持经济稳定,为非洲大陆的进步与发展作出贡献。

西非国家经济共同体成立以后,在以下方面取得了成效:

(1) 为建立关税同盟,实行贸易自由化,制定并实施了"取消关税和贸易壁垒的 15 年计划",在共同体内取消了关税和贸易壁垒,实现了贸易自由化;

(2) 制定并实行了关于"成员国人员的自由往来、居住和从事职业的权利"的协定书;

(3) 建立共同体能源发展基金;

(4) 加强地区防务合作。

西非国家经济共同体内部虽然取消了关税和贸易壁垒,实现了经济一体化的第一阶段,尽管准许人员在本地区的自由流动,但该组织至今没有完全建立统一的对外关税率,因而西非国家经济共同体只处于从自由贸易区向关税同盟和共同市场的过渡阶段。

友情链接

WTO 成员在 10 个主要区域一体化集团中的分布情况

发 达 国 家	发 展 中 国 家			
	美 洲	亚 洲	欧 洲	非洲和中东
加拿大(9)(10)	阿根廷(7)(8)	中国(10)	希腊(4)	科威特(6)
美国(9)(10)	玻利维亚(1)(7)	印度尼西亚(2)(10)	葡萄牙(4)	沙特阿拉伯(6)
日本(10)	巴西(7)(8)	马来西亚(2)(10)	俄罗斯(10)	阿曼(6)
奥地利(4)	智利(10)	菲律宾(2)(10)		

续　表

发 达 国 家	发 展 中 国 家			
	美 洲	亚 洲	欧 洲	非洲和中东
比利时(4)	哥伦比亚(1)(7)	新加坡(2)(10)		
卢森堡(4)	哥斯达黎加(3)	泰国(2)(10)		
丹麦(4)	厄瓜多尔(3)	韩国(10)		
芬兰(5)(4)	萨尔瓦多(3)			
法国(4)	危地马拉(3)			
德国(4)	洪都拉斯(3)			
爱尔兰(4)(5)	墨西哥(7)(9)(10)			
意大利(4)	尼加拉瓜(3)			
荷兰(4)	巴拉圭(7)(8)			
挪威(5)	秘鲁(1)(7)(8)			
西班牙(4)	乌拉圭(7)(8)			
瑞典(5)(4)	委内瑞拉(1)(7)			
英国(4)				
澳大利亚(10)				
新西兰(10)				

注：表中(1)～(10)所代表的区域一体化集团分别是：(1)安第斯共同体（ANDEAN）；(2)东盟自由贸易区（ASEAN）；(3)中美洲共同市场（CACM）；(4)欧盟（EU）；(5)欧洲自由贸易联盟（EFTA）；(6)海湾合作委员会（Gulf Cooperation Council）；(7)拉美一体化联盟（LAIA）；(8)南方共同市场（MERCOSUR）；(9)北美自由贸易区（NAFTA）；(10)亚太经济合作组织（APEC）。　　　　　　　　　　（资料来源：WTO秘书处）

欧盟：

盟旗由蓝底和12颗黄星图案组成,盟歌为贝多芬第九交响曲中的《欢乐颂》,铭言为"多元一体",5月9日为"欧洲日"。

主要出版物为《欧洲联盟公报》、《欧洲联盟月报》、《欧洲文献》、《欧洲新闻——对外关系》和《欧洲经济》等。

欧洲理事会（European Council）：即首脑会议,由成员国国家元首或政府首脑及欧盟委员会主席组成,负责讨论欧洲联盟的内部建设、重要的对外关系及重大的国际问题。每年至少举行两次会议。欧洲理事会主席由各成员国轮流担任,任期半年,顺序基本按本国文字书写的国名字母排列。欧洲理事会是欧盟的最高权力机构,在决策过程中采取协商一致通过的原则。理事会下设总秘书处。

世界自由经济区

自由经济区概述

早在400多年前,一些国家就开始在交通发达的地区和港口划出特定的区域作为海关监督下的非关税区,实施与本国地区不同的特殊政策,吸引外国船只和厂商自由进出,并提供商品免税输出优惠,以达到发展贸易和转口贸易、增加财政收入、创造就业机会、引进技术和管理经验、促进经济繁荣发展的目的。经过长期的历史演变和发展,这种特定区域就形成了今天的自由港、自由贸易区、出口加工区和科学工业园。理论界对这些特定区域大体有三种叫法:经济特区、自由港区或自由经济区。本书采用自由经济区的统称。

国际上一些著名机构从立法的角度对自由经济区进行了定义,比如1973年5月18日海关合作理事会在日本京都制定了"关于简化和协调海关业务制度的国际公约"(简称《京都公约》),其中F1附约就是关于自由经济区方面的,已经获得了许多国家的认可。其中,自由经济区的定义为:"一国的部分领土。在这部分领土内运入的任何货物,就进口税及其他各税而言,被认为在关境之外,并免于实施惯常的海关监管制度。"1975年,联合国贸发大会关于自由经济区的定义是:"指本国海关关境中一般设在口岸或国际机场附近的一片地域,进入该地域的外国生产资料、原材料可以不办理任何海关手续,进口产品可以在该地区内进行加工后复出口,海关对此不加以任何干预。"

世界上自由经济区名目繁多,按不同的标准,自由经济区有多种不同的分类方法,主要有以下两种:

1. 地理位置分类法

(1) 港口型自由经济区:在港口区内划出一个封闭式的隔离区,辟为自由经济区。这一类型数量最多,国际上许多成功的自由经济区都紧靠国际运输港,例如德国汉堡自由港、不来梅港自由贸易区、美国纽约布鲁克林对外贸易区、韩国马山出口加工区等。

(2) 机场型自由经济区:以邻近的国际机场为依托,例如爱尔兰香农自由贸易区、美国肯尼迪国际机场对外贸易区等。

(3) 内陆边境口岸型自由经济区:利用其地处两国或多国边境的特殊地理位置发展边境贸易、转口贸易和出口加工,例如墨西哥在美墨边境上的下加利福尼亚、金塔纳罗尔自由边境区。

2. 功能分类法

（1）自由港：是世界上最早出现的自由经济区。它是指划在本国关境以外的，不属于任何一个国家海关管辖的港口或海港地区。外国货物可免税进入，外国商品可以在此装卸、储存、加工、包装、再出口，也能供自由港内的居民消费。自由港还可以按照开放地区的范围分为两种：一是将港口及其所在城市都划为自由港；二是限定在港口或毗邻港口的一小块区域。按照海关管辖的范围和贸易管制制度来看，又有完全自由港和有限自由港之分。世界上的完全自由港很少，例如中国香港、新加坡等都属于有限自由港，仍对少数指定进出口商品征收关税或实施不同程度的贸易管制，其他商品则可以享受免税待遇。

（2）自由贸易区：又被称为免税贸易区、自由关税区、保税区，数量多、分布广，以国际贸易为主要职能。外国商品可以免税进入，在该区内自由储存、分类、包装和简单再加工，然后免税出口，但如果要运入所在国海关管制区则必须缴纳关税。目前，自由贸易区也准许经营出口加工，开设工厂企业，经营房地产、金融、商务、信息咨询等各项业务。自由贸易区可以不设在港口或港口地区，但必须距离国际航空线、航海线、铁路干线不远，并且与区外现代化的交通、通信设施相连。自由贸易区除实行特殊的关税政策、提供各种优惠条件外，还必须拥有先进完善的基础设施，以提供优质、高效的服务，吸引本国或外国的投资者前来投资和开展贸易。

（3）出口加工区：又称之为工业型自由贸易区，指一个国家或地区划出某一区域，准许外国厂商在区内投资办企业，享受关税优惠待遇，外资企业可以免税进口原材料、机械设备及其他零部件，制成品出口也享受免税待遇。出口加工区以开拓远洋市场为目标，利用外资和外国技术从事产品加工出口，以促进本国（本地区）工业和经济的发展。1958 年，自爱尔兰在香农创办了世界上第一个出口加工区以来，迄今出口加工区已经发展分布到 30 多个国家和地区，其实质是一种自由贸易区与工业区的结合体，是世界自由经济区升级换代的新形式。近年来，它还呈现出向工贸结合的多功能综合型经济自由区发展的趋势。

（4）科学工业园区：指在科研机构和名牌科技大学比较集中、居住环境和教育环境比较优越的大城市或城市近郊划出一块地方，提供比出口加工区更大的租税优惠，吸引外国资金和高技术人才，研究和发展尖端技术产品，促进科技和经济发展。是智力、资金高度聚集的特定区域；是从事高科技研究，并对其成果进行测试、生产的新兴开发区。世界上著名的科学工业园区有：美国的"硅谷"、日本的"筑波科学城"、中国台湾的"新竹科学工业园区"等。

自由经济区不论其名称如何，都存在一些共同的特征：首先是"国境之内、关境之外"，是东道国政府为了扩大对外贸易和国际交往建立的一个特殊经济区域。在该区域内，对进出的货物免征进出口税。其次从自由经济区的功能上看，自由经济区具有国际贸易、出口加工和保税仓储三大功能。这些功能集中体现了自由经济区扩大出口、发展对外贸易的特点。再次，自由经济区向投资者提供行政管理、经济政策和法规制度上的种种优惠。从管理模式上看，大部分自由经济区采用全封闭管理，和一般关税区之间设

有围墙或铁丝网等隔离设施。从区位设置上看,自由经济区大都建在港口、机场、边境口岸等交通便利的地区。

世界主要自由经济区的分布和建设

世界自由经济区的分布具有如下特点:

(1)自由港和自由贸易区多分布在西南欧、北美经济发达的国家,主要有德国、芬兰、瑞士、英国和荷兰等。例如:英国在1984年初就确定南安普敦、贝尔法斯特、伯明翰、利物浦、加的夫和普雷斯特韦克六个地区为自由港,而美国现有自由贸易区200多个,瑞士有20多个,德国、爱尔兰、瑞典等国都设有自由港,而且历史悠久。

(2)出口加工区多分布在亚洲和非洲的发展中国家,如马来西亚、菲律宾、印度尼西亚、印度、韩国、新加坡、毛里求斯、突尼斯和肯尼亚等,多数是经济水平和工业化程度较低,但又有一定工业基础的发展中国家和地区。

(3)科技工业园区在科技革命的推动下,正蔓延到越来越多的发展中国家和地区,从而在分布上打破了发达国家的垄断,形成发达国家和发展中国家相竞争的局面,例如我国台湾的新竹高科技工业园。

一、欧洲自由经济区

世界上第一个自由港——意大利的热那亚湾雷格亨港,和世界上第一个出口加工区——爱尔兰香农自由贸易区,都诞生在欧洲。迄今,欧洲已经有20多个国家和地区设置了100多个自由经济区,南欧、中欧、西欧最为集中,东北欧密度较低。

南欧的西班牙、意大利、希腊等国家和地区共设立了32个自由经济区,东欧约有19个自由经济区。这些经济区凭借丰富的自然资源、完善的服务设施、优越的投资环境和丰富的设区经验,吸收了大量外资,规模不断扩大,正向高质量、综合型和高科技方向发展。

二、美洲的自由经济区

美国设区最多,200多个自由经济区遍及全国各地区。区内产业以外贸为主,兼营加工制造、仓储和旅游业。

美洲的自由经济区基本上呈现从南到北的线状分布,其中较为成功的是巴西的马瑙斯自由贸易区、墨西哥的下加利福尼亚自由边境区、巴拿马的科隆自由贸易区和海地的太子港自由区等。墨西哥凭借和美国相邻的地理优势,在墨美边境建立了长达20千米的自由边境区,每年为墨西哥带来了巨大的外汇收入和众多的就业机会。

拉美国家的自由经济区的转口业务大部分都以转口美国或出口美国市场为主,投入区内的外国资金也以美资为主。部分西欧、日本、韩国厂商在拉美自由经济区投资,也是看中了拉美国家自由经济区容易打入美国市场这一重要特点。拉美国家的投资政策远比西方或亚洲国家更为优惠,对外资产生了巨大的吸引力,目前已经形成利用外资、引进技术、增加外汇收入和增加就业机会的良好发展势头。

三、亚洲自由经济区

主要分布在赤道以北、北纬 30 度线以南的沿海地区,其中东盟地区的出口加工区的分布密度很高,在世界自由经济区中占有重要地位。从历史上看,亚洲的自由港和自由贸易区出现较早,中国香港、新加坡作为自由贸易港的历史都超过了 100 年。20 世纪 60 年代,自中国台湾建立了亚洲第一个出口加工区后,亚太地区出口加工区蓬勃发展,世界一半以上的出口加工区集中在这里。到 1990 年,亚洲共有 24 个国家和地区建立了不同类型的自由经济区 104 个。

亚洲的自由港和出口加工区在世界经济发展与亚太地区内部经济联系中,发挥了十分显著的作用,中国香港和新加坡成为亚太地区乃至世界重要的金融贸易中心。在东亚地区,日本—"四小龙"—东盟之间形成的阶梯形产业结构及它们之间的产业传递过程,是该地区出口加工区迅速发展的重要条件。20 世纪 60—70 年代,日本产业结构升级和转移,成为"四小龙"出口加工区发展的重要外部推动力。20 世纪 80 年代中期开始的"四小龙"产业升级和劳动密集型出口加工业的转移,成为东盟一些国家出口加工区发展的催化剂。

20 世纪 80 年代初,中国内地掀起了兴建自由经济区的热潮,尝试性地建立起一些经济特区、经济技术开发区,取得了良好的效果,而严格意义上的自由经济区——保税区是从 1990 年开始设立的。

四、非洲的自由经济区

非洲共有 20 多个国家建立了 130 多个自由经济区,主要集中在毛里求斯、突尼斯和埃及三个国家。面积仅有 1 860 平方千米的岛国毛里求斯有 88 个出口加工区,突尼斯有 14 个出口加工区,埃及设有 7 个贸易自由区(或自由工业区),其他大体分布在非洲大陆的海岸线上。

非洲国家的自由经济区起步较晚,但因为非洲地理位置重要,发展潜力很大,各国设立自由经济区的势头很猛,用于吸引外资的优惠条件较欧美国家更具吸引力。譬如毛里求斯的出口加工区,允许区内出口企业享受 20 年的免税期,5 年豁免股息税;埃及则宣布区内的外籍职工免交个人所得税。

五、大洋洲的自由经济区

1986 年,澳大利亚在达尔文市创办了大洋洲第一个自由经济区;1988 年斐济宣布设立自由贸易区,并规定区内以发展出口产业为主要任务,区内产品 95% 以上必须出口。

自由经济区的建设规模按其面积大小可分为以下几个档次:面积超过 1 000 公顷

的为特大型自由经济区;面积在 501~1 000 公顷的为大型自由经济区;面积在 100~500 公顷的为中型自由经济区;面积小于 100 公顷的为小型自由经济区。

在世界现有的 700 多个自由经济区中,最大的是巴西的马瑙斯自由贸易区——在 1968—1977 年的最初 10 年内,由于政府实行免税等优惠措施,商业规模增加了 6 倍,逐步形成了商业区;从 1971 年开始建立工业区,形成了电子电器生产中心、摩托车生产中心、纺织和成衣中心等;1975 年以后又建立了农牧区。经过 20 年的发展,马瑙斯已成为工农商贸相配套的特大型自由贸易区。

不同类型的自由经济区建设规模存在很大差异。综合性的自由经济区或自由港大都包括与贸易相关的生产加工以及金融、科研开发等各项产业,因而要求拥有较大的面积。随着内部各项事业的发展及其与世界各地联系的全面加强,其活动范围逐步扩大到自然地理界限以内的整个地区,例如,我国香港从港岛、九龙向新界扩展,以及港岛铜锣湾、湾仔繁华商业区附近的填海工程,都说明了自由经济区随着各项事业的发展而规模不断扩大。

以出口加工业为主的自由经济区的规模,和区内产业(主要为工业)的结构及类型有着密切的关系。以发展重工业为主的自由经济区,由于必须有较大面积的厂房,特别是有复杂工序和独立动力系统的化工企业,还需占据相当面积的管道用地,其占地面积大多在 500 公顷以上,例如,新加坡裕廊出口加工区,轻型工业和重型工业兼备,海事(修造船业及海上石油钻井平台制造)、炼油业、电子电器三大产业同在区内,占地面积达到 4 600 公顷。以发展轻型工业为主的自由经济区占地面积较小,例如,我国台湾的三个以轻型工业为主的出口加工区总面积只有 182 公顷。以出口加工区脱胎转化而来的科学工业园区,由于产业以高精尖的技术密集型为主,占地面积和规模也都较小。

友情链接

世界部分自由经济区规模比较

名　　　称	面积(公顷)	国　别	规模类型
马瑙斯自由贸易区	221 000 000	巴　　西	特大型
中国香港	104 570	中　　国	特大型
汉堡自由港	1 500	德　　国	特大型
巴生港出口加工区	850	马来西亚	大　型
亚历山大自由工业区	600	埃　　及	大　型
香农自由贸易区	928	爱尔兰	大　型
达喀尔自由工业区	650	塞内加尔	大　型

续　表

名　　称	面积(公顷)	国　别	规模类型
坎德拉出口加工区	284	印　度	
马山出口加工区	175	韩　国	
伊基克自由贸易区	225	智　利	
塞库邦出口加工区	320	印度尼西亚	中　型
六拜出口加工区	200	马来西亚	
塞得港自由工业区	364	埃　及	
巴塞罗那自由区	200	西班牙	
纽约一号对外贸易区	2.23	美　国	
威尼斯自由贸易区	2.6	意大利	
冲绳那霸自由区	4.78	日　本	
科隆自由贸易区	50	巴拿马	小　型
圣巴托洛自由区	86	萨尔瓦多	
洛美自由区	50	多　哥	
碧瑶出口加工区	63	菲律宾	
中国台湾高雄出口加工区	69	中　国	

亚太经济地理篇

◆ **名称** 亚细亚洲,简称亚洲。

◆ **位置** 位于东半球的东北部,东濒太平洋,南临印度洋,北接北冰洋,西面以乌拉尔山脉、乌拉尔河、里海、大高加索山脉、土耳其海峡与欧洲分界,西南隔苏伊士运河、红海与非洲相邻,东南有一系列与大洋洲接近的群岛环绕大陆,东北隔白令海峡与北美洲相望。

◆ **面积** 4 400 万平方千米(包括附近岛屿),约占世界陆地总面积的 29.4%,是世界第一大洲。

◆ **地理区域** 亚洲共有 48 个国家和地区,在地理上习惯分为东亚、东南亚、南亚、西亚、中亚和北亚。东亚包括中国、朝鲜、韩国、蒙古国和日本;东南亚包括越南、老挝、柬埔寨、缅甸、泰国、马来西亚、新加坡、印度尼西亚、菲律宾、文莱、东帝汶;南亚包括斯里兰卡、马尔代夫、巴基斯坦、印度、孟加拉国、尼泊尔和不丹;西亚也叫西南亚,包括阿富汗、伊朗、阿塞拜疆、亚美尼亚、格鲁吉亚、土耳其、塞浦路斯、叙利亚、黎巴嫩、巴勒斯坦、以色列、约旦、伊拉克、科威特、沙特阿拉伯、也门、阿曼、阿拉伯联合酋长国、卡塔尔和巴林;中亚包括土库曼斯坦、乌兹别克斯坦、吉尔吉斯斯坦、塔吉克斯坦和哈萨克斯坦的南部;北亚指俄罗斯的西伯利亚地区。

◆ **人口** 40 亿,约占世界总人口的 60%,以中国人口最多。人口在 1 亿以上的还有印度、印度尼西亚、日本、孟加拉国和巴基斯坦。人口分布以中国东部、日本太平洋沿岸、爪哇岛、恒河流域等地最为密集。黄种人约占全亚洲人口的 3/5 以上,其次是白种人,黑种人很少。亚洲大小民族、种族共有约 1 000 个,约占世界民族、种族总数的一半。

◆ **语言** 亚洲语言分属于汉藏语系、南亚语系、阿尔泰语系、朝鲜语系、日本语系、印欧语系。

◆ **宗教** 亚洲是佛教、伊斯兰教和基督教三大宗教的发源地。中南半岛各国的居民多信佛教;马来半岛和马来群岛上的居民主要信伊斯兰教,部分居民信天主教和佛教;南亚各国的居民主要信印度教、伊斯兰教和佛教;西亚各国的居民主要信伊斯兰教。

◆ **自然环境** 亚洲的大陆海岸线绵长而曲折,海岸线长 69 900 千米,是世界上海岸线最长的大洲。海岸类型复杂,多半岛和岛屿,是半岛面积最大的洲。阿拉伯半岛为世界上最大的半岛,加里曼丹岛为世界第三大岛。亚洲地形的总特点是地势高、地表起伏大,中南高、四周低,平均海拔约950米,是除南极洲外世界上地势最高的大洲。山地、高原和丘陵约占总面积的3/4。亚洲既有世界上最高的高原、山脉和山峰,又有世界上著名的平原和洼地。青藏高原素有"世界屋脊"之称,平均海拔4 500米;世界最高峰珠穆朗玛峰,海拔8 844米;西西伯利亚平原东西宽1 500千米,南北长2 300千米,大部分地面海拔在100米以上;世界最低的洼地死海,水面低于地中海海面392米。亚洲是世界上火山最多的洲,东部边缘海外围的岛群是世界上火山最多的地区。东部沿海岛屿、中亚和西亚北部地震频繁。亚洲的许多大河发源于中部山地,分别注入太平洋、印度洋和北冰洋。内流区主要分布在亚洲中部和西部。亚洲最长的河流是长江,长6 397千米;其次是黄河,长5 464千米;湄公河长4 500千米。亚欧界湖里海是世界第一大湖和最大咸水湖;贝加尔湖是世界最深的湖,最深处达1 620米。河流呈放射状分布,有四大水系。

◆ **气候**　亚洲大陆跨寒、温、热三带。气候的主要特征是气候类型复杂多样、季风气候典型和大陆性显著。东亚是湿润的温带和亚热带季风区,东南亚和南亚是湿润的热带季风区,中亚、西亚和东亚内陆为干旱地区。湿润季风区与内陆干旱区之间,以及北亚的大部分为半湿润半干旱地区。

◆ **自然资源**　亚洲矿物种类多、储量大,主要有石油、煤、铁、锡、钨、锑、铜、铅、锌、锰、镍、钼、镁、铬、金、银、岩盐、硫磺、宝石等。石油、镁、铁、锡等的储量均居各大洲首位,锡矿储量约占世界总储量60％以上。

森林和草原:森林总面积约占世界森林总面积的13％。可开发的水力资源丰富,占世界可开发水力资源量的27％。亚洲沿海渔场面积约占世界沿海渔场总面积的40％,盛产鲑、鳟、小黄鱼、大黄鱼、带鱼、乌贼、沙丁鱼、金枪鱼、马鲛鱼以及鲸等,著名渔场有舟山群岛、中国台湾岛、西沙群岛、北海道岛、九州岛等岛屿的附近海域,以及鄂霍次克海等。中国沿海渔场面积占世界沿海渔场总面积的近1/4。

◆ **经济状况**　亚洲各国中,除日本为发达国家外,其余均是发展中国家,各国经济都有一定的发展。许多国家发挥其自然条件和资源的优势,经营多种热带和亚热带作物;积极勘探、开采矿产资源;大力发展制造业,使经济体制由以农业、矿业为主的"单一"向"多元化"方向发展。农业在亚洲各国中占重要地位。稻谷、天然橡胶、金鸡纳霜、马尼拉麻、柚木、胡椒、黄麻、椰干、茶叶等的产量分别占世界总产量的80％～90％以上,原油、鱼、大豆、棉花产量均占世界总产量30％～40％,锡精矿产量约占世界总产量60％左右,钨精矿、花生、芝麻、烟草、油菜籽的产量均占世界总产量的45％,木棉、蚕丝、椰枣等的产量和牲畜总头数也居世界前列。绝大多数国家工业基础薄弱,采矿业和农产品加工业较先进,重工业正在发展。中国东半部、日本、韩国、爪哇岛、斯里兰卡西部、印度中部、土耳其西部交通发达,东南沿海海上运输发达。广大内陆地区和沙漠地区以畜牧为主。

日　本

（Japan）

日本是位于东亚太平洋中的岛国,东西狭长,跨越亚寒带和亚热带,四季分明,降雨量充沛。自然环境优美,旅游资源丰富。

日本是高度发达的经济大国,现在的日本是世界最大的资本输出国和最大的债权国。工业及科技水平一直居于亚洲之冠的日本,在人文及自然风光上也极具特色,两千年的历史为日本留下众多古迹,漫游列岛可感受日本独特的文化,同时亦可饱览东瀛岛国之自然风光,体验现代旅游之无限乐趣。

 数据（DATA）

国名：日本国（Japan）。

国旗：太阳旗。旗面为白色,中有一轮红日。白色象征纯洁,红色象征真诚。

国徽：日本皇室徽章为绘有 16 瓣黄色菊花瓣的圆形。

国歌：《君王的朝代》。

国花：樱花。

国鸟：绿雉。

面积：约 37.78 万平方千米。

人口：约 1.28 亿（2009 年）。

国语：日语。

可以用中文书写的方式与日本人简单交流,英语在商业上使用较为广泛。

宗教：以信仰神道和佛教为主。

首都：东京（Tokyo）。

出行贴士

国际电话区号	0081	时　差	一1小时 = 北京时间
应急电话	报警 110	电话查询	104
	救护车与火警 119		
电　压	110伏（两齿插头）	最佳季节	3—5月

遥望日本

1. 地形

日本列岛由东北向西南延伸呈弧形排列，南北距离 2 400 千米，而东西只有 200 千米。海洋对日本的影响极为深刻，海岸线总长约 3 万千米，沿岸曲折，多天然优良港湾。

日本地处西太平洋火山地震带，火山遍布，地震频繁，为世界著名的"火山国"和"地震国"。富士山海拔 3 776 米，为全国最高峰。

2. 河湖

河流以信农川为最长（367 千米），利根川流域面积最大，最大的湖为琵琶湖。

3. 气候

日本属于温带海洋性季风气候。由于地理位置、地形和洋流等因素的综合影响，日本四季分明，终年温暖湿润，没有严冬和酷暑。1 月平均气温只有本州北部和北海道在 0℃以下，7 月大部分地区在 20℃以上。

日本雨量丰富，年降水量在 800～2 500 毫米之间，以日本海和太平洋沿岸地区最多。大部分地区冬季可见降雪，北海道和东北地区被称为深雪地带。每年 6—7 月间有梅雨天气。夏秋之交，南部则常常受到台风影响。

4. 资源

多山的地形使日本缺乏平坦而广阔的耕地，但却拥有丰富的森林资源，森林覆盖率为 67%。

日本河流短小湍急，多峡谷、瀑布，水力资源极为丰富，水能蕴藏约为 5 000 多万千瓦，这对动力不足的日本有着重要的意义。

日本地热资源丰富，境内温泉广布，各种温泉达 1 200 多处，著名的有箱根、日光等。

日本是一个矿产资源贫乏的国家。矿产资源储量小、分布零散，且不便开采。比较重要的矿产只有硫磺、铜、铋等。煤、铁、石油等储藏量都很小。

走遍日本

1. 位置

日本位于亚洲大陆东缘，太平洋西北部日本列岛上。东临太平洋，西隔日本海、朝鲜海峡、黄海、东海,同中国、朝鲜、韩国、俄罗斯相望,南部的先岛群岛与我国台湾相邻近。

日本领土由北海道、本州、四国、九州4个大岛及其附近3900多个岛屿组成。本州岛是最大的岛。

日本现行的行政区划为:一都(东京都)、一道(北海道)、二府(京都府、大阪府)和43个县,为一级行政区,一级行政区以下为市、町、村。

资 讯

　　在传统习惯上,全国分为8个"地方"(或称地区):北海道、四国、九州(分成南北九州)各为一个"地方",本州岛分成东北(奥羽)、关东、中部、近畿和中国5个"地方"。

　　43个县是:爱知、宫崎、秋田、长野、青森、长崎、千叶、奈良、福井、新鸟、福冈、大分、福岛、冈山、岐阜、佐贺、爱媛、冲绳、群马、埼玉、广岛、滋贺、兵库、岛根、茨城、静冈、石川、枥木、岩手、德岛、香川、鸟取、鹿儿岛、富山、神奈川、和歌山、高知、山形、熊本、山口、三重、山梨与宫城。

2. 交通运输

日本运输业高速发展。

日本铁路运输发达。铁路全长2.8万千米,绝大部分是电气化铁路。1988年,青函海底隧道通车后,加之连接本州与四国的濑户内海大桥正式通车,日本四大岛已由2万千米的铁路线贯通一体,交通十分方便。从20世纪60年代起修筑的高速铁路,称为"新干线",总里程近2000千米。现已通车的有:东海道新干线、山阳新干线、东北新干线、上越新干线、长野新干线、山形新干线、秋田新干线。

截止2003年,全国公路长123万多千米,其中高速公路8289千米,拥有汽车7758万辆,仅次于美国。

空港众多,其中东京羽田、成田国际机场是世界航运的一个重要连接点。

城市名	年吞吐量
神 户	日本最大海港和最大的集装箱专用码头,年吞吐量1.5亿吨
千 叶	6个泊位可以停靠10～3.5万吨级船舶,年吞吐量1亿吨
横 滨	能接纳世界上最大的集装箱船的天然深水港,年吞吐量1亿吨
名古屋	港阔水深,全年可以作业,年吞吐量1亿吨
东 京	主要的进口港,年吞吐量在7000万吨
川 崎	主要为工业服务,进口原油、矿石和焦炭,年吞吐量8000万吨

日本人

1. 人口

人口密度高,但分布不均。从东京经名古屋、大阪、神户到九州的太平洋沿岸地区的人口占全国人口的 60% 以上,城市人口超过 80%。

大和民族是历史上最早移入日本的各个部落融合而成的一个民族。少数阿伊努人是日本最古老的民族。

日本是世界上最长寿的国家之一。人口增长率不断下降,人口老龄化问题进一步加剧,65 岁以上的人口约占总人口的 21%。

2. 教育

学制为小学 6 年、初中 3 年、高中 3 年、大学 4 年、大专 2～3 年,实行 9 年义务教育。大学有国立大学、公立大学和私立大学。小学至中学的义务教育入学率近 100%,大学升学率约为 36%。人口素质较高,目前全国成年人识字率达 99% 以上。

日本是一个非常重视教育的国家,教师的地位非常高,著名的综合大学有东京大学、京都大学、早稻田大学和庆应大学等。

日本重视社会教育,函授、夜校、广播、电视教育等较普遍。对在职人员还注意经常进行考核和培训,以使其适应科学和技术进步的需要。

历史的脚步

1. 历史沿革

公元 4 世纪中叶,日本出现统一的国家——大和国。5 世纪初,大和国到达鼎盛时期,势力曾扩大到朝鲜半岛南部。公元 645 年发生大化革新,建立起天皇为绝对君主的中央集权国家体制。12 世纪末,由武士阶层掌握实权的"幕府"登上历史舞台,日本成为军事封建国家,史称"幕府"时期。1868 年,革新派实行"明治维新",废除封建割据的"藩体制",建立起统一的中央集权国家,恢复天皇至高无上的统治,发展资本主义,并逐步走上对外侵略扩张道路。第二次世界大战中战败,1945 年 8 月 15 日宣布无条件投降。战后初期,美军对日本实行单独占领。1947 年 5 月实施新宪法,由绝对天皇制国家变为以天皇为国家象征的议会内阁制国家。

2. 政治制度

国家实行以立法、司法和行政三权分立为基础的议会内阁制,国会(日本的议会)是日本最高权力机关和立法机关,内阁为国家最高行政机关。日本的天皇为象征性国家元首,国会由参、众两院组成,行政权由以首相为首脑的内阁行使。首相由天皇根据国会提名任命。国会中的多数党为执政党,执政党的领袖是当然的内阁总理大臣。

第二次世界大战后,日本实行"政党政治",代表不同阶级、阶层的各种政党相继恢复或建立。目前参加国会活动的主要政党有自民党、民主党、公明党、自由党、共产党、社民党、保守党等。

 经济视角

日本从明治维新之前闭关锁国的封建农业国,发展成为现在仅次于美国的世界第二大经济强国。

第二次世界大战使日本经济一度陷入崩溃,战后经济经历了恢复、高速增长到缓慢增长3个发展阶段。1997—1998年在东南亚金融危机的冲击下,日本的国民生产总值连续出现负增长,失业率上升,企业设备闲置。2008年9月,日本经济进入衰退期。

2008年,GDP总量约48 440亿美元,仅次于美国居世界第二位,人均34 326美元。

1. 经济的基本特征

(1)高度发达的经济大国。1937年,工业总产值占资本主义世界的4.8%,居第五位。第二次世界大战后,国民经济经过短暂恢复,工业生产力水平提高显著,生产规模、技术水平、工业结构等已达到世界先进水平。汽车、船舶、钢铁、石油制品、乙烯、家电、电子、数控机床等主要工业品产量都居世界前列。

(2)原料、燃料和市场严重依赖国外。原料和燃料严重依赖进口,工业品大量依靠外销,是日本经济发展的突出特征之一,也是最大的弱点。日本已成为世界上进口工业原料最多、对国外资源依赖程度最大的国家。另一方面,凭着本国巨大的生产能力,其主要工业品对国际市场的依赖程度也达30%~50%。

(3)经济结构以工业为主,农业发展缓慢。第二次世界大战后,重化工业增长迅速;进入20世纪80年代,第三产业急剧发展,产业结构明显地向服务化、信息化、软件化和国际化方向发展。在国际市场普遍不景气的情况下,日本为了促进经济增长,开始由过去出口主导型向内需主导型转变,加大政府对公共工程的投资,大力发展民用建筑、教育等产业。

(4)日本经济地域差异显著,人们可居住的面积仅占全国面积的21%,是世界上生产密度最高的国家。本州岛是日本最大的岛屿,占国土面积的61%,却集中了人口的80%,是城市最集中的岛屿。它也是日本经济活动最活跃的地方,集中了全国工厂、就业人口和工业产值的90%,农产值的70%和批发商业营业额的90%,同时也是全国人均收入和生活消费水平最高的岛屿。

以东京、大阪和神户、名古屋等城市为中心的东京湾、大阪湾、伊势湾沿岸及瀬户内海沿岸,即"三湾一海"地区,经济最发达,是日本政治、经济和文化的中心地带。而日本海沿岸及国土的南北两端则是日本经济相对落后的农业地区。

(5)资本的集中与垄断不断加剧。三菱、住友、三井、富士、三和、第一劝业银行六大财团,控制了全国总资本的70%以上。此外,国家垄断资本主义也有很大发展。

2. 主要产业部门及其分布

日本工业高度发达,占国内生产总值的40%。农产品自给率低,农业经营规模在发达国家中是最小的。个体经济占统治地位。

日本战后工业发展主要经历了以下三个阶段：

(1) 1946—1954 年："复兴自主"，以钢铁、煤炭为重点，带动电力和化肥工业的发展；以纺织、食品、木材加工和印刷为主的轻工业发展较快。

(2) 1955—1969 年：产业结构转向重化工业。钢铁、机械、汽车、造船、电机等重工业成为发展的重点。

(3) 1970 至今：向知识和技术密集型转化，大力提倡"技术立国"，电子、仪表、新能源、新材料、生物技术等新兴产业发展很快。重化工业比重有所下降，但在发达国家中仍然是最高的。

"三湾一海"地区包括京滨、名古屋、阪神、濑户内海、北九州 5 大工业区，拥有全国工业产值的 75％。工业高度集中的太平洋沿岸带状地区，经过多年的发展，已处于饱和状态。

工　业	
能源工业	能源结构由煤炭为主转向石油为主，成为世界第二大石油消费国。 石油加工业：京滨工业区是全国最大的石油工业基地。横滨、川崎、四日市为重要的炼油中心。 煤炭主要靠进口。1999 年总发电量占世界的 7.4％，居世界第三位。鹿儿岛的火电设备能力最大。在全国电力构成中，核电已占到 36％，主要分布在福井和福岛两县。
钢铁工业	现代化水平高，劳动生产率、生产技术均居世界领先地位。1996 年起，日本一直是世界最大的钢铁出口国，钢铁产量 1/3 以上用于出口，亚洲是其第一大出口地。阪神地区是全国最大的钢铁工业基地。
机械工业	世界上最大的机床生产国，也是世界上出口机床最多的国家，占有世界 1/4 的市场。由微电子计算机控制的产业用机器人，日本在生产和使用上均居世界前列。在精密机械方面，手表的产量多年来居世界第一。汽车工业是日本最大的出口产业，日本也是世界上最大的汽车出口国，主要分布在京滨和名古屋工业区。丰田市是汽车城，琦玉的本田和静冈的铃木是日本摩托车生产基地。 自 1956 年起，日本造船量一直居世界首位，占世界造船量的 40％，被誉为"造船王国"，1999 年被韩国赶超，但仍是世界最大的船舶输出国。重要的造船企业有三菱重工、川崎重工、三井造船、日立造船。北九州的长崎造船厂是世界最大的造船中心之一。
电子工业	自 1986 年起超过汽车工业成为日本第一大产业，是典型的"出口工业"。电子计算机、计算器、电视机、录像机、录音机、洗衣机、电冰箱等产量居世界前列并大量出口，半导体工业产值高居世界榜首，关东和九州相对集中分布。九州岛是重要的半导体工业基地，被称为日本的"硅谷"。

续　表

工业	
石油化学	乙烯产量居世界第二位,主要生产中心有川崎、千叶、市原、鹿岛等。
纺织工业	是日本发展最早的工业部门,目前以纯天然织物为原料的纺织品为主。日本纺织业在 20 世纪 80 年代起逐渐移向海外,历来是棉花、羊毛、生丝等纺织原料的进口大国。棉花进口世界第一,羊毛进口世界第二。

农业	
种植业	世界上主要的稻米生产国之一,稻米自给有余,是世界主要的粮食(包括饲料)进口国。茶园多分布在南部,静冈县是最大产茶中心。水果和园艺业发展较快。
畜牧业	食用畜产品产量显著增加,但消费仍大量依赖进口。
渔业	鱼类资源十分丰富,年鱼产量 1 000 万吨,占世界总量的 15%。水产进出口量都较大,是世界水产品进口最多的国家。

 贸易大看台

对外贸易在国民经济中有举足轻重的地位。据日本海关统计,2008 年进出口货物贸易总额 15 441.3 亿美元,其中出口 7 822.4 亿美元,进口 7 618.8 亿美元。

(1)对外贸易顺差严重(见图-1)。

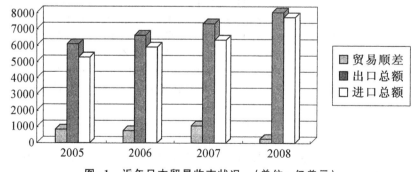

图-1　近年日本贸易收支状况　(单位:亿美元)

(2)日本长期重视进出口战略规划,对商品结构、市场布局、销售渠道有长远设想。

首先,出口商品结构适应国际市场需求的变化。例如,随着发展中国家为发展民族经济对资本货物的需求增加,各国随着经济水平的提高和科技的发展,消费的需求日益向高级化发展,日本就适应了这种变化。当前,日本正发展高科技知识密集型的出口

商品。

其次,发展竞争力强的"拳头"产品,并在商品价格、花色品种、包装装潢、支付条件、售后服务等非价格因素方面具备竞争优势,重视向工业发达国家、外汇充裕的国家和进行工业化、发展速度快的国家和地区发展出口市场。

此外,日本重视商业情报和市场调研。银行和综合商社往往都有自己的调查部,使日本能够在瞬息万变的国际市场中获胜。

1. 国际贸易地区结构

日本对发达国家出口略高于对发展中国家的出口,从发达国家的进口略低于从发展中国家的进口。

日本的贸易地区,战前主要是以中国为主的亚洲各国。第二次世界大战后,因美国的占领,在进出口贸易中,美国多年来一直位于第一,约占其外贸总额的1/3。近年来,中日贸易持续增长。

从地区和国别分析,北美和除西亚以外的亚洲其他国家是其最大的出口市场。美国、中国(含中国香港)、德国是其最大的出口目的地;中国、美国、中东地区、澳大利亚是其最主要的进口国和地区。

日本所需的重要原料、燃料依靠亚非拉地区和澳大利亚,生产的机械和成套设备也主要输往这些地区。近20年来,日本对东盟、韩国、中国(包括中国台湾和中国香港地区)的出口额增长迅速,亚太地区已成为日本最大的出口市场。

2. 进出口货物构成

出口商品结构的显著特点是工业制成品所占的比重大,出口商品比较集中。进口商品的最大特点是初级产品的进口占绝对优势。

日本目前以汽车、钢铁、机械、电子产品、船舶出口为主,并已经成为世界高技术产品最大的出口国;主要进口商品是石油、煤、铁等工业原料、燃料和食用农产品。

近年由于日元大幅升值,日本积极扩大进口,以改善贸易的失衡状态。因为海外投资增长,制成品返销本国的进口增幅最大,包括精密机械、仪器、重型车辆、家用电器等。

3. 对外贸易市场特点

(1)竞争激烈。日本企业追求产品的一流化、低成本、高质量、高性能。日本市场的极大丰富,加之对美欧国家长期存在的巨额贸易顺差,美欧国家以及亚洲各国都极力扩大对日出口,加剧了日本市场的竞争关系。

(2)对商品要求高。日本人的需求正在向多样化、个性化发展,购买商品时不仅重视使用价值和质量,还追求商品的"文化价值",讲究款式新颖和名牌,商品包装的价值甚至超过商品本身。

(3)"用户第一",重视售后服务。

(4)流通渠道复杂。商品流通渠道复杂,层次多、过程长,绝大多数商品都经过批发商,有的要经过几级批发。进一步拓展市场,需要贸易商尽量减少流通环节,建立直接的交易关系。

4. 中日经贸关系

1972年9月29日中日邦交正常化,次年1月1日互设大使馆。2008年,中国是日本的第一大贸易伙伴,第二大出口目的地和最大的进口来源地,两国经济合作密切。据中国海关统计,2008年中日贸易额达到2 667.9亿美元,中国对日出口1 161.4亿美元,对日进口1 506.5亿美元。中国对日本出口的工业制成品以机电产品、服装及衣着附件、纺织纱线、织物及制品为主,对日进口主要是电子产品、汽车及零件、钢材、成品油等。

日本之旅

日本是世界著名的旅游大国之一,大批的日本人喜欢出国,日本国内也有许多吸引人的地方。东京的繁华、奈良的古老、北海道的神秘和圣洁都给人留下深刻的印象。而3月的樱花和遍布山间的温泉则使人流连忘返。

1. 主要城市及其景区景点

(1) 东京(Tokyo):日本的首都,古称江户,明治维新之后改称东京。它是全国政治、经济、文化中心,也是世界上人口最多、最大的现代化国际城市之一。东京是世界三大金融都市之一,拥有世界闻名的股票市场,商业十分发达,旅游资源丰富。

◆ **明治神宫** 1915年为纪念明治天皇和皇后建造。10万多棵全国各地奉献的大树团团围住整个神宫。宫内有3条参拜通道,西侧是为昭宪皇太后特辟的御苑,为典型的日本式庭院。每到新年,日本人都来神宫参拜,许下新年愿望。

◆ **东京铁塔** 建于1958年,是日本第一高塔,东京的标志性建筑,也是欣赏东京全景的绝佳位置。其主要功能是发射广播电台和电视台的无线电波,是NHK(日本广播协会)等电视台和电台的发射站。

◆ **银座** 东京最主要的繁华商业街,以银座"四丁目"十字路口为最繁华,横贯银座的中央大道往南通往新桥,往北则可达著名电器街"秋叶原"。银座的地价在世界上首屈一指,物价为世界之最。在银座消费是一种高级身份的象征。市内5条地铁线在这里交汇,有日本最大的地铁车站。

◆ **新宿** 以东京都厅为首的十几座现代化摩天大楼直耸入云,是日本最大的商务办公区和高级饭店集中的地区,最引人注目的是由花岗岩和玻璃建造的48层东京都厅舍(市政府),共有1万多名政府工作人员在这里上班。位于45楼的南北展望室可360度欣赏东京全貌。新宿车站是日本最大的枢纽站,每天乘客多达80万人次。

◆ **上野公园** 是日本最大的公园,也是东京的文化中心,园内有东京文化会馆、国立西洋美术馆、东京国立博物馆、东京美术馆、上野动物园等。游览的三项主要内容是:赏樱花、看动物、参观博物馆。

◆ **浅草** 曾是江户时代的商业中心,还是大众文化的发祥地。这里集中了众多的文化娱乐设施,著名景点有浅草观音寺。

(2)大阪(Osaka):是日本第二大港口城市,关西地区重镇,阪神工业地带的中心,其心齐桥、梅田、天保山等地是主要观光地区。人们称大阪是水都,水多桥也多。大阪也是购物天堂,它有"日本最大的地下街"和"日本最长的商品街",更有"天下厨房"之称,是日本最具特色的饮食王国,以日本料理和海鲜烹调水准技巧最高。

◆ **大阪城** 现存的大阪城为1931年由民间集资重建。城内樱花门颇为著名;主体建筑天守阁,巍峨宏伟,镶铜镀金,十分壮观。

◆ **心齐桥、难波、道顿堀** 俗称"MINAMI",是大阪最繁华的商业街,著名高级百货店、时装街、有名餐厅均集中在这里。

◆ **彩虹地下街** 长1 000米,分上、中、下3层,是大阪主要的交通要道,也是独立的商业区。有3个大型商场和300多家商店分布在4个小广场周围,成为游览者的必到之地。

(3)名古屋(Nagoya):日本第四大城市,位于东京和京都之间,又称为"中京"。商业繁荣兴旺,是全国三大商业批发中心之一,有许多大商业企业,如爱知丰田汽车销售公司和松板屋百货公司等。城市建设井然有序,被誉为日本城市规范的典范;古老的名胜和现代化的都市建设,使之成为游客向往的地方。

◆ **名古屋城堡** 巨石砌成两重城垣,由内外护城壕环绕。这座古城是幕府创始者德川家康下令建造的,集当时建筑技术的精华,以坚固名闻天下。

◆ **德川美术馆** 以德川家康的遗物为主,收藏着1万多件德川家传下来的"大名道具",如武士用具、文房用品,还收藏着国宝《源氏物语》。

(4)北海道(Hokkaido):夏季原野鲜花盛开,气候凉爽,是日本避暑胜地。美食有札幌啤酒、拉面、毛蟹海鲜等。北海道以其迷人的雪景闻名于世,故冬天是游览北海道的最佳季节。一年一度的北海道"雪祭盛会"每年2月上旬展开,游客可在此参观由各国高手尽展身手而雕砌成的冰雕艺术杰作。

(5)札幌:札幌市区街道呈棋盘状,宽阔笔直,正南正北,每年冬季举办冰雪节。札幌市郊的藻岩山和羊丘展望台两处可眺望札幌市的美丽风景,札幌郊外的定山溪温泉为著名温泉乡。

(6)函馆:是充满情趣的北方海港城市,濒临津轻海峡,被称为北海道的南大门。函馆作为著名贸易港,是最早受西洋文化影响的城市之一。函馆的历史建筑物很多,处处充满一种日本文化与国外文化相融合的异国情趣。

(7)京都(Kyoto):与奈良、镰仓并称为日本三大古都。古城整体建筑格局仿照中国唐代长安的棋盘式布局,城内分洛东、洛西、洛北、洛南和洛中,至今仍保存有千余座古寺和众多的历史遗迹,是日本宗教和文化的摇篮,拥有全国最丰富的历史文化遗产,除了两座堂皇的故宫之外,还有400家左右的神道社和1 600多个佛教寺院。古色古香的寺院和景色秀丽的日本式庭院与现代化建筑错落相间,组成了一幅瑰丽的图画。

◆ **清水寺** 世界文化遗产之一,所有古建筑为全木结构。古寺里樱花、枫叶景色十分诱人,也是拍摄京都夜景的绝佳之处。寺院建于公元 798 年,大殿前为悬空的"舞台",由 139 根高数十米的大圆木支撑,气势宏伟,结构巧妙,未用 1 枚钉子。清水寺正殿旁有一山泉,称为"音羽瀑布",流水清洌,终年不断,被列为日本十大名水之首,清水寺因此而得名。

◆ **金阁寺** 始建于公元 1397 年,初名鹿苑寺,因其外表贴金,故又称金阁寺。金阁寺耸立在镜湖池水之中,呈四方形,最顶层的塔顶装饰有一只金铜合金的凤凰,远远望去,金光灿灿。

◆ **教王护国寺** 市内历史最悠久的寺庙,其金堂、讲堂建筑雄伟,而最为突出的建筑是"五重塔",高 57 米,被视为日本第一古塔,也是京都的象征。古寺里的梵天神像已被列为日本国宝之一。

◆ **祇园** 京都最大的游览中心,游客在园内可一览日本的传统艺术,如茶道、插花、古代宫乐等。

(8) 横滨(Yokohama):日本最大的港口,也是世界第三大港口。日本最大的中华街就在横滨湾港口。地标大厦、元町时装街、横滨跨海大桥的空中走廊、山下公园以及新横滨车站附近的拉面博物馆等,是横滨的著名旅游景点。

(9) 奈良(Nara):日本的佛教艺术在此萌芽。奈良是日本神社、佛像、雕刻、绘画等国家重点文物所在地,以奈良七大寺最为有名。唐僧鉴真开创的唐招提寺也在此。主要景点有奈良公园、东大寺、国立博物馆等等。

(10) 神户(Kobe):大阪的外港,是日本造船业中心,也是工业中心,商业发达。神户处处洋溢着浓厚的异国情调,是日本著名的旅游观光城市。北野地区的异国街景、南京路的"中华街"、神户湾的人工岛等是著名景点。神户湾夜景,更是美不胜收。

2. 其他著名景区

◆ **富士山** 日本的最高峰,海拔 3 776 米,是典型的圆锥形休眠火山,半山腰以上均为大雪覆盖,终年积满皑皑白雪,日本人称之为"万年雪"。天气晴朗时,站在富士山上可以看日出和云海,风光旖旎秀丽。"富士八峰"和"富士五湖"非常有名,山间湖泊,清澈见底,景色秀美。富士山已成为日本的象征之一。

◆ **琵琶湖** 日本最大的淡水湖,湖水波光潋滟,湖岸蜿蜒曲折,是著名的旅游胜地。沿湖岸有许多著名寺院,其中延历寺的长廊和正殿被日本视为国宝。

◆ **迪斯尼乐园** 亚洲最大的迪斯尼乐园,也是美国之外的第一个迪斯尼乐园,于 1983 年开张,位于东京郊区千叶县。它以古城堡为中心,分为五大主题游乐园,其中以探险船、海盗船等最受游人青睐。

◆ **箱根** 芦之湖是箱根最美丽的景点,湖畔空气清新、视野开阔,是近距离仰望富士山的绝佳之地。箱根还是日本极负盛名的温泉和艺术之乡,也是历史上名流贵族修身养性的地方。富士箱根伊豆国立公园因富士山和富士五湖而闻名。

◆ **濑户大桥** 有"世界第一桥"之称,为公路铁路两用桥,1988 年通车。总长度 37 千米,跨海长度为 9.4 千米,是世界桥梁史上的杰作。

亲身体验

礼节礼仪:

- 平时见面互施鞠躬礼,并说"您好"、"再见"、"请多关照"。
- 初次见面互换名片,不带名片是失礼的行为。
- 到家中做客,要先按门铃通报姓名,不能敲门;主动脱衣脱帽,换上拖鞋;不能提出参观主人的住房。回到自己的住所要打电话告诉主人,表示已经安全返回。
- 访亲问友或出席宴会必须带去礼品,一个家庭每月要花费约 7.5% 的收入用于送礼;特别讲究礼品包装和绳结;接受礼品要回赠。

饮食习惯:

- 米饭为主食,副食多吃鱼,喝酱汤。传统饭菜有生鱼片、寿司。
- 生鱼片是以生鱼、生虾、生鱼粉等为原料,再配以精白米饭、醋、海鲜、辣根等实物组成。寿司种类很多,先用米饭加醋调制,再以紫菜或豆皮包鱼、肉、蛋类。
- 吃生鱼寿司时,饮日本绿茶或清酒,别有一番风味。
- 设宴时,传统的敬酒方式是主人先将自己的酒杯在桌中的清水碗里涮一下,杯口朝下在纱布上按一按,再斟满酒双手递给客人。客人饮完后也同样做,以表示主宾之间的友谊和亲密。

喜好:

- 樱花、乌龟、鸭子。

主要节日			
新 年	1月1日	海 之 日	7月20日
成 人 节	1月第二个周一	敬 老 节	9月15日
建国纪念日	2月11日	秋 分	9月23日
春 分	3月20日	体 育 节	10月第二个周一
绿 化 节	4月29日	文 化 节	11月3日
宪法纪念日	5月3日	勤劳感谢节	11月23日
国民休息日	5月4日	天皇诞生日	12月23日
男孩节(端午节)	5月5日		

友情链接

　　和服：日本的传统民族服装，在日本也称"着物"。和服是仿照我国隋唐服饰改制的。妇女和服的款式和花色的差别是区别年龄和结婚与否的标志。虽然今天日本人的日常服装早已为西服所替代，但在婚礼、庆典、传统花道、茶道以及其他隆重的社交场合，和服仍是公认的必穿礼服。

　　歌舞伎：日本传统艺术的代表，有数百年历史，剧情大多描绘日本历史上一些富有戏剧性的事件，也有描写百姓生活的。押韵的台词、奇妙的舞蹈、悦耳的音乐，特别是由男演员扮演的旦角使其具有独特的魅力。

　　相扑：它来源于日本神道的宗教仪式，在奈良和平安时期，它是一种宫廷观赏运动，而到镰仓战国时期则成为武士训练的一部分。到18世纪，日本兴起职业相扑运动。比赛中，力士除脚掌外任何部分均不得触及台子表面，同时也不得超出圆圈。比赛往往在一两分钟甚至几秒钟内便能决出胜负。

　　茶道：也叫茶汤（品茗会），其核心是茶的聚会，通过沏茶、品茶的话题联络感情，陶冶性情，点茶、煮茶、冲茶、献茶是仪式的主要部分，讲究"四规七则"。日本人把茶道视为一种修身养性、提高文化素养和进行社交的手段。

　　花道：一种在茶室内再现野外盛开鲜花的技法，分为20多种流派。在日本各种场所都可以欣赏到装饰优美的插花艺术。

　　新闻出版：全国有影响的报纸为六大报：《朝日新闻》、《读卖新闻》、《每日新闻》、《日本产经新闻》、《东京新闻》、《日本经济新闻》。较有影响的杂志有：《中央公论》、《东洋经济》、《经济学人》、《文艺春秋》等。全国性的电视、广播公司主要有：日本广播协会（NHK），东京广播公司（TBS），日本电视广播网公司（NTV）。共同通讯社是日本最大的通讯社。

韩　国

(The Republic of Korea)

具有悠久历史的韩国依靠智慧和忍耐,克服了艰难险阻,取得了今天的辉煌。丰富的精神和物质遗产、对教育的高度重视、高水准的市民意识、热情好客的民族特性、美丽的自然景观,都是韩国人的珍贵财产。

数据 DATA

国名：大韩民国。

国旗：太极旗。旗面为白色,中间为阴阳图案,上红下蓝,图案周围有 4 组八卦符号。

国徽：圆形。圆面为 5 瓣的木槿花,中间为阴阳图案。绶带上写着"大韩民国"。

国歌：《爱国歌》。

国花：木槿花。

国树：松树。

国鸟：喜鹊。

国兽：老虎。

面积：约 9.96 万平方千米(2001 年)。

人口：约 4905 万(2007 年)

国语：韩语。

宗教：50％的人口信奉佛教、基督教等宗教。

首都：首尔(Seoul)。

出行贴士

国际电话区号	0082	时　差	一1小时 = 北京时间
应急电话	火警 119　盗警 112		
电　压	110/220 伏	最佳季节	9—11 月

 遥望韩国

1. 地形

国土的 70% 是山地和丘陵,东北部的地形最为陡峻崎岖,西南部是一望无际的平原,东部太白山脉是地形的脊梁。较大的平原主要分布在西部黄海沿岸一带,如汉江平原、内浦平原、金海平原等。平原地区交通便利,人口稠密。

2. 河湖

洛东江(长约 525 千米)和汉江(长约 514 千米)是半岛南部地区两条主要河流。流经首尔的汉江是沿江人民的生命线,如今则是人口密集的中部地区的生命线。

由于三面环海,海洋在韩国人的生活中起着重要作用,韩国早期造船业和航海术的发展与此密切相关。

3. 气候

属东亚季风气候,四季分明,冬温夏热,湿润多雨,年降雨量在 1 000 毫米以上。海洋性明显,沿海终年不冻。冬季平均气温为零度以下,夏季 8 月份最热,平均气温为 25℃,3、4 月份和夏初时易受台风侵袭。早春时节常常刮风下雨,大风时可形成“黄色沙尘”。

4. 资源

韩国耕地面积为 214 万公顷,主要分布在西部和南部平原、丘陵地区,约占国土总面积的 19%。

韩国矿产资源较少,有经济价值的矿物 50 多种,如铁、无烟煤、铅、锌、钨等,但储藏量不大。

 走遍韩国

1. 位置

位于朝鲜半岛南部,隔“三八线”与朝鲜民主主义人民共和国相邻,南北长约 500 千米,东西宽约 250 千米,东濒日本海,西临黄海,东南与日本隔海相望。

资讯

　　韩国首都首尔,全国设有1个特别市(首尔市)、6个广域市(釜山市、大邱市、仁川市、光州市、大田市、蔚山市)、8个道(京畿道、江源道、忠清北道、忠清南道、全罗北道、全罗南道、庆尚北道、庆尚南道)、1个特别自治道(济州特别自治道)。

2. 交通运输

到2005年,韩国铁路系统共有铁路79条,总运行长度为3 389千米。

1968年建成的首尔—仁川高速公路全长24千米,是韩国第一条现代高速公路。两年后,425.5千米长的京釜高速公路竣工。2005年末,韩国已有覆盖全国各地的高速公路24条,总长为2 968千米。

首尔的地下铁路系统全长287千米,有263个站台,每日客运量达560万人次。

主要贸易港:釜山、仁川、群山、丽水、木浦、浦项。2005年,港口吞吐量为5.96亿吨。

韩国人

1. 人口

韩国由单一的朝鲜民族组成,韩国称韩族,有着共同的文化和习惯。朝鲜民族直爽、开朗,能歌善舞,而且民族意识强烈,注重礼仪,注重传统道德,长辈和上级享有特权,门第家世受到尊敬。

2. 教育

韩国有着重视教育的传统。

现代教育于19世纪80年代传入韩国,形成了现代教育制度雏形。今天,韩国已是世界上读写能力最高的国家之一。

韩国的学制为小学6年,初中3年,高中3年,大学4年,另外还有两年制的专科大学及职业大学。韩国共有160多所大学。教育资金由中央统一筹集,政府拨款占学校预算的绝大部分。

历史的脚步

1. 历史沿革

公元一世纪后,在朝鲜半岛一带形成新罗、高句丽、百济3个不同政权形式和所属关系不同的国家。公元7世纪中叶,新罗在半岛建立统一政权。公元10世纪初,高丽取代新罗。14世纪末,李氏王朝取代高丽,定国号为朝鲜,1910年8月沦为日本殖民地,1945 年 8 月 15 日获得解放;同时,苏联和美国两国军队以北纬 38 度线为界分别进驻北半部和南半部。1948 年 8 月 15 日"大韩民国"在南部宣告成立,于 1991 年 9 月 17 日同朝鲜一起加入联合国。

2. 政治制度

韩国国家政体为总统内阁制。总统为国家元首兼政府首脑;内阁由总理、副总理及各部部长组成。最高立法机构为国会,采取一院制。

目前韩国主要政党包括新千年民主党、大国家党、自由民主联盟等。

经济视角

20 世纪 80 年代以来,韩国经济发展迅速,为亚洲"四小龙"之一。工业以钢铁、汽车、造船、电子和纺织为主。钢铁产量居世界第五位,其中韩国浦项钢铁公司是世界第二大钢铁联合企业。造船能力居世界第一。汽车产量居世界第六位。电子工业以高技术密集型产品为主,为世界 10 大电子工业国之一。

韩国实行政府主导的外向型经济发展战略,经济起飞始于 20 世纪 60 年代,9％以上的高增长率持续了 30 多年。1995 年,韩国人均国民收入突破 1 万美元。1997 年底爆发的金融危机使韩国的经济水平大幅倒退,但通过国际货币基金组织等的援助及自身结构调整,韩国经济已经实现了复苏。2008 年国内生产总值 9 291 亿美元,人均 1.9 万美元。

韩国的支柱产业包括半导体、汽车、造船、钢铁、电子、建筑、石油化工、通信、纺织等,目前正在大力发展信息、生物和新材料、新能源等知识型、高附加值产业。韩国经济偏重大企业集团的倾向比较严重。重要的企业集团有三星、现代、LG、韩国电力公司、韩国三星生命人寿保险、韩国国民银行、韩国钢铁公司、鲜京集团(SK)、起亚集团等。

1. 经济的基本特征——出口主导型经济

1961 年人均国民生产总值为 87 美元,属于世界上最贫穷的国家之一。1962 年以后,推出"输出立国"的经济开发战略,转向出口主导型经济,成为世界上经济增长最快的国家之一。

现在韩国政府实行鼓励中小企业和高科技风险企业发展的政策。主要特点有:

(1) 政府对经济发展采取强有力的干预与控制,全面推行"富国为主,输出第一"的经济发展路线。这一战略适应了韩国自然资源不足、国内市场狭小、劳动力丰富和教育良好的实际。

(2) 依靠大企业财团,形成了三星、现代、大宇、浦项制铁、鲜京、乐喜金星、高丽合纤、起亚、斗山、双龙 10 大产业集团。

(3) 大量举借外债。

(4) 国民经济基本接近发达国家水平。

2. 主要产业部门及其分布

韩国制造业占国民生产总值的33％,服务业约占59％,农业约占8％,均已接近发达国家水平。

工　业	
汽车工业	2002年汽车产量320万辆,居世界第六位。
电子工业	电子产品出口额已达200多亿美元。以高技术密集型产品为主,为世界10大电子工业国之一。
造船工业	造船订单标准货船吨数759万吨,为世界两大造船国之一。船舶出口占造船总量的85％。
钢铁工业	生产钢铁自给有余,由于价格低廉,在国际市场上成为日本钢铁业界的巨大威胁。浦项钢铁年产钢在世界大钢厂中排列第一名。
能源工业	韩国是世界第十大石油消费国,世界第五大乙烯生产国,原子能利用率世界第二位。
主要工业区	以首尔和仁川为中心的京仁工业区:首尔以纺织服装、印刷、食品等轻工业为主,仁川重工业发达。以釜山为中心的东南沿海工业区:石油、化学、造船、纺织业较发达。

农　业	
种植业	韩国多平原、河川,有发展农业的良好条件,但随着工业化和城市化过程的进程,耕地面积不断减少,粮食自给率不断下降。由于以个体小农经济为主,劳动生产率不易提高,现在年谷物进口量近1000万吨。

贸易大看台

韩国与世界上180多个国家和地区有经济贸易关系,2008年外贸进出口总额为8 752.8亿美元,其中出口4 220.1亿美元,进口4 352.1亿美元,逆差132.7亿美元。

1. 国际贸易地区结构

中国、美国、日本是韩国主要的贸易伙伴,进口均排名前三位。贸易逆差来源于日本和中东产油国,顺差来自中国、墨西哥、美国和新加坡。

2. 进出口货物构成

主要出口渔产品、胶合板、轮胎、橡胶管、钢材、运输设备、电子产品等;主要进口石油、小麦、木材、原棉、废钢铁、船舶、有机化学制品等。

20世纪90年代初,韩国电子产品出口突破200亿美元,成为世界第五大电子产品出口国;纺织品出口额保持在每年 150 亿美元左右,仅次于意大利、德国,是世界第三大纺织品出口国。另外,船舶、汽车、鞋类、钢铁等都是出口的骨干产品。

韩国是重要的劳务输出国,其海外承包工程总额在世界劳务市场上位居前列。目前,在佣工方面,已从用本国工人为主转向用劳动力低廉的第三国工人为主。

3. 中韩经贸关系

中韩两国 1983 年通过中国香港、新加坡等地开始进行间接贸易,1988 年 3 月开始有步骤地开展民间直接贸易。1992 年 8 月 24 日,中韩两国正式建立外交关系。

（1）双边贸易

中韩双边贸易发展迅速。据我国海关统计,2007 年双边贸易额达到 1 599 亿美元,其中中方出口 561.4 亿美元,进口 1 037.6 亿美元,中方逆差 476.2 亿美元。

近年来,中国对韩国出口商品主要有纺织服装、煤炭、电子零部件、冷冻水产品、玉米、钢材等,自韩进口商品主要是无线通信器材、石化产品、化工原料、电子产品、钢铁产品、运输机械等。

（2）韩国对华投资

韩企业对华投资以中小企业为主,平均规模较小;主要投资领域为纺织、服装、电子电器组装、制鞋、石油化工等制造业和饮食等服务行业;投资区域集中在山东、天津、辽宁、江苏等东部沿海地区,但近年正逐渐向广东、福建等其他东部地区和中西部内陆地区扩展。

（3）产业合作

中韩两国政府于 1994 年 6 月 6 日在北京签订了《关于成立中韩产业合作委员会的协定》,双方决定在共同感兴趣的产业领域开展合作,以推动中韩经贸合作关系的进一步发展。此后,双方在汽车、高清晰度彩电、程控电子交换机等领域开展合作,均取得了不同程度的进展。

韩国之旅

韩国风景优美,有许多文化和历史遗产,旅游业较发达。目前分布在全国各地的旅游胜地共有 2300 余处,主要旅游城市有首尔、釜山、济州岛等。

1. 主要城市及其景区景点

（1）首尔(Seoul):韩国的首都,是朝鲜半岛最大的城市,居西海岸 30 千米的汉江下游盆地,地形险要,风光旖旎,拥有优雅而富丽的故宫遗迹。

◆ **景福宫** 著名的古代宫殿,是李朝始太祖李成桂于公元 1394 年开始修建的。宫苑还建有一个 10 层高的敬天夺石塔,其造型典雅,是韩国的国宝之一。

◆ **青瓦台** 韩国总统官邸。这里原来是高丽王朝的离宫,1948 年 8 月大韩民国成立时,成为总统官邸。

◆ **大韩生命—63 大厦** 首尔的象征,韩国第一高楼,高 264 米,地上 60 层,地下 3

层,有高速观光电梯。

(2) 釜山(Pusan):韩国著名的天然港口,是韩国南端的门户,也是韩国第二大城市,以中央洞、光复洞最为繁华。

◆ **龙头山公园** 可以俯瞰市区全景和海洋风光,观赏夕阳和夜景,更具浪漫情调。公园内设有抗日救国英雄李舜臣将军的铜像。釜山塔高120米,是市区标志性建筑物。

◆ **海云台** 韩国八景之一,有蜿蜒2千米的白沙海滩,沿其东边著名的"迎月之路"可观赏美丽的海滨夜景。

◆ **通度寺** 韩国三大名刹之一,初建于公元646年,供奉中国唐朝带来的佛祖舍利子。

(3) 济州岛(Cheju Island):韩国第一大岛,是一个面积达1 825平方千米的亚热带火山岛屿。岛中央海拔1950米的汉拿山,号称韩国第一高峰。济州岛以石头多、风多、女人多著名,号称"三多之岛"。无污染、无公害是济州岛的骄傲。主要风景游览地有汉拿山国家公园、正房瀑布、天帝渊瀑布、龙头岩等,被誉为韩国的"东方夏威夷"。

◆ **龙头岩** 龙头岩由汉拿火山喷出的熔岩在海上凝结而成,仿佛神话传说中的一条巨龙,屹立于波涛澎湃的海岸边。

◆ **木石苑** 展出自然形成的古树、树根、奇岩,以及由石块堆积而成的石塔。

(4) 仁川(Inch On):韩国第二大港口城市。仁川海湾以海鲜、海滩和温泉闻名。

◆ **板门店** 这里是1953年7月27日签订《停战协议》的地方。

2. 其他著名景区

◆ **韩国民俗村** 韩国各地的农家民宅、寺院、贵族宅邸及官府等各式建筑聚集于此,再现朝鲜半岛500多年前李朝时期的人文景观和地域风情。瓷器是这里的特产,有较高的保存价值。

◆ **广寒楼** 韩国的著名古迹,是韩国庭院的代表,包括小岛、石像和鹊桥。它的整体构造象征着宇宙,相传著名传奇故事《春香传》就发生在这里。

 亲身体验

礼节礼仪:

- 韩国人奉行孝道,敬重祖先,忠于朋友,注重家庭。
- 传统的韩国妇女性情温顺,举止文雅,善于操持家务,体贴入微,认为伺候丈夫是天经地义的义务。
- 韩国血缘关系、亲戚关系、地域关系网发达。
- 礼节复杂,尊敬老人被认为比什么都重要。

饮食习惯:

- 韩国家庭的日常饮食是米饭、泡菜和大酱汤。

● 韩国著名的风味饮食有烤牛肉、冷面、打糕、狗肉汤和人参鸡汤等。

● 韩国泡菜广为人知,种类很多,多以白菜、萝卜或黄瓜为原料,加上盐、蒜、生姜、洋葱、红辣椒、梨、贝壳类海鲜等腌泡而成。韩国人普遍喜欢饮酒,本国的烧酒及啤酒和洋酒的消费量较大。

爱好:

● 打高尔夫球是韩国人喜爱的运动,冬季则盛行滑雪,吸引很多外国观光客。还喜爱棒球、足球、篮球等运动。

● 韩国人民尤其爱好民间游戏,主要民间游戏有荡秋千、踩跷跷板、放风筝、踏地神等。民间体育活动种类颇多,如围棋、象棋、掷棋、摔跤、跆拳道等。

主要节日			
元　旦	1 月 1 日	显 忠 日	6 月 6 日
民　俗　日	农历正月初一到初三放假3 天	制 宪 日	7 月 17 日
独立运动纪念日	3 月 1 日	光 复 节	8 月 15 日
植 树 节	4 月 5 日	仲 秋 节	农历八月十五
儿 童 节	5 月 5 日	开 天 节	10 月 3 日
佛 诞 日	农历四月初八	圣 诞 节	12 月 25 日

友情链接

文化:韩国的绘画分东洋画和西洋画,东洋画类似中国的国画,用笔、墨、纸、砚表现各种主题。书法在韩国是一种高雅的艺术形式。韩国人素以喜爱音乐和舞蹈著称。韩国舞蹈非常重视舞者肩膀、胳膊的韵律,道具有扇、花冠、鼓。戏剧主要包括假面剧、木偶剧、曲艺、唱剧、话剧等五类。其中假面剧又称"假面舞",在韩国传统戏剧中占有极为重要的地位。

韩国传统服装——韩服:女式韩服包括长裙和短上衣,男式韩服包括短上衣和长裤。男女韩服外面都可罩长衫。今天,韩国人大多在节日或婚丧庆典之时才穿韩服。

健康食品——泡菜和烤肉:烤肉可用任何肉类制作,但最常用的是牛肉和猪肉。泡菜是一种经发酵腌制的蔬菜,味道香辣,可用任何蔬菜来制作,但最常用的是大白菜和小萝卜。泡菜是热量和胆固醇低、纤维含量高的食品。

高丽参:韩国因气候和土壤适宜,广泛种植人参,韩国称其所产的人参为"高丽参"。

新　加　坡

(The Republic of Singapore)

> 　　新加坡是一个热带岛国,由本岛和 63 个小岛组成。它的气温变化不大,降雨量充足,动植物繁多,体现了热带岛屿的特征。新加坡所处的地理位置是世界的十字路口之一,得天独厚的地理条件使之发展成为世界主要的商业、通信和旅游中心。

 数据 DATA

国名: 新加坡共和国。

国旗: 由上红下白两个相等的横长方形组成,长与宽之比为 3∶2,左上角有 1 弯白色新月和 5 颗白色五角星。红色代表人类的平等,白色象征纯洁和美德;新月象征国家,5 颗星代表国家建立民主、和平、进步、正义和平等的思想。新月和 5 颗星的组合紧密而有序,象征着新加坡人民的团结和互助的精神。

国徽: 由盾徽、狮子、老虎等图案组成。红色的盾面上镶有白色的新月和五角星,其寓意与国旗相同。红盾左侧是 1 头狮子,这是新加坡的象征,新加坡在马来语中是"狮子城"的意思;右侧是 1 只老虎,象征新加坡与马来西亚之间历史上的联系。红盾下方为金色的棕榈枝叶,底部的蓝色饰带上用马来文写着"前进吧,新加坡!"。

国歌:《前进吧,新加坡》。

国花: 名为卓锦·万代兰的胡姬花。

面积: 699.4 平方千米。

人口: 484 万(2008 年)。

国语: 马来语。四种官方语言是:马来语、汉语、泰米尔语和英语。英语和汉语是行政语言,使用最为广泛。

宗教: 华人和斯里兰卡人多信佛教,马来人和巴基斯坦人多信奉伊斯兰教,印度人多信奉印度教。此外还有人信奉基督教。

出 行 贴 士

国际电话区号	0065	时差	无时差
应急电话	报警 999		
	火警 995		
电压	220～240 伏	最佳季节	2—7 月

 遥望新加坡

1. 地形

地势平缓,平均海拔高度仅 17 米,武吉知马山海拔 170 米,是新加坡的最高点。

新加坡岛有如覆盆,分为中部高地、西部低丘浅谷、东部冲积层和南部河口小平原 4 个部分。众多短小的河流由中心呈放射状分流。

2. 气候

属于热带海洋性气候,全年平均气温在 23～33℃之间,平均降水量在 2400 毫米以上。这里没有台风、地震等自然灾害。

3. 河湖

岛上有格兰芝、裕廊等一些河流,最长的也只有 6 千米。

4. 资源

矿产资源贫乏,植物资源十分丰富,热带植物多达 2 000 种以上。橡胶、椰子、油棕具有较高的经济价值。

 走遍新加坡

1. 位置

新加坡居于东南亚的中心位置。北隔柔佛海峡与马来西亚为邻,有长堤与马来西亚的新山相通,南隔新加坡海峡与印度尼西亚相望。新加坡海峡长 105 千米、宽 16 千米,是马六甲海峡通往南海和爪哇海的航行要道。

新加坡没有首都建制,也没有城市建制,而是把全国划分为 6 个地区。

2. 交通运输

新加坡是世界著名的航空港和海港,同时拥有覆盖全岛的便利的公路和铁路网络。

新加坡奉行"开放天空"政策,世界各国主要航空公司都在此设立据点,2000 年到港旅客 1.35 亿人次,卸货量 84.8 万吨,着陆飞机 8.7 万架次。新加坡樟宜机场,是具有世界级货物吞吐能力和处理能力的高效空港,连续多年被评为世界最佳机场。

新加坡位居国际航道马六甲海峡的出入口,新加坡港又是世界著名天然良港之一,海阔水深,各类船只终年畅通无阻,是世界上最主要的航运枢纽和沟通各大洲的战略咽喉,也是世界上最繁忙的港口之一。

新加坡的公路总长度约为 3 000 千米,其中高速公路 110 多千米,铁路约为 67 千米(均为电气化铁路)。

新加坡人

1. 人口

马来渔民是当地的土著居民。自从史丹福·莱佛士爵士来到新加坡并建立英国贸易中转站后,新加坡吸引了成千上万的移民和商人,许多人是从中国南方省份、印度尼西亚、印度、巴基斯坦等地来到这里的。新加坡华族约占总人口 74.7%,马来族占 13.6%,印度族占 8.9%。新加坡是世界上人口密度最大的国家之一。

2. 教育

通过 10 年的普通教育,学生可以继续进入初级院校学习,如果学生在科技或商务学院中取得了好成绩,就可以再进入理工学院学习。

中学阶段教育 4～5 年,有 4 种不同的课程以适合不同学习能力的学生。

新加坡有两所政府大学,即新加坡国立大学和南洋理工大学。

历史的脚步

1. 历史沿革

新加坡古称淡马锡,8 世纪建国,属印尼室利佛逝王朝;公元 18 世纪至 19 世纪初为马来亚柔佛王国的一部分;1824 年沦为英国殖民地,成为英在远东的转口贸易商埠和在东南亚的主要军事基地;1942 年被日军占领,1945 年日本投降后,英国恢复其殖民统治,次年划为直属殖民地;1959 年 6 月新加坡实行内部自治,成为自治邦,英国保留国防、外交、修改宪法、颁布"紧急法令"等权力;1963 年 9 月 16 日并入马来西亚;1965 年 8 月 9 日脱离马来西亚,成立新加坡共和国,同年 9 月成为联合国成员国,10 月加入英联邦。

2. 政治制度

新加坡宪法规定:实行议会共和制,总统为国家元首,由全民选举产生,任期 6 年;总统委任议会多数党领袖为总理。总统有权否决政府财政预算和公共部门职位任命,拥有审查政府行使"内部安全法令"与"宗教和谐法令"的权力,以及调查贪污案件的权力。总统和议会共同行使立法权。议会称国会,实行一院制,议员由公民投票选举产生,任期 5 年。

 经济视角

作为一个城市岛国,新加坡缺乏自然资源。1965 年独立之初,新加坡政府面临一连串的内忧外患。对此,新加坡政府采取了走"工业化道路"的经济发展路线,经济发展经历了由独立初期时的劳动密集型工业,逐步过渡到具有高附加价值的资本、技术密集型工业和高科技产业,进而发展到目前的信息产业等知识密集型经济。在 1965 年后的几十年间,新加坡经济平均增长 8% 以上。2008 年 GDP 总值达到 1 410 亿美元,人均32 030 美元。如今,新加坡已发展成为东南亚地区重要的金融中心、运输中心和国际贸易中转站,还是世界电子产品重要制造中心和第三大炼油中心。

面对 21 世纪经济全球化的挑战,新加坡为寻求新的发展机遇,提出了一系列经济发展思路,归纳起来可称三大战略,即"高科技战略"、"中国战略"和"扩大腹地战略"。

1. 经济的基本特征

新加坡的传统经济以商业为主,包括转口贸易、加工出口和航运。独立后,政府坚持自由经济政策,大力吸引外资,发展多样化经济,从 20 世纪 80 年代初开始,加速发展资本密集、高增值的新兴工业,力求以最优越的商业环境吸引外来投资,以制造业和服务业作为经济增长的双"引擎",不断优化产业结构。20 世纪 90 年代尤为重视信息产业,已投资兴建"新加坡综合网",加速向海外投资,积极开展在国外的经济活动。新加坡工业主要以炼油、石油化工、修造船为主;农业在国民经济中所占比例不到 1%,主要有家禽饲养和水产业。粮食全部靠进口,蔬菜自产仅占 5%,绝大部分从马来西亚、中国、印尼和澳大利亚进口。旅游业是主要外汇收入来源之一。

2. 主要产业部门及其分布

制造业、建筑业、批发零售业及酒店业、交通与通信业、金融与商业服务构成新加坡经济的五大支柱产业。

工　业	
电子工业	新加坡的电子工业是以生产计算机的磁盘驱动器起家的,并长期在电子工业中占主导地位。
化学工业	化学工业近几年发展较快,主要得益于外国资本的投入,特别是来自欧洲的资本。
石化工业	石化工业过去一直是新加坡工业的重要部分,是世界上第三大炼油中心。但由于东南亚地区石化工业竞争激烈,发展受阻。
船舶制造	修船、造船、钻油船平台建造,是苏伊士运河以东、日本以西的最大船舶修造基地和仅次于美国的钻油平台修造中心。
印刷业	逐渐发展起高质量的印刷业,特别是高质量彩色印刷业,计算机用印刷材料的产量也大幅度增加。

农　业	
	主要有家禽饲养和水产业。 种植业最有名的是花卉。

贸易大看台

2008 年,新加坡对外贸易总额为 6 578.9 亿美元,其中出口 3 381.4 亿美元,进口 3 197.5 亿美元。

1. 国际贸易地区结构

2008 年,马来西亚仍然是新加坡最大的贸易伙伴。其主要的贸易伙伴为美国、印尼、中国香港特别行政区、中国、日本、韩国、澳大利亚和泰国。

2. 进出口货物构成

新加坡进出口产品主要以机械和设备、化工产品为主。

3. 中新经贸关系

中新两国互为重要的经贸合作伙伴,在贸易、相互投资、承包工程和劳务以及区域经济组织等方面的合作进展顺利。中国是新加坡第二大贸易伙伴,第四大出口目的地和第三大进口来源地。中国已成为新加坡企业最热门的投资和贸易对象之一。

(1) 双边贸易持续增长,进出口额基本保持平衡

据中国海关统计,1990 年中新两国建交之时的双边贸易额仅为 28 亿美元,到 2000 年时已突破 100 亿美元。近两年尽管世界经济不景气,发展中国家的对外贸易普遍下降,但中新双边贸易仍然取得了较高的增长。2008 年两国贸易额达 648.1 亿美元,其中中国出口 337.0 亿美元,自新进口 311.0 亿美元。在双边贸易额增长的同时,进出口商品结构得到了优化,目前中国对新加坡出口产品中 60% 以上属于机械设备、电器和电子、仪器仪表、运输工具等机电产品,产品的科技含量明显提高。

(2) 相互投资已具规模

新加坡已经成为中国主要的外资来源地之一。到 2003 年底,中国累计批准新加坡在华投资项目 1 万多个,协议金额 433 亿美元,实际投入 243 亿美元。截至 2003 年底,已有 33 家中资或含中资的企业在新加坡交易所挂牌上市,为企业发展筹措所需资金。

(3) 承包工程和劳务合作是中新两国经贸合作的重要内容

据统计,截至 2003 年底,中国企业在新加坡累计签订承包工程和劳务合同额达 97 亿多美元,完成营业额 82 亿多美元,累计派出各类劳务人员近 30 万人次。目前,中国在新加坡设立开展工程承包和劳务输出的公司近百家,在新加坡从事建筑、电子、造船、教育、医护、软件开发、服务、科研等工作的人员近 10 万人。

新加坡之旅

新加坡环境优美、市容整洁、空气清新,政府和居民都十分注重清洁卫生,是著名的"花园城市",也是亚太地区的旅游明珠。

1. 主要城市及其景区景点

新加坡唯一名城是新加坡市,又称狮城。市内高楼林立,最高的达 72 层。市内主要景点有:天福宫、裕华园、星和园、苏丹伊斯兰教堂、双林寺等。

◆ **天福宫**　建于 1840 年,是新加坡最古老的中国寺院,也是东南亚最大的禅寺。正殿供奉天后即海神妈祖,具有浓厚的中国建筑风格。

◆ **鱼尾狮身像**　新加坡的标志和象征,由新加坡雕塑家林南生于 1975 年创作完成,高 8 米,重 40 吨,狮首鱼身,底座呈海水波浪状,狮子目射强光,口喷清水,旁有一座小鱼尾狮像与之相伴。

◆ **圣陶沙**　是新加坡重点旅游区,被海水环抱,到处长着美人蕉、南洋杉、椰树等热带树木和花卉,幽雅恬静是其一大特色。岛上建有古炮台、昆虫馆、蝴蝶馆、亚洲村、水上世界、电影世界、音乐世界花园广场等景点。乘坐敞口小火车绕岛一周,各处风光尽收眼底。

◆ **裕廊飞禽公园**　被誉为东南亚最壮观的"鸟类天堂",也是世界上少数规模庞大的禽鸟公园之一。园内建有 95 个鸟舍,养着来自世界各地的 600 多种约 8 500 只鸟。

亲身体验

礼节礼仪:

- 新加坡的多民族决定了其宗教也多种多样,主要宗教有伊斯兰教、佛教、基督教、印度教、锡克教、犹太教等。新加坡的宗教建筑各式各样,有伊斯兰教清真寺、哥特式教堂、带有神秘神像的印度教寺庙以及中国寺庙。
- 新加坡是礼仪之邦。不同民族的传统礼仪也不同。
- 衣着简便,但出入正式场合则要求男士穿西服、打领带,女士穿礼服。

饮食习惯:

- 主食一般为米饭、包子;副食为鱼虾。
- 水果偏爱桃子、荔枝、梨。
- 食物禁忌依各自所信仰的宗教规定。

爱好:

- 饮茶是新加坡人的普遍爱好。

主要节日			
食品节	4 月 14 日	国庆节	8 月 9 日
百鸟争鸣节	7 月	各民族还有自己的节日	华人的春节,马来人的开斋节、宰牲节,印度人的屠妖节、踏火节

友情链接

新加坡国立大学:http://www.nus.edu.sg

南洋理工学院:http://www.nyp.edu.sg

新闻出版:英文报有《海峡时报》、《商业时报》、《新报》;华文报有《联合早报》、《联合晚报》、《新明日报》;马来文报有《每日新闻》;此外还有泰米尔文报《泰米尔日报》。新加坡广播电台拥有并经营 12 个国内电台和 3 个国际电台。新加坡电视机构拥有并经营 2 个频道,一个播送华文节目,另一个播送英文节目,每天播送 24 小时。

马 来 西 亚

（Malaysia）

> 马来西亚是个美丽神奇的黄金般的国度（"马来"两字在马来语中就是"黄金"的意思）。美丽多姿的热带风光,千姿百态的山、河、海、岛、礁、滩、油,奇异美妙的多种动植物,遍布全国各地的名胜古迹,吸引着世界各地的旅游者。马来西亚已成为举世瞩目的旅游胜地,享有"热带旅游乐园"的美称。

 数据DATA

国名：马来西亚。

国旗：蓝色象征人们的团结及其与英联邦的关系,新月象征伊斯兰教,黄色象征马来西亚国家元首。

国徽：盾形,上端绘有一弯新月和一个14角星。下部中间为马来西亚的国花。盾形两旁是两只马来虎,下端黄色绶带上用马来文写着"团结就是力量"。

国歌：《我的祖国》。

国花：班加拉亚,又名扶桑。

面积：33.03万平方千米。

人口：约2 717万（2007年）。

国语：马来语为国语,英语为官方语,华语使用也比较广泛。

宗教：伊斯兰教为国教,其他还有佛教、基督教、天主教和印度教等。

首都：吉隆坡（Kuala Lumpur）。

出行贴士

国际电话区号	0060	时差	无时差
应急电话	紧急救援 999	电话查询	103
电压	220～240 伏	最佳季节	5—9 月

遥望马来西亚

1. 地形

内地多山地丘陵,沿海为冲积平原,分为马来亚、沙捞越、沙巴 3 个地形区。马来亚地势南低北高,东西两侧沿岸为冲积平原,中部为山地,大汉山海拔 2 190 米,是西马最高峰;沙捞越沿海为冲积平原,内地多为森林覆盖的丘陵山地;沙巴西部是沿海平原,内地也是森林覆盖的山地。克罗山脉,南北纵贯马来西亚,主峰基纳巴卢山海拔 4 101米,是东南亚最高峰。

马来西亚海岸线绵长曲折,多良港和海滩,岛屿众多。

2. 气候

属热带雨林气候,终年炎热,潮湿多雨,无明显季节变化,全年平均温度为 26～32℃。

3. 河湖

马来西亚河湖密布。

西马的第一长河彭亨河,全长 434 千米;第二长河是霹雳河,全长 350 千米。

东马第一长河是拉让河,也是全国第一长河,全长 592 千米,流域面积 3.9 万平方千米;第二长河是基纳巴坦甘河,全长 560 千米。

4. 资源

马来西亚自然资源丰富,盛产橡胶、棕油、稻米、椰子、可可、胡椒;矿藏有锡、铁、煤、钒土、金、锰、石油、天然气等。

森林面积约占全国总面积的 74%,盛产热带硬木,为世界上最大的热带硬木产销国之一。

内地和沿海渔产丰富,主要品种有鲑鱼、白鱼、小鲤鱼、宝刀鱼、龙虾等。

走遍马来西亚

1. 位置

马来西亚由马来西亚半岛南部的马来亚,加里曼丹岛北部的沙巴与沙捞越三部分组成,全境被中国南海分隔成东、西两部分,分别称为西马来西亚和东马来西亚。西马位于马来半岛南部,南与新加坡、北与泰国接壤,东邻南海,西濒马六甲海峡;东马位于加里曼丹岛北部,东南与印度尼西亚接壤。

资 讯

全国由马来半岛的 11 个州(雪兰莪、森美兰、马六甲、槟城、玻璃市、丁加奴、霹雳、吉打、吉兰丹、彭亨、柔佛)和东马的沙巴、沙捞越 2 个州以及吉隆坡、纳闽、布拉特再也 3 个联邦直辖区组成。其中,西马约 13 万平方千米,东马 19 万平方千米。

2. 交通运输

公路交通发达,2003 年公路总长 75 893 千米,达到发达国家水平。

铁路主要在马来半岛,总长 2 267 千米。

马来西亚的重要港口在西马有槟城、巴生港、马六甲、柔佛巴鲁等,在东马有古晋、哥打基纳巴鲁、山打根等。其中,槟城是马来西亚的最大港口,巴生港是吉隆坡的外港,也是中马航线上主要港口之一。

马来西亚人

1. 人口

主要由马来人、华人、印度人和巴基斯坦人组成,华人对马来西亚经济发展起了很大的作用。全国居民大部分集中在西马,东马人口较少。

2. 教育

马、华、印各族都有自己独特的文化。马来西亚政府努力塑造以马来文化为基础的国家文化,推行"国民教育政策",重视马来语的普及教育。华文教育比较普遍,有较完整的华文教育体系。实施小学免费教育。

高等院校有:马来西亚沙巴大学、马来西亚伯乐学院、马来西亚国际伊斯兰教大学等。

历史的脚步

1. 历史沿革

15 世纪初,以马六甲为中心的满加王国统一了马来半岛的大部分,16 世纪开始先后被葡萄牙、荷兰、英国占领,20 世纪初完全沦为英国殖民地,1942 年又被日本占领,1945 年英国人恢复殖民统治,1957 年宣布独立。1963 年马来西亚联合新加坡、沙巴和沙捞越合并组成马来西亚,1965 年新加坡退出。

2. 政治制度

国家政体为议会君主立宪制,最高元首由统治者会议选举产生,任期 5 年。最高元首权力仅为象征性,内阁掌握实权,内阁由总理、副总理和各部部长组成,总理为政府首脑。统治者会议由柔佛等9个州的世袭苏丹和马六甲等4个州的州长组成,在选举最高元首时只有9个苏丹有选举权和被选举权。最高立法机构为国会,由上议院和下议院组成。

 经济视角

1. 经济的基本特征

马来西亚独立前以农业种植业为主,工业极其落后。独立后,自1966年以来实行了7个五年发展计划,政府鼓励以本国原料为主的加工工业,重点发展电子电器(已成为世界第三大半导体组件的产销国)、汽车装配、钢铁、石油化工等。1978年,马来西亚开始施行"新经济政策",主要目的是"消灭贫穷,重组社会";1991年6月,公布了1991～2000年的"国家发展政策",取代到期的"新经济政策",强调经济平衡发展,基础工业多元化,重视人力资源开发。

经过多年努力,马来西亚经济结构摆脱了殖民地经济的不合理性。制造业,特别是以出口为导向的电子、纺织业发展很快,电子产品出口已跃居世界前列。

1997年7月,东南亚金融危机爆发,马来西亚遭受严重打击,当年马来西亚人均收入由1996年的4 447美元降至4 000美元左右。2000年马来西亚经济全面复苏,2006年,国内生产总值为1 349亿美元,人均4 930美元。

2. 主要产业部门及其分布

马来西亚以"橡胶和锡的王国"闻名于世,种植业和采矿业一向都是马来西亚经济的主要支柱。

工 业	
采矿业	锡的产量和出口量始终居世界首位,约占世界产量的2/5,以怡保为中心的近打河谷地和以吉隆坡为中心的巴生河谷地两大矿区最为重要。
制造业	以外资为基础,重视初级产品的加工,大力发展橡胶加工业、棕油加工业、食品加工业、油脂制造业,是世界上最大的树乳橡胶手套生产国。 现在是世界第三大半导体组件的产销国和最大的半导体出口国。纺织业引进高科技,已成为出口创汇的主要来源之一。 制造业主要集中在西马,中心是槟城、巴生、怡保;出口加工区多分布在马来半岛的西海岸。
石油业	采油业最近10年迅猛发展,主要产区在沙巴和沙捞越,已成为东南亚仅次于印尼的重要的石油生产国和出口国,产品主要输往美国和日本。

马来西亚农业以经济作物为主,主要有橡胶、油棕、胡椒、可可、椰子等,水稻是重要

的粮食作物,粮食自给率已提高到 90％ 以上。胡椒产量、出口量位居世界前列,主要分布在沙捞越。

农 业	
橡胶种植	1878 年,从巴西引入橡胶种植,产销量均占世界的 40％ 以上。胶园 90％ 以上集中在西马西海岸内侧海拔 300 米以下的丘陵地区。橡胶主要输往美国、日本和欧洲。
油棕种植	世界上最大的油棕生产国和出口国,80％ 以上供出口,产量和出口量分别占世界的 50％ 和 70％。

贸易大看台

对外贸易在马来西亚国民经济中占重要地位。近年来,马制成品出口不断上升,2005 年贸易总额为 2 641 亿美元,其中进口 651.2 亿美元,出口 1 456.6 亿美元。

1. 国际贸易地区结构

东盟、美国、欧盟、日本以及中国一直是马来西亚的主要贸易伙伴。

2. 进出口货物构成

马的出口商品主要有电子和电器产品、棕榈油、胶合板、木材、原木、天然橡胶、办公自动化设备及零件、通信器材、原油和石油产品、服装等。马的进口商品主要有电子、电器及散件、机械、运输设备及零件、办公自动化数据处理设备、汽车及内燃机零件等。

3. 对外贸易特点

经济高度依赖对外贸易,多数年份是顺差。

4. 中马经贸关系

1974 年 5 月 31 日,中马两国建交。1990 年,马来西亚取消对其公民访华的限制,两国友好合作关系进入全面发展的新阶段。据中国海关统计,2005 年中马贸易进出口总额为 307 亿美元,其中我国出口 106 亿美元,进口 201 亿美元。马来西亚是中国第八大贸易伙伴,也是我国在东盟内的第二大贸易伙伴。

我国对马来西亚出口历来以粮油食品、水果蔬菜、土畜和轻纺产品为主。近年来,我国对马来西亚出口船舶、钢材、水泥及电子产品零件等所占比重不断增加,特别是机电产品出口比重大幅增加。

马来西亚之旅

马来西亚的旅游业在 20 世纪 70 年代有显著发展。马来西亚最大的特色在于包容多民族情调,不同民族各具特色的文化习俗,不同风格的城乡建筑,充满传奇色彩的历史遗迹,交织成一幅幅色彩斑斓的画卷,使人心驰神往。

1. 主要城市及其景区景点

（1）吉隆坡（Kuala Lumpur）：马来西亚的首都，是马来西亚最大的城市，吉隆坡在马来话中的意思是"泥泞的河口"，开埠于19世纪中叶，华人叶德来率领一支垦荒队来开采锡矿，后来这里逐渐形成集市发展而来。吉隆坡市容整洁美观，高层建筑林立，现代化气氛与传统景观并存，其中最为壮观的是88层的国家石油公司的双塔大楼。吉隆坡主要景点有：

◆ **王宫**　国家元首的居所，其金色圆顶的建筑具有浓郁的阿拉伯风格。

◆ **国家清真寺**　东南亚最大的清真寺，整栋建筑为纯白色，中央大厅可容纳8 000人，寺后有安葬伊斯兰教"国家英雄"的陵墓。

◆ **黑风洞**　是一个由石灰岩形成的奇形怪状的洞穴，设有印度教徒的祭坛。

◆ **国家纪念碑**　建于1966年，是一座大型青铜人像雕塑作品，为7名马来西亚军人像，以纪念1950年在独立战争中牺牲的烈士，是马来西亚独立建国的精神标志。

（2）槟城（Pinang）：以盛产槟榔树而得名，并有"印度洋绿宝石"之称。槟城既有美丽的海滩与原野风光，又有众多的名胜古迹，还是购物者的天堂。由于受英国的影响，其市内的建筑物欧洲风味很浓。居民中大多数为华人，闽南话在这里很通行。

◆ **槟榔山**　又称升旗山，是槟城地势最高处。登上山顶，不仅可以俯瞰槟城全景，还可观看到来往于马六甲海峡之间的各式船只。

（3）马六甲市（Malacca）：位于马来半岛的东南海滨，是马来西亚最古老的城市，扼守马六甲海峡的咽喉。马六甲是历史的缩影，古迹众多，有马来西亚最早的庙宇青云亭，有纪念中国明代航海家郑和的三保山、三保井和三保亭，有葡萄牙人修建的古城门圣地亚哥门和最古老的教堂圣保罗教堂等。

◆ **荷兰红屋**　建于1650年，是城市的标志性建筑，曾是荷兰总督的住所，后改为市政府，现在是马六甲博物馆。

（4）怡保市（Ipoh）：霹雳州的首府，市区建筑整齐，街道宽阔，绿树成荫，居民以华人为多，是马来西亚的第三大城市。怡保市郊外多峭壁悬崖和洞穴，著名的洞穴有南天洞、东华洞、霹雳洞等。怡保因盛产锡矿砂，有"锡都"之称，橡胶、花生、柚木、榴莲等物产亦相当丰富。

2. 其他著名景区

◆ **云顶高原**　位于吉隆坡北郊，是一个凉爽的山地度假胜地。山上有电动游乐设施、游泳池、室内体育馆、保龄球馆等，还有马来西亚唯一的合法赌场。

亲身体验

礼节礼仪：

● 马来西亚在社交场合同客人见面时，一般行握手礼。

● 进入马来人的住家或清真寺时必须脱鞋并取下太阳眼镜。

● 马来人以互相摩擦手心,然后各自双掌合十,摸一下自己心窝表示问好。

饮食习惯:

● 食物一般以米饭、糕点、椰浆、咖喱为主;喜欢带有辣味的菜肴。

● 马来西亚风味"沙爹"(即:烤鸡肉或羊肉串),是宴席必备的佳肴。

● 定居在马来西亚的华人,吃饭一般都习惯使用筷子和勺子。

喜好:

● 马来西亚三宝是兰花、蝴蝶、巨猿。

主要节日			
新　　年	1 月 1 日	卫塞节	农历四月十五日
华人春节	正月初一、初二	国王诞辰	6 月 3 日
大宝森节	从 1 月下旬到 2 月初,是印度教的大宝森节	国庆节(独立节)	8 月 31 日
劳动节	5 月 1 日	圣诞节	12 月 25 日
开斋节	伊斯兰教历 9 月		

友情链接

新闻出版:约有 50 份报纸,主要报纸有:马来文的《马来使者报》、《每日新闻》、《祖国报》;英文的《新海峡时报》、《星报》、《马来邮报》;华文的《南洋商报》、《星洲日报》等。马来西亚国家新闻社(简称马新社)是一个半官方的通讯社。马来西亚电视台建于 1963 年,设有两个频道。

服饰:马来人男女传统礼服分别是:男士为无领上衣,下着长裤,腰围短纱笼,头戴"宋谷"无边帽,脚穿皮鞋。女士礼服也为上衣和纱笼,衣宽如袍,头披单色鲜艳纱巾。在各种正式场合,男士可穿长袖巴迪衫。巴迪衫是一种蜡染花布做成的长袖上衣,质地薄而凉爽,现已成为马来西亚的"国服"。

泰 国

(The Kingdom of Thailand)

世界上最大的佛教国家,90％以上的居民信奉佛教,约有 30 万僧侣。旧称暹罗,位于中南半岛中部。泰国经济发展迅速,属于中等收入国家;旅游资源得天独厚,风俗人情和传统文化富有吸引力,拥有世界水平的旅游设施,是世界十大旅游目的地之一,以"微笑国度"闻名世界。

 数据DATA

国名:泰王国。

国旗:由 5 个平行长方形组成。上下为红色,蓝色居中,蓝色上下方为白色。白色代表宗教,蓝色代表王室,红色代表各族人民的力量。

国徽:图腾图案。图案是 1 只大鹏鸟,鸟背上蹲坐着传说中的守护神那莱王。

国歌:《泰王国国歌》。

国花:睡莲。

国树:桂树。

面积:约 51.31 万平方千米。

人口:约 6 241.8 万(2005 年),由 30 多个民族组成。

国语:泰语。

宗教:国教是佛教。

首都:曼谷(Bangkok)。

出行贴士

国际电话区号	0066	时　差	＋1 小时 ＝ 北京时间
应急电话	急救和报警 191	电话查询	13
电　压	220 伏	最佳季节	11 月至次年 2 月

遥望泰国

1. 地形

地势北高南低,大部分为低缓的山地和高原。北部、西部由掸邦高原向南延伸而成,南经克拉地峡延伸至马来半岛,东部是山地,中部为湄南河冲积平原,其下游三角洲是全国主要的经济区。克拉地峡最窄处只有 56 千米,战略地位十分重要,其北部的因他暖山海拔 2 595 米,为全国最高峰。

泰国按地形分为 4 个区域:中部平原、东北部高原、北部山区和南部半岛。

2. 河湖

湄南河纵贯泰国,是全国最重要的灌溉水源和航运干道。泰国水能总蕴藏量达 2 000 多万千瓦,是东南亚水电比重最大的国家。

3. 气候

除克拉地峡以南的一隅是热带海洋性气候外,大部分地区属于热带季风气候。全年分为热、雨、旱 3 季。年均气温 24～30℃。因为西部山地的阻挡,年降水量比其他东南亚国家略少,全国平均降雨量为 1 600 毫米,变化较大。

4. 资源

泰国自然资源丰富,主要有钾盐、锡、褐煤、油页岩、天然气,还有锌、铅、钨、铁、锑、铬、重晶石、宝石和石油等。其中,钾盐的储量 4 070 万吨,居世界首位;锡的储量约 120 万吨;油页岩蕴藏量达 187 万吨;褐煤蕴藏量约 20 亿吨;暹罗湾一带还发现海底气田,可以开采约 40 年。

森林覆盖率 38%,目前可利用的木材资源主要有橡胶木、桉木和柚木。

渔业资源丰富,总产量居世界前列。

走遍泰国

1. 位置

位于中南半岛中南部,东南临泰国湾,西南濒安达曼海,西和西北与缅甸接壤,东北与老挝交界,东南与柬埔寨为邻,疆域沿克拉地峡向南延伸至马来半岛与马来西亚相接,其狭窄部分居印度洋与太平洋之间。

全国分中部、南部、东部、北部和东北部 5 个地区,现有 76 个府,府下设县、区、村。曼谷是唯一的府级直辖市。

资 讯

各府名称如下:曼谷(直辖市)、暖武里、巴吞他尼、大城、北标、北揽、佛统、夜功、那空那育、红统、信武里、素攀武里、乌泰他尼、猜那、华富里、龙仔厝、甘烹碧、北揽坡、帕、拍瑶、披集、清莱、夜丰颂、南邦、南奔、素可泰、清迈、程逸、彭世洛、碧差汶、难、呵叻、四色菊、加拉信、色军、孔敬、武里南、耶梭通、乌汶、乌隆、素林、那空帕农、猜也奔、莫达汉、廊开、黎逸、玛哈沙拉堪、巴真、北柳、尖竹汶、春武里、罗勇、达叻、巴蜀、叻丕、北碧、佛丕、达、甲米、北大年、宋卡、沙敦、也拉、拉农、洛坤、春蓬、陶公、素叻、普吉、博达伦、董里、攀牙、沙缴、安纳乍能、廊莫那浦。

2. 交通运输

铁路总长 4 452 千米,主要由 4 条主干线组成:北到清迈,东北到泰、老边境的廊开和乌汉,东到泰、柬边境的亚兰,南到泰、马边境的帕当贝萨尔和宋艾格洛。

现有公路里程 16 万千米。

曼谷港既是河港,又是海港,为全国最大的港口,是水陆转运的枢纽。承担全国 95% 的出口和几乎全部进口商品的吞吐。曼谷北部的廊曼机场是东南亚重要的航空港。南部马来半岛的宋卡港和普吉港是橡胶和锡的出口港。

全国共有 37 个机场,其中 8 个国际机场。

泰国人

1. 人口

人口中泰族约占 40%,老挝族约占 35%,其余为华人、马来族和高棉族等。

2. 教育

中小学教育为 12 年制,即小学 6 年,初中 3 年,高中 3 年。中等专科职业学校为 3 年制,大学一般为 4 年制,医科大学为 5 年制。

泰国著名高等院校有:朱拉隆功大学、法政大学、玛希敦大学、诗纳卡琳威洛大学、亚洲理工学院等。

历史的脚步

1. 历史沿革

泰国已有 700 多年的历史和文化,原名暹罗,公元 1238 年建立了素可泰王朝,开始形成较为统一的国家,先后经历了素可泰王朝、大城王朝、吞武里王朝和曼谷王朝;从

16世纪起,先后遭到葡萄牙、荷兰、英国和法国等殖民主义者的入侵。19世纪末,曼谷王朝五世王大量吸收西方经验进行社会改革。1896年,英、法签订条约,规定暹罗为英属缅甸和法属印度支那之间的缓冲国,使暹罗成为东南亚唯一没有沦为殖民地的国家。1932年6月,人民党发动政变,建立君主立宪政体。1938年,銮披汶执政,1939年6月更名为泰国,意为"自由之地"。1941年被日本占领。1945年恢复暹罗国名,1949年5月又改称泰国。

2. 政治制度

泰国是君主立宪政体。现行《宪法》规定,泰国实行以国王为元首的民主政治制度;国王为国家元首和皇家武装部队最高统帅,神圣不可冒犯。国会为两院制,分上院、下院,均由直选产生,以立法、审议政府施政方针、国家预算和对政府工作进行监督为主要职能。政府总理来自下议院,由国会主席呈报国王后任命。

经济视角

1. 经济的基本特征

第二次世界大战以前,泰国是单一的农业国,经济基础落后,几乎没有工业。20世纪50年代,美国对泰国的基础设施建设进行了大规模的援助和投资。20世纪六、七十年代,泰国分阶段实施鼓励工业发展的"进口替代"和"出口导向"战略,经济得到迅速发展。

20世纪80年代,泰国政府进一步调整工业结构,大力引进技术密集型和附加值高的中轻型工业,寻求适合泰国的工业发展模式,并取得成效。泰国20世纪80年代年均经济增长率为7.6%。进入20世纪90年代,泰国政府加强农业基础投入,并积极促进制造业和服务业的发展。从1990年至1995年,泰国经济处于高增长状态,年均经济增长率达8%。1996年人均GDP超过3 000美元。

1997年7月爆发的金融危机,使泰国经济受到严重打击。自1999年以后,泰经济逐步走上复苏的道路。2006年,泰国GDP约为2 060亿美元,人均约3 094美元。

2. 主要产业部门及其分布

工　　业	在国民生产总值中占35.0%
	东海岸的马托普工业区,兴建了大型石油化工联合企业;曼谷是转口区,设有保税仓库。
	泰国工业门类主要有纺织服装业、汽车摩托车装配及零配件工业、电子电器工业、软件工业、石化工业、食品加工业、轮胎工业、建筑材料与建筑机械工业、鞋类、家具、珠宝、玩具、皮革制造业等。制造业在GDP中所占比重不断上升,采矿业在泰国占重要地位。锡的产量和出口量均占世界第三位。

续　表

工　业	在国民生产总值中占 35.0%
	泰国是东南亚最大的汽车生产基地。通用汽车、福特、宝马、丰田、本田在泰国都有投资,建有汽车生产和组装厂。其产业基础设施、技术力量和一线生产工人的水平都具有较高的竞争力。

农　业	多 元 化 发 展
种植业	主要生产稻米、玉米、木薯、橡胶、甘蔗、绿豆、麻、烟草、咖啡豆、棉花、棕油、椰子果等。2001 年,年产稻米 2 711 多万吨,出口 768 万吨,居世界第一位,享有很高的声誉;木薯年产 1 810 多万吨,1/3 供出口,是世界上最大的产销国。 　　玉米出口居世界第四位,蔗糖出口居世界第五位,菠萝罐头出口量居世界第一位。
养殖业	20 世纪 80 年代开始兴办现代化牧场,最突出的是养鸡业,冻鸡年产量达 17 万吨,成为世界第十大冻鸡出口国。 　　同时大力发展海洋捕捞业和水产养殖业。
林产品	世界最主要的橡胶生产国。2001 年产量为 242 万吨,90% 以上用于出口。虫胶出口量居世界第二位。

贸易大看台

出口增长一直是泰国经济的推动机,并对泰国工业结构的多元化起了积极的促进作用,1991—1997 年间,出口额增长了 1 倍,由 282 亿美元增长到 567 亿美元。2006 年泰国对外贸易总额为 2 542 亿美元,其中出口 1 282 亿美元,进口 1 260 亿美元。

1. 国际贸易地区结构

美国、欧盟、日本、东盟是泰国重要的贸易伙伴。

2. 进出口货物构成

泰国主要出口产品是汽车及其零配件、电脑及其零配件、集成电路及电器、初级塑料、大米、鞋类、冻虾、珠宝首饰、水产品罐头等;进口则以各种机电产品、工业设备、原材料、石油和润滑油为主。

3. 中泰经贸关系

近年来,中泰双边贸易额逐年增加。2006 年,中泰贸易额 277.3 亿美元,其中我国出口 97.6 亿美元,进口 179.7 亿美元。泰国为我国第 13 大贸易伙伴。

中国对泰出口的主要商品有:自动数据处理设备及零部件、纺织品、手持或车载无线电话机、录放像机、钢材、电动机及发电机、集成电路及微电子组件等。中国自泰进口的主要商品有:自动数据处理设备及零部件、初级形状的塑料、集成电路及微电子组件、化工原料、天然橡胶、钢材、原油等。

截至 2005 年年底,我国共批准泰国来华投资项目 3 684 项,合同外资金额约为 91.53 亿美元,实际使用外资金额约为 28.23 亿美元。

泰国是中国在海外的传统承包工程市场。中国公司于 1980 年开始进入泰国承包工程市场,至今业务发展良好。

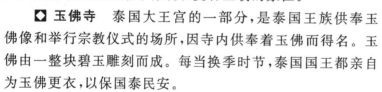

泰国之旅

泰国被誉为"亚洲最具异国风情的国家",除了优秀的文化、丰富的古迹,泰国更拥有奇特和变化无穷的优美景色。历史文化、自然美景糅合于现代社会的发展之中,更使泰国保持着永久的魅力。

在这个被称为"白象王国"的美丽国度,到处都是金碧辉煌、尖角高耸的庙宇、佛塔,无处不有精致美观的佛像、石雕和绘画。

1. 主要城市及其景区景点

(1) 曼谷(Bangkok):它是古刹林立的佛国首都,四季花卉绚丽多姿,兼有古老气息和现代风情的东方大城,充满神秘与美丽的"天使之城"。

◈ **大王宫** 泰国曼谷王朝一世王至八世王的王宫,是曼谷市内最为壮观的古建筑群。建筑以白为主色,风格主要为暹罗式;庭园内绿草如茵,鲜花盛开,树影婆娑,满目芳菲;集建筑、绘画、雕刻和装潢艺术的精华于一身,被称为"泰国艺术大全",是泰国民族建筑文化的集中体现和曼谷王朝的象征。

◈ **玉佛寺** 泰国大王宫的一部分,是泰国王族供奉玉佛像和举行宗教仪式的场所,因寺内供奉着玉佛而得名。玉佛由一整块碧玉雕刻而成。每当换季时节,泰国国王都亲自为玉佛更衣,以保国泰民安。

◈ **鳄鱼潭** 世界上最大的鳄鱼饲养场,常年保有量在 3 万条左右,有泰国鳄、非洲鳄、澳洲鳄、中国的扬子鳄等。泰国是鳄鱼的一大产地,鳄鱼皮制品也成为泰国的一大特产。

◈ **蛇园** 原为巴斯德研究院,饲养有上千不同品种的蛇类,供科学研究和参观。

◈ **水上市场** 曼谷河道纵横,水上的许多独木小舟满载着各种蔬菜、瓜果和实物,形成流动货摊,穿梭往来,各船首尾相接,景色十分壮观,人称"东方威尼斯"。许多居民的住房都在岸边建造,更有一些人以船为家。

(2) 芭提雅(Pattaya):是一片长达 3 000 米的新月形海滩。这里倚山傍海,气候宜人,绿草如茵,极富东方热带情调,是泰国最负盛名的海滨旅游胜地之一,也是国际著名的海滨旅游度假区,被誉为"东方夏威夷"。

◆ **芭提雅海滩**　林荫道贯穿海滩南北,海滩北部和中部是酒店、餐馆和购物区,南部是主要的夜生活区,商店、沙龙、超市、舞厅都集中在这里。

◆ **珊瑚岛**　岛的四周有许多沙滩,洁白细软,水清见底,海底又有许多珊瑚和热带鱼,是休闲、海浴、游泳、潜水的好去处。

◆ **东芭文化村**　园内有大型的表演场,可以观看泰国传统风俗歌舞表演及大象表演。

(3) 清迈(Chiang Mai):泰国第二大城市,是著名的佛教圣地,全城有寺庙 100 多座。绢制品、漆器、木刻、银器是泰国传统的工艺精品。该市的玫瑰花、民间传统舞蹈和一年一度的泼水节也很有名。

◆ **清曼寺**　寺中佛坛前的立佛,是清迈发现最早的佛像。最著名的是一尊水晶佛像,有 1000 多年的历史。每年 4 月 1 日的宗教活动,人们会抬着小水晶佛像绕城一周游行。

◆ **菩辛寺**　泰国北方建筑艺术的经典杰作。藏经阁有精致的木雕,狮子佛建于公元 14 世纪,还有精美的壁画。

◆ **素贴寺**　清迈地区最大的佛寺,是城市的显著标志之一。游人可以沿着陡峻的台阶步行而上,也可以乘坐登山缆车到达庙门。

(4) 普吉岛(Phuket):泰国最大的岛屿,观光资源使其成为泰国首屈一指的度假胜地。普吉岛是一个完全未受工业污染的岛屿,居民多为中国人和葡萄牙人的混血后代,屋舍和生活风俗有着浓厚的地中海情调。比较著名的海滩有:巴通海滩、卡隆海滩、PP岛等。

2. 其他著名景区

◆ **阿育他亚**　从 1350 年起就是泰国的首都,有 33 位国王在此执政。1767 年被缅甸人统治。这里 500 多座宏伟的宫殿和庄严的佛寺,吸取了柬埔寨和缅甸的佛教和婆罗门教的建筑精华,已被列入世界遗产名录。最著名的景点有阿育他亚古城和一座阿育他亚佛像。

◆ **素可泰**　素可泰古城是泰国历史上第一个王朝的首府,有 100 多座佛寺,上千尊佛像,也是世界历史文化遗产。

◆ **古城博物馆**　这是一座人造城,荟萃了泰国各地历史上有代表性的建筑物,经过仿制或原物搬迁而成,被游客誉为"泰国迪斯尼"。始建于 1956 年,修建工程历时 20 年才最后完成。

　亲身体验

礼节礼仪:

● 泰国人非常尊重国王和王室成员,不能随便谈论或议论王室。遇有王室成员出席的场合,态度要恭敬。

● 佛教是泰国的国教,因此对佛像非常尊重,严禁攀爬。到寺庙参观,着装应整齐,不要穿短裤、短裙和无袖上装,进入主殿要脱鞋。

● 泰国人大多彬彬有礼,很难看到有人大声喧哗或者吵架。

● 泰国人非常爱清洁,随地吐痰、乱扔东西被认为是非常缺乏教养的行为。泰国人还非常注重卫生间的整洁,因此无论外出还是在酒店,都应注意保持清洁。

● 泰国是微笑的国度,人民热情善良,乐于助人。平时见面互施鞠躬礼,并说"您好"、"再见"、"请多关照"。

● 习惯"合十礼",不必再握手问候或告别。

饮食习惯:

● 米饭为主食,肉食以鱼为主。

● 喜爱吃辣,调味料花样繁多复杂。

喜好:

● 美食国度,水果天堂。

● 宋干节(泼水节)向路人泼水表示欢迎和祝贺。

主要节日			
元　旦	1 月 1 日	守 夏 节	7 月 14 日
宋 干 节	4 月 13—15 日	王后华诞	8 月 12 日
劳 动 节	5 月 1 日	五世王升遐纪念	10 月 23 日
泰皇登极纪念日	5 月 5 日	万　寿　节	12 月 5 日
佛 诞 节	5 月 15 日	宪法纪念日	12 月 10 日
银行半年节	7 月 1 日	除　夕	12 月 31 日

友情链接

人妖表演:一种经过变性手术和艰苦训练而具有柔媚女子形象的男性演员表演的节目,在泰国各主要城市都可以看到,但以芭提雅的表演最为著名。节目既有西方的古典歌剧、热烈的中国戏剧,也有迷人的泰国舞蹈,还有诙谐的小品。

新闻出版:媒体以私营为主。主要泰文报纸有《泰叻报》、《民意报》、《每日新闻》、《国家报》、《沙炎叻报》、《经理报》等。主要华文报纸有《新中原报》、《中华日报》、《星遏日报》、《亚洲日报》、《世界日报》和《京华中原日报》等。主要英文报纸有:《曼谷邮报》、《民族报》等。广播电台有 230 多家。无线电视台共 6 家,都设在曼谷,大部分电视节目通过卫星转播。

印　度

(The Republic of India)

　　几千年的文明积淀使印度成为一个充满神秘色彩的迷人国度。北部雄伟的喜马拉雅山倚天而立,佛教圣河恒河蜿蜒流转,世界七大奇迹之一的泰姬陵优雅妩媚,莫卧尔王朝的阿格拉古堡庄严壮观。独立后的印度在政治、经济、旅游各个方面都取得了巨大的进步,现在已经是全球第 10 位的工业化国家,并且是第六个进入外太空的民族。

　　作为世界上第七大国家,印度以高山和海洋作为疆界,从北方的大喜马拉雅山脉向南一直延伸到北回归线,在东边的孟加拉湾和西边的阿拉伯海之间楔入印度洋之中。

　　这是一个奇妙的国度,一个有着辉煌灿烂的古文化和广阔国土的国度,各种矛盾的对立和统一不可思议地熔于一炉。每一种人都坚持着自己的生活方式。这里的名胜古迹众多,是旅游的最佳选择之一。

数据 DATA

国名: 印度共和国。

国旗: 自上而下由橙、白、绿 3 个相等的横长方形组成,白色长方形中心绘有 24 根轴条的蓝色法轮。橙色象征勇敢和自我牺牲精神,白色象征纯洁的真理,绿色表示信心。法轮是神圣之轮、真理之轮。

国徽: 圆形台基上站立着 4 只金色的狮子,象征信心、勇气和力量。台基四周有 4 个守卫四方的守兽:东方是象、南方是马、西方是牛,北方是狮。守兽之间雕有法轮。图案下面有用梵文书写的、出自古代印度圣书的格言"唯有真理得胜"。

国歌:《人民的意志》。

国花: 荷花。

国树: 菩提树。

国鸟: 蓝孔雀。

面积：约297万平方千米。

人口：约10.27亿。

国语：英语和印地语。

宗教：大部分居民信奉印度教。

首都：新德里。

誉称：印度人称自己的国家为"婆罗多"，意为月亮，亦称作"月亮之国"。

出行贴士

国际电话区号	0091	时 差	+3小时 = 北京时间
电 压	220伏	最佳季节	11月至次年2月
			北部山区：4—7月

遥望印度

1. 地形

印度是南亚次大陆最大的国家。

按照地形特征，印度大致可以分为5个部分：北部喜马拉雅山区、中部恒河平原区、西部塔尔沙漠区、南部德干高原区和东西海域岛屿区。

中部平原由印度河、恒河和布拉马普特拉河3大水系的盆地组成，是世界上最大的冲积平原之一，也是世界上人口最稠密的地区。这里地势平坦、气候温和、土地肥沃、雨量充足，是印度主要的农作物区，也是经济最发达的地区。

2. 河湖

主要的河流有恒河、布拉马普特拉河（上游为我国的雅鲁藏布江）、亚穆纳河、纳巴达河、哥达瓦里河、克里希纳河、默哈纳迪河等，其中恒河（Ganges River）全长2 700千米，是印度最长的河流，流域面积为106万平方千米。

印度河流具有水量丰沛、但季节变化大的特点。恒河水量在亚洲仅次于长江，但最大量和最小量之间相差有50多倍；印度河相差多达百倍。

印度旱季供水十分紧张，因而发展水利事业，保证农田灌溉，具有十分重要的意义。

3. 气候

典型的热带季风气候。全国年平均气温一般在24～27℃之间，一年分为四季：冷季（12月～次年3月）、热季（4～6月）、雨季（7～9月）和西南风退却季（10～11月）。西北部属山地气候，恒河流域属季风型亚热带森林气候，半岛多属季风型热带草原气候；半岛西南部属热带雨林气候。

年降水量为1 170毫米，水热资源丰富。但因季风气候，降水不稳定，全年降水量的 80％ 集中在 6～9 月的雨季,季节变化大,年际变化也大,加上地区差异明显,使全国广大地区常受到旱涝灾害的威胁。

阿萨姆邦的乞拉朋齐年降雨量高达 1 万毫米以上,是世界降水量最多的地区,西部的塔尔沙漠年降雨量不足 100 毫米。

4. 资源

矿产种类繁多,最重要的有煤、铁、锰、云母、铝土及稀土矿等,其中云母储量居世界首位,其余也在世界前列,除自给外还有不同程度的出口。铝土储量和煤产量均占世界第五位。缺乏有色金属和石油,全部或大部分依赖进口。

森林 5 300 万公顷,覆盖率约为 16％。

走遍印度

1. 位置

印度位于亚洲南部,北邻中国、尼泊尔和不丹,西北部是巴基斯坦,东北部和东部同缅甸和孟加拉国接壤,南濒印度洋,西部和东部分别濒临阿拉伯海和孟加拉湾。

2. 交通运输

印度是发展中国家交通运输最发达的国家。

铁路是印度最大的国营部门,亦为主要运输手段,铁路总长度 6.29 万千米,居亚洲第一,世界第四位。

公路运输发展较快,已承担了全国货运量的 60％,客运量的 80％,为世界最大公路网之一。

印度地处亚非澳国际航空线的交叉地区,航空运输十分发达,孟买、加尔各答、德里、马德拉斯等有主要的国际机场。

河、海港口 240 个,海运能力居世界第 18 位。

城市名	年吞吐量
孟　买	印度最大的天然良港,年吞吐量 3 000 万吨。
莫穆冈	天然良港,年吞吐量 1 500 万吨。
维沙卡帕特南	天然港,年吞吐量 1 200 万吨。
加尔各答	东部重要港口,年吞吐量 1 500 万吨。
马德拉斯	主要人工港,印度南部货物集散中心,年吞吐量 2 000 万吨。

印度人

1. 人口

印度社会是个多宗教的社会,主要宗教信徒有:印度教徒、穆斯林、锡克教徒、佛教徒等。

种姓制度是印度社会的一种封建等级制度,与印度教教义紧密相连。四大种姓分别为:婆罗门、刹帝利、吠舍、首陀罗。种姓制度名义上已经通过法律被废除。

印度是一个多民族的国家,有印度斯坦族、泰卢固族、孟加拉族、泰米尔族等几十个民族。印度各民族都有不同的语言,全国性的官方语言是印地语和英语两种。

2. 教育

印度的教育实行 12 年一贯制中小学教育;高等教育共 8 年,包括 3 年学士课程、2 年硕士课程和 3 年博士课程;此外还有各类职业技术教育、成人教育等非正规教育。

高等院校主要有:德里大学、尼赫鲁大学、加尔各答大学等。

历史的脚步

1. 历史沿革

印度是世界"四大文明古国"之一,公元前 2000 年前后创造了灿烂的印度河文明。约在公元前 14 世纪,原居住在中亚的雅利安人中的一支进入南亚次大陆,并征服了当地土著。公元前 4 世纪崛起的孔雀王朝开始统一印度次大陆,公元前 3 世纪阿育王统治时期疆域广阔,政权强大,佛教兴盛并开始向外传播。中世纪小国林立,印度教兴起,1526 年建立莫卧儿帝国。1600 年英国侵入,建立东印度公司;1757 年爆发了印度和英国的普拉西大战,印度战败,开始逐步沦为英殖民地,1849 年印度全境被英占领;1857 年爆发反英大起义,次年英国政府直接统治印度。1947 年 6 月,英将印度分为印度和巴基斯坦两个自治领。同年 8 月 15 日,印巴分治,印度独立。1950 年 1 月 26 日,印度共和国成立,为英联邦成员国。

2. 政治制度

印度为联邦制共和国,议会由联邦院(上院)和人民院(下院)组成,总统和副总统由两院和邦议会选举产生,任期 5 年。印度最高行政机关是以总理为首的部长议会。主要政党有印度人民党、印度国民大会党、印度共产党(马克思主义)、印度共产党、泰卢固之乡党等。

经济视角

印度从 1991 年开始实行经济改革,近年经济增速较快,国内生产总值(GDP)年增长率达 4%～6%。2000—2001 财政年度,印度全国 GDP 总量为 4 598 亿美元,人均 GDP 约 450 美元。

1. 经济的基本特征

(1)印度的三大产业在国民经济中均占有重要地位:第一产业占 29%,第二产业占 24%,第三产业占 47%。

(2)印度信息产业中软件产业占主导地位,是世界上仅次于美国的软件出口大国,质量和成本的综合指数位居世界第一。1990 年印度软件出口只有 5 000 万美元,2001 年达到 85 亿美元(已占印度全部出口贸易总额的 15%)。印度软件业出口额占全球市场 20%,美国每年购买的软件产品有 60% 来自印度。印度全国有 35 万名合格的计算机软件人才,有 320 万专业人员服务于计算机软件公司,在海外工作的印度计算机软件工程师有 10 万多人,每年培养 6 万多名专业人才投入到软件行业。全世界软件开发人才中印度人约占 30%。在十几年的发展中,印度软件不管是市场规模,还是出口总额,平均增幅都在 50% 以上,显示出高速发展的势头。

2. 主要产业部门及其分布

印度的工业已形成较为完整的体系,自给能力较强,纺织、食品、精密仪器、汽车、软件制造、航空和空间等新兴工业发展迅速。近年,印度还发射了自己设计和制造的地球卫星和通讯卫星。

工业区	
胡格利河下游工业区	以加尔各答为中心,历史悠久;机械和麻纺织工业是主要的工业部门。
乔塔那格浦尔高原工业区	采煤、钢铁工业为主,产量占全国的 3/4。
马德拉斯—班加罗尔—科因巴托尔工业区	飞机、电子、机床等机械工业比重最大,马德拉斯以汽车、冶金、化学等工业为主,科因巴托尔是全国第三大棉纺工业中心,班加罗尔是印度的"硅谷"。
孟买—浦那工业区	棉纺工业居全国首位,孟买是全国最大的工业中心。
阿默达巴德—巴罗达工业区	棉纺工业为本区主要部门。

印度经济以农业为主,农业人口约占全国总人口的 73%,主要农作物有水稻、小麦、棉花、黄麻、甘蔗和茶叶等。茶叶和腰果的产量居世界首位。印度是世界最大的茶叶和香料产地。牛、羊、猪等饲养量位居世界前列。印度是世界第一大产奶国,也是世界重要的产棉国。

印度独立后经济有了较大发展。20 世纪 60 年代初,印度开始实行"绿色革命",农业由严重缺粮达到基本自给,贫困人口比例有所下降。

农业区	
东北部水稻、黄麻、茶叶区	位于恒河、布拉马普特拉河下游平原,黄麻和茶叶的产量占全国的 90% 和 80%。
西北部小麦、杂粮、油菜区	由印度河、恒河中上游平原及周围山地组成,灌溉条件较好,是"绿色革命"重点区。小麦产量占全国的 80%,油菜占全国的 90%,甘蔗占 50%,芝麻占 75%。
半岛杂粮、棉花、花生区	由德干高原和沿海平原组成,生产水平较低。棉花产量占全国的 60%,花生、烟草则占全国的 80%。
西南水稻、热带作物区	为胡椒、咖啡、腰果、椰子、木薯等产地,并有出口。目前,腰果仁出口已超过大米和茶叶出口,成为印度农产品出口中外汇收入的最大来源,粮食作物以水稻为主。

 贸易大看台

1. 国际贸易地区结构

居前 8 位的出口对象是美国、英国、日本、德国、比利时、荷兰、俄罗斯和法国,居前 8 位的进口对象是美国、沙特阿拉伯、德国、比利时、科威特、英国、日本和澳大利亚。

2. 进出口货物构成

主要进口商品为:石油及其制品、燃料、宝石、化肥、化工产品、钢铁、造纸原料、纸张等。

主要出口商品为:棉纱及棉织品、珠宝制品、医药及化工制品、机械及五金制品、农业及相关半成品、皮革及其制品、海产品、铁矿砂等。

3. 对外贸易市场特点

2001—2002 财政年度,印度进出口总额为 946.52 亿美元,其中出口 439.98 亿美元,进口 506.54 亿美元。在印度的进口用汇中,石油进口约占 1/3 左右,印度石油消费需求的 67% 需要依靠进口。

4. 中印经贸关系

与中国建交日:1950 年 4 月 1 日。

中印贸易始于 1951 年,发展较快。我国对印主要出口商品是:生丝、杂豆、纸张纸浆、松香、焦炭、医药产品、轻工业品、纺织品、化工品、食品、金属制品、机械设备等。我国自印主要进口商品是:铁矿砂、铬矿石、宝石、钢材、皮革、植物油、南药、化工原料等。

中印经贸近年平稳发展,1991 年双边贸易额仅为 2.56 亿美元,2002 年双边贸易额则超过 40 亿美元。中印两国人口众多,市场巨大,在某些领域互补性较大,扩大双边经贸存在一定潜力。

印度之旅

印度有着辉煌灿烂的古文化和广袤的国土,名胜古迹甚多。印度的旅游项目大致分为三大部分:首先是古堡陵园,著名的有红堡、泰姬陵等;其次是独具风情的热带海滨城市,鹿野苑是释迦牟尼初传法轮地,居师那迦是佛陀圆寂的地方;最后是石窟神庙,印度有许多塑像、雕刻和绘画。

印度政府已将旅游业作为社会效益良好的创汇产业列入发展重点,外国旅游者人数以年均 10% 的速度递增,2001 年达到 253.7 万人次。2001 年旅游收入为 1 400 亿卢比,使该产业成为全国第六大创汇产业。

1. 主要城市及其景区景点

(1) 新德里(New Delhi):印度首都,是一座现代化城市。市容整洁、清新,道路两旁树木成行、鲜花盛开。一座座办公楼房和别墅坐落于树荫之中,空阔的地面上绿草如茵。

◆ **印度门广场** 印度中央政府的所在地。巨大的花园广场,总统府、国会大厦和印度门都坐落于此,有大片的草地、花园和特色喷泉,是人们休闲的好地方。

◆ **库塔布塔** 全部用石头砌成,由 20 多根小圆柱组成,是印度最高的塔。

◆ **贾玛清真寺** 印度最大的清真寺,也是目前世界上最大的清真寺之一,位于旧德里,为公元 1644 年莫卧儿王朝沙杰罕大帝所造。

◆ **甘地陵墓** 当年印度独立运动的缔造者、国父圣雄甘地被刺杀后在这里火化遗体。每天有成千上万的印度人和来自世界各地的游客前往这里纪念参观。

(2) 阿格拉(Agra):印度的古都,位于北方邦西南亚穆纳河南岸。

◆ **泰姬陵** 17 世纪莫卧儿帝国皇帝沙杰罕为纪念其爱妃慕塔芝玛,动用了数万名工人,以宝石镶饰修建陵寝,图案之细致令人叫绝。最引人注目的是用纯白大理石砌建而成的主体建筑,上下左右工整对称,令人叹为观止。主体建筑四周有 4 座尖塔,陵园周围是红沙石墙,进口大门也用红岩砌建。泰姬陵的前面是一条清澈水道,水道两旁种植有果树和柏树,分别象征生命和死亡。

朗月当空的夜晚,白色的大理石陵寝,在月光映照下发出淡淡的紫色,清雅出尘,美得仿佛下凡的仙女。

◆ **阿格拉红堡** 莫卧尔王朝皇帝的宫殿,有着 400 多年的历史。高达 20 多米的城墙,全部用红色沙石筑成,墙上精美的艺术雕刻至今清晰可见,它标志着莫卧尔朝代的兴盛发达。

（3）孟买（Bombay）：印度第二大城市和海港,印度最大的纺织业中心,国际色彩浓厚,堪称民族的大熔炉。

◆ **威尔士王子博物馆** 1990年开馆,是印度首屈一指的博物馆,由绘画、考古、自然等三部分场馆组成。

◆ **印度门** 1911年为纪念英国王乔治五世在此登陆而建,现已成为孟买市标志。由于门下可以容纳600人,因此经常被用作举行盛典的场所。

◆ **珠瑚海滩** 孟买著名的风景区和富人居住区,游客可以漫步海滩感受印度人的生活,还可以在海边品尝众多的印度小吃和孟买独一无二的果拉冷饮。

（4）加尔各答（Calcutta）：是英国统治时代的印度首都所在地,人口众多,保存着大量的殖民地时代的建筑。

◆ **印度博物馆** 1878年开幕,为印度最早的博物馆。

（5）杰普尔（Jaipur）：这里曾经是众多王朝的聚集之地,所有的建筑都是粉红色的,因此被称为红粉城市。庄严肃穆的宫殿、五彩缤纷的集市、盘踞于市内的城堡,令杰普尔弥漫着浓厚的中世纪气氛。杰普尔是全印度著名的宝石加工集散中心。

（6）果阿（Goa）：美丽的海滨城市,有众多的欧式教堂。每年有来自世界各地的游客前往这里度假休息,享受阳光、沙滩、椰林的自然氛围。

（7）班加罗尔（Bangalore）：号称印度"硅谷"的高科技城市,是印度乃至世界软件业的中心,是一座新兴的现代化商务城市。

（8）瓦拉那西（Vralanast）：是世界上最重要的圣城之一,位于恒河之滨。恒河沿岸神庙林立,蔚为大观。神庙与河之间以石料大台阶相连,大台阶上聚集着许多洁身沐浴、祈祷的人们。

◆ **沐浴场** 依照印度教的教义,若以恒河水沐浴净身,将洗净一身的罪孽。因此恒河的西岸约有20多处呈阶梯状排列的沐浴场,游客可以乘船观赏这一盛景。

◆ **瓦拉那西西印度大学** 这里以培养印度民族文化为宗旨,于1916年建成。学区内的印度美术馆收集有印度教中绝美的雕刻与精美的画作。

◆ **鹿野苑** 四大佛迹之一,以当年佛祖释迦牟尼第一次为他的5个门徒讲道说法而闻名于世。公元前3世纪阿育王发现了这个圣地之后,布施了大量的财富建造了大量精美的建筑。

 亲身体验

礼节礼仪：

- 印度人与友人见面时,通常是双手合掌或举手,口念"纳马斯卡拉",意为"向你致意",见面分手时,男人与男人握手。如被引见妇女,男人不与她握手而应双手合十,微微弯腰。
- 进入印度人的住家要脱掉鞋子。来到印度人家里时,主人会给你戴花环,你应马上把它取下来以示谦让。

● 讲究卫生,每日淋浴。

● 在做饭前,富裕而有教养的家庭主妇要洗澡并换上干净的衣服;食前要洗手,不吃剩下的食品。

● 把厨房当作神圣的地方,外人与未淋浴的家人不能入内。

饮食习惯:

● 印度人素食者多,且等级越高荤食者越少。

● 印度是个香料之国,主要调料就有 10 几种,印度北部人烹制羊肉和家禽最为拿手。

● 印度人喝茶的方法别具一格,一般都是把茶斟入盘中,用舌头舔饮。

● 一般都不爱喝汤,认为任何一种汤都无法与无色无味、冰凉爽口的白开水相比。

喜好:

● 妇女佩戴首饰必不可少,她们不仅将首饰视为装饰品,而且当作趋吉避邪的象征物。

● 印度妇女额部眉间有 1 个彩色的"吉祥点",原来是表示婚嫁状况的,现在已成为妇女化妆和美容不可缺少的组成部分。

● 喜欢红色、蓝色、紫色、金黄色、绿色。

● 大象是吉祥的动物,被视为智慧、力量和忠诚的象征。

主要节日			
国庆节	1 月 26 日	灯节	10—11 月
独立节	8 月 15 日	印度教最隆重的节日、十胜节	9—10 月

友情链接

新闻出版:印度报刊大多属私人所有,最大的三家日报为《印度时报》、《马拉雅拉娱乐报》、《古吉拉特新闻》。主要新闻机构和通讯社是新闻发布署;印度报业托拉斯是印度最大的通讯社。

★**特别提示:**印度是世界上使用语言最多的国家之一;泰戈尔是世界著名的文学家,1931 年获诺贝尔文学奖;印度电影业兴盛,有"电影王国"之誉。

土 耳 其

(The Republic of Turkey)

土耳其拥有声色形味共赏的混合景观。游客在折服于丰富多彩的自然风光、文化古迹和民俗风情的同时,也会陶醉于悠久而丰富的历史氛围。历史上的土耳其曾经是罗马帝国、拜占庭帝国、奥斯曼帝国的中心,是东西方文明的交汇之地。

数据DATA

国名:土耳其共和国。

国旗:旗面为红色,靠旗杆一侧有1弯白色新月和1颗白色5角星。红色象征鲜血和胜利;新月和星象征驱走黑暗、迎来光明,还标志着土耳其人民对伊斯兰教的信仰,也象征幸福和吉祥。

国徽:图案为1弯新月和1颗5角星,寓意与国旗相同。有时将月和星置于1个红色椭圆形中,其上方写着"土耳其共和国"。

国歌:《独立进行曲》。

国花:郁金香。

面积:约78.1万平方千米。

人口:7 200万(2006年)。土耳其人占80%以上,库尔德人约占15%。

国语:土耳其语。

宗教:多数居民信奉伊斯兰教。

首都:安卡拉(Ankara)。

国名释义:"土耳其"一词由"突厥"演变而来。在鞑靼语中,"突厥"是"勇敢"的意思,"土耳其"意即"勇敢人的国家"。

出行贴士

国际电话区号	0090	时 差	＋6 小时＝北京时间
电 压	220伏	最佳季节	7月下旬—9月

遥望土耳其

1. 地形

整个国土呈东西走向,狭长铺展。

土耳其地势东高西低,境内形成三多一少的地形,即山多、水多、高原多,平原少。北有屈雷山脉、柯罗卢山脉、东黑海山脉,南有托罗斯山脉。位于东端的大阿勒山海拔 5 165 米,为最高峰。中部有安纳托利亚高原,平均海拔高度为800~1 200米。

2. 河湖

东部的凡湖是最大的咸水湖。全国有属于黑海、马尔马拉海、爱琴海、地中海、波斯湾、里海、内陆流域7大水系的数十条河流。著名的幼发拉底河和底格里斯河就发源于这里。这两条大河流经叙利亚、伊拉克,注入波斯湾。

3. 气候

土耳其位于北温带。地中海、爱琴海沿岸属地中海式气候,夏季炎热干燥,冬季凉爽多雨;安纳托利亚高原腹地属大陆气候,夏季炎热少雨,冬季寒冷而多雪;东部山区属内陆山地气候,夏季炎热干旱,冬季寒冷。

各区域的年降水量差别较大,黑海东部沿海地带达2 500毫米,而安纳托利亚高原腹地不足200毫米。

4. 资源

土耳其自然资源丰富,境内蕴藏多种金属,如铁、铜、铝、镁、铬、金、银、铅、汞、硼、石墨、煤、硫、金刚砂、天然碱、大理石、海泡石等,其中硼储量占全球65％,大理石和海泡石享誉世界,每年大量出口。铬矿储量为1亿吨,居世界前列。煤炭储量约65亿吨,多为褐煤。石油、天然气紧缺,需大量进口。

土耳其60％的国土适于农业耕种,适合多种经济作物的生长。

走遍土耳其

1. 位置

土耳其地跨欧亚两大洲,其中亚洲部分占97％,欧洲部分占3％。亚洲部分因被黑海、马尔马拉海、爱琴海和地中海三面环绕,故被称为"小亚细亚半岛"。

2. 交通运输

国内运输以陆路为主,公路运输发达,公路网全长约6万千米,其中3万多千米为国家公路。铁路运输较为落后，全长约 10 393 千米，其中 600 千米的铁路实现了电气化。航空运输便捷，国际航线同世界上 55 个城市相连接。

土耳其人

1. 人口

人口结构比较年轻，一半以上的人口居住在城市。土耳其人占 80％以上，库尔德人约占 15％，还有少数高加索人、亚美尼亚人、希腊人、阿拉伯人和犹太人。

土耳其语为国语。土耳其语属阿尔泰语系，是世界第七大语种，目前全世界有超过 2 亿的人讲土耳其语。

2. 教育

小学 5 年，初、高中各 3 年，中专 2～3 年，大学 4～6 年。小学为义务教育，中小学免费。共有大学 72 所，如安卡拉大学、哈杰泰佩大学、中东技术大学、比尔肯特大学、伊斯坦布尔大学、博斯普鲁斯海峡大学等。

历史的脚步

1. 历史沿革

土耳其人发源于中国新疆阿尔泰山一带，史称突厥。7 世纪东、西突厥先后被唐所灭。8—13 世纪，突厥人西迁至小亚细亚，14 世纪初建立奥斯曼帝国，15、16 世纪进入鼎盛期，版图扩及欧、亚、非三洲，16 世纪末开始衰落，20 世纪初沦为英、法、德等国的半殖民地。1919 年穆斯塔法·凯末尔发动民族资产阶级革命，1922 年战胜外来侵略军，1923 年 10 月 29 日成立土耳其共和国。

2. 政治制度

土耳其是一个民族、民主、政教分离和实行法治的国家。大国民议会是共和国的立法机关，由国民议会和参议院组成，大国民议会以无记名投票的方式选举总统，总理由总统任命。主要政党有共和人民党、正义党、救国党、民主行动党、民主党、土耳其工人党等。

经济视角

目前，土耳其是世界上经济增长最快的国家之一，经济实力列世界第 16 位。土耳其的目标是进入世界经济 10 强，并成为欧亚交汇的金融、贸易、制造和出口中心。

20 世纪 90 年代以来，除 1994、1999 和 2001 年因经济危机和大地震的影响呈负增长外，经济呈现连续高增长的态势。经过经济结构调整和稳定计划，2005 年，土耳其国内生产总值为 3 820 亿美元，人均 4 982 美元。服务业占 GDP 的 60％，从业人口占总就业人口约 38％，金融、电讯、旅游、交通等行业发展较突出。

另一方面，土耳其是传统的农牧国家，农业生产值占整个国民生产总值的 25％ 左右，农业从业人口占总人口的 36％。农产品主要有小麦、大麦、玉米、甜菜、棉花、烟草和马铃薯等。粮食和水果等能自给自足，并有出口。安卡拉羊毛闻名于世。

1. 主要产业部门及其前景

工 业	
电力	2005—2010 年预计投入运营 35 个水力、火力、电力、风力电站，总装机容量 800 万千瓦。
交通	以铁路为例，逐步实现电气化、信号和通信自动化。
电信	世界著名公司云集土耳其。到 1999 年年底，计算机和通讯产品的年销售额为 25 亿至 30 亿美元，因特网用户达 77 万户；截止到 1999 年年底，移动电话的用户数量达到了 750 万，年平均增长速度为 30％～40％。

贸易大看台

1. 国际贸易地区结构

在政治和经济关系上与欧洲联系紧密，与欧盟的贸易总额已占其进出口总额的 50％ 以上，同时也为他国产品通过土耳其进入欧洲创造了有利条件。由于它与中亚五国历史上的特殊关系，在经济关系上它已成为该地区国家的带头人。此外，与俄罗斯的贸易总额也已达到了 100 亿美元。

出口方面，按国别依次是德国、美国、英国、意大利、法国、荷兰、西班牙、比利时、俄罗斯、以色列。中国排名在 15 位以外。

进口依次为德国、意大利、法国、美国、俄罗斯、英国、瑞典、日本、荷兰、西班牙、比利时、中国、韩国。

2. 进出口货物构成

目前，主要出口产品有农产品、食品、纺织品、服装、金属产品、车辆及零配件等。近年来，钢铁、汽车、家电及机械产品等逐渐打入国际市场。主要进口原油、天然气、化工产品、有色金属、机械设备、车辆及零配件等。

3. 对外贸易市场特点

（1）出口面临的主要问题是出口市场单一，对个别市场依赖较大。作为出口政策之一，土将大力发展服装、电子及电器产品、汽车及零配件、钢铁、食品、信息、陶瓷及其他产业。

（2）制造业不很发达，能源、资本货物、日用消费品、电器产品等都需进口，外贸逆差的状况，短时期内不会有显著改善。

4. 中土经贸关系

与中国建交日：1971 年 8 月 4 日。

中土直接贸易始于 1965 年。中国对土传统出口商品为：大米、生丝、纺织品、服装、鞋类、焦炭、电子产品、有机染料、塑料等。中国自土进口的主要商品包括铜矿砂、铬矿砂、纺织用合成纤维和铜材等。

我国对土出口商品结构随着我国经济发展水平的提高在不断优化。20 世纪 90 年代初，纺织品是我国对土出口的最大宗商品。1995 年起，机电产品超过纺织品成为我国对土出口的最大类商品，占我国对土出口商品总额的近一半。

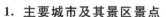 **土耳其之旅**

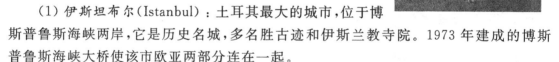

横跨欧亚大陆的土耳其享有得天独厚的旅游资源，境内历史古迹星罗棋布。数百年来，土耳其一直是多种宗教的交汇之地，宗教古迹众多。

1. 主要城市及其景区景点

（1）伊斯坦布尔（Istanbul）：土耳其最大的城市，位于博斯普鲁斯海峡两岸，它是历史名城，多名胜古迹和伊斯兰教寺院。1973 年建成的博斯普鲁斯海峡大桥使该市欧亚两部分连在一起。

◆ **托普卡帕博物馆** 是建于 1478 年的土耳其苏丹的宫殿，收藏有土耳其历史上的许多珍贵文物。多尔玛巴赫切宫是 19 世纪后苏丹的王宫，带有欧洲建筑艺术风格，以建筑精美、雕刻辉煌、壁画华丽而著称。

◆ **艾哈迈德清真寺** 建于 1616 年。庄严肃穆的圆顶和耸入云天的宣礼塔引人注目。寺内礼拜厅宽敞豁亮，四壁镶嵌着 2 万多块蓝色瓷砖，故以"蓝色的清真寺"闻名于世。

◆ **大集市** 中东最大的集市，共有 20 多个出口，店铺 6 000 多家。始建于 1460 年，主要销售土耳其工艺品。

◆ **圣索菲亚大教堂** 在 1453 年以前，一直是拜占庭帝国的主教堂，此后被土耳其人占领，改建成为清真寺。

◆ **克兹塔** 伊斯坦布尔最富浪漫的象征，最初建于 12 世纪，现在的建筑物是 18 世纪重建的。

（2）安卡拉（Ankara）：土耳其首都，市区分新、旧城两部分。老城以古城堡为中心，街道狭窄，建筑破旧，至今仍保留着奥斯曼时代的风貌；新城环绕在老城东、西、南三面，以南面的城区最为整齐，大国民议会和政府主要部门都集中在该地区。安卡拉的名胜古迹有：阿塔图尔克陵墓、赫梯博物馆、丘布克水库等。

（3）伊兹密尔（Izmir）：土耳其第三大城市，紧靠爱琴海，周围到处都是爱琴文明的遗迹，至今已有 2 000 余年的历史。其剧院是世界上最大的罗马古剧场，现在还有很多演出在此举办;图书馆是公元 2 世纪该城的总督为纪念其父亲而建造的,至今大门依然挺立。

◨ **爱琴海** 有着许许多多橄榄树果园、峻峭的山岩、被松林拥抱着的广阔而素雅的海滩,以及牧歌式的渔村。

◨ **沙阿特·库勒斯钟塔** 城市的象征;建于 1901 年,坐落在康纳克广场。

(4)安塔利亚(Antalya):地中海中部的重要城市,因为数千米细小的鹅卵石海滩和罗马奥斯曼历史遗迹而闻名于世。

◨ **安塔利亚博物馆** 国内一流的博物馆,1988 年曾获欧洲年度博物馆大奖,展出的作品年代涵盖史前时代到土耳其建国时期。

◨ **柏吉古城** 著名的古希腊、罗马遗迹,现存两座希腊城门和塔。著名的黄金沙滩海岸距此不远。

◨ **阿斯班度古城** 以保存完美的剧院闻名。古希腊剧场遗址不仅是全亚洲最完整、最华丽的,也是土耳其地中海沿岸最令人难忘的古迹。

2. 其他著名景区

◨ **以弗所** 位于爱琴海畔的面积广阔的古城遗迹,至今已有 2 000 多年的历史,是世界文化遗产之一。主要景点有:音乐厅、市政厅、大剧院、玛利亚之屋和塞尔丘库。

◨ **卡帕多亚奇岩区** 在 300 万年前火山爆发留下的巨大台地上,火山岩有的如金字塔,有的像戴了帽子的塔,构成奇异景观。

◨ **赛德** 著名的海滩小镇,传说是安东尼和埃及女王克利奥帕特拉的幽会之地,拥有古代遗迹、两处海滨和众多的商店。

亲身体验

礼节礼仪:

● 土耳其人尊重长者和女性。

● 在土耳其拜访,要尽量提前预约、准时赴约。不论到哪个城市,切记事先预订好房间,并在临行前再确定一次,以免麻烦。

● 在商业谈判中极喜欢讨价还价。商业界人士通晓法、英、德语。

● 生活节奏很慢,在餐馆吃一顿饭,至少要两三个钟头。

饮食习惯:

● 烹调技艺誉满全世界。

● 待客的名菜有烤羊肉串、地炉烤羊肉、茄子烤羊肉、纸包烤羊肉、转烤羊肉、茄子塞羊肉等。

● 主食有家常饼、油焖米饭、面包、甜食等。白奶酪和橄榄是土耳其人餐桌上不可缺少的调味品。

喜好：

● 喜欢谈论家庭、职业以及业余爱好。

● 通常喜欢邀请客人在家里吃顿晚饭。

● 喜欢饮茶和咖啡。

● 喜爱绿色、白色和绯红色。

● 喜欢骆驼。

主要节日			
新　年	1月1日	胜利日	8月30日
国家主权日和儿童节	4月23日	国庆节	10月29日
春　节	5月1日	古尔邦节(宰牲节)	一般为4天
青年与运动日	5月19日	开斋节	一般为3天
特洛伊艺术节	6月11—18日		

友情链接

新闻出版：全国有日报约400种,期刊约500种。《自由报》、《国民报》和《晨报》为三大非官方报。土耳其广播电视组织成立于1946年,半官方机构。

土耳其浴：在蒸汽笼罩的浴室里,用毛巾围在腰间,躺在大理石的平台上,让身体出汗,之后会有服务员进行按摩,然后到另一房间,戴上粗毛的手套,擦洗全身的污垢。

★特别提示：土耳其年产榛子30多万吨,占世界总量的70%。最受欢迎的是毛毯和传统的装饰品。

澳 大 利 亚

(The Commonwealth of Australia)

澳大利亚融会了大自然的胜景和现代都市生活,聚合多元文化,既和谐又形成强烈对比,四季分明,气候宜人。这世上最小的陆地、最大的岛屿是旅游度假的天堂。

数据 DATA

国名:澳大利亚联邦。

国旗:深蓝色。左上角为英国国旗图案,表明澳与英国的传统关系。1颗最大的7角星象征组成澳的6个州和北部自治区。5颗白星代表南十字星座。

国徽:呈盾形。图案之中袋鼠和鸸鹋是澳特有动物,为国家的标志。

国歌:《澳大利亚,前进》。

国花:金合欢。

国树:桉树。

国鸟:鸸鹋。形似鸵鸟,是世界濒危珍贵鸟类,仅生存于澳大利亚部分地区。

面积:约769万平方千米,是世界上唯一单独占据一个大陆的国家。

人口:约2 170万(2009年3月)。

国语:英语。

宗教:大多数居民是圣公会、天主教和基督教教徒。

首都:堪培拉(Canberra)。

国名释义:拉丁语意为"南方大陆"。

誉称:坐在矿车上的国家,骑在羊背上的国家。

出行贴士

国际电话区号	0061		
时　差	－2 小时＝北京时间	**度量衡**	英制
	分东部、中部、西部时间		
		电话查询	12455
电　压	220～240 伏	**最佳季节**	春季和秋季

遥望澳大利亚

1. 地形

在地理环境上,分为西部高原、中部低地和东部山地三部分。

西部高原地区主要由古代岩石组成,平均海拔 300 米,大部分为沙漠和半沙漠,也有一些海拔 1 000 米左右的横断山脉。

中部低地地区,有三个大盆地:北部的卡奔塔利亚盆地(卡奔塔利亚海湾也属于该盆地的一部分)、中部的澳大利亚大盆地(大自流盆地)和南部的墨累盆地。

东部山地地区,由一系列高度不等的山脉组成,统称"大分水岭",沿东海岸成南北走向。

东南部靠海处,是狭窄的海滩平原。

虽四面环水,沙漠和半沙漠却占全国面积的 35%。

2. 河湖

墨累—达令河水系,是全国最大的水系,也是唯一发育完全的水系。达令河是其最大的支流,从达令河源头算起,总长 3 700 千米。

艾尔湖是最大的湖泊,位于南澳大利亚东北。面积和湖区轮廓不稳定。

澳大利亚最高峰是科西阿斯克科山,海拔 2 228 米。

中部的埃尔湖是澳大利亚的最低点,湖面低于海平面 16 米。在东部沿海有全世界最大的珊瑚礁——大堡礁。

3. 气候

澳大利亚有 1/3 的地区处于南回归线以北,属于热带,而其余地区则属温带。

西部和中部因沙漠气候,年平均降雨量不足 250 毫米;北部半岛和沿海地区属于热带草原气候,年平均降雨量为 750～2 000 毫米,是全澳雨水最多的地区;东部新英格兰山地以南至塔斯马尼亚岛属温带阔叶林气候,年平均降雨量 500～1 200 毫米;在墨累河下游地区的半岛和沿海岛屿,以及澳大陆的西南角属于"夏热干旱、冬温多雨"的地中海式气候。

4. 资源

矿产资源丰富,已探明的矿产资源多达 70 余种,其中,铅、镍、银、钽、铀、锌的已探明储量居世界首位。澳是世界上最大的铝土、氧化铝、钻石、铅、钽生产国,黄金、铁矿石、煤、锂、锰矿石、镍、银、铀、锌等的产量也居世界前列;同时还是世界上最大的烟煤、铝土、铅、钻石、锌及精矿出口国,第二大氧化铝、铁矿石、铀矿出口国和第三大铝、黄金出口国。

森林覆盖率约 20%,天然森林面积约 1.55 亿公顷(2/3为桉树),用材林面积 122 万公顷。

澳大利亚有许多闻名世界的珍稀动物资源,如大袋鼠、树袋熊、鸭嘴兽、黑天鹅等。

走遍澳大利亚

1. 位置

位于南太平洋和印度洋之间,由澳大利亚大陆和塔斯马尼亚等岛屿组成。东濒太平洋的珊瑚岛和塔斯曼海,北、西、南三面临印度洋及其边缘海。海岸线超过 3 万千米。

资　讯

澳大利亚全国分为 6 个州和两个地区。各州有自己的议会、政府、州督和州总理。6 个州是:新南威尔士、维多利亚、昆士兰、南澳大利亚、西澳大利亚、塔斯马尼亚;两个地区是:北部地方、首都直辖区。

2. 交通运输

由于地广人稀,运输在经济中起着关键的作用。国际海空运输业发达,悉尼是南太平洋主要交通枢纽。

航空:2004 年有 48 个主要机场,其中 9 个是国际机场。年客流量在 100 万人次以上的国际机场有悉尼、墨尔本、布里斯班和佩斯。

铁路:总长约为 4 万千米。2000—2001 年度,客运人数逾 6 亿人次,货运量约 5 亿吨。

公路:总长约为 91 万千米。

水运:港口 75 个。至 2000 年 6 月,拥有商船队 77 个,载重吨位约 228 万吨。1999—2000 年度国内水运货物约 5 030 万吨,国际水运货物约 5 亿吨。

主要海港

城市名	年吞吐量
悉　尼	主码头长 18 千米,年吞吐量 2 300 万吨。
墨尔本	主要的杂货和集装箱港,海外集装箱货运量全国第一,49 个泊位。
弗里曼特尔港	佩思的外港,是西澳最重要的商港。
布里斯班	集装箱码头泊位 3 个,以装卸效率高、费用低享誉国际航运界。
阿德莱德港	南澳大利亚的首府,交通枢纽。

澳大利亚人

1. 人口

人口密度约为 2.82 人/平方千米,是世界上人口最稀少的国家。总人口约为 2 170 万,其中 70％是英国及爱尔兰后裔,18％为欧洲其他国家后裔,亚裔占 6％,土著居民占 2％。75％的人口集中在沿海,尤其是东南沿海最为稠密;城市人口占总数的 80％。

从人口结构看,澳已逐步进入老龄社会。海外移民是保证澳人口净增长的重要因素。澳大利亚是典型的移民国家,先后有来自全球 120 个国家、140 个民族的移民来到这里谋生和发展。多民族形成的多元文化已成为澳大利亚社会的一个显著特征。

2. 教育

澳大利亚的基础教育为 13 年学制,5 岁起读幼儿园或预备班,其后是 12 年的中、小学课程,大部分州的中学由第七年开始。

澳大利亚学校依据全国统一的课程大纲设定 8 个主要范畴的科目:英语、数学、科学、健康与体育、技术、社会及环境学、英语以外其他语言和艺术。

澳大利亚共有 42 所高等学校,36 所是公立大学,4 所是联邦政府资助的本科学校,2 所是私立大学。

教育出口每年为澳大利亚带来超过 30 亿澳元的外汇收入,它的教育培训对亚太地区经济的蓬勃发展做出了积极的贡献,马来西亚、新加坡、印度尼西亚、韩国、日本和中国是澳大利亚教育出口的主要地区。

著名的高等院校有:澳大利亚国立大学、悉尼大学、麦考里大学、悉尼科技大学、西悉尼大学、墨尔本大学、新南威尔士大学等。

历史的脚步

1. 历史沿革

澳洲原为土著人居住,1770年英国航海家詹姆斯·库克抵澳,宣布澳洲为英殖民地。1788年1月26日,英首批移民抵澳,这一天后来被定为澳国庆日。1900年1月1日,澳各殖民区改为州,组成澳大利亚联邦,1931年成为英联邦内的独立国家。

2. 政治制度

国家结构为联邦制。英国女王为国家元首,女王任命总督为其代表。内阁由总理、副总理和各部部长组成,总理为政府首脑。最高立法机构为联邦议会,由英国女王(由总督代表)、众议院和参议院组成。

经济视角

1. 经济的基本特征

(1)后起的发达国家。2005年国内生产总值全球排名第14。2007年度,GDP总量为7 730亿美元,人均37 300美元。

(2)经济以农牧业、采矿业和制造业为主,服务业比重逐年增加,是世界矿产品五大资源国和生产国之一。

(3)农牧业生产以大农牧场式经营为主,专业性强,商品性高,出口比重大。农牧业生产波动较大。

(4)固定资产投资,特别是私人投资增长较快,外资比重大。

(5)项目赤字、外债和失业率经常居高不下,国民储蓄偏低。

2. 主要产业部门及其分布

澳大利亚是一个后起的工业化国家,农牧业发达,自然资源丰富,有"骑在羊背上的国家"和"坐在矿车上的国家"之称,盛产羊、牛、小麦和蔗糖,同时也是世界重要的矿产资源生产国和出口国。农牧业、采矿业为澳大利亚传统产业。制造业不够发达,高科技产业近几年有较快发展,在国际市场上竞争力有所提高。

工 业	
采矿业	● 铁矿石储量大、品质高,露天开采,集中在西澳大利亚的哈默斯利和南澳大利亚的米德尔巴克山,铁矿砂出口世界第一。 ● 煤炭产量和出口量均居世界前列。 ● 铝土储量和产量世界第一,韦帕有世界最大的铝土矿。 ● 黄金储量丰富。有色冶金工业发达,稀有金属的开采在世界上有重要的地位。 ● 石油主要分布在库帕盆地及昆士兰州的苏拉特盆地。

续　表

工　业	
制造业	● 钢铁工业最重要,主要中心有:堪培拉、纽卡斯尔、怀阿拉等地。 ● 有色金属冶炼和石化工业发展较快。 ● 机械工业中最突出的是汽车制造,主要中心是墨尔本;以悉尼为中心的飞机、电子、机车、造船业发展迅速。
其他工业	● 食品工业规模较大,主要有肉类加工、烟酒、制糖、罐头、面粉等。 ● 纺织工业主要分棉、毛、丝纺等部门,出口主要为毛纱和毛条。

澳大利亚是世界上最发达的畜牧业国家,羊毛和牛肉的出口量均为世界第一,而此类收入只占国民经济总收入的4%。1999—2000年度农牧业用地约4.5亿公顷,占全部国土的59%,而就业人数仅占全澳就业人数的4.6%。

农　业	
种植业	粮食作物为主,主要是小麦。 ● 小麦种植较集中,由悉尼沿海向内地推进,形成昆士兰州中南部—威尔士州中部—维多利亚州北部西北部—西澳西南部的弧形小麦带,是世界上第四大小麦出口国。 ● 水稻出口量居世界第四位,主要分布在马兰比季河灌溉区。 ● 经济作物中甘蔗种植地位突出,集中在昆士兰北部到新南威尔士州北部。 ● 园艺发达,主要品种是苹果和葡萄。塔斯玛尼亚岛的苹果和墨累河下游的无核葡萄干是澳大利亚的出口商品。出产的花卉和植物有25 000种。
畜牧业	是最重要的农业部门,分区放牧和专业经营,集约化程度高。 ● 养羊业最重要,羊的存栏数居世界首位;羊毛产量占世界总产量的1/4,90%以上供出口,出口量世界第一。美利努细毛羊是世界最优良的毛用羊之一。主要分布在东南沿海、西南沿海一带及广大内陆地区。 ● 牛的饲养以肉牛为主。北部的昆士兰州是主要的肉牛饲养区,奶牛主要分布在东部、东南部的沿海及大城市的郊区。
渔业	渔业资源丰富,捕鱼区面积比国土面积还多16%,是世界上第三大捕鱼区,有3 000多种海水和淡水鱼以及3 000多种甲壳及软体类水产品,其中已进行商业捕捞的约600种。最主要的水产品有对虾、龙虾、鲍鱼、金枪鱼、扇贝、蚝、牡蛎等。

贸易大看台

澳大利亚对国际贸易依赖较大。2005财政年度,澳外贸总额为3 501.5亿澳元,顺差约为 255 亿澳元。出口总额中,商品出口占 76％,服务贸易占 24％。

1. 国际贸易地区结构

澳与 130 多个国家和地区有贸易关系。2004—2005 年度,澳大利亚主要的贸易伙伴依次是日本、中国、美国、韩国、新西兰、新加坡、英国、德国和中国台湾省、泰国等。

2. 进出口货物构成

出口商品主要为农、牧、矿和工业品。农牧业出口的四大骨干商品是:小麦、蔗糖、羊毛和肉类。此外,黄油、干酪等乳制品及苹果的出口在世界上也占较大的比重。

90％以上的矿产品供出口,其中铁、铝土的出口量居世界第一位。另外,煤、铅的出口量也居世界前列,一些重要的有色金属和稀有金属,如铀、镁、黄金等,每年有大量出口。

出口制成品比重有所提高,主要是运输机械、钢铁制品和部分化工产品。

进口商品的构成以制成品为主,主要有机械设备、化工产品、特殊钢材、燃料、日用工业品和食品等。

3. 中澳经贸关系

与中国建交日:1972 年 12 月 21 日。

进入 20 世纪 90 年代,两国在农林牧业、能源、矿产、环保、交通、纺织、建材以及城市改造等领域开展了广泛的合作,双边贸易额保持持续增长。2007—2008 财年,中国成为澳大利亚最大的双边贸易合作伙伴。

澳对中国出口的主要产品有:金属矿砂、纺织纤维、油料产品、石油、有色金属、煤炭、天然气、水产品、裘皮革产品、染料制品等。澳自中国进口的主要产品有:服装服饰、电动机械、鞋、办公室机械及计算机、通讯及录音设备、织纱织布、金属制品、旅行用品及箱包、普通机械产品等。

中澳经贸关系之所以能够稳步快速地发展,很重要的原因就是两国贸易的互补性很强。澳大利亚拥有丰富的自然资源,矿产品、能源产品、农产品可长期供应中国市场;中国有丰富的劳动力资源和广阔市场,既能向澳大利亚提供轻工、纺织、机电等劳动密集型产品,也能提供诸如卫星发射这样的高新技术服务。因此,两国经济取长补短、互利合作的潜力很大。

澳大利亚之旅

澳大利亚地大物博,珍奇动植物资源丰富,具有古老性、独特性的特点,有"世界活化石博物馆"之称。澳洲小镇风光、古老田庄,以及大陆内部的原始风光,都是具有相当吸引力的观光旅游项目。

澳大利亚旅游资源非常丰富,著名的旅游城市和景点遍布全国。霍巴特的原始森林国家公园、墨尔本艺术馆、悉尼歌剧院、大堡礁奇观、卡卡杜国家公园、土著文化区威兰吉湖区以及独特的东海岸温带和亚热带森林公园等景点,每年都吸引大批国内外游客前往观光。

1. 主要城市及其景区景点

(1) 悉尼(Sydney):最大的城市和重要港口,风光旖旎、气候宜人、阳光充足,是闻名于世的旅游城市。

◘ **悉尼歌剧院** 悉尼的标志性建筑,在外貌上像是数个巨大的贝壳向后张开,又像是张满的白色风帆;内有近 1 000 个房间,其中包括音乐厅、歌剧厅、戏剧厅和剧场 4 个大厅。

◘ **邦代海滩** 离悉尼最近也最有名气的海滩,海浪大,不适宜游泳。多数游人喜欢趴在海滩上晒太阳或是冲浪。

◘ **岩石区** 在繁华的港湾区内,汇集了古老的殖民时期的建筑、时尚店铺、博物馆、别具特色的餐厅和酒吧。这里正是澳洲与西方世界接触的源头,故成为探寻澳洲源头的重要旅游点。

◘ **悉尼海港大桥** 于 1932 年启用,因外形看似衣架,故又被形容为悉尼的“衣架”。人们可以步行通过大桥,也可以由专业导游带领参加一项“攀爬悉尼大桥”的特殊活动。

◘ **海港畅游** 色彩缤纷的环形码头,位于悉尼歌剧院和岩石区之间,是海上交通及渡轮服务中心,也是世界上最优良的海港之一。不同主题不同航程的旅游项目,使游人可以尽情欣赏悉尼港醉人的风光。

◘ **达令港** 为纪念欧洲移民到达澳洲 200 周年而兴建。悉尼的居民在特别的日子如圣诞节、国庆日等都喜欢到达令港庆祝,是游客及本地居民津津乐道的港畔旅游点,也是休闲购物的好地方,无论昼夜都有精彩的活动。

(2) 堪培拉(Canberra):澳大利亚联邦的首都,素有“花园城市”和“大洋洲日内瓦”之称。1927 年首都由墨尔本迁入此地,成为全国政治和文化中心。城市建筑规整有序,市区以贝里·格里芬湖,分为南北两大部分:南侧主要是政府机构、外国使领馆等政治和外交中心,北侧是商场、剧场、住宅等市民生活区。

◘ **乘热气球升空** 每年 3 月都有气球节,人们可以从不同角度来看堪培拉。日出时分,观看气球在湖上飞行,也是一种令人陶醉的美景。

◘ **国会大厦** 可供参观的是门厅、上院、下院,乘电梯去屋顶平台可以 360 度俯瞰全市美景。

◘ **国家科技中心** 是澳大利亚和日本的一项联合工程项目。6 个展馆中展出 200 多个互动的科技产品,最吸引人的是展馆中悬挂“敬请动手”标牌的展品。

◘ **贝里·格里芬湖** 有人说,没有看过湖上喷射式喷泉就等于没有到过堪培拉。喷泉是为了纪念库克船长上岸 200 周年而建的,水柱喷射高度为 130 米,非常壮观。

(3) 墨尔本:是澳洲的文化、运动、购物、餐饮中心,澳洲第二大城市。它也是在 19 世纪中期淘金热潮中迅速发展起来的,市内保留着许多 19 世纪华丽的维多利亚式建筑,是澳洲最具欧洲风格的大城市。

◪ **丽爱图塔观景台** 南半球最高的商业办公大楼,高约 253 米,集宏伟、壮观、多功能为一体,成为墨尔本的标志性建筑。位于 55 层的观景台,提供给游客 360 度的观景视野。

◪ **墨尔本水族馆** 全澳最新、最具特色的复合式水族馆,一座蓝白色相间的圆弧形建筑。馆内鱼种多达 550 种,数量超过 4 000 尾。

◪ **维多利亚艺术中心** 一所名扬世界的美丽建筑物,由 3 座主要建筑组成:芭蕾舞裙造型的尖塔剧院、墨尔本音乐厅、维多利亚国家美术馆。"芭蕾舞女的裙子"到了晚上会不断变换颜色,成为墨尔本夜空中最亮丽的景观。

◪ **大洋路 (Great Ocean Road)** 位于墨尔本西部,有宁静的海湾、冲浪海滩、热带雨林、山洞和风口,也有奇特的天然石柱"十二使徒岩"屹立于海洋里。大洋路最有趣味的是海岸上的坎贝尔港国家公园 (Port Campbell National Park)。

◪ **墨尔本动物园** 在自然的环境中放养着 350 多种野生动物,可以看到澳大利亚特有的树熊、袋鼠、袋熊、鸭嘴兽和企鹅。蝴蝶房内有各种各样的热带蝴蝶。

2. 其他著名景区

◪ **大堡礁** 澳大利亚东北海岸外一系列珊瑚岛礁的总称。包括约 3 000 个岛礁,绵延 2 000 千米,是世界上最大的活珊瑚礁群。1981 年,联合国教科文组织将大堡礁作为自然遗产,列入"世界遗产名录"。在大堡礁的 400 多个珊瑚礁群中,有 300 多个是活珊瑚群。

◪ **黄金海岸** 位于东海岸昆士兰州内长约 32 千米的一段沙滩,海水清澈见底,细沙清凉如粉,共有 9 处海滨,是全国首屈一指的避暑胜地,最适合游泳和滑水,旅游人数居全国之冠。

◪ **乌奴奴 (Uluru)** 位于澳大利亚中部,是全世界最大的独块巨石。乌奴奴长约 3.6 千米,宽约 2 千米,周长约 9.4 千米,由长石砂岩组成。在不同角度的阳光照射下,这块巨石会呈现不同的颜色,在日出日落的时候,尤为醉人。

◪ **蓝山 (The Blue Mountains)** 除了有气势雄伟的峡谷和陡峭的山谷外,还有壮观的瀑布和茂密的森林。由桉树树脂发出的大片蓝光,令人称奇。位于蓝山附近的活林美国家公园 (Wollemi National Park) 被列为世界自然遗产。

◪ **袋鼠岛 (Kangaroo Island)** 澳大利亚第三大岛屿。这里的野生动物如海狮、企鹅、海豚、考拉和袋鼠都在大自然世界里和谐共处。岛上的海豹湾环境公园 (Seal Bay Conservation Park) 更是澳大利亚最佳的海豹观赏地。

◪ **卡卡杜 (Kakadu)** 澳大利亚最重要的国家公园之一,面积达 200 万公顷,自 1984 年起便成为世界文化遗产的保护区,亦是生态平衡的重要地区。这里有 5 000 个土著区,内有石刻文化,历史达 5 万年之久。

 亲身体验

礼节礼仪：

- 澳大利亚通行西方礼仪，人们相见时喜欢热情握手，喜欢和陌生人交谈。互相介绍后在一起喝杯酒后，陌生人就成了朋友。
- 澳大利亚人的言谈举止极为礼貌，文明用语不绝于耳。
- 平等意识浓厚，交往时应一视同仁，乘出租车时必须有一人与司机并排坐，以示礼貌。
- 澳大利亚有些土著居民的握手方式是两人中指互相勾住，而不是全手掌相握。

饮食习惯：

- 澳大利亚传统"食"性是英国风格的，以烧烤牛羊肉和土豆、青豆、胡萝卜为主要菜谱。
- 由于四周环海，海产也很多，尤其是悉尼的生牡蛎，昆士兰州的醉蟹虾鲱鱼，南澳大利亚州和西澳大利亚州的龙虾。北部地区的巴拉曼迪也很出名。

喜好：

- 开朗好动，热爱体育运动：澳大利亚有 120 多个国家体育机构以及数千个地区、区域和省级体育组织，估计有 650 万澳大利亚人是注册的体育参与者。
- 文化生活：这里的人喜欢在闲暇时光欣赏艺术或到户外体验生活，既喜欢美酒佳肴，又会欣赏艺术音乐，并视此为生活不可或缺的重要部分。澳大利亚有不同民族的人聚居，亦为澳大利亚文化倍添姿彩。

主要节日			
新　　年	1 月 1 日	劳动节(昆士兰,南澳)	5 月 6 日
新年次日公众假	1 月 2 日	英女皇寿辰	6 月 10 日
澳大利亚建国日(昆士兰,西澳,南澳,维多利亚,塔斯曼尼亚)	1 月 30 日	劳　动　节	10 月 7 日
复活节	3 月底到 4 月初	赛马节(维多利亚)	11 月 4 日
耶稣受难日	4 月 17 日	圣　诞　节	12 月 25 日
复活节星期一	4 月 20 日	圣诞礼物开包日	12 月 26 日
澳大利亚国殇纪念日	4 月 25 日	澳大利亚公务员假日	12 月 27 日

友情链接

新闻出版：有4大报业集团：先驱报和时代周刊杂志集团、默多克新闻公司、费尔法克斯公司和帕克新闻联合控股公司。主要报刊有：《澳大利亚人报》、《悉尼先驱晨报》、《世纪报》、《金融评论报》、《堪培拉时报》。澳有期刊1 400多种，《澳大利亚妇女周刊》是发行量最大的刊物。《公报》周刊(1880年创刊)是最老的刊物之一。澳联合新闻社是澳最大通讯社，总部在悉尼，1964年起与路透社结为联社。

袋鼠肉：袋鼠肉的口味和牛肉有点相似，在大部分州允许销售，一些肉店有鲜肉供应，一些餐馆有袋鼠肉的菜肴，价格和牛肉接近。

皇帝蟹：所谓皇帝蟹是指蟹的肥大，大的皇帝蟹足有面盆大，看着就让人垂涎欲滴，有的人甚至将皇帝蟹壳作纪念物。

烧烤(BBQ)：烧烤的食品主要有灌肠、牛排、羊排、鱼片、明虾等。如果有人请你去BBQ，有两个建议：一是带些食物去，或带瓶葡萄酒或带一些啤酒、饮料、零食；二是要着休闲服装，千万不要西装革履。

水果：澳大利亚是水果之乡，人们不但可以享受到价廉物美的各种水果，还可以饮用各种不含防腐剂的新鲜果汁。

★特别提示

大堡礁是世界上最大的珊瑚礁群。

乔治湖自1982年起已出现5次消失的现象。这种间断消失的现象仍为地理之谜。

欧洲经济地理篇

◘ **名称** 欧罗巴洲，简称欧洲。

◘ **位置** 位于东半球的西北部、亚洲的西面，北临北冰洋，西濒大西洋，南隔地中海与非洲相望，东以乌拉尔山脉、乌拉尔河、大高加索山脉、博斯普鲁斯海峡、达达尼尔海峡同亚洲分界，西北隔格陵兰海、丹麦海峡与北美洲相对。

◘ **面积** 1 016 万平方千米，约占世界陆地总面积的 6.8%，仅大于大洋洲，是世界第六大洲。

◘ **地理区域** 欧洲有 44 个国家和地区，在地理上习惯分为南欧、西欧、中欧、北欧和东欧 5 个地区。南欧指阿尔卑斯山以南的巴尔干半岛、亚平宁半岛、伊比利亚半岛和附近岛屿，包括塞尔维亚和黑山、克罗地亚、斯洛文尼亚、波斯尼亚和黑塞哥维那、马其顿、罗马尼亚、保加利亚、阿尔巴尼亚、希腊、意大利、梵蒂冈、圣马力诺、马耳他、西班牙、葡萄牙和安道尔。西欧狭义上指欧洲西部濒大西洋地区和附近岛屿，包括英国、爱尔兰、荷兰、比利时、卢森堡、法国和摩纳哥。中欧指波罗的海以南、阿尔卑斯山脉以北的欧洲中部地区，包括波兰、捷克、斯洛伐克、匈牙利、德国、奥地利、瑞士、列支敦士登。北欧指欧洲北部的日德兰半岛、斯堪的纳维亚半岛一带，包括冰岛、法罗群岛(丹)、丹麦、挪威、瑞典和芬兰。东欧指欧洲东部地区，在地理上指爱沙尼亚、拉脱维亚、立陶宛、白俄罗斯、乌克兰、摩尔多瓦和俄罗斯西部。

◘ **人口** 人口 7.5 亿(2000)，约占世界总人口的 13%，是人口密度最大的一洲。人口分布相对均匀，绝大多数国家人口密度为 50 人/平方千米，仅北欧地区相对稀疏。欧洲绝大部分居民是白种人(欧罗巴人种)，在各大洲中，其种族构成相对比较单一。

◘ **语言** 欧洲各国语种很多，主要语言有英语、俄语、法语、德语、意大利语、西班牙语等。

◘ **宗教** 居民多信奉天主教和基督教。

◘ **自然环境** 大陆海岸线长 37 900 千米，是世界上海岸线最曲折复杂的一个洲，多半岛、岛屿、港湾和深入大陆的内海。欧洲地形总的特点是冰川地形分布较广，高山峻岭汇集南部。海拔 200 米以上的高原、丘陵和山地约占全洲面积的 40%，海拔 200 米以下的平原约占全洲面积的 60%。全洲平均海拔 300 米，是平均海拔最低的大洲。阿尔卑斯山脉横亘南部，是欧洲最高大的山脉，平均海拔在 3 000 米左右，山势雄伟，许多高峰终年白雪皑皑,山谷冰川发育,主峰勃朗峰海拔 4 807 米。阿尔卑斯山脉的主干向东伸展为喀尔巴阡山脉,向东南延伸为韦莱比特山、特纳拉山脉,向南延伸为亚平宁山脉,向西南延伸为比利牛斯山脉。东部在欧、亚两洲交界处有乌拉尔山脉。东南部高加索山脉的主峰厄尔布鲁士山,海拔 5 642 米,为欧洲最高峰。欧洲北部有斯堪的纳维亚山脉。平原和丘陵主要分布在欧洲东部和中部,主要有东欧平原(又称俄罗斯平原,面积约占全洲的一半)、波德平原(也叫中欧平原)和西欧平原。里海北部沿岸低地在海平面以下 28 米,为全洲最低点。南欧和北欧的冰岛多火山,地震频繁。在世界各大洲当中,欧洲的河流分布很均匀,河网稠密,水量较充足,多短小而水量充沛的河流。河流大多发源于欧洲中部,分别流入大西洋、北冰洋、里海、黑海和地中海。欧洲最长的河流是伏尔加河,长 3 510 千米。多瑙河为第二大河,长 2 850 千米。欧洲是一个多小湖群的大陆,湖泊多为冰川作用形成,如芬兰素有"千湖之国"的称号,全境大小湖泊有 6 万个以上,内陆水域面积占全国总面积 9% 多。阿尔卑斯山麓地带分布着许多较大的冰碛湖和构造湖,山地河流多流经湖泊。湖泊地区如日内瓦湖区已成为著名的游览地。

◆ **气候**　欧洲大部分地区地处北温带,气候温和湿润。西部大西洋沿岸夏季凉爽,冬季温和,多雨雾,是典型的海洋性温带阔叶林气候。东部因远离海洋,属大陆性温带阔叶林气候。东欧平原北部属温带针叶林气候。北冰洋沿岸地区冬季严寒,夏季凉爽而短促,属寒带苔原气候。南部地中海沿岸地区冬暖多雨,夏热干燥,属亚热带地中海式气候。

◆ **自然资源**　欧洲的矿物资源以煤、石油、铁比较丰富。煤主要分布在乌克兰的顿巴斯、波兰的西里西亚、德国的鲁尔和萨尔、法国的洛林和北部、英国的英格兰中部等地,这些地方均有世界著名的大煤田。石油主要分布在喀尔巴阡山脉山麓地区、北海及其沿岸地区。其他比较重要的还有天然气、钾盐、铜、铬、褐煤、铅、锌、汞和硫磺等。阿尔巴尼亚的天然沥青世界著名。欧洲的森林面积约占全洲总面积的 39%(包括俄罗斯全部),占世界总面积的 23%,可开发的水力资源估计年可发电量为 18 000 亿度,约占世界可开发水力资源的 18%。欧洲沿海渔场面积约占世界沿海渔场总面积的 32%,盛产鲭、鳀、鳕、鲑、鳗、沙丁鱼和金枪鱼等。著名渔场有挪威海、北海、巴伦支海、波罗的海、比斯开湾等。欧洲捕鱼量约占世界 30%,捕鱼量最多的国家为俄罗斯和挪威,其次为西班牙、丹麦、英国和冰岛等。

◆ **经济状况**　欧洲经济发展水平居于各大洲之首,工业、交通运输、商业贸易、金融保险等在世界经济中占重要地位,在科学技术的若干领域内也处于世界领先地位。欧洲绝大多数国家属于发达国家,其中北欧、西欧和中欧的一些国家经济发展水平最高,南欧一些国家经济水平相对较低。欧洲煤、铁开采量占世界总开采量的 30% 以上,汞、钾盐均占 60% 以上,其主要工业部门是钢铁、机械、化学、食品。汽车、船舶、飞机、发电设备、农机、电子器材等产量占世界 40%,俄罗斯、德国、法国、英国等国家的生产规模巨大。此外,瑞士的钟表和精密仪器、捷克与斯洛伐克的重型机器、德国的光学仪器、西班牙的造船、瑞典的造船和矿山机械等在国际上享有盛誉。

丹 麦

(The Kingdom of Denmark)

> 由数百个岛屿组成的丹麦王国阳光温和、空气清新,如童话大师安徒生笔下的田园诗般宁静而秀丽。完善的社会保障和教育体系、发达的农牧业和备受世界瞩目的高新技术,使丹麦成为世界上最发达和富足的国家之一。这里的文化名人和科学家辈出,人民勤奋上进,使古老的王国焕发着青春。

 数据DATA

国名:丹麦王国。

国旗:图案为 1 个偏向左侧的白色十字。

国徽:盾徽。金色的盾面上横置着 3 只头戴王冠的蓝色狮子,周
围点缀着 9 颗红心。狮子和红心象征勇敢、忠诚、善良。上端是 1 顶华丽的
王冠,象征丹麦是一个古老的王国。

国歌:《国王克里斯蒂安》。

国花:冬青。

国鸟:云雀。

面积:约为 4.3 万平方千米(不含格陵兰岛和法罗群岛)。

人口:约 551.15 万(2008 年)。

国语:官方语言为丹麦语。

宗教:居民多信奉基督教路德宗。

首都:哥本哈根(Copenhagen)。

国名释义:古高德语中,"丹"为"沙滩、森林"之意,"麦"是"土地、国家"之意。

出行贴士

国际电话区号	0045	时　差	＋7 小时＝北京时间
电　压	220 伏	最佳季节	5—6 月

遥望丹麦

1. 地形

全境地势低平,平均海拔约 30 米,日德兰半岛中部稍高,最高点海拔 170.68 米。

2. 河湖

海岸线长约 7 314 千米,曲折多峡湾;境内多湖泊河流,最长河流为古曾河,最大湖泊为阿里湖。

3. 气候

丹麦属海洋性温带阔叶林气候,天气变化无常,冬天不像人们想象中的那样冰天雪地。2 月份气温最低,平均为摄氏零下 0.4 度,7 月份气温最高,平均为 16.6 度。丹麦年平均降水量 600 毫米,农作物一般靠自然雨水。夏季比较干旱,冬季则比较湿润。

4. 资源

丹麦自然资源除石油、天然气以外,还有锌、铝、铁、褐煤、钼、铀、水晶石、白瓷土等。其中,北海大陆架石油储量估计有 1.88 亿吨,天然气 2 000 亿立方米,褐煤储量9 000 立方米。森林面积 49.3 万公顷,占国土面积的 12%。可耕地面积 2.7 万平方千米。

走遍丹麦

1. 位置

丹麦位于欧洲波罗的海到北海的出口处,全境包括日德兰半岛的大部分及西兰岛、菲英岛、洛兰岛等四百多个岛屿。

资　讯

全国为 14 个郡和 2 个直辖市(哥本哈根市和菲特烈斯贝市)。14 个郡为:哥本哈根郡、菲特烈堡郡、罗斯基勒郡、西希兰郡、斯多斯特姆郡、博恩霍尔姆郡、菲茵郡、南日德兰郡、里伯郡、维厄勒郡、灵克宾郡、奥胡斯郡、维堡郡、北日德兰郡。

2. 交通运输

丹麦海、陆、空交通十分发达。1999年有铁路2 760千米,有公路71 462千米,其中高速公路861千米,有商船1 695艘,总吨位约574万吨,货运量约为8 739万吨。哥本哈根卡斯楚普机场是丹麦最大的航空港,也是北欧最大的航空枢纽。

丹麦人

1. 人口

根据2009年6月的统计,2008年丹麦人口约为551.15万。

2. 教育

丹麦奉行使每个社会成员在文化方面得到发展的文化方针,鼓励地方发展文化事业,曾孕育了童话家安徒生、作曲家卡尔·尼尔森、原子物理学家尼尔斯·玻尔等世界文化名人和科学家;20世纪有12位丹麦人获得了诺贝尔奖。

在发展教育方面,丹麦政府更是不遗余力。早在1814年,丹麦就开始实行7年制义务教育,是世界上实施义务教育较早的国家,成人教育和职业技术教育也比较发达,1973年起全国实行9年制免费义务教育。

高等院校:最著名的高等学府有哥本哈根大学、奥胡斯大学、丹麦技术大学、皇家兽医和农业大学。

历史的脚步

1. 历史沿革

丹麦在公元985年形成统一的王国。9世纪起,丹麦不断向邻国扩张,并渡海侵袭英格兰,于11世纪20年代征服整个英格兰和挪威,成为欧洲强大的海盗帝国,1042年帝国瓦解,14世纪再度走向强盛,疆土包括现丹麦、挪威、瑞典以及芬兰的一部分,15世纪末开始衰落。1523年瑞典脱离联盟独立。联盟在两次世界大战中均宣布中立,但1940年被德国占领。1944年冰岛脱离丹麦独立。1945年法西斯投降后,单独成立丹麦王国,1949年加入北约,1973年加入欧洲共同体。

2. 政治制度

宪法规定,丹麦实行君主立宪制,国王与议会共同拥有立法权,国王即国家元首,通过由其任命的内阁部长行使行政权。议会为一院制,共179个议席,议员经普选产生,任期4年。1953年6月,丹麦根据斐特烈九世没有儿子的情况通过了新宪法,规定女性也有王位继承权。

经济视角

丹麦是发达的西方工业国家,人均国民生产总值长年居世界前列。

丹麦 2008 年国内生产总值(GDP)3 429.25 亿美元,人均 57 035 美元,排在卢森堡、挪威、卡塔尔、冰岛和爱尔兰之后,列世界第 6 位。此外,在国民经济产值中,农牧业产值约占 4%,工业产值约占 20%,服务业占 70%左右。丹麦是高福利、高收入、高税收、高消费的国家。

1. 经济的基本特征

农牧业、渔业及食品加工业高度发达。丹麦是个畜牧业加工生产相当发达的国家,畜牧业占农业总产值 66%,有大量肉类、奶品、禽蛋出口,其制冷技术以及食品的加工、贮藏、运输、销售等方面都很发达。丹麦是欧盟最大渔业国,捕鱼量约占欧盟捕鱼总量的 36%,主要有鳕鱼、比目鱼、鲭鱼、鳗鱼和虾等,生产鱼油和鱼肉。

丹麦工业相当发达,工业产品 60%以上供出口。

2. 主要产业部门及其分布

(1) 工业:主要工业部门有石油开采、机械制造、造船、水泥、电子、化工、制药、纺织、家具和食品加工等等。船用主机、水泥设备、助听器、酶制剂和人造胰岛素等产品享誉世界。丹麦造船技术先进,能生产世界最大型的超级油轮,目前世界海上航行船舶的主机多是由丹麦制造或用丹麦专利生产。丹麦工业企业的主要特点是:以中小企业为主,研究开发能力强,不少技术在世界领先。

(2) 农业:由于丹麦地势平坦,地表起伏不大,耕地充足,土层较厚,国土利用率高达 76%,居世界第一位。自然环境为发展农牧业提供了良好的条件,丹麦有高度发达的集约化农业,机械化水平高,作物单位面积产量高,农业科技水平和生产效率居世界先进国家之列。

谷物以大麦为主,小麦次之,主要用作饲料。丹麦农牧业的主要特点是:以家庭农场为主,农牧结合,以牧为重,而农牧业又与工商业融为一体。农场财产属私有制,但子女并无继承权,若子女要继续经营老一辈农场,需取得经营农场的资格证书后按市价购买。这一政策保障了农场经营者要受过专门教育,具有较高素质,有利于丹麦农牧业不断发展。丹麦肉类和奶类的产量按人均计算,仅次于新西兰,居世界第二位。农牧业产品 2/3 供出口,是丹麦的外汇主要来源之一。丹麦还是世界上最大的貂皮生产国,年产貂皮 1 000 万张以上,约占世界市场的 40%。

贸易大看台

由于丹麦工业所需的原材料主要靠进口,产品销售又主要依赖国际市场,所以对外贸易是丹麦的经济命脉。政府主张贸易立国和自由贸易,制定优惠政策鼓励产品出口。丹麦与欧盟贸易占其贸易总额的 50%。

1. 国际贸易地区结构

丹麦同世界上 100 多个国家和地区有贸易往来,但主要贸易伙伴是欧洲诸国。2008 年丹麦商品进出口贸易总额为 2 284.5 亿美元,较上年增长 13.4%。其中,出口

1 171.2亿美元,增长13.9%;进口1 113.3亿美元,增长12.8%;贸易顺差58.0亿美元,增长39.5%。美国、德国、瑞典、英国和挪威是丹麦的5大贸易伙伴。

2. 进出口货物构成

进口商品主要有石油、煤、化工产品、钢铁、机械、运输设备、纸和饲料等,出口商品主要有肉、鱼、乳制品、化工机械、仪表、电子产品和家具等。

3. 中丹经贸关系

与中国建交:1950年5月11日。

丹麦是最早承认新中国的西方国家之一,两国贸易历史可追溯到上一世纪。新中国成立后,两国一直保持着贸易往来,并且逐步得到发展。特别是1979年我国实行改革开放政策以来,双边经贸合作发展较快,合作形式已从单纯贸易发展到经济技术合作及直接投资等多种形式。据欧盟统计局统计,2008年中丹双边贸易额为83.0亿美元,增长19.6%。其中,丹麦对中国出口20.4亿美元,增长26.3%;自中国进口62.6亿美元,增长17.6%。丹方贸易逆差42.2亿美元,增长13.8%。中国为丹麦第12大出口目的地和第五大进口来源地。我国对丹出口的主要商品有:机电产品、纺织品及服装、船舶、塑料制品、鞋类、医药品、玩具、集装箱及录音机等;我国自丹麦进口的主要商品有:机电产品、复合肥料、谷物及谷物粉、发电机组、食品加工机械、电动机、内燃机零件、蒸汽锅炉及过热水锅炉等。

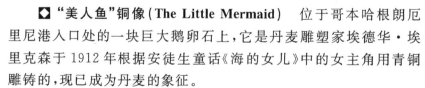

丹麦之旅

丹麦素有水陆交通的"十字路口"之称,处在波罗的海沿岸各国进出北海的大门口,厄勒、大小贝尔特3个海峡居于要冲地位,是过往船只必经之地,游客来往较多。

1. 主要城市及其景区景点

(1)哥本哈根(Copenhagen):丹麦首都,位于西兰岛东北部,人口约159万(2008年)。它不仅是丹麦也是北欧的大门,现在仍是重要的港口城市。

◆ **"美人鱼"铜像(The Little Mermaid)** 位于哥本哈根朗厄里尼港入口处的一块巨大鹅卵石上,它是丹麦雕塑家埃德华·埃里克森于1912年根据安徒生童话《海的女儿》中的女主角用青铜雕铸的,现已成为丹麦的象征。

◆ **阿美琳堡宫(Amalienborg Castle)** 位于哥本哈根市区东部的厄勒海峡之滨,是王室的主要宫殿,由最著名的建筑师尼古拉·伊格维德设计。

◆ **蒂沃利公园(Tivoli Gardens)** 位于哥本哈根闹市中心,是丹麦著名的游乐园,有"童话之城"之称,每年4月22日至9月19日对外开放。花卉展览是公园的一大特色。这里的水景更是令人叹为观止,水面上不仅有雕塑、喷泉,还有花舟游弋,水鸟翻飞。在这里还有两座引人注目的中国式建筑:宝塔和戏台。

2. 其他著名景区

◆ **大贝尔特海峡大桥**　建在丹麦西兰岛与菲英岛之间 18 千米宽的大贝尔特海峡上,该桥上的悬索桥长 1 624 米,是世界上最长的悬索桥之一。大桥为公路、铁路两用桥。

亲身体验

礼节礼仪:
- 丹麦人在社交场合与客人相见时,一般都以握手为礼。有的丹麦姑娘还保留古老的习俗,她们在高雅的场合与有身份的男子见面时,常施屈膝礼。
- 丹麦人举止大方,性格豪放,善于结交异国朋友。
- 丹麦人在正式社交场合很注意着装整齐,通常西装革履,衣冠楚楚。举行盛大晚宴时,人们还习惯穿晚礼服。

饮食习惯:
- 丹麦人的主食以面食为主,爱吃鸡蛋糕与甜点。丹麦奶酥风靡世界。
- 副食爱吃牛肉、羊肉,蔬菜则常吃西红柿、洋白菜等。

喜好:
- 喜欢喝酒,所以每次宴请客人时,总要指定一人为司机喝酒,否则不论喝多少,都不准开车。他们平时常饮咖啡、酸牛奶和花茶。

主要节日			
新　年	1 月 1 日	圣灵降临节	复活节后第七个星期日
濯足节	复活节前的星期四	立　宪　日	6 月 5 日
耶稣受难节	复活节前的星期五	圣诞节前夕	12 月 24 日中午起休息
复活节	3 月底 4 月初	圣　诞　节	12 月 25 日
共祷节	复活节后第四个星期 4	节　礼　日	12 月 26 日
耶稣升天节	复活节后第五个星期四		

友情链接

新闻出版:2005 年,全国有日报 32 种。发行量 128.8 万份,周日报 10 种,发行量 116.2 万份,期刊杂志 108 种,技术及地方报刊 278 种。主要报纸有:《日德兰邮报》、《贝林时报》、《政治报》。丹麦通讯社 1866 年创建;丹麦广播公司 1925 年创立,是丹麦最大的全国性广播电台和电视台。

商务礼仪：前往丹麦进行商务活动最适宜的季节是每年的9月至次年的5月，办公时期一般是从上午8时或9时到下午4时。丹麦人在工作时间内十分严肃，态度保守、认真，计划性强，凡事都是按部就班，所以同丹麦商人谈判前，最好能制定一个完备的建议提交给他们，他们不喜欢无休止地讨价还价。进出其办公室时，勿忘以握手为礼，销售态度最好采取较温和的姿态。若被邀请到对方家中做客，一定要带上鲜花，最好再带上一些非同一般的精美礼品，务必准时——这是基本原则。

安徒生（Hans Christian Andersen，1805—1875）：丹麦作家。安徒生的童话故事想象丰富、思想深刻、充满诗意、引人入胜，体现了丹麦文学中的民主传统和现实主义倾向，如《卖火柴的小女孩》、《丑小鸭》、《看门人的儿子》等，既真实地描绘了穷苦人的悲惨生活，又渗透着浪漫主义的情调和幻想。其著名作品还有《海的女儿》、《皇帝的新装》、《艾丽丝漫游仙境》、《夜莺》、《白雪皇后》等。

★特别提示：在丹麦可以购买到设计水准世界一流的银器、玻璃、琥珀等手工艺品，如 Georgjensen 的银器、RoyalCopenhagen 的陶瓷、Holmegaard 的玻璃制品等。

挪　威

(The Kingdom of Norway)

> 三面环海,被称为"万岛之国"的挪威,午夜可以看到太阳,冬天可以欣赏神秘的北极光。壮阔的峡湾、高原、冰川呈现着安详壮丽,而无数大小瀑布奔腾倾泻,则狂野而激情,使人不禁感叹大自然对于这人间仙境的格外眷顾。

数据DATA

国名：挪威王国。

国旗：红、蓝、白3色的组合,是典型的自由与独立的标志。

国徽：呈盾形,盾徽中雄狮前肢紧握战斧的图案是8世纪以来神圣国王的个人象征。金色雄狮头上的王冠造型简朴,体现了斯堪的纳维亚地区金属制作的特有风格。盾徽顶端的王冠,象征王族的威严和至高无上的权力。

国歌：《挪威之歌》。

国树：挪威云杉。

国鸟：河鸟。

面积：约38.5万平方千米。

人口：约479.92万(2008年)。96%为挪威人,外国移民约占4%。

国语：挪威语为官方语言,英语为通用语。

宗教：基督教路德宗为国教。

首都：奥斯陆(Oslo)。

誉称："万岛国"、"半夜太阳国"。

国名释义：意为"通往北方之路"。

遥望挪威

1. 地形

挪威位于北欧斯堪的纳维亚半岛西部,其北部延伸到欧洲最北端。长 200 千米、深 1 300 米的松恩峡湾是世界最长、最深的峡湾,举世无双。挪威领土南北狭长,沿海岛屿很多,达 15 万个,故被称为"万岛之国"。挪威是欧洲山脉最多的国家之一,高原、山地、冰川约占 70%,森林覆盖面积为 27%,耕地仅占 3.2%。

2. 河湖

挪威最长的河是格洛马河(约 580 千米),最大的湖是米约萨湖(约 375 平方千米)。

3. 气候

尽管所处的纬度比较高,但由于受墨西哥暖流的影响,使得挪威的气候比较温和。西部地区属海洋性气候,夏季凉爽干燥,冬季温和多雪,年均降水量在 2 000 毫米左右。而东部地区由于有中部的山脉做屏障,气候主要属内陆性特征,冬暖夏凉,年均降水量不足 1 000 毫米。

4. 资源

挪威多高山峡谷,适于建造水库,且雨量充沛,水利资源丰富。

挪威是世界上铝、镁和铁合金的主要供应国,是世界上最大的初级铝金属生产和出口国之一,镁的产量居世界第二位。

占陆地面积 26% 的森林资源为木材加工业的发展提供了保障。

自 20 世纪 60 年代末挪威大陆架发现石油后,石油业的崛起成为挪威经济发展的主要动力。现在挪威已成为世界第七大石油生产国,是仅次于沙特和俄罗斯的世界第三大石油出口国。

走遍挪威

1. 位置

挪威是位于欧洲最北部的国家,地处斯堪的纳维亚半岛西北部,占该半岛面积的 40%,西濒挪威海,东部与瑞典为邻,东北和芬兰、俄罗斯接壤,南部同丹麦隔海相望。

全国设 1 市 18 郡，郡下设市镇。郡名有：奥斯陆市、阿克什胡斯、东阿格德尔、布斯克吕、芬马克、海德马克、霍达兰、莫勒—鲁姆斯达尔、诺尔兰、北特伦德拉格、奥普兰、东福尔、罗加兰、松恩—菲尤拉讷、南特伦德拉格、泰勒马克、特罗姆斯、西阿格德尔、西福尔。

2. 交通运输

海运业发达，1999 年商船队总吨位 2 260 万吨。主要港口有：奥斯陆、特隆赫姆、卑尔根，奥斯陆港年吞吐量 1 000 万吨。

2000 年有各类民用飞机 935 架。主要机场有：奥斯陆、卑尔根和斯塔万格。

挪威人

1. 人口

据 2009 年 6 月的统计，挪威现有人口约 479.92 万。挪威居民绝大多数为北欧人种，有萨米族约 3 万人，主要分布在北部。挪威的人口密度是欧洲最低的国家之一。

2. 教育

教育水平在世界上名列前茅。挪威 90% 以上的儿童都在公立学校免费上学，规定必须接受教育的期限是 9 年，但每个人都有继续求学深造的权利。除了遍布挪威各大城市的大学以外，各地区还有一系列学科广泛的地方学院。挪威的地方学院各具特色，每个学院都有各自的专业。挪威的各种学校都非常欢迎来自世界各地的学生，学生可以学习自己所喜欢的专业，并且在学习后可根据自己的实际能力选择自己的未来发展方向。

高等院校有：挪威农业大学、卑尔根大学、挪威科技大学、特鲁姆瑟大学、奥斯陆大学、挪威经济与商业管理学院、莫尔德大学。

历史的脚步

1. 历史沿革

挪威于公元 900 年前后形成统一王国。9～11 世纪北欧海盗时期，挪威不断对外扩张，13 世纪中叶达到全盛。1380 年挪威与丹麦结成联盟，1397 年与丹麦、瑞典成立以丹麦为首的卡尔马联盟。1814 年挪威与瑞典结成联盟，1905 年获得独立。挪威在第一次世界大战期间保持中立，第二次世界大战被德国占领，1945 年解放。

2. 政治制度

挪威为世袭君主立宪制国家，国王为国家元首兼军队统帅，议会每 4 年选举一次，议员 155 人,在选举后的第一次会议上,选出全部议会的 1/4 组成上院,其余为下院。内阁由议会多数党组成。主要政党有工党、保守党、基督教人民党、自由党、社会主义左翼党、工人共产党和挪威共产党等。

经济视角

挪威经济是高度发达的开放型市场经济,也是世界上少数几个最富裕的发达国家之一。挪威 2008 年国内生产总值(GDP)4 562.26 亿美元,人均 79 154 美元,排在卢森堡之后,列世界第 2 位。

1. 经济的基本特征

(1)外向型经济:显著特征是对外贸易额在 GDP 总值中占有很高的比重,2008 年该比重高达 76％以上。由于对国际贸易的严重依赖,挪威经济极易受到西方经济波动的影响,经济发展存在着一定的不稳定性。挪威水力、森林、矿产资源丰富,水电、石油和天然气是其主要的工业部门。

(2)挪威经济活动的很大一部分是以利用自然资源为基础的,其赖以生存的工业部门都是立足于本身的自然条件和资源发展起来的,有着很强的优势和特点。

因水利资源丰富,故在此基础上建立的电力工业非常发达,其电力不仅可以满足国内工农业生产和民用的全部需要,还可以供出口。丰富的水电资源使挪威发展起了高度发达的金属生产工业,同时凭借丰富的森林资源作基础,使得挪威成为世界纸浆和纸及其制品市场的主要供应国之一。挪威还出口大量的木材、建筑材料和家具等。

随着石油天然气开发,派生出来的化学工业也得到不断的发展,其化工业涉及的范围很广,有化肥、塑料、染料、药品及其他许多产品。

挪威海运业发达。挪威人一向以海洋民族闻名于世,其船队在世界排名第四位。传统的船舶制造史和不断的开发,使得挪威的造船和船用设备生产一直居于世界前列。在其他工业领域,如电机和电子产品制造业、通讯及导航设备制造等,挪威的产品同样具有竞争力。丰富的海洋资源、先进的人工养殖技术,使挪威的渔业生产得到大幅增长。挪威一直是世界上最大的捕鱼国之一,也是世界上最主要的海产品出口国之一。

贸易大看台

挪威是关税和贸易总协定(GATT)的创始国之一,也是世界贸易组织(WTO)的积极倡导者和创始国之一。挪威历届政府一直主张并实行全面开放的经济和贸易政策,积极鼓励企业参与国内外市场竞争,也欢迎外国企业来挪威投资。目前,挪威已建成了高度发达的市场经济,但由于国家小,工业门类不全等因素,经济对国际贸易的依赖程度很高,对外贸易在国内生产总值(GDP)中占有很高的比重。2008 年外贸总额为 2 486.8 亿美元,同比增长 12.5%。其中出口 1 628.4 亿美元,增长 16.8%,进口 858.4 亿美元,增长 5.2%。2008 年挪威石油天然气出口额达 990.5 亿美元,占总出口额的 60.8%,与去年相比增长 23.7%。

1. 国际贸易地区结构

在挪威的对外贸易中,欧盟是其最主要的市场。挪出口产品的 70%以上是销往欧盟国家的,而来自这一地区的进口则占其进口的约 60%。英国、荷兰、德国、法国和瑞典是挪威的主要出口市场,而瑞典、德国和英国则是挪进口产品最多的国家。

2. 进出口货物构成

在挪威出口产品中,石油天然气出口约占总出口的 44%,是其最主要的出口产品。目前挪威已是世界第七大石油生产国和世界第三大石油出口国,英国和德国是挪威主要的石油天然气市场。

在传统商品方面,挪威是世界最大的初级铝金属生产和出口国之一。同时,挪威的化工产品、纸浆、纸及其制品等依然在国际市场上享有一定声望。

在造船业方面,尽管因受劳动力成本高等因素的制约,使挪威在世界船舶市场所占份额大幅下滑,但在高档豪华游轮和特种船等领域,挪威企业仍是极具竞争力的,而且挪威依然是船用设备的主要出口国之一。

近年来,随着水产养殖业的发展,鱼和鱼产品出口也成了挪威的另一主要出口产品。

3. 中挪经贸关系

中挪贸易开始于 19 世纪初。自 1954 年 10 月 5 日挪威同中国建立外交关系以来,双边贸易额不断增长。

20 世纪 50 年代双边贸易额年平均为 200 万美元。2008 年双边贸易额达到约 76 亿美元,同比增长 13.3%。其中挪威出口 19 亿美元,与去年同期相比增长 13.2%;进口 57 亿美元,同比增长 13.3%。中国对挪出口主要商品有船舶、纺织服装、机电产品、鞋类、箱包、焦炭、蘑菇罐头;从挪进口主要商品有原油、机电产品、肥料、建筑及采矿用机械、装卸设备及零件、铁矿砂。

挪威之旅

挪威由于纬度较高,气候较寒冷,冰雪多,森林密,峡湾奇特,去那里旅游多是欣赏自然景观或参加冰雪体育活动,如 1994 年冬季奥运会的滑雪、溜冰比赛,就在奥斯陆北面的赫那福斯举行。旅游业已成为该国第三大创汇行业。2008 年挪威旅游业总产值约为 251 亿美元,占国内生产总值的 4.2%。

1. 主要城市及其景区景点

(1) 奥斯陆(Oslo):挪威首都,位于东南海岸奥斯陆峡湾北侧小丘上,是全国政治、经济、文化、交通中心和主要海港,全国进口商品 1/2 以上是经奥斯陆转运的。挪威最大的最古老的综合性大学——奥斯陆大学建于 1811 年,其他各种类型的大专院校也汇集于此。它以不冻港而闻名世界。奥斯陆也是世界裘皮加工、出口中心之一,被誉为"裘皮之都",而最享有世界声誉和桂冠的是"世界滑雪之都"。人均绿化面积居欧洲各国首都之首。

◆ **市政厅** 1950 年为纪念奥斯陆城建城 900 周年而建。每年 12 月初,在这里颁发年度诺贝尔和平奖。

◆ **阿克苏要塞** 奥斯陆最古老的建筑,建于 1300 年,几百年间曾作为皇宫和要塞。

◆ **雕塑公园** 挪威伟大的雕塑家古斯塔的 200 多件花岗石、钢铁、青铜雕塑作品在这里展出。《生命柱》是世界最大的独立花岗岩雕塑。

◆ **霍尔门科伦山** 滑雪胜地,景色优美。从 1892 年开始,每年 3 月在这里举行世界闻名的滑雪大赛。

(2)卑尔根(Bergen):挪威第二大城市,位于高山与峡湾之间,有七座高山散落市区周围,故有"七山之城"之称。城内有圆石铺成的小巷,有中世纪古老木屋和码头区、露天的鱼市场,富有海滨古城旖旎而古朴的魅力。城内至今保存着许多中世纪纪念物,其中最有名的为卑尔根胡斯城堡,城堡内有建于 1261 年的哈康大会堂,传说是挪威海盗王的故宫。作曲家和大提琴家奥莱·布尔创办的卑尔根剧院,在著名戏剧家易卜生和比昂松的主持下,享有世界声誉。

◆ **布吕根镇** 著名古建筑集中地,约建于 11 世纪之前,大多是朴实无华的 3 层木房,正面绘有巴洛克风格的装饰性图案。作为城市发展初级阶段和北欧木建筑的宝贵遗迹,1979 年被联合国教科文组织列入世界遗产名录。

(3)特隆赫姆:挪威第三大城市,中部重要海港和铁路枢纽及贸易、工业航运中心。因有斯堪的纳维亚半岛最雄伟的教堂在此,所以历代君王均在此地加冕。

(4)特罗姆瑟:被称为"北极之门"。在特罗姆瑟的许多机构都带有"最北"的字样。北极光天文馆和漂亮的特罗姆瑟博物馆构成了位于世界最北部的大学——特罗姆瑟大学的一部分。建于 1861 年的天主教堂和新教教堂,同是位于世界最北部的教堂。

2. 其他著名景区

◆ **挪威峡湾** 是滨海地区经冰川侵蚀作用形成 V 型峡谷后,海水侵入而成的狭长的港湾。挪威海岸基本上可以卑尔根为中心,分成南北两段。南段以幽静的哈丹哥峡湾为主要景点;北段有世界最长的松恩峡湾,长 190 千米左右。全世界最漂亮的盖伦格峡湾也位于北部,瀑布飞流直下,令人叹为观止。

◆ **奥尔内斯木板教堂** 是现存的 30 座古木板教堂中最引人注目的一座,始建于 12 世纪下半叶,为一四方形的全木料三层建筑,每层都有陡峭的批檐,上有尖顶,1979 年被联合国教科文组织列入世界遗产名录。

亲身体验

礼节：

- 挪威人非常喜欢握手。陌生人相会,也要握手及互道姓名。
- 人与人谈话时要保持固定的距离,认为谈话双方相距1.2米左右是最佳的距离。
- 守时是挪威人的特殊习俗,不守时不但失礼,还视为不守信用。万一因某种原因不能守时,应先打电话说明原因,取得谅解。

饮食习惯：

- 挪威人的饮食大都很简单,但在圣诞晚餐吃烤饼。平常日子多喜吃海鲜品、肉肠、熏鱼、酸菜及各种乳制品。
- 在饮酒时若要敬酒的话,有一套复杂的注目仪式:举起杯子,凝视着对方的眼睛,然后说 skal,互碰玻璃杯,再一次凝视对方的眼睛,之后一饮而尽(慢慢啜饮比较好,因为酒的价格不低)。
- 第一次拜访或应邀出席家宴,客人如能带去一束花或糖果作为礼物送给女主人,那将是非常受欢迎的。散席时,务必向女主人正式道谢。

喜好：

- 在挪威最流行的是红色。女孩的大衣、儿童的滑雪衫或是男人毡帽的镶边全是红色。

主要节日			
新　　年	1月1日	国　庆　日	5月17日
罗姆瑟太阳日	1月21日	独　立　日	6月7日
奥斯陆滑雪节	3月第一个星期日	夏季公众假期	6月20日—8月20日
复　活　节	4月16日	圣　诞　节	12月24日至来年1月1日
国际劳动节	5月1日	礼　物　日	12月26日
解　放　日	5月8日		

友情链接

新闻出版：主要报刊有《世界之路报》、《晚邮报》、《工人报》、《日报》和《卑尔根时报》等。挪威通讯社成立于1867年,为非官方通讯社。挪威国家广播公司建立于1933年,由国家文化部管理,分设广播、电视两部分,总部设于奥斯陆。

★特别提示：哈默菲斯特是世界最北的城市;挪威是世界上峡湾最多的国家;扬马延岛上的贝伦火山是世界最北的活火山。

俄 罗 斯

(The Russian Federation, The Russia)

> 俄罗斯是世界上地域最大的国家,这里不但有丰富的矿产资源、世界一流的科学技术,而且旅游资源极为丰富。从遥远的西伯利亚到欧洲大陆的莫斯科和圣彼得堡,到处洋溢着迷人的俄罗斯风情,还有闻名于世的芭蕾舞和马戏。俄罗斯的民族舞蹈每年吸引着来自世界各地的游客前来观光。正如俄罗斯诗人秋切夫所说那样,"用理智难以理解俄罗斯……"您只能用心感觉它。

数据 DATA

国名:俄罗斯联邦或俄罗斯。

国旗:呈横长方形,长与宽之比约为 3:2。旗面由 3 个平行且相等的横长方形相连而成,自上而下分别为白、蓝、红三色。

国徽:为盾徽。红色盾面上有 1 只金色的双头鹰,鹰头上是彼得大帝的 3 顶皇冠,鹰爪抓着象征皇权的权杖和金球。鹰胸前是 1 个小盾形,上面是 1 名骑士和 1 匹白马。双头鹰原是拜占庭帝国君士坦丁一世的徽记。

国歌:《俄罗斯联邦国歌》。

国花:葵花。

面积:约 1 707.54 万平方千米,居世界第一位。

人口:约 1.418 亿(2008 年)。

国语:俄语为官方语言。

宗教:东正教为主要宗教,其次为伊斯兰教。

首都:莫斯科(Moscow)。

出行贴士			
国际电话区号	007	时　差	－5小时＝北京时间
应急电话	火警01　警察02		
	急救03　天然气泄漏04		
电　压	220伏	最佳季节	8—10月

 遥望俄罗斯

1. 地形

俄罗斯的地形以平原为主,约占国土的70％。全境地势东高西低,最大的平原是东欧平原、西西伯利亚平原。俄罗斯西部为东欧平原,东部是高原和山地。位于西伯利亚的叶尼塞河是最大的地形分界线。叶尼塞河以西以平原为主,以东则多为高原和山地。

2. 河湖

俄罗斯境内河湖众多,沼泽广布,有大小河流300万条,大小湖泊200多万个。主要河流有伏尔加河、顿河、乌拉尔河、鄂毕河、勒拿河、叶尼塞河等;主要湖泊有里海、贝加尔湖等。伏尔加河长3 531千米,为欧洲第一长河;贝加尔湖深1 620米,是世界上最深的湖。

3. 气候

俄罗斯的气候基本上属于温带和亚寒带的大陆性气候,气候差异较大,从西到东大陆性气候逐渐加强,夏季南北气温相差悬殊。其主要特点是:冬季漫长、严寒;夏季短暂、温暖;春秋季较短;气温年差异较大。俄罗斯的西部和西北部无高山阻挡,来自大西洋的水汽可长驱直入,成为俄罗斯陆地上主要水分的来源。北大西洋暖流使这一带的冬季气温远远高于同纬度其他地区,如地处北极圈内的摩尔曼斯克,1月份平均气温为－9.9℃,高于同纬度其他地区20℃以上,为俄罗斯北部最大不冻港。俄罗斯冬季最低气温区为维尔霍扬斯克和奥伊米亚康,被称为北半球"寒极"。

4. 资源

自然资源十分丰富,种类多、储量大,自给程度高。石油探明储量65亿吨,占世界探明储量的12％～13％,居世界第二位;天然气已探明蕴藏量为48万亿立方米,占世界探明储量的1/3强,居世界第一位。森林覆盖率超过40％,木材蓄积量807亿立方米。水力资源4 270立方千米/年,居世界第二位。2007年核能发电量为1 600亿千瓦小时,占俄罗斯发电总量的14％左右。煤蕴藏量2 000亿吨,居世界第二位。铝蕴藏量居世界第二位,铁蕴藏量居世界第一位,铀蕴藏量居世界第七位,黄金储藏量也居世界前列。

走遍俄罗斯

1. 位置

俄罗斯联邦幅员辽阔,横跨东欧和北亚大部分地区,是世界8个跨洲国家中最大的一个。它北临北冰洋,东濒太平洋,西接波罗的海的芬兰湾,西南靠黑海,海岸线长达33 800多千米;陆邻挪威、芬兰、波兰、爱沙尼亚、拉脱维亚、立陶宛、白俄罗斯、乌克兰、格鲁吉亚、阿塞拜疆、哈萨克斯坦、蒙古、中国和朝鲜。

资 讯

由89个联邦主体组成,89个联邦主体划分为七个联邦区。

2. 交通运输

(1)地面运输:分为铁路运输、公路运输和管道运输。

铁路运输:俄罗斯传统的交通工具。铁路运输在俄罗斯运输系统和国民经济中都占重要地位。铁路运输的特点是运距长、密度高,主要是由于东部经济开发和铁路的区域分布不平衡而造成。俄罗斯的铁路分布密度最大的地区位于欧洲领土的中、南、西部。在东部的西伯利亚和东北亚的主要干线仅有西伯利亚大铁路、贝阿铁路等。俄罗斯广泛采用并发展集装箱运输和打包运输,横跨西伯利亚的集装箱运输已得到国际承认,并已建立起自动化管理系统。

公路运输:俄罗斯公路运输虽然发展比较迅速,但同发达西方国家相比,差距仍较大,主要表现在道路质量差、里程少、实载率低、分布不平衡。在西伯利亚和远东这样有待大力发展的地区,公路相对较少。

管道运输:主要为输送石油和石油产品以及天然气而出现,近年亦有运输煤的管道。现在,俄罗斯一半以上的石油天然气和石油产品通过管道运输。俄罗斯石油出口大多也通过管道运输。

城市公交:从公路运输中分离出来的电车和地铁构成城市内部公共交通。目前,俄罗斯城市公交的70%是由电车承担的。地下铁道是城市公交立体化的表现形式,它日益成为重要的运输形式。

(2)水上运输:分为海洋运输和内河运输。

海洋运输:俄罗斯海岸线极其漫长,拥有众多边缘海,如巴伦支海、白海、黑海、白令海、鄂霍次克海等,海运条件便利。这对于俄罗斯国民经济和对外经济联系的发展、边远地区的开发,都起着重要作用。俄罗斯以上述海域为基础,建立了波罗的海、黑海、北方、远东及里海5支船队,从事海上运输。目前,俄罗斯商船差不多遍及世界各个海域,到达124个国家1 100多个港口。海运货物主要有煤、木材、矿物产品、谷制品、盐、机器设备等。

俄罗斯各大海域都有一些重要港口,如黑海有罗斯托夫、新罗西斯克;波罗的海有圣彼得堡;北方海域有摩尔曼斯克。远东海域是最有发展潜力的海域,这里目前就有符拉迪沃斯托克(海参崴)、纳霍德卡、东方港等。

内河运输:俄罗斯是世界上内河运输较发达的国家。伏尔加河通航里程达 1 700 万千米,运输量占全国内河运输量的一半以上。欧洲第二大河第聂伯河的上中游也流经俄罗斯,另外还有顿河、乌拉尔河,东部地区的鄂毕河、勒拿河、叶尼塞河、阿穆尔河(黑龙江)等。俄罗斯内河运输的主要货物有石油及石油产品、木材、粮食、煤、铁矿石等。

(3)航空运输

航空运输是俄罗斯新发展起来的运输部门,是进行大规模客运的主要形式之一。俄罗斯有世界闻名的民航公司,拥有往返于欧亚大陆、非洲和美洲 100 多个国家首都和大城市的民航班机。主要航空港有莫斯科、圣彼得堡、新西伯利亚等。

俄罗斯航空运输拥有较先进的物质技术基础。苏联在第二个五年计划期间,航空事业得到进一步发展,民航飞机全部国产化。20 世纪 50 年代中期,就开始建设现代化的民航机场。在货运方面,运输机生产非常专业。

俄罗斯人

1. 人口

由于受当前社会经济形势的影响,俄罗斯人口一直呈下降趋势。城市人口约占人口总数的 73%,农村人口约占 27%。

俄罗斯是个多民族的国家,共有 130 多个民族,其中俄罗斯人约占人口总数的 82%。

2. 教育

分为学前教育、普通中小学教育、职业技术教育、中等专业教育和高等教育。已基本消灭文盲。

著名高等院校有:国立莫斯科罗蒙诺索夫大学(莫斯科大学),成立于 1755 年,培养出 7 个诺贝尔奖金获得者;圣彼得堡大学,成立于 1724 年,培养出 6 个诺贝尔奖金获得者;此外还有莫斯科鲍曼高等技术学校、莫斯科动力学院、莫斯科门捷列夫化工学院、莫斯科航空学院、圣彼得堡海洋技术大学、圣彼得堡航空宇航制造学院、圣彼得堡精密技术信息大学等。

历史的脚步

1. 历史沿革

俄罗斯人的祖先为东斯拉夫人罗斯部族。公元 15 世纪末,大公伊凡三世建立俄罗斯中央集权制国家——莫斯科大公国。1547年,伊凡四世改大公称号为沙皇。1689年8月彼得一世正式亲政并于1721年改国号为俄罗斯帝国。1917年11月7日10月社会主义革命后,建立了世界上第一个社会主义国家政权——工农兵代表苏维埃,1922年成立苏维埃社会主义共和国联盟。1991年苏联发生"8·19"事件,苏联解体,俄罗斯联邦成为独立国家。1992年4月16日,俄罗斯第六次人代会决定将国名改为"俄罗斯",从而恢复了历史上的名称。

2. 政治制度

俄罗斯是一个多党制的、全民选举总统的议会制共和国。议会称俄罗斯联邦会议,由联邦委员会(上院)和国家杜马(下院)组成,每届任期4年。总统为国家元首,也是国家最高行政首长。主要政党有俄罗斯联邦共产党、右翼力量联盟、俄罗斯自由民主党等。

 经济视角

俄罗斯经济已由过去的高度集中的计划经济过渡到自由市场经济,国有企业改为私有制股份公司。工业基础雄厚,部门齐全,以机械、钢铁、冶金、石油、天然气、煤炭、森林工业及化工等为主。农牧业并重,畜牧业主要为养牛、养羊、养猪业。

1. 经济的基本特征

苏联解体前曾是世界经济大国,国民生产总值仅次于美国,位居世界第二。苏联解体后,俄罗斯推行私有化和全面市场经济为核心的经济改革,由于一系列政策的失误,曾导致经济严重滑坡。2000年以来,政府推行社会经济稳定政策,致力于改善投资环境,减轻税负,促进国内工业复苏和发展,大搞"能源外交",拓展国外市场,使俄罗斯经济好转势头进一步得到巩固。俄罗斯2008年国内生产总值约为17 095亿美元,人均国内生产总值约为11 807美元。

2. 主要产业部门及其分布

以重工业为主,具有雄厚的工业基础。主要工业部门有机械、钢铁、有色冶金、石油天然气、煤炭、化工、森林工业等;纺织、食品工业也很发达;军火工业在工业中占有重要地位。俄罗斯的工业主要分布在欧洲部分。

机器制造业和金属加工工业是俄罗斯的工业核心、科技进步的基础,其发展受到极大重视,发展速度亦十分迅速。机器制造业发展的方向是:迅速发展能保证技术进步和提高生产机械化、自动化水平的分部门;大幅度增加自动化工具、仪表和仪器;金属加工设备中优先增长先进的锻压设备、数据控制机床、速控和速算成套设备。

俄罗斯有四大工业区:以莫斯科为中心的工业区和以圣彼得堡为中心的工业区,这两个工业区位于欧洲部分,都是综合工业区,主要有机械、化工和纺织等工业;乌拉尔工业区,有丰富的煤炭、铁和有色金属资源,是俄罗斯重工业基地;新西伯利亚工业区,军事工业和重工业占重要地位。

俄罗斯的大企业有芬帕金融公司、天然气工业公司、俄罗斯国家经济安全服务股份公司、工业国营企业联合公司、军工投资股份公司等。

俄罗斯农业是农牧业并重,畜牧业的产值约占农牧业总产值的 60%。主要作物有小麦、大麦、燕麦、玉米、水稻和豆类,主要经济作物有亚麻、甜菜和向日葵等。俄罗斯的农产品需要进口。

贸易大看台

1992 年以来,俄实行对外贸易自由化政策,经过 16 年的不断调整与改革,现已基本形成了一套符合一般国际贸易惯例要求的管理体制和外贸政策。据俄国家统计委和中央银行数据,2008 年俄完成外贸进出口总额 7 350 亿美元(包括对与其联盟国家白俄罗斯贸易额),比 2007 年增长了 33.2%,实现外贸顺差 2 012 亿美元(07 年为 1 522 亿美元)。2008 年俄外贸出口完成了 4 681 亿美元,同比增长了 33.0%。外贸进口完成 2 669亿美元,同比增长了 33.6%。

1. 国际贸易地区结构

俄罗斯现在与世界上近 100 个国家有贸易关系,主要贸易伙伴按重要性排名为欧盟、独联体国家、中东欧国家和波罗的海国家。

2008 年主要贸易伙伴及贸易额:德国(673 亿美元)、荷兰(618 亿美元)、中国(568亿美元)、意大利(529 亿美元)、乌克兰(398 亿美元)、白俄罗斯(342 亿美元)、土耳其(338 亿美元)、日本(290 亿美元)、美国(273 亿美元)、波兰(272 亿美元)、英国(225 亿美元)、芬兰(224 亿美元)。

2. 进出口货物构成

2008 年主要出口商品有石油、天然气、电力、煤、焦炭、机器设备、黑色及有色金属等,主要进口商品有机器设备、食品、化工产品等。

3. 中俄经贸关系

与中国建交:1949 年 10 月 3 日。

1992 年至今,中俄两国贸易发展大致可分为以下四个阶段:

第一阶段(1992—1993 年),双边贸易发展较快,1993 年双边贸易额达到 76.8 亿美元的高峰。

第二阶段(1994—1996 年),1994 年双边贸易额有所下降(50.7 亿美元),由于贸易方式由易货贸易向现汇贸易过渡,双方企业均缺乏资金,且俄出口商品也逐渐失去其价格优势。这一时期的双边贸易额始终未能超过 1993 年的水平。

第三阶段(1997—1998 年),这一阶段双边贸易额持续下滑。1997 年贸易额为 61.2亿美元,下降 10.5%,其中我国出口 20.3 亿美元,增长 20.3%,进口 40.9 亿美元,下降20.7%。但这一时期两国边境地方的贸易发展较快,1998 年双边贸易额比 1997 年增长 20%以上,约占两国贸易总额的 1/3。

第四阶段(1999年至今),2000年,中俄双边贸易走出了近几年的低迷局面。2001年双边贸易在上年基础上继续快速发展并再创新高,贸易额达106.7亿美元,达到苏联解体以来的最高水平,中方逆差也创造了52.5亿美元的最高纪录。俄在我国外贸伙伴排名中已上升至第八位,我国在俄外贸伙伴排名中居第六位。2008年两国间的贸易额达到了568亿美元,中方出口额为330亿美元,进口额为238亿美元。

我国对俄出口的主要商品仍以服装、鞋类、食品等传统大宗商品为主,近年来机电产品所占比重逐步增加。我国自俄进口商品以原材料性商品和机电产品为主,主要品种有钢材、肥料、石油及成品油、化工品、原木、纸浆、冻鱼等,机电产品主要为各类机械设备和电子产品。

总体上看,中俄双边贸易商品结构较为单一,高科技和高附加值产品所占比重尚不大,这也在一定程度上制约了双边贸易向更高水平发展。

俄罗斯之旅

旅游业是俄罗斯的新兴经济产业,近年来发展较快。国内主要旅游点是莫斯科、圣彼得堡、黑海疗养地、伏尔加河沿岸城市、下诺夫哥罗德和滨海边疆区。据俄经济发展和贸易部统计,2002年俄接待外国游客约2 330万人,创汇约159亿美元。

1. 主要城市及其景区景点

(1)莫斯科(Moscow):俄罗斯联邦的首都,面积1 000平方千米,现有人口1000多万,是世界特大都市之一。它是俄罗斯政治、经济、金融、科学、艺术中心,迄今已有800多年的历史,名胜古迹繁多。

◆ **红场**　位于莫斯科市中心,占地约9万平方米。在15世纪时,它只是个集市,当时被称为"大市场",1662年才开始被称为"红场"。在古俄语中,"红场"意为"美丽的广场"。红场地面全部由条石铺陈,显得古老而神圣。

◆ **克里姆林宫**　在莫斯科市中心,曾为莫斯科公国和18世纪以前的沙皇皇宫,十月革命胜利后,成为苏联党政领导机关所在地。始建于1156年,屡经扩建,现主要有大克里姆林宫、参议院大厦、伊凡大帝钟楼等。

◆ **莫斯科大彼得罗夫大剧院**　始建于1776年,是俄罗斯历史最悠久的剧院,坐落在莫斯科斯维尔德洛夫广场上,1855—1856年重新修复,略加改建,成为19世纪中叶俄罗斯建筑艺术的典范,也是欧洲最大的剧院之一,并于1919年起成为国立示范大剧院。建筑既雄伟壮丽,又朴素典雅,内部设备完善,具有极佳的音响效果,剧场可容纳 2 200 名观众。

◆ **瓦西里·勃拉仁大教堂**　是 1555—1561 年为纪念喀山公国和阿斯特拉罕合并于俄罗斯而建造的。它由 9 座教堂组成,中央教堂高 47 米,上部是一富有民族风格的帐篷顶,顶端装饰着一个小穹顶,四周的 8 座教堂也都有一个葱头状的穹顶,有螺旋形、菱形等形状,花纹凹凸不同,颜色各异,以金色和绿色为主,仿佛一簇升腾跳跃的火焰。教堂内的平顶天花板上,饰有 17、18 世纪造型生动的壁画。教堂现为历史博物馆分馆。

◆ **普希金广场**　1937 年,为纪念俄国伟大诗人普希金逝世 100 周年,当时的苏联政府把市中心的苦行广场改名为普希金广场。广场上耸立着 4 米多高的普希金青铜纪念像。纪念像基座上刻有普希金的一首诗。

◆ **莫斯科地铁**　世界上规模最大的地铁之一,一直被公认为世界上最漂亮的地铁,享有"地下的艺术殿堂"之美称。莫斯科地铁全长 220 多千米,总共有 9 条线。地铁运行速度很快,时速最高达 90 千米。

◆ **阿尔巴特街**　莫斯科市中心的一条著名步行街,紧邻莫斯科河,是莫斯科的象征之一。著名诗人普希金从 1830 年起居住在这条大街上,普希金故居就坐落在阿尔巴特街 53 号。阿尔巴特街曾是艺人和画家荟萃的天堂,保存有许多古色古香的建筑。阿尔巴特街的小店铺一家挨一家,商品种类极其繁多。街头作画的艺人是阿尔巴特街上一道不灭的风景。

◆ **亚历山大花园**　位于克里姆林宫西墙后面,庄严的无名烈士墓坐落于此。这座花园是在砖石填平了的涅格林卡河上建造起来的。紧邻花园一侧的建筑颇具特色,外墙由圆柱组成,古朴结实,是以前皇室的骑士学校,门前的开阔地现在被称为"练马广场"。

(2) 圣彼得堡(Saint Petersburg):俄罗斯第二大城市,坐落在波罗的海芬兰湾东岸、涅瓦河河口,风光秀丽,素有"北方威尼斯"之美称。这是一座具有光荣历史的英雄城市,还是俄国十月革命的摇篮,同时也是一座科学技术和工业高度发展的现代化城市。

◆ **冬宫**　坐落在宫殿广场上,原为俄国沙皇的皇宫,十月革命后辟为圣彼得堡国立艾尔米塔奇博物馆的一部分。它是 18 世纪中叶俄国巴洛克式建筑的杰出典范,与美国的大都会、法国的卢浮宫并称为世界三大博物馆。冬宫是一座蔚蓝色与白色相间的建筑,高 3 层,长约 230 米,宽 140 米,高 22 米,呈封闭式长方形。宫内有厅室 1 057 间,门 1 886 座,窗 1 945 个。

◆ **彼得大帝夏宫**　位于芬兰湾南岸的森林中,距圣彼得堡市约 30 千米,占地近千公顷,是历代俄国沙皇的郊外离宫。其外貌简朴庄重,内部装饰华贵。1934 年以后,夏宫被辟为民俗史博物馆。由于它的建筑豪华壮丽,因而被人们誉为"俄罗斯的凡尔赛"。夏宫的主要代表性建筑是一座双层楼的宫殿,楼上装饰极为华丽,舞厅的圆柱之间都以威尼斯的镜子作装饰。

◆ **"阿芙乐尔"号巡洋舰** 原是沙俄波罗的海舰队的一艘巡洋舰,1917 年舰上的官兵在圣彼得堡参加十月武装起义,炮轰冬宫,宣告了伟大的十月革命的开始,从而声名远播。1923 年它改为练习舰,后来又参加苏联的卫国战争。1948 年作为军舰博物馆,永远停泊在圣彼得堡涅瓦河上,供人们参观。

◆ **伊萨基辅大教堂** 圣彼得堡最著名的教堂,它与梵蒂冈、伦敦和佛罗伦萨的大教堂并称世界四大教堂。教堂内饰有精美的壁画,现辟为博物馆。每逢盛大宗教节日,教堂仍向社会开放并举行仪式。

2. 其他著名景区

◆ **谢尔吉耶夫镇** 位于莫斯科东北 71 千米,修道院是城里的主要景点,是东正教最古老的教堂,收藏着无数古俄罗斯绘画精品、珠宝、古董等,现在是一座国家级的博物馆,也是重要的宗教中心。它是由圣三一教堂、圣母升天教堂、沙皇宫殿河 88 米高的钟楼共同组成的一个美丽的建筑群。

◆ **索契** 俄罗斯著名的旅游疗养圣地,属于俄罗斯少有的亚热带气候地区,气候温和湿润,到处长着棕榈、桉树等亚热带和热带的树木。果园里长满了柑橘、柠檬、无花果等果树。洁白的海滨别墅比比皆是。在市边的大阿洪山上建有罗马式的瞭望塔,在这里可以环视白雪皑皑的大高加索群山,也可以俯视索契全景。

亲身体验

礼节礼仪:

- 俄罗斯人性格开朗、豪放、集体观念强。俄罗斯向客人表示最热烈的欢迎和最高的敬意,常用面包和盐放在铺白色绣花面巾的托盘上,献给客人。
- 与人见面,大都行握手礼,熟人之间还行拥抱接吻礼。
- 男子外出活动时,十分注意仪容仪表,一定要把胡子刮净,赴约准时,在社交场合,处处表现尊重女性。
- 俄罗斯人交际时在三种情况下使用"你":①对 16 岁以下的儿童;②近亲之间与同事之间(年轻人之间);③年轻人对年轻人。对老年人、陌生人(儿童除外)和领导人则称"您"。对儿童可直呼其名,而对老年人、陌生人和领导人则应呼其名字加父称。
- 目前在俄罗斯"先生"、"同志"、"公民"三种称呼并存。
- 在写公函时,一般写收件人名字加父称;在非常正式的信函中收件人的姓前面应加上"先生"或其相应职称。

饮食习惯:

- 俄罗斯人以面包为主食,鱼、肉、禽、蛋为副食。
- 喜欢吃牛、羊肉。
- 口味偏重咸、甜、酸、辣、油。

- 喜欢中国的京菜、川菜、粤菜、湘菜。
- 爱喝烈性酒,且酒量很大。

喜好:

- 喜欢红色。
- 喜爱马的图案。
- 打破盘碟被视为幸福、富贵。
- 视"7"为吉祥数字。

主要节日			
新　年	1 月 1 日	国家主权宣言通过日(国庆节)	6 月 12 日
东正教圣诞节	1 月 7 日	和睦和解日(原十月革命节)	11 月 7 日
妇　女　节	3 月 8 日	宪　法　节	12 月 12 日
胜　利　节	5 月 9 日	谢　肉　节	复活节的第八周

友情链接

艺术名人:

普希金(1799—1837):俄国最伟大的诗人,浪漫主义文学的杰出代表,现实主义文学的奠基人,现代标准俄语的创始人。1837 年 2 月,普希金在彼得堡因决斗腹部受重伤去世。普希金一生创作了 12 部叙事长诗,代表作有历史剧《鲍里斯·戈都诺夫》(1825 年)、诗体小说《叶甫盖尼·奥涅金》(1831 年)、散文体小说《别尔金小说集》(1831年)及关于普加乔夫白山起义的长篇小说《上尉的女儿》(1836 年)。他的作品是"反映俄国社会的 1 面镜子"。

列夫·托尔斯泰 (1828—1910):俄国作家,出身于贵族家庭,主要作品有《战争与和平》(1869 年)、《安娜·卡列尼娜》(1877 年)、《复活》(1899 年)等,晚年放弃贵族特权和财产,过着平民生活。

彼得·柴可夫斯基(1840—1893):俄罗斯历史上最伟大的作曲家,俄罗斯民族音乐与西欧古典音乐的集大成者。他的作品一向以旋律优美、通俗易懂而著称,又不乏深刻性。他的音乐是社会的真实写照,他的作品是现实主义和浪漫主义结合的典范。作品有歌剧《叶甫根尼·奥涅金》、《黑桃皇后》等,芭蕾舞剧《天鹅湖》、《胡桃夹子》、《睡美人》,交响曲《第四交响曲》、《第五交响曲》、《悲怆(第六)交响曲》、《降 b 小调第一钢琴协奏曲》、《D 大调小提琴协奏曲》,以及交响诗《罗密欧与朱丽叶》、音乐会序曲《1812 序曲》等等。

新闻出版:主要报刊有:《俄罗斯新闻报》、《俄罗斯报》、《红星报》、《劳动报》、《独立报》、《消息报》等。俄通社—塔斯社是俄国家通讯社。俄罗斯新闻社,简称俄新社,是俄两大国家通讯社之一。主要广播电台有：第一广播电台（原苏联中央广播电台）、俄罗斯之声（私营）、俄罗斯电台（国营）、"青春"电台、"灯塔"电台、莫斯科"回声"电台等。

★**特别提示**：俄罗斯的特色纪念品有苏联时期的军用品、邮票、首饰盒、古董相机、木制套娃及各种徽章、木刻圣像等。

英 国

(The United Kingdom of Great Britain and Northern Ireland)

英国,典型的绅士淑女之乡,生活保守而且讲传统,却也是尊重个人自由和思想宽容的国度。英国最吸引游客的地方在于多样性的景观特色:英格兰——典雅秀丽;苏格兰——苍劲豪迈;威尔士——古朴自然;北爱尔兰——神秘沧桑。看书、喝茶、足球和园艺是英国人最喜爱的休闲方式;入夜,各种流派的音乐会开始上演,又显示出英国人冷静外表下的激情。

数据DATA

国名:大不列颠及北爱尔兰联合王国。

国旗:米字旗。旗中白边红色正十字代表英格兰守护神圣乔治,白色交叉十字代表苏格兰守护神圣安德鲁,红色交叉十字代表爱尔兰守护神圣帕特里克。此旗是由英格兰的白地红色正十字旗、苏格兰蓝地白色交叉十字旗和爱尔兰白地红色交叉十字旗重叠而成。

国徽:也是英王徽。盾面上两组 3 只金狮象征英格兰,红狮象征苏格兰,竖琴象征爱尔兰。两侧是代表英格兰的狮子和代表苏格兰的独角兽。盾徽周围用法文写着"恶有恶报"。下端悬挂着嘉德勋章,饰带上写着"天有上帝,我有权利"。盾徽上端为头盔、帝国王冠和狮子。

国歌:《上帝保佑女王》"God Save The Queen"(如在位的是男性君主,国歌改为"God Save The King")。

国花:玫瑰花。

国鸟:红胸鸽。

面积:约 24.41 万平方千米。

人口:约 6 100 万(2008 年)。

国语:官方语言为英语。

宗教:居民多信奉基督教新教。

首都：伦敦（London）。

国际电话区号	0044	时　差	＋8 小时＝北京时间
夏令时	3 月中旬—10 月		
电　压	220～240 伏	最佳季节	6—8 月

遥望英国

1. 地形

英国是欧洲西部的美丽岛国，由大不列颠岛（包括英格兰、苏格兰、威尔士）、爱尔兰岛东北部和一些小岛组成。海岸线总长约为 1 1450 千米。

全境分为英格兰东南部平原区、中西部山区及北爱尔兰高原和平原区。地势西北高东南低，苏格兰和威尔士以丘陵为主。山地和高原主要分布在西部和北部，如奔宁山脉、坎布里山脉和格兰扁山脉。尼维斯山峰海拔 1 344 米，是英国的最高峰。平原和丘陵主要分布在东部和南部。

2. 河湖

著名的河流有泰晤士河（346 千米）、塞文河（354 千米）和特伦特河等。主要湖泊是内伊湖（396 平方千米），面积居全国湖泊之首。

3. 气候

气候属海洋性温带阔叶林气候，其特点是全年湿润、温和、多雨，日照时间短，季节间的变化很小。最热天（7 月）平均气温为 19～25℃，最冷天（1 月）平均气温为 4～7℃。英格兰地势较低，年平均降水量 830 毫米，西部、北部山区雨量较大，最高可达 4 000 毫米。

英国虽然地处北纬 50°以北，但因四面为海洋环抱，又受西风和北大西洋暖流影响，为典型的温带海洋性气候，大部分地区全年不结冰，温和多雨，并多云雾。

4. 资源

英国是欧盟中能源资源最丰富的国家，也是世界主要生产石油和天然气的国家，主要能源有煤、石油、天然气、核能和水力等。

2007 年。英国的原油日产量为 163.6 万桶，位居世界第 15 位。英国主要的矿产资源有煤、铁、石油和天然气。硬煤总储量 1 700 亿吨，铁的蕴藏量约为 38 亿吨。西南部康沃尔半岛有锡矿；柴郡和达腊姆蕴藏着大量石盐；斯塔福德郡有优质黏土；康沃尔半岛出产白黏土；奔宁山脉东坡可开采白云石；兰开夏西南部施尔德利丘陵附近蕴藏着石英矿。北海大陆架石油蕴藏量约在 10 亿～40 亿吨之间，天然气蕴藏量约在 8 600 亿～25 850 亿立方米左右。

英国开发核能有几十年的历史,目前供发电的核电站有 14 座,并且重视对新能源和可再生能源的研究开发。

森林面积约占全国土地面积的 6%,仅能满足全国木材需求量的 15%,其余依靠进口。

走遍英国

1. 位置

英国东濒北海,面对比利时、荷兰、德国、丹麦和挪威等国;西邻爱尔兰,横隔大西洋与美国、加拿大遥遥相对;北越大西洋可达冰岛;南穿英吉利海峡 33 千米就到法国。

英格兰占大不列颠岛的大部分,这一地区自西向东分为四部分:以塞文河流域为中心的米德兰平原、海拔 200 米左右的高地、伦敦盆地和威尔德丘陵。

威尔士境内多山、地势崎岖,有 1/4 的土地被列为国家公园及天然保护区。

苏格兰和其周围的许多小岛均属山岳地带,只有中部较为低平。

北爱尔兰地区湖泊较多,包括英国的第一大湖——内伊湖,沿湖皆为平原。

资 讯

英国分英格兰、威尔士、苏格兰和北爱尔兰四部分。英格兰划分为 43 个郡,苏格兰下设 29 个区和 3 个特别管辖区,北爱尔兰下设 26 个区,威尔士下设 22 个区。苏格兰、威尔士议会及其行政机构全面负责地方事务,外交、国防、总体经济和货币政策、就业政策以及社会保障等仍由中央政府控制。伦敦也称"大伦敦"(Greater London),下设独立的 32 个城区(London boroughs)和 1 个"金融城"(City of London)。各区议会负责各区主要事务,但与大伦敦市长及议会协同处理涉及整个伦敦的事务。此外,英国还有 12 个属地。

2. 交通运输

交通基础设施较齐全,陆路、铁路、水路、航空运输均较发达。伦敦有十分发达的地铁网。1994 年英法海底隧道贯通,将英国的铁路系统与欧洲大陆的铁路系统连接起来。

(1)铁路:1997 年完成私有化。铁路总长约 3.2 万千米。2000—2001 年客运量约为 470 亿人千米。

(2)公路:2000 年公路总长约 39 万千米,其中 3 500 千米为高速公路。2001 年,公路总运输量约 6 790 亿千米。

(3)水运:内河航运线总长 3 200 千米,主要用于游览及改善自然环境,部分用于货运。英国有大小港口 300 多个,其中 70 个为重要商业港口。吞吐量超过 1 000 万吨的港口有：伦敦、蒂斯—哈特浦尔、格里姆斯比—因明翰、福斯、南安普顿、萨仑沃、利物浦、菲利克斯托、米尔福德—黑文、多佛等。

（4）空运：英国的所有航空公司和许多机场都是私营企业，国际航线总长约 4.6 亿千米，共有 150 多个注册民用机场，年客流量在 10 万人次以上的占 1/4，主要有：希思罗（世界最繁忙机场之一）、盖特威克、曼彻斯特、格拉斯哥、伯明翰、爱丁堡等。英国航空公司（British Airways）是英国最大的航空公司，也是世界最大航空公司之一。

英国人

1. 人口

根据 2009 年 6 月的统计，英国现有人口约为 6 100 万。其中，北爱尔兰人口 180 万人，威尔士的人口 300 万人；苏格兰人口 510 万人，英格兰人口 5 110 万人。官方和通用语均为英语。威尔士北部还使用威尔士语，苏格兰西北高地及北爱尔兰部分地区仍使用盖尔语。居民多信奉基督教新教，主要分英格兰教会（亦称英国国教圣公会，其成员约占英成人的 60%）和苏格兰教会（亦称长老会，有成年教徒 66 万）。另有天主教会、佛教、印度教、犹太教及伊斯兰教等较大的宗教社团。

2. 教育

实行 5～16 岁义务教育制度。公立学校学生免交学费。著名的高等学校有牛津大学、剑桥大学、伦敦政治经济学院、爱丁堡大学。

在英国时时处处都可以感受到英国文化界弥漫着的浓郁的莎士比亚氛围，莎士比亚已经像养料一样融入了英国文化的血脉，不仅成为英国人的骄傲，也是英国文化的象征。英国的教育具有悠久的历史和古老的传统，其种类齐全，结构完备。高等教育起源于 700 多年前，无论是科研质量还是毕业生质量在世界上都名列前茅，一直享有盛誉。目前共有大学 90 所，学院 123 所，高等教育学校 50 所。

历史的脚步

1. 历史沿革

公元前地中海伊比利亚人、比克人、凯尔特人，先后来到不列颠。公元 1—5 世纪，大不列颠岛东南部为罗马帝国统治。罗马人撤走后，欧洲北部的盎格鲁人、撒克逊人、朱特人相继入侵并定居，7 世纪开始形成封建制度，许多小国并成 7 个王国，争雄达 200 年之久，史称"盎格鲁—撒克逊时代"。829 年，威塞克斯国王爱格伯特统一了英格兰，8 世纪末遭丹麦人侵袭，1016—1042 年为丹麦海盗帝国的一部分。其后经英王短期统治,1066 年诺曼底公爵渡海征服英格兰,1215 年约翰王被迫签署大宪章,王权被抑制。1338—1453 年英法进行"百年战争",英国先胜后败。1588 年,英国击败西班牙"无敌舰队",树立海上霸权。1640 年英国爆发资产阶级革命,成为资产阶级革命的先驱,1649 年 5 月 19 日宣布成立共和国。1660 年王朝复辟,1668 年发生"光荣革命",确定了君主立宪制。1707 年英格兰与苏格兰合并,1801 年又与爱尔兰合并,18 世纪后半叶至 19 世纪上半叶,成为世界上第一个完成工业革命的国家。19 世纪是大英帝国的全盛时期,1914 年占有的殖民地比本土大 111 倍,是第一殖民大国,自称"日不落帝国",第一次世界大战后开始衰败。英国于 1920 年设立北爱尔兰郡,并于 1921 年至 1922 年允许爱尔兰南部脱离其统治,成立独立国家,1931 年颁布威斯敏斯特法案,被迫承认其自治领在内政、外交上独立自主,大英帝国殖民体系从此动摇。第二次世界大战中,英国的经济实力大为削弱,政治地位下降。随着 1947 年印度和巴基斯坦的相继独立,大英帝国殖民体系逐渐瓦解,现在为一个松散的联合体,包括 39 个正式成员。英国于 1973 年 1 月加入欧共体。

2. 政治制度

英国是个君主立宪国,国家元首为国王,现在是伊丽莎白二世女王。国王是联合王国武装部队总司令和英国国教的世袭领袖,形式上有权任免首相、各部大臣、高级法官和各属地总督,召集、停止和解散国会等,但无实权。议会是最高立法机构,由上、下两院组成。上院主要由皇室后裔、世袭贵族和教会首要人物等组成,权力也有限;下院由全民直接选举产生。内阁由执政党领袖组阁。英国政府是管理国家事务的最高行政机关,政府的最高领导是首相,是实权人物。英国主要政党有保守党、工党、自由党和共产党等。

英国的宪法不同于绝大多数国家的宪法,它并不是一个独立的文件,而是由成文法、习惯法、惯例组成,主要有大宪章(1215 年)、人身保护法(1679 年)、权利法案(1689 年)、议会法(1911、1949 年)以及历次修改的选举法、市自治法、郡议会法等。苏格兰另有自己独立的法律体系。

 经济视角

英国是世界经济强国之一。

英国经济规模居世界第五位,2008 年国内生产总值(GDP)约为 27 213.49 亿美元,人均 45 301 美元。

英国是世界第四大贸易国,贸易额占世界贸易总额的 5% 以上,商品和劳务出口约占国内生产总值的 25%。英国还是世界第六大海外投资国和第六大对外援助国。

伦敦是世界最大的国际外汇市场和国际保险中心,也是世界上最大的金融和贸易中心之一,从事跨国银行借贷、外汇交易、国际债券发行、基金投资等业务,同时也是世界最大保险市场、最大黄金现货交易市场及船贷市场,以及重要的非贵重金属交易中心。金融业是英国贸易平衡的主力,产值占国内生产总值的 5% 以上。

旅游业是英国最重要的经济产业之一。2001 年,旅游业产值达 728 亿英镑;从旅游收入上计算,2001 年英国是世界第七大旅游国,收入占世界旅游收入的 3.4%。

1. 主要产业部门及其分布

工业技术先进,包括电子、生物技术和新型器材等。英国拥有西欧规模最大、门类最齐全的航空航天工业,是世界上重要的航天工业国,也是西欧第二大化学工业国。汽车工业在经济中位置重要,是主要出口产业之一。1956 年英建成世界上第一座大型核电站。同时,英国还是世界上技术最先进、效率最高的造船工业国之一,具有世界上最大的多道加工型公司、规模最大的毛纺织品公司。

主要工业有:采矿、冶金、机械、电子仪器、汽车、食品、饮料、烟草、轻纺、造纸、印刷、出版、建筑等。此外,英航空、电子、化工等工业比较先进,海底石油开采、信息工程、卫星通信、微电子等新兴技术近年有较大发展。

服务和第三产业

包括金融业在内的整个服务行业是英国经济的第一大生产力,2000 年从业人员达 2 250 万人,全行业产值占 GDP 的 70.2%。英国金融业已有 300 多年的发展历史,现在全国除了在爱丁堡、曼彻斯特、卡迪夫、利物浦、利兹和格拉斯哥有 6 个金融交易中心外,还在伦敦形成了欧洲最大,同时也是世界的三大金融中心之一。其特点是:拥有

● 最多的外国银行注册。
● 世界最大的股票交易市场,2000 年占全球交易总量的 48%。
● 世界最大的外汇交易市场,占交易总量的 40%。
● 世界最大的资金处理中心,年处理证券资本达 18075 亿美元。
● 是世界最大的保险市场之一。

化工、制药和生物技术产业

2000 年 12 月英国化工产业在世界排名第七位,有 3 400 个企业,约 24 万从业人员。2000 年产品销售总额达 320 亿英镑,其中 77% 是出口。英国的橡胶与塑料工业的产品规格和式样处于世界领先水平,聚氯乙烯产品的产量处于欧洲第一位。英国的制药行业有 300 多个制药厂,从业人员约 6 万人,产品种类齐全,出口在世界排名第四位,约占有 12% 的世界市场,主要出口到西欧、北美和日本。

食品、饮料、烟草业

英国本国的食品和饮料加工业自从 40 年代以来在国内食品供应的比重逐渐增加,主要集中于面包、糕点生产和水果加工保鲜等业务。食品加工企业大都分布在约克郡、英格兰东南及伦敦地区,酒精类饮料及软饮料生产主要在苏格兰地区和英格兰东南部。酒精类饮料为全部食品饮料出口中最大项产品,所占比例约为1/3,其次为饼干和糖果。主要食品生产企业有尤尼利弗、吉百利·施韦普、雀巢、联合英国食品公司、泰特—赖尔、尤尼盖特、北方食品、联合饼干公司、希尔斯顿控股公司、黑泽伍德、及兰克斯·霍维斯·麦克杜格尔公司。

英国烟草工业生产本国市场上 90% 的烟草制品,主要企业有帝国烟草有限公司、

加拉赫有限公司、英美烟草公司。2000 年烟草出口超过 10 亿英镑,主要市场为欧洲、中东和非洲。烟草业在英国制造业中的收入列入前 10 位。

石油产业

英国自 1969 年发现北海油田以后,石油工业迅速发展成了国内的一大支柱产业,也使英国一跃成为欧盟内第一能源资源大国,并排在金融业之后成为第二大出口盈利行业。2000 年底英国共有油井 7 675 个,已探明剩余原油储量约 20.15 亿吨,天然气储量约 1.4 万亿立方米。

金属及组合金属制品业

英国工业革命在很大程度上始于钢铁和机器制造业。这一行业至今在英国经济中仍处于很重要的地位。钢铁生产主要集中于南威尔士和英格兰北部,钢制品加工业则大量集中在米德兰地区和约克郡。2000 年,英国生产粗钢 1 510 万吨,成品钢 1 440 万吨,出口额达 27 亿英镑。除钢制品外,英国还生产铜及铜合金、铅、锌、镍、钛等金属及制品。组合金属制品包括压力容器、热交换器、储藏罐、蒸气锅炉、核反应堆、水及污水处理厂、建筑钢结构等。

航空航天业

英国航空和航天产业在欧洲占第一位,是世界该行业具有全系列生产能力的三个国家之一。出口中飞机和零部件占 2/5,其余部分为航空发动机及部件、导弹、宇航和卫星设备等。

电子与光学

英国是排在德国之后的欧洲第二大半导体市场,还是欧洲最大的计算机生产国。2000 年英国电子仪器产品出口达 100 亿英镑,其中 56% 来自苏格兰。英国生产的电子、光学产品品种齐全,各行各业广泛使用计算机进行管理和生产。

电信

电信是英国经济中发展最快的行业之一。现有 300 多个电信公司。英国是世界第一的使用个人数字通信网的国家。

机械及家用电器制造业

机械制造是英国工业的长项,特别是在内燃机、电力传输设备、泵及压缩机、轮式拖拉机、建筑及挖掘设备,以及纺织机械等方面。家用电器业生产诸如洗衣机、电炊具、冰箱、洗碗机、电取暖器、热水器及淋浴器、换气设备、地板清洗机及吸尘器等产品。

汽车制造业

英国汽车制造商越来越着眼于全球市场,因此英国汽车出口及进口市场均有增长。2007 年英国汽车业出口达到 220 亿英镑,占英国全年出口总额的 11%,其中零部件出口 50 亿英镑,占英国汽车业出口的 23%。英国汽车业出口量的 75% 是到欧洲。

建筑业

2000 年英国建筑业总产值为 695 亿英镑。私营部门在建筑业的增长中占有很大比重。英国公司也积极向海外建筑市场发展业务。英国承包商活跃于世界 100 多个国家,北美是其最大市场。

农业

农业高度发达,农业技术水平和劳动生产率均位于西欧国家前列。畜牧业净产值占全部农业产值的 70% 以上;种植业以谷类作物和园艺作物为主;渔业发达。

2000 年英国农业占全部 GDP 的比重仅 1.1%,达 66 亿英镑;农业就业人口为 557 000 人,利用全国可耕地近 3/4。

英国是欧盟中最大的渔业国之一,其主要品种捕捞量占欧盟的 1/4。2000 年本国的渔业产量占英国全部供应量的 50%。

贸易大看台

英国是世界第四大贸易国,人均出口额高于美国和日本。服务贸易及投资收入占英外贸收入的一半左右,并一直处于顺差状态。英国主张开放的多边贸易体系和世界贸易的进一步自由化。据英国海关与消费税局(H. M. Customs and Excise)统计,2008 年英国商品进出口额 11 484.1 亿美元,较上年同期增长 6.3%。其中,出口 4 813.2 亿美元,增长 8.4%;进口 6 670.9 亿美元,增长 4.9%;贸易逆差 1 857.7 亿美元,下降 3.2%。2006 年服务贸易总额为 2 215.17 亿英镑,同比增长约 8.40%。其中进口约 959.56 亿英镑,同比增长 6.59%;出口约 1 255.61 亿英镑,同比增长约 9.82%;贸易顺差为 296.05 亿英镑,同比增长 21.79%。

1. 国际贸易地区结构

英国与世界 80 多个国家和地区有贸易关系,主要贸易对象是欧盟成员国、美国和日本。2008 年英国对美国、德国、荷兰、法国和爱尔兰的出口额分别占其出口总额的 13.6%、11.2%、7.5%、7.3% 和 7.2%,其中美国、德国和荷兰增长 1.7%、9.7% 和 20.5%,法国和爱尔兰下降 2.4% 和 1.3%;自德国、美国、中国、荷兰和法国的进口额分别占其进口总额的 12.7%、9.1%、7.6%、7.1% 和 6.7%,其中德国下降 4.9%,其余四国分别增长 6.8%、8.4%、3.7% 和 1.2%。主要逆差来源地是中国、挪威和德国,分别为 413.1 亿美元、332.1 美元和 307.5 亿美元,其中中国和挪威增长 5.9% 和 44.8%,德国下降 22.8%;顺差的主要来源国是爱尔兰,顺差额 122.1 亿美元,下降 4.3%。

2. 进出口货物构成

主要进口产品有:食品、燃料、原材料、服装、鞋业、电子机械设备、汽车等。主要出口产品有:石油及相关产品、化工产品(主要是医药)、食品、烟草、饮料(威士忌等)、机械设备等。

3. 注意把握英国对外贸易市场特点

英国基本上采用国际上通用的贸易方式和习惯。英国是以贸易立国的国家,市场容量较大,且注重相互投资。

(1)英国是欧盟成员,因此在开展对英业务时,要重视英国市场及它对整个欧盟市场的辐射力。

(2)英国是自由贸易国家,鼓励外资进入,而且中央政府和各地方政府都有扶持外资的政策。因此,有实力的企业在开展对英合作时可积极考虑利用良好的投资环境进行投资,带动出口,开展多种方式的合作。

(3)扩大高附加值和高科技产品的出口比重,提高产品档次和产品质量,改进包装,加强和改善售后服务。

(4)利用伦敦是世界重要的贸易和金融中心的作用,开展对第三国的转口贸易,积极吸收英国市场上的国际资本。

(5)英企业对外投资也较积极。赴英招商事先可通过经商处进行联系,确定合作伙伴,保证项目的成功率,以树立企业及国内投资环境的良好形象。

(6)应注意英商在贸易方面的习惯,主要有:

英国人要求物品完美无缺。

英进口商十分认真,因此询价时间较长。

每年8月及圣诞、新年前后,是贸易交往淡季。

合同条款应十分清楚,避免不必要的纠纷。

4. 中英经贸关系

英国是中国在西欧的重要贸易伙伴之一。1979年中国实行改革开放政策以来,双边贸易有了较快的发展。据英国海关与消费税局统计,2008年中英双边贸易额为596.9亿美元,增长10.2%。其中,英国对中国出口91.9亿美元,增长21.4%;自中国进口505.0亿美元,增长8.4%。英方贸易逆差413.1亿美元,增长5.9%。中国是英国第11大出口市场和第三大进口来源地。英国成为中国在欧盟国家中位居德国之后的第二大贸易伙伴。

中国对英出口商品主要有:电器及电子产品、计算机及通信技术产品、服装及衣着附件、自动数据处理设备及其部件、玩具、塑料制品、旅行用品及箱包、纺织纱线、织物及制品、鞋类、录音机及收录(放)音组合机等。中国自英进口商品主要有:电器及电子产品、计算机及通信技术产品、原油、电视及收音机及无线电设备的零附件、电子技术产品、计量检测分析自控仪器及器具、集成电路及微电子组件、计算机集成制造技术产品、航空航天技术产品、医药品等。

英国之旅

英国旅游资源丰富,如果紧张繁忙的都市生活对你没有吸引力,你可以避开人口密集的都市中心,在许多平静的英国乡村或海滨寻找一处栖身之地。英国有9家国家公园、6家森林公园、200家乡村公园、600多英里有古迹价值的海岸线以及数以千计的历史建筑物和花园。

与以风光旅游为主的国家不同,英国的王室文化和博物馆文化是旅游业的最大看点,主要旅游点有伦敦、爱丁堡、加的夫、布赖顿、格林尼治、斯特拉福、牛津、剑桥等。

旅游业是英国最重要的经济部门之一。2001年,到英国的外国游客达2 280万。

1. 主要城市及其景区景点

（1）伦敦（London）：英国的首都，英国的政治、经济、文化和交通中心，最大海港和首要工业城市。伦敦的西郊有一座欧洲客运量最大的国际机场——希思罗机场。伦敦也是世界最重要的金融、贸易中心。

◆ **大本钟**　作为伦敦市的标志以及英国的象征，大本钟巨大而华丽。大本钟从 1859 年就为伦敦城报时，至今将近一个半世纪，尽管这期间大本钟曾两度裂开而重铸。

◆ **白金汉宫**　自 19 世纪以来，白金汉宫成为英国王室的活动场所，是王室的象征。白金汉宫前的广场上有精美的维多利亚女王纪念碑。白金汉宫广场是伦敦观光客最为集中的地方，每天中午 11：15 至 12：10 有卫士换岗仪式。

◆ **唐宁街 10 号**　英国首相官邸。门口除了有 1 名警察站岗外，看不出来这里与其他街巷民居的差别，但它却是世界出镜率最高的门口。

◆ **伦敦塔**　伦敦塔的历史已近千年，它的作用不断地在变化：城堡、王宫、宝库、火药库、铸币厂、监狱、动物园直到现在的伦敦观光区。伦敦塔中间的城堡称为白塔，是最早的王室居所。王室的传统在这里依然保持至今，身着传统服装的皇家卫兵每天举行国王钥匙交接仪式。一些最珍贵的王室用品也在此展出，可令游客眼界大开。

◆ **伦敦塔桥**　泰晤士河 28 座桥梁之一，建于 1886 年，与伦敦塔采用一致的哥特式风格。桥内的电力设计可使桥面打开，使过往的大船顺利通过。现在伦敦桥已成为泰晤士河上绚丽的一景，塔桥本身也成为欣赏泰晤士河风光的好去处。

◆ **伦敦城区**　伦敦城区是现代伦敦的发祥地，在这块不到 3 平方千米的土地上有近千家金融机构。这里是欧洲的华尔街，投资银行家的一方乐土。

◆ **大英博物馆**　以收藏古罗马遗迹、古希腊雕像和埃及木乃伊而闻名于世的大英博物馆是一座人类文化遗产的宝库，是世界最大最著名的博物馆之一。显赫一时的日不落帝国从世界各地掠夺来的宝物，现在汇集此处向世人展示。除了欣赏展品外，游客还可以领略英国人在博物馆设计方面的过人之处。

◆ **威斯敏斯特教堂**　是 11 世纪号称"笃信者"的英王爱德华建立的。教堂的主要特点是大门处有一对塔楼。教堂自建成以来，一直是举行英国历代国王或女王加冕典礼和王室成员结婚的场所。英国历代国王死后，大部分葬在这里。英国资产阶级革命后，许多名人死后在教堂也占有一席之地。英国把威斯敏斯特教堂称为"荣誉的宝塔尖"。

◆ **海德公园**　在泰晤士河东部的中心，形成寸土寸金的伦敦城里一片奢侈的绿地。海德公园的东北角有一个大理石凯旋门，东南角有威灵顿拱门，但最有名的应是这里的演讲者之角。作为英国民主的历史象征，市民可在此演说任何有关国计民生的话题，这个传统一直延续至今。

◆ **伦敦蜡像馆**　蜡像馆展示着包括邓小平在内的世界名人的蜡像，蜡像的逼真程度甚至可让游客产生与名人相逢的幻觉。

◆ **格林尼治天文台**　地处伦敦市东南郊,英国皇家天文台曾设于此。经过格林尼治的经线为本初子午线,是东西半球的分界线和时区计算的零点。格林尼治风景优美,在天文台可观伦敦市的全景。

(2)爱丁堡(Edinburgh):位于苏格兰东海岸入海口,雄踞于延绵的火山灰和岩石峭壁上,拥有优越的地理位置。市中心分为两部分:旧城,由世界著名的城堡占据,周围环绕着优美的鹅卵石甬道,把苏格兰的过去和现在紧密联系在一起;新城是幽雅杰出的乔治亚设计风格。城市景观中包含博物馆、美术馆以及历史建筑,拥有丰富的文化和历史内涵。这里每年都举办著名的大型文化庆典活动爱丁堡节;每到新年,街道中挤满了参加传统苏格兰节日庆典的人群。

爱丁堡是苏格兰文化的展示中心,以其完备的设施、国际化的氛围及浓烈的地方特色一直名列英国最佳居住区前列。

(3)约克(York):仅次于伦敦的旅游热点城市,融合罗马、撒克逊、维京统治时期的多样历史和文化。来到约克,仿佛穿越时光隧道来到中世纪。

◆ **约克大教堂**　英国最大的哥特式教堂,历经250年才于1470年建成。最具吸引力的是教堂东面的全世界最大的中世纪彩色玻璃窗,它由100多幅组成,充分展现了中世纪玻璃染色、切割、组合的绝妙工艺。

◆ **约克城堡博物馆**　曾被誉为英国最佳博物馆之一,由两幢旧监狱组成,展出英国近300多年来的各种生活用品。

2. 其他著名景区

◆ **莎士比亚故乡(Stratford upon Avon)**　世界戏剧大师莎士比亚的故乡——艾玛河畔斯特拉斯福,人口仅2万,但游客每年达150万人次。人们来此的主要目的是要看一看莎士比亚诞生、工作、生活和安息的地方。莎翁故居坐落在亨利街,是一幢两层木房,古雅庄重。房子的右侧是"莎士比亚中心",这所现代化的大厦既是图书馆也是档案馆,由美国及加拿大私人捐款建成。莎士比亚婚后住的房子叫"安妮·赫舍薇的茅舍",房内布置仍尽量仿照当年模样。莎士比亚热爱自己的家乡,死后就葬在圣三一教堂。

◆ **丘吉尔庄园**　位于牛津郡伍德斯托克镇附近。英前首相温斯顿·丘吉尔于1874年诞生于此。该庄园1705年由当时安妮女王赐予马尔伯罗一世公爵约翰·丘吉尔(温斯顿·丘吉尔的祖先),以表彰他在1704年8月在布兰姆击败法军。庄园的中心建筑是布兰姆宫,宫内装饰富丽堂皇,保存着大量油画、雕塑、挂毯和许多精美家具,宫殿外围有小花园、人工湖及具有乡村风貌的大庄园,景色宜人,每年都吸引大批游客。

◆ **温莎堡**　位于伦敦以西22英里,濒临泰晤士河南岸,因女王行宫温莎堡在此而著名。温莎堡是世界最大的可供居住用的古堡,始建于11世纪,现在的规模是经19世纪乔治四世和维多利亚女王时期扩建后形成的。它在历史上是一些英王的出生地、举行婚礼的场所、囚禁处和墓葬地,也是王室成员的住地。温莎堡周围是温莎大公园,过去是王室贵族狩猎的御苑。

女王及其亲属经常到温莎堡度周末。每逢圣诞节,王室成员齐集堡内庆祝。1917

年起,英王室以温莎命名,称为温莎王室。

◆ **湖区国家公园** 位于英格兰北部西侧,被誉为最美丽的国家公园,有历经万余年地质变动形成的天然美景,湖泊、河谷、山峦、瀑布等均为巧夺天工的大自然杰作。这里是英国桂冠诗人华兹华斯的故乡。

亲身体验

礼节礼仪:

- 英国人待人彬彬有礼,讲话十分客气,"谢谢"、"请"字不离口。
- 在通常情况下,英国人总是把女子放在优先考虑的地位。英国人的时间观念很强,拜会或洽谈生意,必须预先约会,准时很重要,最好提前几分钟到达为好。
- 英国人注意服装,穿着要应时得体,仪容态度尤需注意。
- 人们在演说或别的场合伸出右手的食指和中指,手心向外,构成 V 形手势,表示胜利;在英国,如有人打喷嚏,旁人就会说上帝保佑你,以示吉祥。
- 到英国旅行,需注意当地的所有车辆均沿马路的左侧行驶。英国人遵守纪律,即便是几个人上车,他们也会自觉地排队上车。
- 在英国坐出租车,一般按 10％左右付小费,将小费列入服务费单的饭店不必另付小费。在主人家中做客数日,视情况付给提供服务的佣人一些小费。

饮食习惯:

- 英国人口味清淡、鲜嫩,不爱辣味。早餐丰盛,喜欢吃麦片、三明治、奶油、含橘酱的点心、煮鸡蛋、果汁牛奶、可可;午餐较简单,通常是冷肉和凉菜为主,喝茶但不饮酒;晚餐为一天正餐,往往饮酒,爱吃牛(羊)肉、鸡、鸭、野味、油炸鱼等。
- 英国人做菜时很少用酒做调料,调味品大都放在餐桌上,由进餐者自由挑选。
- 英国人每餐要吃水果,午、晚餐喜欢喝咖啡。他们爱吃烤面包,爱喝茶,把喝茶当作每天必不可少的享受。他们还喜欢喝威士忌、苏打水、葡萄酒和香槟酒,有时还喝啤酒和烈性酒。

喜好:

- 英国人喜爱阳光。
- 酷爱运动。在众多的体育运动项目中,骑自行车、踢足球、打司诺克球、打网球、游泳和滑旱冰,是众多男女共同爱好的项目。而每天散步两英里或更长的距离,一直是流行的运动。
- 平时喜欢自己动手做家务,喜欢外出旅游度假。每年外出旅游度假对大多数英国百姓来说,无论时间长短,国内或国外,都是生活中必不可少的。
- 英国人非常爱好文化活动,如阅读书刊、写文章、听音乐会、看戏等。遍布全国的图书馆和阅览室约 5 000 所(包括专业图书馆、院校图书馆 300 多所)。

无论白天或晚上,图书馆内常常是座无虚席。

● 喜欢养宠物。

主要节日			
新　　年	1 月 1 日	夏季公假日	8 月 5 日
耶稣受难日	4 月 17 日	夏末假日	8 月 26 日
复 活 节	4 月 20 日	夏季银行假日	8 月 28 日
五 一 节	5 月 1 日	圣 诞 节	12 月 25 日
五 月 节	5 月 6 日	节 礼 日	12 月 28 日
春季银行假日	5 月 29 日		

友情链接

伊丽莎白二世:国家元首。全称为"托上帝洪恩,大不列颠及北爱尔兰联合王国以及其他领土和属地的女王、英联邦元首、基督教的保护者伊丽莎白二世"。1926 年 4 月 21 日生,为已故英王乔治六世的长女。6 岁时开始接受统治国家的教育,研读法律、历史和语言,能讲流利的西班牙语,也会法语和德语。14 岁起开始参加电台广播等各种社会活动。第二次世界大战期间,担任一些社会团体的领导职务,战后担任更多的社会职务,经常巡视英国各地。1952 年 2 月 6 日即位,1953 年 6 月 2 日加冕。女王丈夫为菲利普亲王,受封为爱丁堡公爵。生有 3 子 1 女,长子查尔斯王子受封为威尔士亲王,是英国王储。曾于 1986 年 10 月访华。

英国主要财团:

集团名称	世界排名	2008 年营业收入 (百万美元)	利润 (百万美元)
英荷壳牌(Shell)	1	458 361	26 277
英国石油公司(BP)	4	367 053	21 157
汇丰控股(HSBC)	21	142 049	5 728
特易购(Tesco)	56	94 300	3 751
巴克莱银行(Barclays)	83	75 136	8 035
联合利华(Unilever)	121	59 313	7 358
力拓(Rio Tinto Group)	134	54 264	3 676
葛兰素史克(GlaxoSmithKline)	168	44 654	8 439
英国电信(BT)	210	36 627	—140
英杰华集团(Aviva)	221	35 506	—1 678

英国航空公司:世界最大的航空公司之一,其载客人数和周转量居世界各航空公

司之首。

牛津大学：http://www.ox.ac.uk

牛津大学坐落在伦敦西北80多千米的牛津城泰晤士河畔,作为世界上最古老的英文大学,现有学院38所,为英国造就了许多著名的政治家、科学家和文学家。

剑桥大学：http://www.cam.ac.uk

剑桥大学位于伦敦正北80千米的剑桥市,是世界上最古老的大学之一,现共有31所学院。剑桥大学的特点是:学校环境宁静而优美;教育设备齐全而现代化;教学实行导师制,学生由导师挑选,3年毕业获学士学位。

新闻出版：英国报纸的人均销量比任何发达国家的都多。全国现共有约1 350种报纸,7 000种周刊和杂志,主要报刊有:《每日快报》、《每日邮报》、《每日镜报》、《每日星报》、《太阳报》、《金融时报》、《卫报》、《独立报》、《泰晤士报》等。

通讯社主要有3家:(1)路透社:1850年成立,集体合营,世界重要通讯社之一,总部设在伦敦。(2)新闻联合社:1868年创办,由PA新闻、PA体育、PA检索和PA数据设计4家公司联合经营,专门为英国和加拿大的企业提供公关和投资信息。(3)AFX新闻有限公司:由法新社与金融时报联合经营,向欧洲的金融及企业界提供信息和服务,总部在伦敦。

英国广播公司(无线电广播网)(BBC Network Radio):1922年创办。该公司有5个对内广播电台,1个对外广播电台,用43种语言向全世界各国播放节目。

英国广播公司(电视台)(BBC Television):于1936年开始播放电视,有两个电视台:BBC1主要播放新闻、体育、歌剧及少儿节目,BBC2主要播放音乐、艺术、喜剧、教育及一些特别节目。另有5个数码频道供交费用户使用。

科学和艺术：英国在各领域都赢得了极高国际声望。英国已获得90项诺贝尔奖。从牛顿的万有引力定律、曼彻斯特大学发明计算机,到布莱恩—约瑟夫对超导的研究,英国在科学技术领域的发展充分显示了它迎接新世纪的从容自信。

舞会上怎样不失礼：英国大型舞会一般在晚间10时左右开始,舞会可在私人家中或到饭店举行。主人邀请客人应事先寄送请柬,并注意邀请的客人男女数目要大致相当。舞会上,主人备有夜宵,也可能只备些茶、咖啡和三明治等。参加舞会的客人服装要整齐,跳舞时男宾要轮流请女宾,其中有一次必须与女主人跳舞。男子与男子、女子与女子共舞是要被人笑话的。

法　国

(The Republic of France)

> 法国吸引着世界各地的游客争相欣赏其难以言喻的美丽,从珍藏着无数文化瑰宝的博物馆到豪华壮丽的宫殿,从魅力无限的勃朗峰山的独特风光到里昂多姿多彩的传统风貌,还有绚丽醉人的蓝色海岸等等。它是欧洲最精华的地区。

 数据DATA

国名:法兰西共和国。

国旗:长方形三色旗,从左到右为蓝、白、红 3 个垂直相等的长方形。白色代表国王,象征国王的神圣地位;红、蓝两色代表巴黎市民;同时这三色又象征法国王室和巴黎资产阶级联盟。

国徽:长期以来,法国没有正式的国徽,而采用大革命时期的黑、白两色的椭圆形纹徽作为国家的标志。纹徽的中心图案是 1 支代表正义与权威的束棒,束棒两侧交叉着象征和平与胜利的橄榄和月桂枝叶。

国歌:《马赛曲》。

国花:香根鸢尾花。

国鸟:公鸡。公鸡象征勇敢和顽强。

国石:珍珠。

面积:约 55.16 万平方千米。

人口:约 6 430 万(2008 年)。

国语:法语。

宗教:大部分居民信奉天主教,其他为基督教新教、犹太教和伊斯兰教等。

首都:巴黎(Paris)。

誉称:高卢雄鸡,玛丽亚娜。

国名释义:法兰西由法兰克部落演变而来。法兰西在日耳曼语中意为"勇敢的、自由的"。

出行贴士

国际电话区号	0033	时　差	＋7 小时＝北京时间
应急电话	警察 17　急救中心 15		
	火警 18		
电　压	110 伏	最佳季节	6—10 月

遥望法国

1. 地形

地势东南高,西北低,北部是巴黎盆地,中部为中央高原,西南为比利牛斯山脉,东南为阿尔卑斯山脉,法意边境的勃朗峰海拔 4 807 米。

2. 河湖

法国境内河流纵横交错,水道四通八达,可通航河流总长度达 8 500 多千米,形成遍布全国的水路交通网。主要河流有:卢瓦尔河,全长 1 020 千米,是法国最长的河,流经中部高原,注入大西洋比斯开湾。罗讷河,全长 812 千米,在法国境内 522 千米,流经法国 20 个省。塞纳河,全长 776 千米,流经巴黎市区。加龙河,全长 650 千米,发源于西班牙境内,流经法国南部。马恩河,全长 525 千米。莱茵河,全长 1 298 千米,流经法国边境长度 190 千米。

3. 气候

法国西部属海洋性温带阔叶林气候:气温差别小,全年降雨量丰富。

南部属亚热带地中海式气候:夏天炎热干燥,冬季温和湿润。

中部和东部属大陆性气候:主要表现在布列塔尼、巴黎和洛林等地。冬季较冷,年温差较大;降雨冬季较多,夏天较少。

4. 资源

法国铁矿蕴藏量约为 10 亿吨,但品位低、开采成本高,所需的铁矿石大部分依赖进口;铝土矿储量约 9 000 万吨;有色金属储量很少,几乎全部依赖进口;石油储量只有 3 000 多万吨;天然气储量 2 500 亿立方米,所需石油的 99％、天然气的 75％ 依赖进口。水力资源约为 1 000 万千瓦,能源主要依靠核能,水力资源和地热的开发利用比较充分。森林面积约 1 600 万公顷,人均拥有绿化面积约 0.3 公顷,森林覆盖率约为 29％。

走遍法国

1. 位置

法国位于欧洲大陆西部,西北临英吉利海峡与英国相望,西南濒临大西洋比斯开湾,南部与西班牙接壤,东南面向地中海,地中海内的科西嘉岛是法国的领土,东北与瑞士、德国、卢森堡、比利时接壤。陆地呈六边形,三边临海,三边靠岸,海岸线总长度为5 500千米,为西欧面积最大的国家。

资 讯

分为大区、省和市镇。省下设专区和县,但不是行政区域。县是司法和选举单位。法本土共划为 22 个大区、96 个省、4 个海外省、5 个海外领地。

2. 交通运输

法国的铁路运输发达,铁路网密度高。总长度约 3.1 万千米,在西欧诸国中占第一位。法在发展高速火车方面走在世界前列。1981 年 9 月,巴黎—里昂铁路线上的高速火车正式投入使用。1990 年 5 月 18 日,法高速火车创造了 515.3 千米的最高时速。

法国拥有世界上最密集、欧盟里最长的公路网。法国的公路网总长度约 96.6 万千米,其中高速公路约 1 万千米。

法国的通航河道网主要由天然大河和运河构成。最大最重要的有:北部的塞纳河通航河流,南部的罗讷河通航河流,西部的卢瓦尔河及支流歇尔河、埃讷河和加隆河。主要的大运河有马恩—莱茵运河、罗讷—莱茵运河、南方大运河、南特—布勒斯特运河和奥尔良运河。在天然河道和运河沿岸有许多重要港口,其中最重要的有巴黎自治港和斯特拉斯堡自治港。内河航道 5 700 千米,巴黎是主要内河港口。

法国全境港口吞吐量为 172 亿吨。共有 72 个海港,主要有:马赛港(法国第一、欧洲第三大港)、勒阿弗尔港、鲁昂港和敦刻尔克港等。

法国原有 3 大航空公司:法国航空公司、联合航空公司和国内航空公司,其中法航的客运量居世界第三位。为增强竞争力,国内航空公司和联合航空公司于 1991 年决定并入法航。主要机场为巴黎的戴高乐机场和奥利机场。

法国人

1. 人口

法国人口达 6 430 万(2008 年),在欧盟中仅次于德国,居第二位。

法国民族以法兰西人最多,约占总人口的 90%,其他少数民族有布列塔尼人、巴斯克人、科西嘉人、日耳曼人、斯拉夫人、北非人和印度支那人等。官方语言为法语,地方方言有普罗旺斯方言、布列塔尼方言、科西嘉方言和日耳曼方言。法国传统上是信奉天主教的国家。

2. 教育

法国文学家、艺术家群星灿烂,为世界人民留下了大量不朽著作。

法国教育在 20 世纪五六十年代进行了两次重大改革,逐渐形成了现今具有自己特点的、比较复杂多样的教育体制。6～16 岁为义务教育,公立小学和中学实行免费教育,小学和初中使用的教材也是免费的。高等学校除私立学校外,一般只缴纳少量注册费。小学入学率 100％。学前教育在公立和私立的幼儿学校、幼儿班中进行。初等教育学制 5 年,中等教育包括普通教育和职业技术教育两类。

著名高等院校有:巴黎大学、格勒诺布尔第一大学、斯特拉斯堡第一大学、里尔第一大学、里昂第一大学等。

 历史的脚步

1. 历史沿革

公元 5 世纪法兰克人移居到这里,843 年成为独立国家。17—18 世纪路易十四统治时期达到封建社会鼎盛时代,1789 年 7 月 14 日爆发资产阶级大革命。此后,曾先后建立过 5 次共和国和 2 次帝国。1871 年 3 月巴黎人民武装起义,成立巴黎公社,当年 5 月被镇压。1958 年戴高乐领导建立第五共和国。

2. 政治制度

法国是个共和国,实行总统制。总统由选民直接选举产生,任期 7 年;总理为政府首脑,由总统任命。立法部门由国民议会和参议院组成,国民议会议员由选民直接选举产生,任期 5 年;参议院议员由各省议会间接选举产生,任期 9 年。主要政党有社会党、保卫共和国联盟、民主联盟和共产党等。

 **经济视角**

法国是西方 7 个经济大国之一,工农业均较发达,国内生产总值位于美、日、德之后,居世界第四位。主要工业部门有钢铁、煤炭、电力和汽车制造、飞机制造等。农业机械化程度高,主要农产品有小麦、大麦、玉米等,不仅能自给,而且有出口。主要优势领域:交通运输、电信、农产食品工业、制药、银行、保险、旅游及传统的高档消费品(皮件、服装、香水、酒类等)。法国 2008 年国内生产总值(GDP)19 474.40 亿欧元。

1. 经济的基本特征

法国的经济计划以成熟的市场经济为前提,并且是在市场经济的条件与环境中发挥作用的。经济计划以指导性为主,规定经济发展的近期目标,对国民经济各部门轻重缓急的发展顺序做出安排,并辅以相应的政策和措施。在战后经济重建初期,经济计划带有较浓重的政府干预色彩,并对计划规定了各种数量目标,政府通过税收参与国民收入再分配过程,集中巨额资金对优先发展部门给予财政支持。20 世纪 60 年代以后,随着产业结构调整的完善,国家对经济的干预力度渐趋弱化,取消了经济计划中的数量指标,使之成为纯指导性计划。

2. 主要产业部门及其分布

法国最具竞争力的工业部门是:建筑与公共工程、农业食品工业、化学工业、时装与奢侈品工业、制药工业、汽车工业、远程通信与信息传播技术、航空航天工业。

第三产业在法国经济中所占比重逐年上升,其中电信、信息、旅游服务和交通运输部门业务量增幅较大。法国商业较为发达,创收最多的是食品销售。在种类繁多的商店中,超级市场和连锁店最具活力,几乎占全部商业活动的一半。法国是全球第一旅游大国,年接待游客超过 7 000 万人次,2007 年国际旅游收入约 390 亿欧元,占法国国内生产总值的 2.2%。服务业相当发达,拥有全国 65% 的就业人口,实现 70% 的国内生产总值。

法国农业以牧为主,农牧结合,多种经营,机械化是法提高农业生产率的主要手段。农业食品加工业是法外贸出口获取顺差的支柱产业之一。法国的农业食品出口居世界第一,约占世界市场的 11%。

农 业	
种植业	种植业在法国农业中占重要地位。粮食作物有小麦、大麦、玉米、燕麦等,其中小麦产量最多。战后特别重视发展糖料和油料等经济作物和葡萄、水果、蔬菜、花卉等园艺作物。小麦产区分布较广,以巴黎盆地为主,罗讷河、加隆河流域次之。甜菜产于西北和北部,莱茵河谷地和阿基坦地区是烟草主要产区。葡萄种植主要集中在地中海沿岸、加隆河下游、卢瓦尔河谷地和巴黎盆地东部。
畜牧业	畜牧业以诺曼底和布列塔尼等西北地区最为集中。养牛业对畜牧业产值的贡献最大,每年有大量的乳制品出口。肉类产量虽居西欧前列,但因国内消费量大,猪肉每年尚需进口一部分。
渔业	法国渔业比较发达,沿海渔业大多集中在大西洋岸北段,主要渔产品有鲱鱼、马鲛鱼、沙丁鱼、金枪鱼等。

 贸易大看台

目前法国是全球第五大贸易大国,其排名仅在美国、德国、中国和日本之后。法国海关近日公布的最新数据显示,2008 年,法国对外贸易额(不包括军火)达 8 821.4 亿欧元,较上年增长 3.9%;其中法国进口 4 766.2 亿欧元,出口 4 055.2 亿欧元,同比分别增长 5.3% 和 2.3%,外贸逆差额达 557 亿欧元,再创历史新高。

1. 国际贸易地区结构

法与世界各大地区和 100 多个国家有贸易往来。近年来,法国政府把促进出口作为带动经济增长的主要因素,在保持和扩大原有国际市场的同时,积极开发拉美、亚太等地区的新市场。法国对外贸易主要集中在欧盟市场。据法国海关统计数据计算,2008 年,法国在欧盟内的贸易额为 5 408.6 亿欧元,占当年法国对外贸易总额的 61.3%。其中法国出口 2 582 亿欧元,占 63.7%,法国进口 2 826.5 亿欧元,占 59.3%。

欧盟中的德国、比卢联盟、意大利、西班牙和英国,是法国在欧盟内最大的 5 个贸易伙伴。美国是法国在美洲地区最重要的贸易伙伴,美国约占同期法国对外贸易额的 5.7%。

2. 进出口货物构成

法进口商品主要有能源和工业原料等,出口以机械、汽车、化学制品、时装、香水和粮食等为主,时装、香水等化妆品的生产和出口居世界前列。

3. 对外贸易市场特点

法国在服务输出和农产品出口方面居世界第二位,在生产资料(主要是设备)出口方面位居世界第四。

4. 中法经贸关系

中国与法国 1964 年 1 月 27 日建交。

两国贸易关系发展较早,但在 1979 年前数量不大,20 世纪 50 年代年平均贸易额不到 60 万美元。法国海关统计数据显示,2008 年,中国是法国的第 5 大贸易伙伴,是第 4 大进口国,第 8 大出口国。法中贸易额为 399.6 亿欧元,较上年 380.7 亿欧元增长 4.9%,;其中,法对华出口 90.01 亿欧元,较上年减少 1%,自中国进口 309.5 亿欧元,较上年 289.8 亿欧元增长 6.8%。贸易逆差额为 219.5 亿欧元,较上年逆差额 199 亿欧元,增加了 20.5 亿欧元。2008 年,中国已连续 3 年超过德国,为法国最大的贸易逆差伙伴。

2008 年,法对华出口的前 10 大类商品是:飞机及航空产品、电器设备、有机化工品、专用机器、机械设备、药品、普通机器、汽车设备、饮料、有色金属;法自中国进口的前 10 大类商品是:办公用信息设备、服装、体育和娱乐用品、音像传输及录放设备、皮革及旅游用品、电器设备、冶金产品、家用电器、家具、塑料制品。

近些年来,法国已成为我国进口设备及技术的主要市场之一,比如我国从法国引进的 15 万门程控电话交换机、电力机车设备微电子技术、电冰箱技术、空中客车飞机、核电站设备及水泥厂、卷烟厂设备等。中法在合资、合作、补偿贸易等方面关系正不断发展。

法国之旅

法国是世界著名的旅游国,平均每年接待外国游客 7 000 多万人次,超过本国人口。法国旅游资源丰富,首都巴黎、地中海和大西洋沿岸的风景区及阿尔卑斯山区都是旅游胜地,此外还有一些历史名城,以及卢瓦尔河畔的古堡群、布列塔尼和诺曼底的渔村、科西嘉岛等。法国一些著名的博物馆收藏着世界文化的宝贵遗产。

1. 主要城市及其景区景点

(1)巴黎(Paris):法国的首都,位于巴黎盆地中央,跨塞纳河两岸,是法国第一大城市,已有 2000 年的历史,有许多世界闻名的历史遗迹和艺术建筑,被称为"艺术之都",是世界文化中心之一。

◆ **巴黎圣母院(Notre Dame de Paris)** 法国天主教大教堂,世界著名的教堂,是欧洲早期哥特式建筑和雕刻艺术的代表,集宗教、文化、建筑艺术于一身。

◆ **埃菲尔铁塔(Eiffel Tower)** 是法国巴黎的象征,铁塔高320米,分三层,铁塔第一层,设有酒吧和餐馆,第二层和第三层设有休息室、瞭望台、小卖部,铁塔上还设有小邮箱,专供游人即时向亲友寄送明信片或传递登塔的感受。埃菲尔铁塔建成后,既是法国广播电台的中心,又是气象台和电视发射台。

◆ **卢浮宫(Le Louvre)** 整体建筑呈"U"形,是世界上最著名、最大的艺术宝库之一,是举世瞩目的艺术殿堂和万宝之宫,其"镇宫"三宝是维纳斯、胜利女神和蒙娜丽莎。同时,卢浮宫也是法国历史上最悠久的王宫。

◆ **凡尔赛宫(Versailles)** 坐落在巴黎西南郊,是欧洲最宏大、最豪华的皇宫。1661年法国国王路易十四开始建宫,内部500多个大小厅室无不金碧辉煌,大理石镶砌玉阶巨柱,以雕刻、挂毯和巨幅油画装饰,陈设稀世珍宝。100公顷的园林也别具一格,花草排成大幅图案,树木修剪成几何形,众多的喷水池、喷泉和雕像点缀其间。

◆ **凯旋门(Arc de triomphe)** 建在城北的亚格里帕大道上,是奥古斯都王朝最壮观的乡间凯旋门。这座门是为了纪念当年恺撒在普罗旺斯所取得的胜利而修建的,上面雕有许多为恺撒歌功颂德的战斗场面。

◆ **香榭丽舍(Avenue des Champs-Elysees)** 巴黎最漂亮的一条大街,它西接凯旋门,东连协和广场,中间能容纳19条线行车。大街两旁是繁华热闹的商业街,有很多的大百货公司与银行,游人如织。入夜,凯旋门上方由射灯照出蓝、白、红3色光柱,与大道上灿烂的灯光交相辉映,非常美丽。

(2)里昂:位于法国东南部,索恩和罗讷河会合处。纺织工业是里昂地区的主要工业,产量居全国第一。里昂地区的制药工业仅次于巴黎,是法国第二大制药工业基地,药品产量占全国的1/10。梅里尔生物制品所是世界最大的研究所之一。

(3)马赛(Marseille):法国最古老的城市之一,已有2600年的历史,是法国第三大城市,欧洲第二大港口,也是通往蓝色海岸的门户。该市资源丰富、工商业发达,是全国炼油工业中心。这里是"世界汇聚的地点",阴暗的18世纪巷道和雍容的拜占庭式建筑令人陶醉。

(4)尼斯(Nice):尼斯市位于法国东南部,濒临地中海,第二次世界大战前一直是欧洲皇室和贵族的海滨度假胜地。尼斯依山傍水,气候宜人,市内众多的历史古迹、博物馆、美术馆、游乐场所吸引着大量的游客。尼斯的东部是旧城和港口,西部是新城。尼斯狂欢节是法国最有名的节日之一,众多的旅游服务设施使尼斯成为法国"蓝色海岸"地区最享有盛名的旅游城市,也是世界著名的游览胜地。

◆ **雪浓索城堡** 又名"淑女城堡",曾是多位窈窕佳人的香居,建筑风格优雅,以横跨察尔河长拱形桥最著名。

◆ **南博城堡** 卢瓦尔河谷地区最壮观的城堡,是弗朗索瓦一世的狩猎行宫。

（5）波尔多（Bordeaux）：波尔多港是法国连接西非和美洲大陆最近的港口,是西南欧的铁路枢纽。

2. 其他著名景区

◆ **阿维尼翁** 从马赛乘火车约 25 分钟,是普罗旺斯最热闹的城市,罗马教皇曾长驻于此。城内有许多中世纪建筑,包围该城的城墙几乎完好无损。阿维尼翁艺术节是当今最重要的国际艺术节之一,来自全世界前卫的、非主流的戏剧、舞蹈和音乐表演团体齐聚于此,由此迈向国际舞台。

◆ **戛纳** 因国际电影节而闻名于世,主要景点有：海滨大道、老城区、11 世纪城堡。

◆ **比亚利兹（Biarritz）** 法国最著名的海滩,景色秀丽,海岸奇石峥嵘。这里是享受海水浴、高尔夫球等的度假胜地。

◆ **鲁昂（Rouen）** 中世纪古镇,有纪念圣女贞德受难的哥特式教堂。

◆ **卡昂（Caen）** 美丽的花园小镇,著名的诺曼底登陆就发生在这里,有战争纪念馆。

◆ **圣马洛（St. Malo）** 著名的 11 世纪修道院屹立于圣米歇尔山。圣马洛四面临海,是法国最热门的旅游点之一。

 亲身体验

礼节礼仪：

● 法国人在介绍两人相见时,若是职务相等时先介绍女士,按年龄先介绍年长的,按职位先介绍职位高的。若客人有好几位,一般是按座位或站立的顺序依次介绍。

● 法国人在社交场合与客人见面时,一般以握手为礼,少女和妇女也常施屈膝礼。女士之间见面时,还常以亲面颊或贴面来代替相互间的握手。

● 法国人还有男性互吻的习俗。

● 到法国人家里做客时别忘了带鲜花。法国人在餐桌上敬酒先敬女后敬男,走路、进屋、入座,都要让妇女先行,拜访告别时也是先向女主人致意和道谢。

饮食习惯：

● 法国是世界三大烹饪王国之一,法国菜风靡世界。

● 法国人爱吃面食,喜欢吃奶酪。他们口味偏爱酸甜,讲究菜肴的鲜嫩和质量,不爱吃无鳞鱼和过辣菜肴,喜欢吃蜗牛和青蛙腿,最名贵的菜是鹅肝。

● 法国人用餐时,两手允许放在餐桌上,但却不许将胳膊支在桌子上。在放下刀叉时,他们习惯于将其一半放在碟子上,一半放在餐桌上。

喜好:

● 特别善饮,喜欢喝酒甚至是喝生水和咖啡。

● 非常喜欢中国菜,如中国的鲁菜、粤菜、淮扬菜等。

主要节日			
元　旦	1 月 1 日	国 庆 节	7 月 14 日
复 活 节	4 月 11 日	圣母升天	8 月 15 日
国际劳动节	5 月 1 日	万　灵	11 月 1 日
第二次世界大战胜利日	5 月 8 日	一战停战日	11 月 11 日
耶稣升天	5 月 20 日	圣 诞 节	12 月 25 日
圣灵降临节	5 月 30 日		

友情链接

主要财团:

家乐福集团:2008 年营业收入约为 1 291 亿美元。

雷诺汽车公司:世界 10 大汽车公司之一,法国第二大汽车公司,创立于 1898 年,创始人是路易·雷诺。而今的雷诺汽车公司已被收为国有,是法国最大的国营企业,也是世界上以生产各型汽车为主,涉足发动机、农业机械、自动化设备、机床、电子业、塑料橡胶业的垄断工业集团。2008 年营业收入约为 553 亿美元。

埃尔夫阿奎坦公司(道达尔):2008 年营业收入约为 2 347 亿美元。

法国电力公司:2008 年营业收入约为 941 亿美元。

新闻出版:主要报纸有:《费加罗报》、《法兰西晚报》、《巴黎日报》;地方报纸主要有:《西部法兰西报》,它是法国发行量最大的报纸;主要周刊有:《快报》、《巴黎竞赛画报》等。法约有 6 000 家出版社。通讯社有:世界五大通讯社之一的法新社,1835 年创立。法国国家广播公司成立于 1975 年,下设 6 个广播电台。

文化名人:

莫里哀:法国剧作家,主要剧作有《伪君子》、《唐璜》、《吝啬鬼》等。

伏尔泰:18 世纪法国启蒙思想家,被誉为“思想之王”、“法兰西最优秀的诗人”。主要著作有:《哲学辞典》、《论各民族的风俗与精神》、《路易十四时代》等,还写过有关中国的历史剧《中国的孤儿》。

卢梭:法国启蒙思想家、哲学家,主张建立资产阶级民主共和国,认为私有制是人民群众遭受社会压迫的根源,但不主张彻底消灭私有制。主要著作有:《社会契约论》(旧译《民约论》)、《论人类不平等的起源和基础》、《忏悔录》等。

雨果：法国文学史上最伟大的作家之一，著名作品有《巴黎圣母院》、《悲惨世界》、《九三年》。

戛纳国际电影节：世界最大、最重要的电影节之一。1939 年，法国为了对抗当时受意大利法西斯政权控制的威尼斯国际电影节，创办了法国自己的国际电影节。1946 年 9 月 20 日在法国南部旅游胜地戛纳举办了首届电影节。现在每年举行一次，为期两周左右。

巴黎老佛爷百货：是集团公司，拥有连锁百货店、超市、信用卡公司、电脑管理公司等多种业务，是法国上市公司中的佼佼者。百年老店巴黎老佛爷百货，云集世界一流名牌精品。商场主馆分 7 层，除了有流行女装、首饰、鞋帽外，还有童装、玩具、家庭用品、家用电器、照相器材和箱包等等。老佛爷百货古色古香的巨型镂金雕花圆顶是驰名的巴黎一景，10 多间情调优雅的酒吧餐厅分布在商场各层。百货公司内还设有免费服装表演、美容美发院、按摩室、银行、邮局、商务中心、博物馆、展览中心、旅行社、票务中心和照片冲洗处等等。

法国香水：香飘全球的法国香水有"梦幻工业"的美称，它是法国第三大出口商品，仅次于"空中客车"和"雷诺"汽车。法国香水琳琅满目，命名也千奇百怪。在众多香水中，有 150 多种品牌雄居世界香水市场榜首。巴黎香水被法国人视为国宝，而格拉斯则是全世界的香水之都。每年到了花开时节，全世界的香水师都会从各地蜂拥而至，以发掘出新的香味。

法国时装：法国的服装业一直兴旺不衰，以男装素雅，女装设计新颖、款式时髦而驰名于世，其选料丰富、优异，设计大胆，制作技术高超，使法国时装一直引导世界时装潮流。在巴黎有 2 000 家时装店，老板们的口号是："时装不卖第二件。"

★**特别提示**：法国是香槟酒、白兰地的故乡。

德　国

(The Federal Republic of Germany)

德国是世界上最富有、经济最发达的国家之一,它资源丰富、人民勤劳。在这里曾涌现出许多闻名于世的哲学家、诗人、思想家、发明家等;这里也是盛产面包、啤酒和千百万种香肠的美食国度。它美丽富饶,风光秀美,历史名城与浪漫传说交相辉映,引人入胜的观光胜地比比皆是。

数据DATA

国名: 德意志联邦共和国。

国旗: 由黑、红、黄3种颜色组成,自上而下呈平等相等的3个长方形排列。

国徽: 国徽以土黄色盾牌为背景,背景上是1只黑色的雄鹰,雄鹰的喙和两爪为红色。

国歌:《德意志之歌》。

国花: 矢车菊(爱国、乐观、俭朴)。

国鸟: 白鹳(吉祥)。

面积: 约356 866平方千米。

人口: 约8 206万(2008年)。

国语: 官方语言为德语。

宗教: 居民多信奉基督教和天主教,少数人信奉伊斯兰教、犹太教。

首都: 柏林(Berlin)。

国名释义: 古德语意为"人民的国家"。

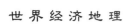

 遥望德国

1．地形

德国的地形异常多样,从连绵起伏的山峦、高原台地、丘陵、山地、湖泊直至辽阔宽广的平原,从北到南划为五大地形区:北德低地、中等山脉隆起地带、西南部中等山脉梯形地带、南德阿尔卑斯山前沿地带以及南部的阿尔卑斯山区。整个地势南高北低。

2．河湖资源

境内主要河流有莱茵河、威悉河、易北河和多瑙河。

3．气候

德国处于凉爽的温带,温度大起大落的情况很少,降雨分布在一年四季。西北部靠近海洋,主要是海洋性气候,夏季不太热,冬季多数不冷;东部和东南部随地势的升高,气候差异加大,大陆性气候冬冷夏热的特征逐渐显著,最冷时气温可达-10℃,最热时接近30℃。

平稳温和是德国气候的总体特征,一般认为4月是德国气候变化无常的月份,暴雨、洪水、飓风、大雪交替而至,因此在这个月出门的德国人一般都带伞。5月、6月和9月、10月、11月是德国人从事各种交流活动的好时节。7月、8月是德国人休假的季节。

4．资源

矿物资源较贫乏,除硬煤、褐煤和盐的储量较丰富之外,在原料供应和能源方面很大程度上依赖进口,2/3的初级能源需要进口。褐煤开采量位居世界前列。

 走遍德国

1．位置

位于欧洲的中部,东邻波兰、捷克,南毗邻奥地利、瑞士,西界荷兰、比利时、卢森堡、法国,北接丹麦,濒临北海和波罗的海,因此被称作是"欧洲的心脏"。海岸线长约1333千米。

分为联邦、州、地区 3 级,共有 16 个州。16 个州的名称是:巴登—符腾堡、巴伐利亚、柏林、勃兰登堡、不来梅、汉堡、黑森、梅克伦堡—前波莫瑞、下萨克森、北莱茵—威斯特法伦、莱茵兰—法耳茨、萨尔、萨克森、萨克森—安哈特、石勒苏益格—荷尔斯泰因和图林根。其中柏林、不来梅和汉堡是市州。

2. 交通运输

德国拥有高度发达的交通系统。

(1)公路:跨地区交通的公路网全长约 23.1 万多千米,其中 1.1 万多千米为高速公路。

(2)铁路:德国联邦铁路和德国国营铁路于 1994 年合二而一,成为德国铁路股份公司,实现了私有化。汉诺威、维尔茨堡、曼海姆、斯图加持和慕尼黑之间的新路段使铁路对出差旅行者更具吸引力,计划中的目标是在 500 千米内可供旅行者在铁路、飞机或汽车之间进行选择。

(3)海运:有世界上最现代化和最安全的船队,2/3 的船只役龄不超过 10 年。在集装箱船以及装船运输方面,德国是领先的国家之一。德国的海港(最大的是汉堡、不来梅/不来梅港、威廉港、卢卑克和罗斯托克)在国际竞争中保持了自己的地位。

(4)内河航运:德国西部拥有有效的水路网络。杜伊斯堡的内河港是世界上最大的。最重要的国际水路是承担着德国内河运输量大约 65% 的莱茵河,大约 3 300 艘德国货轮在全长约 7 450 千米的河流及运河上穿梭往来。美因—多瑙运河开辟了莱茵河与多瑙河流域之间的水路联系,使这个水路网络更趋完善。

(5)航空:最大的机场是美因河畔的法兰克福机场,它也是欧洲最重要的机场之一。德国的其他机场在柏林—特格尔和柏林—舍内弗尔待、不来梅、杜塞尔多夫、德累斯顿、埃尔富特、汉堡、汉诺威、科隆/波恩、莱比锡、慕尼黑、纽伦堡、萨尔布吕肯和斯图加特等地。德国汉莎航空公司是国际上重要的航空公司之一,它拥有大约 220 架现代化的飞机。

德国人

1. 人口

根据 2009 年 1 月的统计,德国人口约为 8 206 万。

德国一直是世界上出生率最低的国家之一,平均每对夫妇只有 1.8 个孩子。第二次世界大战后德国人口的增长主要靠外来移民。

2. 教育

大、中、小学和职业教育发达,实行 12 年制的义务教育,公立学校学费全免,教科书等学习用品部分减免。小学学制 4～6 年,中学学制 5～9 年,高等学校享有一定自主权,对高中毕业生原则上实行自由入学,对部分学科规定名额限制。职业教育实行双元制,即职业学校理论学习和企业中的实践相结合。成人教育和业余教育普及。教师为终身公职人员,必须受过高等教育。

著名的高等院校有:科隆大学、慕尼黑大学、明斯特大学、柏林自由大学、柏林工业大学、汉堡大学、海德堡大学等。

历史的脚步

1. 历史沿革

公元前境内就居住着日耳曼人,公元 2—3 世纪逐渐形成部落,10 世纪形成德意志早期封建国家,13 世纪中期走向封建割据,18 世纪初奥地利和普鲁士崛起,根据 1815 年维也纳会议组成了德意志邦联。1848 年德国各地爆发革命,普鲁士于 1866 年的"七星期战争"中击败奥地利,次年建立北德意志联邦,1871 年统一的德意志帝国建立。该帝国 1914 年挑起第一次世界大战,1918 年因战败而宣告崩溃,1919 年 2 月德意志建立魏玛共和国。

1933 年希特勒上台实行独裁统治,于 1939 年发动第二次世界大战,1945 年 5 月 8 日德国战败投降。战后,根据雅尔塔协定和波茨坦协定,德国分别由美、英、法、苏四国占领,并由四国组成盟国管制委员会接管德国最高权力,柏林市也划分成 4 个占领区。1948 年 6 月,美、英、法三国占领区合并,翌年 5 月 23 日在合并后的西部占领区成立了德意志联邦共和国。同年 10 月 7 日,在东部的苏占区成立了德意志民主共和国。德国从此分裂为两个主权国家。

1990 年 10 月 3 日,民主德国正式加入联邦德国,民主德国的宪法、人民议院、政府自动取消,原 14 个专区为适应联邦德国建制改为 5 个州,分裂 40 多年的德国重新统一。

2. 政治制度

《德意志联邦共和国基本法》于 1949 年 5 月生效,1956 年、1968 年曾作过较大修改,1990 年 8 月两德"统一条约"对《基本法》某些条款又作了适应性修订,同年 10 月 3 日起适用于全德国。

《基本法》规定,德国是联邦制国家,外交、国防、货币、海关、航空、邮电由联邦管辖,国家政体为议会共和制,联邦总统为国家元首,议会由联邦议院和联邦参议院组成,联邦议院行使立法权,监督法律的执行,选举联邦总理,参与选举联邦总统和监督联邦政府的工作等,每届任期 4 年。

德国的政党有:德国社会民主党、联盟 90/绿党、基督教民主联盟、基督教社会联盟、自由民主党、民主社会主义党。

经济视角

德国是高度发达的工业国家,经济实力居欧洲首位,为世界第三大经济强国。德国是商品出口大国,工业产品的一半销往国外,出口额现居世界第二位。

德国经济决定整个欧洲经济。作为西方七个经济强国之一,德国经济在欧洲稳坐第一把交椅(等于英、法总和),被称为"欧洲经济的火车头"。由于历史原因,德国人不能在国际上扮演重要角色,但是他们得以把全部精力放在经济建设上。随着欧洲统一进程的不断发展,德国在欧洲经济中发挥着越来越重要的作用,其发展趋势是成为欧洲的经济中心。

德国工业中销售额最大、增长最快的部门是汽车工业。在世界10大汽车企业中,德国有3个:戴姆勒—克莱斯勒股份公司、大众公司和宝马公司。其中,由戴姆勒—奔驰公司与美国克莱斯勒公司合并成立的戴姆勒—克莱斯勒股份公司,更跻身于世界汽车制造业三强(通用、福特和戴姆勒—克莱斯勒)之列。

销售额居第二位的是设备与机械制造业,有5 954家企业,约93万职工,该行业有西马克(SMS)、曼内斯曼等实力雄厚的大企业,也有众多颇具传统的中小企业,89%的企业职工人数不足300人,具有工艺精湛、机制灵活的优势。

1. 经济的五大优势

(1) 2008年德国国内生产总值约为36 614亿美元,是欧洲最大的市场之一。德国占有整个欧盟国内生产总值约25%的比重。

(2) 德国是欧洲重要的交通枢纽,并在已有的欧洲市场和新兴的中东欧市场中发挥着纽带作用。

(3) 德国以其在技术研发领域所取得的突出成就而闻名,它提供着欧盟1/3的研发经费。另外,它在申请发明专利方面也居领先地位,企业、优秀大学和研究所之间的密切合作为中小企业采用新技术及提高生产力打开了方便之门。

(4) 德国拥有先进的通信系统及良好的基础设施。

(5) 德国的"双轨教育体制"将企业的实际培训与学校里的理论学习统一起来,为劳动市场提供了受过良好培训的劳动力。另外,德国大学在培训和专业技术人员继续深造方面发挥了重要作用,德国的大学在研究领域里始终处于领先地位,并提供各方面的培训项目。

2. 主要产业部门及其分布

工业门类齐全,重工业占工业产值的70%,轻工业也相当发达。工业分新老工业两大类。老工业部门有采煤、煤电、煤化工、钢铁、重型机械制造、纺织等;新工业部门有炼油和石化工业、汽车、精密机械加工和仪表、电子电器。

工 业	经济支柱
汽车工业	德国是世界上第三大汽车生产国,仅次于美国和日本。德国西部几家大的汽车制造厂已在萨克森州和图林根州开始建立新的生产场所。在现代化生产设备扩建后,新联邦州的汽车生产将达到大约 370 000 辆单车,主要汽车工业中心有沃尔夫斯堡、不来梅、慕尼黑、斯图加特、茨维考、爱森纳赫、路德维希斯费尔德等。
机器设备和制造业	该行业作为工业的装备者对整个经济起着重要作用,其产品品种从配件、印刷机、农业机械直至机床,20 000 多种,由于机动灵活以及技术上的高效能,在世界上处领先地位。 ● 机床产值位居世界第一,集中分布在鲁尔区; ● 电机产品中心在柏林、德累斯顿、苏尔等; ● 仪器制造,以生产精密机械、测量仪器、光学仪器等著称,以耶拿和德累斯顿为中心; ● 造船业主要分布在波罗的海沿岸,主要中心有瓦尔纳明德、罗斯托克和维斯马等。
化学工业	产值仅次于美、日,居世界第三位,出口额世界第一,占世界化工产品出口的 1/6,主要分布在鲁尔区、法兰克福、路德维希港、汉诺威、因戈尔施塔特等。
电子工业	拥有雄厚的实力和极高的技术水平,主要包括电子元件、电子计算机、电子通讯工具、工业和生活电子设备、无线电等,有西门子、奔驰、蔼益吉、博世等世界著名的电气电子行业大企业,主要分布在斯图加特、慕尼黑、纽伦堡附近的安斯巴赫、德累斯顿、施塔斯富特、特尔托、爱尔福特等地。
生环工业	环保技术是德国的强项,德国企业还活跃在生物工程领域里。

　　第二次世界大战后,德国农业发展迅速,机械化、电气化、化学化、集约化程度位于世界前列,土地利用率高。在农业结构中,畜牧业占主要地位,产值占农业总产值的 2/3。畜牧业以乳肉畜牧业为主,养猪、养羊业发达。主要农作物有小麦、黑麦、燕麦、马铃薯、甜菜等,饲料作物种植广泛。

农 业	
农牧业	与企业和劳动力数量减少的情况相反,农业生产率有了提高:1950 年 1 个劳动力仅能供养 10 个人,1996 年则为 108 人。尽管生产率如此迅速提高,农业中的收入发展仍跟不上工商业,老联邦州农业的特点始终还是农民经营的家庭企业。
林业	德国面积将近 1/3 由森林覆盖。森林最多的两个联邦州是莱茵兰—法耳茨州和黑森州。国内对木材及木制品需求的大约 2/3 就地取材解决。 　　虽然德国历来是木材及木制品净进口国,它在出口方面仍占重要地位。德国在纸张、纸板及其制成品方面的进口量在全世界占第二位,仅次于美国,而在出口方面位于加拿大、美国、芬兰之前,占第一位。

贸易大看台

德国是世界贸易大国,同世界上230多个国家和地区保持贸易关系,全国近1/3的就业人员在出口行业工作,外贸长期顺差。据德国海关统计,2008年德国进出口总额26 706.2亿美元,较上年同期增长11.8%。其中,出口14 661.0亿美元,增长10.3%;进口12 045.2亿美元,增长13.7%;顺差2615.8亿美元,减少2.9%。德国出口业素以质量高、服务周到、交货准时而享誉世界。

1. 国际贸易地区结构

主要贸易对象是欧盟工业国。

从国别(地区)看,2008年德国对法国、美国、英国、意大利和荷兰的出口额分别占德出口总额的9.6%、7.1%、6.6%、6.3%和6.3%,为1402.1亿美元、1034.6亿美元、974.1亿美元、926.6亿美元和916.5亿美元,增长10.4%、4.3%、1.3%、5.7%和12.3%;自法国、荷兰、中国、美国和意大利的进口额分别占德进口总额的8.2%、8.1%、7.2%、5.6%和5.6%,为981.2亿美元、969.1亿美元、866.0亿美元、675.3亿美元和671.0亿美元,增长10.5%、18.6%、15.5%、8.8%和11.0%。前五大顺差来源地依次是法国、美国、英国、西班牙和奥地利,顺差分别为420.9亿美元、359.3亿美元、325.2亿美元、319.8亿美元和300.9亿美元,其中德国对法国和奥地利顺差增长10.2%和11.6%,而对美国、英国、西班牙的顺差则分别下降3.1%、11.6%和11.8%;逆差主要来自中国、爱尔兰和日本,增长8.6%、2.1%和1.4%。

2. 进出口货物构成

主要出口产品有汽车、机械产品、电气、运输设备、化学品和钢铁。进口产品主要有机械、电器、运输设备、汽车、石油和服装。

3. 对外贸易特点

(1)政府的大力扶植:联邦德国一直奉行"社会市场经济"体制,确立贸易立国的指导思想,保护和鼓励对外贸易。德国经济展览与博览委员会每年在慕尼黑、科隆、法兰克福、杜塞多夫、汉诺威等地举办多种展览。

(2)进出口结构良好,以工业制成品为主。汽车、机械制造及电子产品长期以来在国际市场上占有较大而稳定的份额。农产品居美、荷、法之后,是世界第四位的农产品出口国。

(3)贸易格局合理,欧盟长期以来是德国的主要贸易伙伴。

4. 中德经贸关系

中国于1949年10月27日和1972年10月11日先后同原民主德国、联邦德国建交。德国是中国第六大贸易伙伴国,也是中国在欧洲最大的贸易伙伴。据德国海关统计,2008年中德双边贸易额为1 358.1亿美元,增长17.5%。其中,德国对中国出口492.1亿美元,增长21.4%;自中国进口866.0亿美元,增长15.5%;逆差374.0亿美元,增长 8.6%,中国在德国主要出口伙伴中排名第十一位、在德国主要进口来源地中升至第三位。在德国多年保持我国在欧最大贸易伙伴地位的同时,我国已于 2003 年超过日本成为德国在亚太地区的最大贸易伙伴。

我国主要进口成套设备和技术,约占进口总额的 28%,机械及运输设备、钢铁、化肥、化工产品等也都是大宗进口产品。此外,蔬菜、水果、饮料、木材、皮革等产品的进口大幅度增加。我国对德出口以纺织品、土畜产品、轻工产品为主,如工艺品、服装、丝织品、罐头、地毯,其中纺织品占对德出口的 35% 左右,出口方面增长较大的有办公机械、动力机械、乳品、禽蛋、糖制品等。

德国之旅

德国旅游业发达,特别是出国旅游的人数多,人均出游率居世界首位,是世界最大的旅游客源市场之一。德国是一个富有魅力的旅游之国。

1. 主要城市及其景区景点

(1) 柏林(Berlin):首都,德国最大的城市,位于德国东部,有着悠久的历史和丰富的文化内涵。整个城市在森林和草地的环抱之中,宛若一个绿色大岛。

柏林名胜古迹众多,帝国议会大厦、埃及博物馆、夏洛腾堡皇宫、奥运会会场、柏林动物园、勃兰登堡门及万湖等都是著名的游览胜地。

◆ **柏林墙（The Wall Remains）** 建于 1961 年,高 3.5 米,有长 114.5 千米的水泥板和水泥墙,还有 55 千米的铁丝网、253 个观望台、136 个碉堡、270 个警犬柱、108 千米的防汽车壕等。1990 年 10 月 3 日德国统一后,将柏林墙拆除。

◆ **勃兰登堡门(Brandenburg Gate)** 位于市中心菩提树大街和 6 月 17 日大街的交汇处,是柏林市区著名的游览胜地和德国统一的象征。德国著名的雕塑家戈特弗里德·沙多为此门顶端设计了一套青铜装饰雕像:四匹飞驰的骏马拉着一辆双轮战车,战车上站着一位背插双翅的女神,她一手执杖一手提缰,一只展翅欲飞的普鲁士飞鹰立在女神手执的饰有月桂花环的权杖上,并在各通道内侧的石壁上镶嵌着 20 幅描绘古希腊神话中大力神海格拉英雄事迹的大理石浮雕画。此门建成之后曾被命名为"和平之门",战车上的女神被称为"和平女神"。

◆ **贝加蒙博物馆** 世界上最古老的博物馆之一,最吸引人的地方是贝加蒙祭坛的圆柱。

◆ **夏洛坦堡宫殿** 巴洛克式的宫殿,是柏林地区保存得最完好、最重要的普鲁士国王宫殿建筑物。

◆ **菩提大道** 由勃兰登堡门往东,直达马克思—恩格斯广场的大街,是柏林最有代表性的林荫大道,一路上可以看见许多博物馆、教堂、市政建筑。

(2) 科隆(Cologne):德国西部的重工业城市,位于莱茵河中游西岸,公元前 38 年为古罗马要塞,风景优美,有"不到科隆等于没到德国"之说。科隆还是以罗马式教堂和哥特式大教堂闻名于世的城市。全城有 150 座教堂,最为著名的就是科隆大教堂。

◆ **科隆大教堂** 同时拥有建筑史上三个之最——德意志联邦共和国最大的教堂、世界上最高的双塔教堂,也是建筑时间最长的教堂,建造时间跨度达 600 年。科隆大教堂高 157.31 米,有两座哥特式尖塔,北塔高 157.38 米,南塔高 157.31 米,已成为科隆市的象征和游客们向往的名胜之地。站在高高的塔顶极目远望,莱茵河犹如一条白色的缎带从旁飘过。1996 年,科隆大教堂被联合国教科文组织列入世界文化遗产。

(3) 汉堡(Hamburg):德国的第二大城市,也是德国最古老、最著名和最大的商港,年吞吐量 0.6 亿吨,拥有 2400 座桥梁,有"德国通向世界的门户"之称。汉堡不仅是一座港口城市,还是商业和文化生活的名都。

(4) 慕尼黑(Munich):位于阿尔卑斯山北麓,是一座依山傍水、景色秀丽的山城,也是德国最瑰丽的宫廷文化中心。作为拥有 125 万居民的德国第三大城市,慕尼黑一直保持其由众多教堂塔楼等古建筑组成的城市风貌。慕尼黑是一座文化名城,除拥有一家规模巨大的国家图书馆、43 个剧院及一所拥有 8 万多学生的大学外,慕尼黑还有"四多",这就是博物馆多、公园喷泉多、雕塑多和啤酒多。

◆ **市政厅** 市政厅塔楼上的组钟从古至今吸引着无数的游客,组钟的 12 个钟点由 12 个骑士组成,从每天中午 11 时开始(夏天是 17 时),每到 1 个钟点,12 个骑士就走马灯似的出来报时,一组 1.40 米高的彩塑人物则围成圆圈跳舞,向人们展示德国历史上威廉五世公爵与雷塔娜·冯·洛特林小姐结婚的场面。

◆ **慕尼黑奥运村** 为举办 1972 年第 20 届夏季奥运会而建造。奥运村的最高建筑是电视台,站在电视塔上可望见 100 千米以外的阿尔卑斯山,而坐在高高的电视塔旋转餐厅里一边品尝美味佳肴,一边观赏城市全貌及远山美景则更是一种享受。慕尼黑奥运村的建筑别具一格,奥林匹克体育场总面积 7.5 万平方米,可容纳 8 万观众观看比赛,其帐篷式的顶盖远看就像一张大渔网,错落有致,十分壮观。

(5) 法兰克福(Frankfurt):坐落在美因河畔的法兰克福是德国的金融中心、博览会城市和通向世界的空中门户及交通枢纽。同德国的其他城市相比,法兰克福更具有国际大都会的气派。作为世界金融中心之一,法兰克福市的银行区摩天建筑群鳞次栉比,令人目不暇接,350 多家银行及分支机构遍布法兰克福的大街小巷。"德意志银行"就坐落在法兰克福的市中心。这座联邦德国的中央银行犹如一根敏锐的中枢神经,影响着德国的整个经济;欧洲银行总部和德国证券交易所也都设在法兰克福;为此,法兰克福市被称为"美因河畔的曼哈顿"。

法兰克福不仅是世界的金融中心,同时它又是具有 800 年历史传统的著名的博览会城市,每年要举办约 15 次大型国际博览会,如每年春夏两季举行的国际消费品博览会、两年一度的国际"卫生、取暖、空调"专业博览会、国际服装纺织品专业博览会、汽车展览会、图书展览会、烹饪技术展览会等。每逢展览季节,法兰克福都呈现出一片繁忙的景色,市区街道更显得生气勃勃。参加博览会的人数平均每年超过 100 万,博览会已成为人们了解世界及世界了解德国的重要窗口。

法兰克福不仅是德国的经济中心,同时它还是文化名城。这里是世界文豪歌德的故乡,歌德的故居就在市中心。法兰克福有 17 个博物馆和许多的名胜古迹,古罗马人遗迹、棕榈树公园、黑宁格尔塔、尤斯蒂努斯教堂、古歌剧院等都值得游人一看。

(6)海德堡(Heidelberg):海德堡是"歌德把心遗忘的地方",这里有"哲学家之路",以及十几座博物馆、艺术馆和剧院,处处散发着文学和艺术的气息。宫殿和老桥构成了老城的全景,大学城和旅游城的美誉更使这座古老城市青春永驻。

◆ **古城堡—海德堡**　站在古城堡上眺望到的城市风光,真是美不胜收:不加修饰的庭园显得落落大方,宽敞明快;城堡内部的葡萄酒大酒桶、庭园及德国药物博物馆可以自由游览;位于老城区正中央的集市广场上的巴洛克风格的圣灵教堂,竣工于 1441 年,它那漂亮的尖塔非常引人注目;而且这里有历代王储的墓葬区,进入教堂立刻能看到彩绘玻璃。

(7)德累斯顿(Dresden):易北河从城中穿过,河的右岸为老城,左岸为新城。它曾是欧洲著名的文化中心,因光彩夺目的巴洛克建筑而被誉为"易北河畔的佛罗伦萨"。第二次世界大战中,这个被誉为"巴洛克明珠"的城市在空袭中被炸毁,只剩下残垣断壁。

◆ **塞姆帕尔歌剧院**　采用意大利文艺复兴盛期流行的建筑风格建筑的大型歌剧院。里夏德·瓦格纳曾当过该歌剧院的指挥;约翰·施特劳斯创作的许多音乐作品也曾在此公演。第二次世界大战中,这座古老的歌剧院也被炸毁。如今,重建的塞姆帕尔歌剧院已成为游人到此城参观的重要景点。

(8)波恩(Bonn):极具田园风情的城市,明显区别于其他城市的特点是它的安闲、舒适及浓重的乡土气息。整个波恩市多为低建筑,20 多层高的联邦议会大厦是波恩唯一的高层建筑,也是波恩作为临时首都的象征。在波恩,羊倌赶着羊群悠闲地穿过市中心,穿行在由外国使馆区和政府所在地组成的"外交官赛车道"上,是很习以为常的事。

波恩是贝多芬的故乡,在市中心明斯特广场上屹立着贝多芬的纪念铜像,贝多芬的故居就在距广场不远的波恩胡同里,这里是贝多芬的诞生地,以此为基础建有贝多芬博物馆,馆旁还建有室内音乐厅,每 3 年都要在此举办一次贝多芬音乐节,以纪念这位伟大的音乐家。

2. 其他著名景区

◆ **黑森林(Schwarzwald)**　位于德国西南巴符州山区,是德国中等山脉中最具吸引力的地方。这里到处是参天笔直的杉树,林山总面积约 6 000 平方千米。黑森林是多瑙河与内卡河的发源地,山势陡峭、风景如画的金齐希峡谷将山腰劈为南北两段,北部为砂岩地,森林茂密,地势高峻,气候寒冷;南部地势较低,土壤肥沃,山谷内气候适中。

金齐希峡谷沿途的深山湖泊、幽谷水坝、原始景观、高架渡桥深深地激发着人们的兴趣。费尔德贝格峰是黑森林山的最高峰,站在高山之上极目远望,绿色的莱茵平原、瑞士西部美景和法国的斯特拉斯堡大教堂尽收眼底。

　　◆ **莱茵河(Rhein)**　欧洲著名的国际河流,它发源于瑞士境内的阿尔卑斯山,流经德国注入北海。自古以来莱茵河就是欧洲交通最繁忙的水上通道,它流经德国的部分长 865 千米,流域面积占德国总面积的 40%。从科隆到美因茨的近 200 千米的河段是莱茵河景色最美的一段,这里河道蜿蜒曲折,河水清澈见底。

　　◆ **新天鹅皇宫**　是拜埃伦国王路易二世为了实现自己的梦境,花费了 17 年的时间和巨额财力筑建了这座举世无双的白色城堡。

　　◆ **无忧宫(Sans Souci Palace)**　位于波茨坦市北郊。无忧宫及其周围的园林是普鲁士国王腓特烈二世(1745—1757年)时期仿照法国凡尔赛宫的建筑式样建造的,全部建筑工程前后延续了约 50 年之久,为德国建筑艺术的精华。整个宫内有 1 000 多座以希腊神话人物为题材的石刻雕像;瑰丽的首相厅的天花板装潢极富想象力,四壁镶金,光彩夺目;室内多用壁画和明镜装饰,辉煌璀璨;宫的东侧有珍藏 124 幅名画的画廊,多为文艺复兴时期意大利、荷兰画家的名作。

亲身体验

礼节礼仪:

- 德国人较为共同的特点是实在、勤奋、准时、勤俭和做事一板一眼。德意志民族是一个讲次序的民族。在德国,大到空间、田地、建筑物,小到家庭主妇外出购物,都被事先安排得井井有条。

- 德国人比较注重礼节形式,在社交场合与客人见面时,一般行握手礼;与熟人朋友和亲人相见时,一般行拥抱礼。

- 在与客人打交道时,总乐于对方称呼他们的头衔,但他们并不喜欢听恭维话。对刚相识者不宜直呼其名。

- 德国人对工作一丝不苟,在社交场合也举止庄重,讲究风度。

- 就餐时,首先要与坐在自己身边的女士交谈,不隔着餐桌与坐得较远的人交谈。

- 德国人的时间观念很强,请德国人进餐,事先必须安排好。

饮食习惯:

- 德国人的饮食普遍比较简单,包括招待客人也不例外。饭菜的口味喜欢清淡和酸甜,不喜欢辛辣。

- 德国人很讲究饮食的营养,特别讲究新鲜和高热量。

- 早餐一般吃面包、黄油、果酱或少许火腿肉等，喝牛奶、咖啡和饮料。午餐比较简单，晚餐较丰富，有肉、海鲜和蔬菜。主食为土豆、面包，偶尔也吃米饭和面条。
- 德国人爱吃香肠、面包，品种繁多。估计德国香肠有1 500多种，其中仅水煮小香肠就有780种。
- 进餐时喜欢喝葡萄酒、啤酒或其他饮料，其中最爱饮的是啤酒。德国的啤酒、葡萄酒在全世界享有盛名。德国是世界饮酒大国，酒类消耗量居世界第二位。德国葡萄酒的典型特征是：酒瓶外观典雅，香味醇厚迷人。
- 德国人在外聚餐，在没有事先讲明的情况下要各自付钱。

喜好：

- 德国人视猪为幸福、幸运的象征。
- 德国人一般喜用黑、灰色。
- 德国人十分喜欢欢乐场面，也利用一切机会举行娱乐活动。

主要节日			
新　年	1月1日	圣灵降临节	复活节后第50天
纳粹受害者纪念日	1月27日	德国统一日（国庆节）	10月3日
复　活　节	每年春分月圆之后第一个周日（3月21日至4月25日间）	忏　悔　日	基督降临节前的星期三
五　月　节	5月1日	圣　诞　节	12月25日
耶稣升天节	复活节后第40天		

友情链接

主要财团：

戴姆斯—科莱斯勒股份公司；西门子股份公司；大众汽车股份公司；巴斯夫集团；安联保险集团。

宝马： BMW是德文巴伐利亚汽车工厂的缩写，它原是一家专门生产发动机的公司，同时以制造高级摩托车出名。BMW今天已成为全球高级轿车领域王牌公司之一，德国双B（Benz和BMW）之名威震四海，"坐奔驰，开宝马"这句话家喻户晓。

科学与艺术： 德国素有"科学之国"的称誉，出过高斯（数学）、洪堡（自然）、李比希（化学）、爱因斯坦（物理）、普朗克（物理）这样伟大的科学家，第二次世界大战之前，45个诺贝尔物理奖中有10个授给德国人，40个化学奖中有16个属于德国人。马克斯·普朗克科学促进协会（简称马普协会，相当于别国的科学院）是最大的科研机构。

德国也是哲学、文学和艺术的国度,在这里诞生了康德、黑格尔、马克思这样的哲学大家,歌德、席勒、海涅这样的文学大师,巴赫、贝多芬这样的音乐大师,丢勒、克拉纳赫这样的美术名家。他们的作品大大地丰富了世界文化艺术的宝库。

新闻出版:新闻出版事业十分发达,报刊种类繁多。2001 年出版的各类报纸有412 种,其中日报 382 种。发行量最大的日报是《图片报》。

通讯社:(1)德意志新闻社,1949 年成立,为私营股份有限公司,下设报纸、广播和电视新闻 200 多个部门,属于世界大通讯社之一,总社在汉堡。(2)德意志电讯社:1971 年成立,总社在波恩,主要向国内报纸提供新闻稿。

主要广播电台:(1)德国广播电台,由联邦政府和州广播电台出资兴办,主要负责对国内广播;(2)德国之声电台,1960 年成立,总部设在科隆,由联邦出资兴办,用包括中文在内的 31 种语言向全世界广播,并用德、汉、英等语言播放电视新闻节目。

主要电视台:(1)德国电视 1 台(ARD),由各州电台、德国广播电台和德国之声电台组成德国广播协会共同经营,播放全国性的第一套节目及地方性的第三套节目;(2)德国电视 2 台(ZDF),是德国最大的电视台,1961 年由各州共同组建,总部设在美因兹,播放第二套节目。

高等教育:德国最古老的高等学校—海德堡大学建于 1386 年。已度过 500 周年校庆的大学还有莱比锡大学(建于 1409 年)和罗斯托克大学(建于 1419 年)。19 世纪和20 世纪上半叶,对各大学起决定性作用的是威廉·冯·洪堡在 1810 年创建的柏林大学实施的教育理念。

啤酒文化:德国是世界上啤酒消耗量最大的国家,德国人酷爱喝啤酒,因此德国形成了一种特殊的"啤酒文化"。德国人都以自己啤酒文化的精纯而自豪。

慕尼黑啤酒节:德国慕尼黑啤酒节是世界上规模最大的民间庆典之一,又称十月啤酒节,每年 5 月份为节日的序幕,9 月的最后一周进入高潮,至 10 月的第一个星期结束,至今已有 180 年的历史。每年都有数百万来自德国和世界各地的游客参加啤酒节的庆贺活动。每次啤酒节,慕尼黑都要喝掉大约上百万升的啤酒。

荷 兰

(The Kingdom of the Netherlands)

荷兰,由风车、木鞋、郁金香串起的如织美景,带给人们无数的梦幻与想象。人们用美丽的窗户装饰表现自家的风格,窗外的人用赞美的眼光表达无限的欣赏。这个如诗如画的国家,唯有深入探索,方知其味。

 数据DATA

国名:荷兰王国。

国旗:红、白、蓝三色旗。

国徽:1顶红色貂皮华盖如开启的幕布,下部嵌有1条写着威廉亲王誓言"维护和捍卫纳索"的蓝色饰带,两只跨立的金狮翘着尾巴,口吐红舌护着1面蓝色盾徽。盾徽顶部是威廉一世御玺上所用的王冠;后面中央绘有1只头戴王冠的金狮,右前肢挥舞着1把出鞘的利剑,左前肢挥动1束金色箭翎,它们象征着国王权力。蓝色盾面上布满金色的小长方块。

国歌:《威廉·凡·那叟》,是世界上最早制定的国歌。

国花:郁金香。

国鸟:琵鹭。

面积:约4.18万平方千米。

人口:约1 650万(2008年)。

国语:官方语言为荷兰语。

宗教:居民多信奉罗马天主和基督教。

首都:阿姆斯特丹(Amsterdam)。

政府所在地:海牙(The Hague)。

誉称:"风车之国"、"低尘之国"、"花卉之国"。

国名释义:日耳曼语意为"森林之地"。现国名荷兰语音译为尼德兰,意为"低地"。

出 行 贴 士

国际电话区号	0031	汇 率	
时 差	＋7 小时＝北京时间		
电 压	220 伏	最佳季节	4—10 月

遥望荷兰

1．地形

荷兰王国位于欧洲大陆西北部,地处莱茵河、马斯河和斯海尔德河三大河流入海口,西部和北部濒临北海,东临德国,南与比利时接壤,享有"欧洲门户"之称。"荷兰"在荷兰语中意为"低洼之国",其 24％ 的土地低于海平面,2/3 的面积不超过海平面 1 米,海拔最高处只有 321 米,海岸线长 1 075 千米,从 13 世纪即开始围海造田,增加土地面积约 60 万公顷。

2．气候

荷兰属温带海洋性阔叶林气候。夏季凉爽,6—8 月温度为 21～26℃。冬季阴雨多风,1 月份平均温度为 1.7℃,年平均降雨量为 700 毫米。

走遍荷兰

1．位置

资 讯

荷兰共有 12 个省:格罗宁根、弗里斯兰、德伦特、欧弗艾塞尔、格尔德兰、乌得勒支、北荷兰、南荷兰、西兰、北布拉邦、林堡、弗雷佛兰,省下设 572 个市镇,主要的大城市有阿姆斯特丹、鹿特丹、海牙和乌得勒支。

2．交通运输

水陆空运输网络发达。拥有世界第一大港——鹿特丹港,年吞吐量约 3 亿吨,欧洲第四大机场——阿姆斯特丹斯希波尔机场,其吞吐量占欧洲总量的 40％,并承担欧盟跨界运输的 35％,并多次被评为世界最佳机场。

荷兰人

1．人口

荷兰属于多种族国家,居民 90％ 为荷兰人。荷兰宪法规定宗教信仰自由。荷兰约

36％的人信仰罗马天主教,新教约占20％,加尔文教约占8％,其他宗教约占4％。

2. 教育

荷兰向来以闻名世界的素质教育著称,高等教育以学历教育为主。荷兰高校的起点高,教育水平普遍较高,教学质量有保证。在荷兰,人们关心的重点是能否获得学位,而不是毕业于哪所学校。学生完成全部课程,考试合格,经学位授予机构审核后授予学位,学位得到法律保护,学历为国际公认。

著名高等院校有:荷兰屯特大学(荷兰综合排名第一的大学)、利瓦顿酒店管理学院(欧洲最优秀的酒店管理学院之一)、格罗宁根国际商学院、阿姆斯特丹商学院、荷兰海牙国际商学院。

历史的脚步

1. 历史沿革

16世纪前荷兰长期处于封建割据状态,16世纪初受西班牙统治,在此之前,无统一历史。1566年荷兰发生资产阶级革命,1568年爆发延续80年的反抗西班牙统治的战争,1581年宣布脱离西班牙独立,17世纪初开始成为海上殖民强国。1795年法军侵入,拿破仑失败后,1815年成立荷兰王国,第一次世界大战中保持中立,第二次世界大战初虽宣布中立,但仍遭德军突然侵略,1949年参加北大西洋公约组织,1958年加入欧洲共同体。

2. 政治制度

荷兰是一个议会制君主立宪国,国家元首为国土,政府由君主与部长内阁共同形成,立法权属国王和议会,行政权属国王和内阁。由于采用以"比例代表制"为基础的选举制度,荷兰存在大量的政治党派,由3个党派组建联合政府:工党、自由民主人民党和民主66党。

经济视角

荷兰是发达的资本主义国家,西方10大经济强国之一,经济属外向型,其80％的原料靠进口,60％以上的产品供出口,商品与服务的出口约占国民生产总值的55％。电子、化工、水利、造船以及食品加工等技术先进,金融服务和保险业发达;陆、海、空交通运输十分便利,是欧洲大陆重要的交通枢纽;农业高度集约化,农产品出口额居世界前列;花卉、蔬菜、园艺占重要地位(荷兰还是世界上最大的土豆、可可制品和奶制品出口国)。荷兰2008年国内生产总值(GDP)8 745.49亿美元,人均52 991美元。

荷兰经济基础设施齐全,有完善的中介组织,经济环境较好,目前经济运行正常,优于欧盟平均水平。

1. 经济的基本特征

（1）工业强国：主要工业领域为化工、食品加工、电子工业、金属制造及加工、造船等。著名的跨国集团公司有：壳牌石油公司、阿克苏·诺贝尔公司、飞利浦公司等。

（2）世界第三大农产品出口国：荷兰农业以集约化经营为特点，普遍采用高新技术和现代化管理模式。荷兰被称为欧洲的"菜园子"，蔬菜出口名列欧洲第一位，鲜花出口占全球市场份额的60％以上。

（3）高度发达的对外贸易：狭小的国内市场使荷兰经济一直具有强烈的国际取向，借助其"欧洲门户"的优越的地理位置、便利的交通设施和完善的金融服务体系，荷兰成为欧洲最大的贸易转口国。

（4）高效、完善的服务业：服务业在荷经济中占重要地位，交通、仓储运输、金融和电讯是服务业的主要部门。荷兰的金融业极为发达，荷兰银行（ABN AMRO）、荷兰国际集团（ING GROUP）和荷兰合作银行均在世界最大的25家银行之列。荷兰 AEGON 保险公司是世界著名的保险公司。

（5）兴修水利、围海造田：荷兰地势低平，1/4的土地低于海平面，拦海工程为世界之最。荷兰有著名的30千米长的须德海拦海大坝、拦水坝"三角洲"工程和可移动式防洪大坝。

（6）重视投资：荷兰对外投资已超过 2 000 亿美元，占世界对外投资总额的6％～8％。

（7）科技领先：在环境技术、能源技术、信息技术、生物工艺学和材料技术、水利工程等方面，荷兰都处于国际领先地位。

2. 主要产业部门及其分布

（1）工业：化学工业、食品工业和机械制造业是工业的三大支柱。荷兰是欧洲最大的天然气出口国，年产 800 亿立方米。其工业制成品约80％供出口，石油制品、化工产品、电子电器产品、纺织机械、食品加工机械、港口设备、运输机械、挖泥船、温室设备和技术等在世界市场有较强的竞争力。

（2）农业：农业高度集约化，以优质高产著称，畜牧业约占其农业总产值的55％。最重要的出口农产品有蛋、奶、肉、蔬菜、花卉、土豆等，蘑菇、鲜花、奶酪和土豆种子的出口量居世界第一。荷兰拥有世界最大的鲜花拍卖市场——阿斯梅尔鲜花拍卖市场和最大的种子公司——Cebeco公司。荷兰农业所拥有的先进技术（如温室技术、无土栽培技术、选种育种技术）及经营管理的经验值得借鉴。

（3）服务业：荷兰服务业在国民经济中居主导地位，它吸纳了荷兰70％的就业人员。荷兰的运输（港口）、金融、保险等第三产业闻名于世。

贸易大看台

荷兰国土面积狭小，自然资源贫乏，除天然气和少量的石油以外，几乎没有什么自然资源,工农业生产所需的原材料绝大部分需要进口。据欧盟统计局统计,2008年荷兰进出口总额为 12 073.6 亿美元,较上年增长 15.5%。其中,出口 6 336.0 亿美元,增长 14.8%;进口 5 737.6 亿美元,增长 16.3%;贸易顺差 598.4 亿美元,增长 2.5%。

1. 国际贸易地区结构

荷兰是欧盟的成员国,其主要的贸易对象是欧盟成员国,荷兰 75% 的商品和服务贸易是在欧盟成员国之间进行的;在美洲市场以美国为主要贸易伙伴;在亚洲市场则以日本、中国、新加坡和韩国为主要贸易对象。

2. 进出口货物构成

原材料和能源产品构成荷兰的主要进口商品。除此之外,荷兰也进口相当数量的油类、油脂作物以及化工产品和交通运输设备。除天然气和农产品以外,荷兰的主要出口产品是:化工产品、食品加工机械、电子电器产品、机械产品、工业制成品、港口设备以及挖泥船等。

3. 对外贸易市场特点

荷兰国内市场有限,但转口市场十分广阔,商品吸纳量大,进口货物中有 60% 直接运销其他国家,20% 在当地经加工后再出口,进口内销产品仅占 20% 左右。市场结构特点是由少数十几家大型跨国公司组成,如荷兰皇家石油公司、阿克苏·诺贝尔集团、DSM 化学公司、联合利华公司、飞利浦公司、达夫卡车公司等。这些公司资本雄厚、技术先进、产品竞争力很强,并有着宽阔的销售渠道和广泛的国际销售网络。荷兰中小型公司也十分活跃,并面向国际市场。

4. 中荷经贸关系

与中国建交日:1954 年 11 月 19 日。

中荷两国贸易往来最早可追溯到 17 世纪初。新中国成立以后,1954 年 11 月 19 日两国建立了代办级外交关系,1972 年 5 月 18 日升格为大使级。

据欧盟统计局统计,2008 年中荷双边贸易额为 646.7 亿美元,增长 13.8%,其中,荷兰对中国出口 57.9 亿美元,增长 15.4%,占荷兰出口总额的 0.9%;自中国进口 588.8 亿美元,增长 13.7%。荷方贸易逆差 530.9 亿美元,增长 13.4%。中国为荷兰排名第 16 位的出口目的地以及第二位进口来源地。

目前中国对荷出口的商品主要为:轻工业品、粮油食品、畜产品、服装、纺织品、抽纱、工艺品、五金制品、矿产品、化工产品、医药、机械设备及工具等;自荷兰进口的商品主要为:粮油、纸制品、有色金属、电力设备、通信设备、船舶、航空设备、化工原料、机电产品等。

荷兰之旅

荷兰旅游业较发达,国际旅游创汇较高,主要旅游胜地有阿姆斯特丹、鹿特丹和海牙等。

荷兰风车有700年的历史,荷兰的运河和巴黎地铁一样密如蛛网,荷兰还是自行车的王国。

1. 主要城市及其景区景点

(1)阿姆斯特丹(Amsterdam):荷兰的首都,但只是王宫所在地,中央政府却设在海牙,这在世界各国的首都中是独一无二的。阿姆斯特丹是地势低于海平面的"水下城市",有"北方威尼斯"之称。过去,整个城市的房屋几乎均以木桩打基。全市共有160多条大小水道,城市就如同架设在无数

的木桩之上,市内由1 000多座桥梁相连,桥梁交错,河渠纵横,钻石厂、风车村、木鞋屋更是比比皆是。阿城还是钻石的加工王国。

◼ **水坝大道** 荷兰海堤是世界遗产之一,水坝大道两侧到处是纪念品商店、咖啡馆和街头艺人,

◼ **荷兰王宫** 位于水坝大道广场上,建于1648年,共用1万多根木梁,曾被誉为"世界八大奇迹"之一。

◼ **达姆广场** 全国性的庆典仪式的举办地,广场中央矗立着为纪念两次世界大战中的牺牲者而建的战争纪念碑。对面是17世纪宏伟的巴洛克式建筑荷兰王宫,还有建于15世纪的哥特式大教堂。

◼ **阿尔斯梅尔** 位于城市西南郊,是世界上最大的花卉市场,每天在此销售剪花卉和盆花卉600万份。这里还有世界上最大的花展,每年9月的第一个星期六,数以百计的船只装满鲜花驶向城市。

◼ **凡·高博物馆** 以收藏凡·高黄金时期最珍贵的200幅画作而备受瞩目。

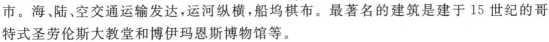

(2)鹿特丹(Rotterdam):荷兰第二大城市,世界第一大港口,也是世界三大炼油中心之一,荷兰最现代化的城市。海、陆、空交通运输发达,运河纵横,船坞棋布。最著名的建筑是建于15世纪的哥特式圣劳伦斯大教堂和博伊玛恩斯博物馆等。

(3)海牙(Hague):荷兰第三大都市。这个"欧洲最美丽的村庄"是政府主要机构及外国使馆的驻地,也是荷兰民主的发祥地。

◼ **库凡宁根海岸** 荷兰最热门的海滨度假胜地,不仅可以享受阳光、海水、沙滩,还可以到大型购物中心感受独特的韵味。傍海而建的宫殿式大饭店自古代即是上流社会的社交场所。

◼ **模型城** 面积仅为1.8万平方千米的微型"城市",数以千计的"居民"都是寸把高的"小人",城内还汇集了荷兰国内120多座著名建筑和名胜古迹,许多模型能自动运转。"模型城"建于1952年,是马都拉夫妇为纪念他们在第二次世界大战中牺牲的儿子而出资建造的,作为献给荷兰儿童的礼物。"模型城"有自己的城徽,市长由当今荷兰女王贝娅特丽克丝担任,市议会议员由30名海牙小学生组成。1972年,马都拉丹被"荷兰城市联盟"接纳为正式会员,成为世界上最小的城市。

◆ **和平宫** 荷兰知名建筑,是联合国国际法院所在地。

2. 其他著名景区

◆ **风车村** 恬静的风车村保留着数座象征荷兰标志的风车,红色的小屋鳞次栉比,恍如童话世界一般,所有荷兰的特色尽收于此。

◆ **哥肯霍夫公园** 世界上最大的鳞茎花卉公园,以生产"荷兰之花"郁金香而闻名,位于海牙以北约 30 千米的莱斯镇郊外。

**亲身体验**

礼节礼仪:

- 节俭是荷兰最突出的民族风俗。
- 荷兰人轻易不请客,也不习惯回请,更不送价值较高的礼品。
- 荷兰人彬彬有礼,对人诚恳,时间观念强,讲究准时。
- 男女爬楼梯的时候,女性在前,男性在后。

饮食习惯:

- 荷兰人很注意餐桌规矩,男士往往在女士就座以后再坐下;就餐时要保持双手(但不是双肘)放在桌上。
- 午餐是一天中的主餐,午餐通常有肉或鱼、土豆、肉汁以及时令蔬菜,鲱鱼、熏鳗、牡蛎、豌豆汤和色拉等是典型的菜肴。

喜好:

- 荷兰人的家具、室内装饰闻名于世,所以荷兰人喜欢别人恭维他们的家具、艺术品、地毯和家中摆设。
- 消费者习惯集中购买、自由选购,为此,超级市场、连锁商店是荷兰人常去的选购场所。消费者喜欢选购款式新颖、价格适中的商品,因而产品更新换代较快。

主要节日			
女 王 日	4 月 30 日(是王太后朱丽安娜生日,即国庆日)	郁金香节	5 月最接近 15 日的星期三
国 庆 日	4 月 30 日	风 车 日	5 月的第二个星期六
解放日(第二次世界大战期间盟军收复被德军占领的荷兰的日子)	5 月 4 日	国 菜 节	10 月 3 日
解 放 日	5 月 5 日		

友情链接

新闻出版：报刊发行始于 1618 年，现共有日报近 90 种（其中全国性日报 8 种），综合性和专业性期刊约 4 000 种，主要报刊有《电讯报》、《每日汇报》、《人民报》、《新鹿特丹商报》、《忠诚报》、《埃尔什维尔周刊》等。荷兰通讯社是半官方新闻机构，有 5 个全国广播电台、10 个地区广播电台和 150 个地方广播电台，3 个半官方的全国性电视台。

商业礼仪：在商业会谈中，男人西装革履，女子身着时装。荷兰商人经常在外四处旅行，因此访问前的事先约会是绝对必要的。一旦约定好，要准时赴约，因为准时也是荷兰人的一大特点。如果荷兰人邀请你到他家坐坐，大多只请你喝几杯酒，然后出去上饭馆吃饭，记得带花送给他太太——务必是单数，5 朵或 7 朵最好。

特色商品：钻石、古董、奶酪、银器、木桂、蓝白瓷器。

★特别提示：3—5 月、9—11 月是最适宜旅游的时间，6、7、8 月，荷兰人多去度假。

瑞 士

(The Confederation of Switzerland)

瑞士是欧洲的花园,欧洲著名的莱茵河发源于此,多瑙河流经这里,与峻岭崇山交相辉映。瑞士东有奥地利、列支敦士登,南有意大利,西有法国,北有德国,众星拱月的地势,使瑞士成为欧洲这块大陆上的屋顶。瑞士风情万种,各有韵致,是"欧洲屋脊",深处欧洲中心,虽然 2/3 被雪山、冰川、岩石、森林和阿尔卑斯山牧场占据,但仅靠着 1/4 的可耕地、有利的地理位置和中立国的超然立场,成为世界最富裕的国家之一。

数据 DATA

国名:瑞士联邦。

国旗:全红底,中间是 1 个白色十字。十字象征古代国王出征时佩戴的徽记,红底则象征"血战到底"。

国徽:瑞士国徽是 1 枚绘有红地白十字国旗图案的盾徽,其意义与国旗一致。

国歌:《瑞士诗篇》。

国花:高山火绒草。

面积:约 4.13 万平方千米。

人口:约 770 万(2008 年)。

国语:德语、法语、意大利语为官方语言。

宗教:瑞士居民主要信仰天主教和基督教。

首都:伯尔尼(Berne)。

誉称:钟表王国、博物馆之国。

出行贴士

国际电话区号	0041	时　差	＋7 小时＝北京时间
电　压	220 伏	最佳季节	4—5 月, 9 月, 10 月

遥望瑞士

1. 地形

全境分中南部的阿尔卑斯山脉(占总面积的 60％)、西北部的汝拉山脉(占 10％)、中部高原(占 30％)3 个自然地形区,平均海拔约 1 350 米,最高点是接近意大利的杜富尔峰(海拔 4634 米),最低点是位于提契诺州的马祖尔湖(海拔 193 米)。

瑞士是山国,山清水秀,其森林面积达 12 523 平方千米,约占全国面积的 30％。如果再加上农业、绿地面积(10 166 平方千米,约占全国面积 24％),则全国一半以上的土地被绿地所覆盖。

2. 河湖资源

瑞士是欧洲大陆三大河流发源地,有"欧洲水塔"之称。主要河流有:莱茵河(在瑞士境内 375 千米,是瑞士最大的河流)、阿尔河(在瑞士境内 295 千米,是瑞士最长的内陆河)、罗讷河(在瑞士境内 264 千米,是瑞士第二大内陆河)。湖泊共有 1 484 个,其中最大的是莱蒙湖(又名日内瓦湖),面积 582 平方千米,最深处 310 米。

3. 气候

瑞士地处北温带,地域虽小,但各地气候差异很大。阿尔卑斯山由东向西伸展,形成了瑞士气候的分界线。阿尔卑斯山以北,受温和潮湿的西欧海洋性气候和冬冷夏热的东欧大陆性气候的交替影响,变化较大;阿尔卑斯山以南则属地中海气候,全年气候宜人。瑞士年降雨量为 1 500 毫米,但各地分布不均。年平均气温为 8.6℃。

4. 资源

自然资源贫乏。

走遍瑞士

1. 位置

瑞士是位于欧洲中南部的多山内陆国,东面奥地利、列支敦士登,南邻意大利,西接法国,北连德国。

瑞士的行政区划分为三级,即联邦、州和市镇。瑞士联邦由 26 个州组成(其中 6 个州是由 3 个州一分为二而成,又称半州),它们是:苏黎世、伯尔尼、卢塞恩、乌里州、施维茨、上瓦尔登半州、下瓦尔登半州、格拉鲁斯州、楚格、弗里堡州、索洛图恩州、巴塞尔城半州、巴塞尔乡半州、沙夫豪森州、外阿彭策尔半州、内阿彭策尔半州、圣加仑州、格劳宾登州、阿尔高州、图尔高州、提契诺州、沃州、瓦莱州、纳沙泰尔州、日内瓦州、汝拉州。

2. 交通运输

为克服不利的自然条件发展交通运输业,瑞士付出了巨大的努力。在过去的 25 年中,瑞士的公路长度增加了 1 倍有余,空中航线长度增加了 75%,各种运输管道的长度扩展了两倍。时至今日,瑞士已拥有强大的交通运输网络,公路四通八达,铁路与欧洲铁路网接轨,苏黎世、日内瓦是欧洲重要的空中枢纽。如果将瑞士境内 7 万多千米的公路、5 000 多千米的铁路、2 000 多千米的电力线路和 1 000 多千米的航道相连,已足够环绕地球两周。

瑞士作为内陆国家,也拥有海上运输力量。它拥有 21 艘海运货轮,在全世界 156 个国家中排第 56 位。在内陆国家中,它的海运能力为第二位。

瑞士人

1. 人口

2008 年底全国人口约为 770 万。瑞士应用语言共 4 种:德语、法语、意大利语和拉丁罗曼语,其中讲德语的人口约占 63.9%,主要在北部地区;讲法语人口约占 19.5%,在西部地区;讲意大利语人口约占 6.6%,在南部地区;讲拉丁罗曼语人口约占 0.5%,在东部少数地区;其他语言人口约占 9.5%。前 3 种语言系官方语言。

2. 教育

瑞士很重视教育事业,教育经费在各级政府的预算中均占很大的比重(在联邦政府预算中占 8%,在州和市镇预算中约占 25%)。全国实行 9 年义务教育制,理论上消除了文盲。瑞士教育的特点是:初中教育普及;高中比重小,职业学校比重大;大学教学质量高。瑞士的私立学校大概有 250 多家。

瑞士人口虽少,但却拥有密集的高教网,现有 12 所国家承认的大学,其中苏黎世高工和洛桑高工两所大学由联邦掌管,另 10 所为州立大学。

历史的脚步

1. 历史沿革

公元 3 世纪,日耳曼民族的阿勒曼尼人、勃艮第人迁入,11 世纪由神圣罗马帝国统治。1291 年,施维茨等州反对外来统治,结成联盟,成为瑞士联邦的起始,1648 年脱离神圣罗马帝国统治,宣布独立,1815 年颁布首部宪法,各州有独立的主权,维也纳会议确认其为永久中立国,1848 年建联邦制国家,在两次世界大战中均保持中立。

2. 政治制度

瑞士为联邦制国家,立法权属议会,行政权由联邦委员会行使,各州为"主权州",自立宪法,联邦委员会由国务院和联邦院选举产生。武装中立政策、联邦体制和直接民主被称为瑞士立国的"三大法宝",因此瑞士政局相对稳定,自第二次世界大战以来,没有发生过政府危机,是世界和平与安定的典范。

经济视角

瑞士是发达的资本主义国家,国民生产总值在西方世界居第 11 位,外汇和黄金储备量居世界第四位。长期以来,工业是瑞士国民经济的主体,工业产值约占国内生产总值的 50%。瑞士的主要工业部门包括:钟表、机械、化学、食品等部门。瑞士素有"钟表王国"之称,从 1587 年日内瓦生产手表迄今的 400 多年中,一直保持着在世界钟表业的领先地位。机械制造业主要生产纺织机械和发电设备,机床、精密仪器、仪表、运输机械、农业机械、化工机械、食品机械、印刷机械也很重要。近些年来,打字机、计算机、照相机和电影摄像机生产的发展十分迅速。

2008 年瑞士国内生产总值(GDP)约为 4 310 亿美元,人均 57 040 美元。2008 年瑞士的黄金储备和外汇储备分别为 1 040.1 吨和 743 亿美元。

1. 经济的基本特征

瑞士经济的重要特点可以概括为"无中生有"。对于资源匮乏、人力昂贵的国家来说,劳动密集型的产业是没有发展余地的。瑞士企业近年来纷纷将生产部门外移至发展中国家,利用当地丰富的生产资料和廉价劳动力,留在国内发展的是科技含量高、高附加值的产业。每年,瑞士用于研究和开发的费用在 90 亿瑞郎,与其他经合组织国家相比,瑞士每年在研究和开发上的投入是最高的。这样,使得瑞士的产品具有鲜明的"高、精、尖"特点,质量几乎成了瑞士产品的代名词,精密机械、电子仪器、高档钟表以及世界领先的医药化工产品均是瑞士工业界的看家之作。

2. 主要产业部门

瑞士的主要工业门类有机械电子、金属加工、医药化工、食品加工、纺织及钟表业

工　业	
机械制造业	瑞士在世界主要机械出口国中名列第 10 位,其中出口额最多的机械产品有机床、纺织机械、办公与信息技术设备、精密仪器等。
医药化工	就公司数量和职工人数来说,瑞士的医药化工业在世界范围内只能算中等规模,但是其产品由于科技含量极高、门类齐全,使其拥有世界领先的地位。
食品加工业	瑞士传统工业之一,也是重要的支柱产业,拥有世界食品业的龙头老大——雀巢集团。
钟表业	瑞士的钟表产品已经成为了国家象征,目前其产值占世界总量的一半。

　　瑞士的服务行业是国民经济中最具活力、发展前景最为广阔的,它就业人数最多,创造产值也最高。

服务业	
金融服务业	瑞士是欧洲重要的金融中心之一,也是世界上银行密度最高的国家,几家著名的银行和保险公司在世界同行中享有极高的声誉。
旅游业	瑞士素有"花园之国"之称,美丽的自然风光、良好的环境保护及高品质的服务使其成为世人向往的旅游胜地,每年吸引的境外游客数量超过了其总人口数,并且带动了餐饮、旅店业等相关行业的发展。
零售业	瑞士人的消费水平世界一流,零售业也与旅游、金融及工业并称为瑞士的四大支柱产业。

　　瑞士的第一产业——农业和原材料生产先天发展的条件不足。1998 年,瑞士农产值在国内生产总值中所占比例仅为 2.5%,农业人口占就业总人口的 4.6%。尽管如此,瑞士农业仍较发达,主要代表有种植业、林业及畜牧业。

农　业	
种植业	瑞士的主要粮食作物有小麦、大麦、黑麦、燕麦、玉米、土豆,经济作物有甜菜、油菜、烟叶、核桃等,此外还生产一些水果,如葡萄、苹果、樱桃、李子、杏、梨等。

续　表

农　业	
畜牧业	瑞士畜牧业相当发达,在瑞士农业中所占的比例高达75%。瑞士农业用地中的3/4用于种植牧草与饲料,阿尔卑斯山区的农民更是几乎全部经营畜牧业。 　　目前瑞士的牛奶和奶制品除自给以外还供应出口,占农业产品出口的2/3。
林业	目前瑞士林业年产值约3亿瑞郎,年产量约400万立方米,其中1/3用于建筑业、家具制造和房屋装修,1/3用于造纸,1/3作为燃料木用于能源生产。

 贸易大看台

　　瑞士对外贸易十分发达,每年转口贸易与进口贸易额大致相等。瑞士海外投资的40%在欧盟,据瑞士海关统计,2008全年瑞士进出口总额3 837.8亿美元,较上年增长15.1%。其中,出口2 006.2亿美元,增长16.6%;进口1 831.6亿美元,增长13.6%;顺差174.6亿美元,增长61.2%。

　　1. 国际贸易地区结构

　　从国别(地区)看,2008年瑞士对德国、美国、意大利和法国的出口额分别占瑞士出口总额的19.8%、9.6%、8.7%和8.6%,出口额分别为396.5亿美元、191.7亿美元、174.3亿美元和172.7亿美元,分别增长13.4%、14.6%、16.3%和20.2%,对上述四国出口占瑞士出口总额的46.6%;自德国、意大利、法国和美国的进口额分别占瑞士进口总额的33.3%、10.9%、9.4%和5.8%,进口额分别为610.3亿美元、200.3亿美元、172.9亿美元和105.9亿美元,分别增长16.2%、15.2%、12.9%和13.4%。前五大顺差来源地依次是美国、香港、英国、西班牙和日本,分别占顺差总额的49.2%、25.1%、20.8%、18.6%和15.1%;逆差主要来自德国、爱尔兰和利比亚,分别为213.8亿美元、38.0亿美元和28.5亿美元。

　　2. 进出口货物构成

　　在瑞士对外贸易商品结构中,出口商品主要为机械和电子产品、医药化工产品、钟表等精密仪器及冶金产品,进口商品主要为机械和电子产品、医药化工产品、车辆及冶金产品。

　　3. 对外贸易市场特点

　　瑞士的经济是典型的"大进大出、两头在外"的外向型经济和"高、精、尖"的产业结构。

　　(1)国土面积小,自然资源特别是生产用原材料资源缺乏,主要依靠进口;在日用消费品方面,属劳动密集型的消费品也大多从国外进口。2001年,这两者在瑞士进口总额中占了近 52%。

（2）瑞士人口少,市场容量小,出口对于瑞士主要行业医药化工、机械电子及钟表业等具有重要的生存意义,出口额的变化可以说是瑞士经济的晴雨表。

4. 中瑞经贸关系

与中国建交日:1950 年 9 月 14 日。瑞士是最早承认中国的西方国家之一。

据瑞士海关统计,2008 年中国、瑞士双边贸易额为 102.9 亿美元,增长 20.7%,高出瑞士货物贸易平均增幅 5.6 个百分点。其中,瑞士对中国出口 56.8 亿美元,增长 25.3%;自中国进口 46.1 亿美元,增长 15.6%;瑞方顺差 10.7 亿美元,增长 96.2%。中国为瑞士第十大贸易伙伴、第十大出口目的地和第九大进口来源地。中国出口产品以纺织原料及制品、服装、土畜产品、手工艺品和粮油食品为主;进口以机电设备、珠宝首饰及贵金属制品、光学医疗仪器和钟表、化工产品为主。

瑞士之旅

瑞士旅游资源丰富,终年白雪皑皑的奇峰异峦、扣人心弦的悬崖绝壁、奔流湍急的溪流瀑布、苍翠葱茏的牧场和森林、晶莹清澈的湖泊和河流,以及秀丽淡雅的城市,其自然风光的优美,早就闻名于世,素有"欧洲乐园"和"世界公园"之称,为各国旅游者所向往。

温和的气候、明丽的山水、纯净的空气,以及处于欧洲心脏的地理位置,都成为瑞士发展旅游业的绝佳条件。境内阿尔卑斯山脉雪峰连绵,不仅造就了如画的风景,也是滑雪和登山运动的发源地。

2008 年,旅客过夜数为 3 730 万人次,其中外国游客过夜数为 2 150 万人次,2008年国际旅游收入为 156 亿瑞郎,约占国内生产总值的 3.2%。

1. 主要城市及其景区景点

（1）日内瓦(Geneva):瑞士境内国际化程度最高的城市,位于西欧最大的湖泊——美丽的日内瓦湖之畔,法拉山和阿尔卑斯山近在眼前,气候温和,四季宜人,故有"旅游者的胜地"之称。

◆ **日内瓦湖** 又名莱蒙湖,是西欧最大的湖泊,湖畔有著名的花钟,沿湖排列着激流花园、玫瑰花园、珍珠花园、英国花园和植物园等。湖中有一座水柱高达 150 米的人工喷泉,水珠四溅如云雾,在阳光照耀下,呈现若隐若现的彩虹。

◆ **万国宫** 万国宫的装修处处体现"万国"特色,外部用的是意大利的石灰和罗讷河及侏罗山的石灰石,内部用法国、意大利和瑞典产的大理石,地上的棕麻地毯产自菲律宾。站在万国宫宽大的窗前,还可以看到日内瓦有百年历史的人工喷泉。

◆ **花钟** 坐落于莱蒙湖畔,既能供人欣赏又能体现时钟功能。机械结构设置在地下,地面上的钟面由鲜嫩翠绿的芳草覆盖,而代表 12 小时的阿拉伯数字则由浓密火红的花簇组成。有时候,在钟面开满艳丽的花朵,而它的阿拉伯数字却换成了平整的绿茵。瑞士人民对"花钟"的设计,颇为自豪,日内瓦市的地图就采用"花钟"作为该市的标记。

◆ **宗教改革国际纪念碑** 在日内瓦大学的后边沿古城墙的遗址,有一堵巨大的墙,名曰宗教改革国际纪念碑,又称宗教改革者墙,是 1909 年为纪念宗教改革运动的先驱人物加尔文诞辰 400 周年而修建的,上写一行拉丁文大字:"黑暗过去是光明"。

(2) 苏黎世(Zurich):瑞士第一大城市和经济中心。苏黎世被誉为湖上的花园城,旧市区至今仍保留浓厚的中世纪气氛,也是观光的重点,到处可看到历史悠久的教堂建筑物,画着壁画的墙壁和被称为艾尔卡的凸窗。旧市区以外不可错过的还有瑞士国立博物馆、市立美术馆和苏黎世歌剧院。

◆ **圣加仑** 已列入世界文化遗产的美丽的修道院和收藏了珍贵资料的修道院图书馆很值得一看。

(3) 伯尔尼(Berne):位于瑞士的中央,是瑞士的政治文化中心。在位于城市边缘山丘上的玫瑰公园,可以眺望整个城市,它时至今日仍然保留着欧洲中世纪的样子。沿着主要街道施皮塔尔大街走,你可以发现墙上嵌着一个头部很大的石像,这是按照 14 世纪的克利斯托费尔塔(19 世纪被毁)塑像重建的。著名的圣灵教堂建于 1726—1728 年,是典型的巴洛克式建筑,曾受当时意大利的影响。

◆ **阶梯教堂** 市内最具有代表性的建筑之一,1421 年开始建造,历时 4 个世纪才完成。登上 19 世纪建成的尖塔,可以俯瞰市容。教堂内"最后的审判"浮雕和彩画玻璃较为著名。

◆ **爱因斯坦博物馆** 爱因斯坦曾在伯尔尼大学任教,这个故居是他当年确立相对论时居住的。

(4) 沙夫豪森(Schaffhausen):位于莱茵河沿岸很有魅力的古老城市。佛尔德大街是当地最华丽漂亮的地方,那些向外突出的窗户上的雕像、建筑物的色彩,都极尽奢华,让路人叹为观止。

◆ **莱茵瀑布** 号称欧洲最大的瀑布,虽然落差只有 23 米,但是其水量之大却会把每个游客吓倒。在水量最多的 5—6 月融雪期,气势非常大,河边马路上满是挟着轰鸣声飞溅而下的河水,有专用的渡船将游客送到河中央的小岛上观看瀑布口。

(5) 洛桑(Lausanne):气候温和、依山傍水、风景宜人,是瑞士的游览胜地之一,主要游览地有 12 世纪的哥特式大教堂、13 世纪的圣·弗郎索瓦教堂、市政厅、14 世纪的圣·梅尔城堡、自然疗养站、19 世纪修建的吕密纳尔宫。洛桑还是国际奥林匹克委员会总部的所在地,并建有奥林匹克博物馆。

◆ **奥林匹克博物馆** 门口排放着希腊艺术立柱,燃烧着奥运之火。展厅约 3 400 平方米,藏有与奥运会有关的各类艺术品、纪念品,包括邮票、火炬、奥运会张贴画、纪念币、奖章和绘画等。该馆还有一个世界一流的研究中心,设有图书馆、录像部、图片室和资料中心,拥有最先进的声、光、电和多媒体视听设备,在这里还经常举办各种展览、报告会、讨论会。

◆ **圣母大教堂**　瑞士屈指可数的哥特式建筑之一。上钟楼的台阶非常精美,塔顶的风景可谓一绝,夜间有守夜人大声通报时间。

(6)卢塞恩市:位于瑞士中部高原,是连接中欧和南欧的重要交通枢纽,莱茵河与伦巴第之间的重要贸易中心,有木材加工、化学、机械和纺织等工业。

卢塞恩自然景色优美,旅游业相当发达,是瑞士的疗养、旅游胜地。河右岸老城与河左岸新城之间有 7 座桥梁相连,其中两座古代木桥装饰精美。老城内有 14 世纪的城墙和文艺复兴时期的建筑、老市政厅(1602—1606 年)、历史博物馆、交通博物馆等。市内的冰川公园里有两万年前冰川的遗迹和关于冰川时期的展览。在希尔斯广场可以寻觅到德国诗人歌德的故居。

(7)英特拉根(Interlaken,即"湖间"之意):距离伯尔尼市约 50 千米,地处图恩湖和布里茵茨湖之间,是瑞士著名的风景区之一。这里群山环抱,绿色草场广阔开敞,瑞士著名的少女峰终年白雪冠顶,倒映绿色湖中,远山近水,湖光潋滟,置身此地,如在画中。

2. 其他著名景区

◆ **西庸古堡**　瑞士最负盛名的古迹之一,位于日内瓦湖的东端,在青铜器时代就有人居住,后来罗马人在此安营扎寨,修筑防御工事。西庸半岛在几易主人之后,于 11世纪至 13 世纪之间,基本形成现在人们看到的集军事防御、仓储、牢狱、教堂和贵族宫廷等功能于一体的封闭式的封建古堡。

◆ **施皮茨风景区**　位于伯尔尼东南,碧水如镜、雪峰环抱、空气清新,是瑞士著名的休养和水上运动胜地。施皮茨古堡始建于 1200 年,外部建筑风格为中世纪伯尔尼式,内部装饰则融合了哥特、文艺复兴和巴洛克等艺术形式,质朴典雅,是瑞士不多的古迹之一。施皮茨是游艇爱好者的基地,也是通往南面某些度假村庄的必经之地。

亲身体验

礼节礼仪:

- 瑞士人待人严肃。瑞士是全民皆兵的国家,上自公司的董事,下至汽车司机,每年都有一次持枪军事训练。
- 社会福利非常普及,禁止雇用未满 14 岁的童工,限制劳动时间为 8 小时。

饮食习惯:

- 瑞士没有几样传统名菜。从历史上看,100 多年前瑞士还是一个穷国,当时普通人不吃什么肉食,事实上根本不知牛肉,更不用说现在西方社会讲究吃的小牛肉了——当时饲养母牛只是为了挤奶,绝对不能食用;至于新鲜猪肉,也只是在冬季屠宰季节偶尔露面,其余大部分都经过熏腌或做成香肠,存在烟囱之内,只在星期日或特别劳累的时候才取出一些,或做成汤,或与豆类、燕麦一同食用。

喜好:

● 瑞士人崇拜老字号的公司,如果你的公司建于 1895 年之前,那么你应在工作证件上或名片上特别强调出来。

主要节日			
国 庆 日	8 月 1 日	日内瓦登城节	12 月 11 日
葱 头 节	每年 11 月的第四个星期的星期一	牧 人 节	在秋天牛肥羊壮时举行

友情链接

钟表业: 瑞士钟表业有 500 多年的历史,迄今一直保持世界领先地位。高档表出口占世界市场的 40%,多用于宇航、军事设施、科研等方面。劳力士(Rolex)被认为是最成功及推崇备至的瑞士手表。

金融业: 瑞士共有 600 余家银行,分支机构 5 070 家,银行总资本达 5 000 多亿美元,纳税额占国家税收的 20%,在国民经济中居重要地位。瑞士人均国外资产和投资额占世界第一位,有"金融帝国"之称。瑞士的国家银行是瑞士中央银行。在瑞士银行业中,占统治地位的 5 家私营大商业银行是:瑞士联合银行、瑞士银行公司、瑞士信贷银行、瑞士沃克斯银行和莱尤银行公司。

瑞士资本: 在国际金融中占据重要的地位,既是短中期资本分配中心,又是长期的资本市场。瑞士还是世界黄金交易中心之一,欧盟所需黄金的 30% 是通过瑞士市场提供的,世界黄金产量的一半通过瑞士银行销往世界各地。瑞士还是世界外汇清算中心之一、重要的国际资本集结周转站,每日处理 1 240 亿美元的转付和外汇业务。稳定的政局、较低的通货膨胀率、完善的金融体系及闻名遐迩的"银行保密"制度,对国际现金的流动产生巨大吸引力。

苏黎世证券交易所: 成立于 1873 年,到第二次世界大战后逐步发展成为世界最大的证券市场之一。瑞士和外国 24 家银行是苏黎世证券交易所协会成员。苏黎世证券交易所是瑞士国民经济体系和银行业的组成部分。

新闻出版: 有 1 个通讯社:瑞士通讯社。全国有报纸 79 种,影响最大的是德语报纸《新苏黎世报》,发行量 17 万份。各语区均有各自语言的广播电视。

★**特别介绍:** 洛桑酒店管理学院:世界上最有名的酒店管理学校,有理论更有扎实的实践,学校的学员非常受用人单位欢迎。

★**特别提示:** 圣哥达隧道长 15 千米,是世界最长的现代化高速公路隧道之一。

★**特别提示:** 瑞士人在西方人中以吃苦耐劳闻名,且善于理财。

西　班　牙

(Spain)

集浪漫与激情于一身的西班牙,无时无刻不喷涌着热烈的风情。从马德里的中古风情到伊斯兰教文化深植的格拉纳达,从酣畅淋漓的弗拉门戈舞到惊险壮丽的斗牛表演,从塞万提斯笔下的"堂·吉诃德"到毕加索画中的"亚威农少女",都体现着西班牙各民族的热情特质。

数据 DATA

国名:西班牙。

国旗:呈长方形,旗面由 3 个平行的横长方形组成,上下均为红色,各占旗面的 1/4;中间为黄色。黄色部分偏左侧绘有西班牙国徽。

国徽:西班牙国徽的中心图案是 1 枚由 4 部分组成的盾徽,盾徽底部绘有王国的标志红石榴,两根海格立斯银柱巍然屹立在盾徽两边,1 条红色饰带绕过银柱,上面写着"海外还有大陆"。

国歌:《列戈颂》。

国花:石榴花。

面积:约 50.59 万平方千米。

人口:约 4 666 万(2008 年),主要是卡斯蒂利亚人(即西班牙人),占总人口的 73%,少数民族有加泰罗尼亚人、加里西亚人和巴斯克人。

国语:西班牙语是官方语言和通用语言。

宗教:96% 的居民信奉天主教,少数信奉基督教新教。

首都:马德里(Madrid)。

誉称:旅游王国、橄榄王国、斗牛王国。

出行贴士

国际电话区号	0034	时 差	＋7 小时＝北京时间
应急电话	当地警察 091		
	全国警察 092		
	医疗 061		
电 压	110 伏	最佳季节	5、6、9 月

遥望西班牙

1. 地形

位于欧洲西南的伊比利亚半岛,南北最大距离 840 千米,东西相距约 1 000 千米。全境多高原和山脉,35％的面积在海拔 1 000 米以上,是欧洲高山国家之一。西班牙中部梅塞塔高原是一个为山脉环绕的闭塞性高原,约占全国面积的 60％,平均海拔高度为 600～800 米。西班牙北部有绵亘东西的比利牛斯山脉和坎塔布连山脉;南部靠边界东西走向的安达卢西亚山脉,其最高峰穆拉森山海拔 3478 米,是西班牙的最高点。

2. 河湖

主要河流有埃布罗河、塔霍河。塔霍河:几乎横贯西班牙全境,并朝西流向葡萄牙境内,巨川缓流,开朗明丽。埃布罗河:西班牙最长,流域面积最广、河流量最大的河流,流经巴塞罗那和巴伦西亚之间的河口三角洲注入地中海。

3. 气候

西班牙一年四季分明,最冷月为 1 至 2 月,最热月是 8 月。

因西班牙地处南欧,东、南有来自地中海温暖而潮湿的气流,北部又有大西洋吹来的阵阵季风,加之本土地理环境复杂,从而形成了各自的小气候。中部梅塞塔高原为大陆性气候,北部和西北部为海洋性温带气候,南部和东南部为地中海式的亚热带气候。

4. 资源

西班牙拥有丰富的金属矿藏,铁矿储量 19 亿吨,含铜黄铁矿储量 5 亿吨,名列世界前茅;汞储量为 70 万吨,居世界第一;还有丰富的铅、锌、铜矿。

森林覆盖率达 30％,总面积 1 100 多万公顷,软木产量和出口量均居世界第二位,仅次于葡萄牙。

西班牙(包括海岛)海岸线长约 7 800 千米,有丰富的渔业资源。大西洋沿海和比斯开湾盛产沙丁鱼、鳕鱼和牡蛎,而且是海红养殖的主要地区。

走遍西班牙

1. 位置

西邻葡萄牙，东北与法国、安道尔接壤，北濒比斯开湾，南隔直布罗陀海峡与非洲的摩洛哥相望，东和东南临地中海

资　讯

全国划分为 17 个自治区、50 个省和 8 000 多个市镇。17 个自治区为：安达卢西亚、阿拉贡、阿斯图利亚斯、巴利阿里、巴斯克、加那利、坎塔布利亚、卡斯蒂利亚—莱昂、卡斯蒂利亚—拉曼恰、加泰罗尼亚、埃斯特雷马杜拉、加利西亚、马德里、穆尔西亚、纳瓦拉、拉里奥哈和巴伦西亚。

2. 交通运输

主要交通运输情况如下：

铁路：总长约 1.5 万千米，其中高速铁路 471 千米（1995 年）。

公路：1999 年，公路总长约 17.4 万千米，其中高速和快速公路 1 万多千米，是主要交通运输方式。

水运：有运输船只（含特殊和港口专用船）1 118 艘（1997 年），主要港口 25 个，其中最主要的有巴塞罗那、塔拉戈纳、阿尔赫西拉斯等。

空运：主要机场有马德里巴拉哈斯机场、帕尔玛·德马略卡机场和巴塞罗那机场，2000 年的客运量和货运量分别为 1.10 亿人次和 4.6 亿吨。由于西班牙处于南欧地中海得天独厚的地理位置，空运起着联系欧洲与美洲、欧洲与非洲的重要空中桥梁作用，使得西班牙步入了世界航运大国的行列。

 西班牙人

1. 人口

西班牙是由一个主体民族和若干少数民族构成的国家，其中主体民族是卡斯蒂利亚人，讲西班牙语，约占人口的 73％，少数民族主要有加泰隆人和加利西亚人。在西班牙境内，还生活着约 1 万名吉卜赛人。

2. 教育

西班牙政府对教育十分重视，教育经费约占国内生产总值的 5％，实行 10 年义务教育（小学 6 年，中学 4 年），无论公立或私立学校一律免费。全国有高等院校 300 多所，除几所天主教、私立大学外，其余为公立大学，经费的 87％来自国家的直接拨款，学制4～5年。

最著名的大学有马德里康普鲁腾塞大学、萨拉曼卡大学、巴塞罗那中央大学等。

历史的脚步

1. 历史沿革

1492年"光复运动"胜利后,西班牙建立统一的封建王朝,同年10月12日哥伦布抵达西印度群岛,此后逐渐成为海上强国,在欧、美、非、亚各洲均有殖民地。1588年西班牙"无敌舰队"被英国击溃,开始衰落,1873年建立第一共和国,1931年建立第二共和国。1936—1939年西爆发内战,1947年佛朗哥宣布西为君主国,自任终身国家元首。1975年11月佛朗哥病逝,胡安·卡洛斯一世国王登基。1976年7月胡安·卡洛斯一世国王任命原国民运动秘书长阿·苏亚雷斯为首相,1978年通过了新《宪法》,西开始向西方议会民主政治过渡。

2. 政治制度

西班牙为君主立宪制国家,国王为国家元首和武装部队最高统帅,议会由众、参两院组成,行使国家的立法权,审批国家财政预算,监督政府工作。议员由普选产生,任期4年,行政权由国王任命的总理行使。主要政党有民主中间派联盟、工人社会党、共产党及劳动党等。

 经济视角

2008年西班牙国内生产总值(GDP)约为16 830亿美元,人均31 471美元。

工业主要部门有造船、汽车、钢铁、化工、电子、纺织、矿业等。农业以粮食种植业为主,园艺业发达,橄榄油产量居世界前列。畜牧业以牧羊为主。渔业较重要。旅游业很发达,有"旅游王国"之称。

1. 主要产业部门及其分布

西班牙工业体系完善,水平也较高。传统工业为纺织、建材、采矿、钢铁、制造、制鞋、食品加工等;新兴工业有汽车、机械、化工、电子、通信、核能及航空航天等。

工 业	
汽车工业	目前,国际上名牌汽车大都在西设立了分厂,其中有:雷诺、大众、标致—雪铁龙集团、奔驰、菲亚特、通用、福特和日产等。汽车工业已成为西班牙三大支柱产业之一。
纺织、服装工业	西班牙传统工业。纺织、服装产值约占国内生产总值的3%～4%。制鞋是西传统的手工业,十分发达,与意大利、葡萄牙一起,共享"制鞋王国"的美誉。年产皮鞋近2亿双,其中70%供出口,年出口额在18亿美元左右。
建筑业	2006年产值达1 852亿欧元,占国内生产总值的19%。

西班牙拥有可耕面积 4 000 多万公顷,已耕面积约占一半,粮食基本上能够自给。主要农作物有:小麦、大麦、燕麦、玉米、水稻、甜菜、棉花、向日葵等。水果、蔬菜在农业中占据突出位置,是欧盟水果、蔬菜的主要生产国和出口国之一。

农　业	
种植业	西班牙素有"橄榄王国"之称,橄榄油的产量和出口量居世界首位。橄榄种植面积占世界的 24% 以上,近年产量在 60 万吨以上,出口量一般在 30 万吨左右。 　　柑橘年产量在 550 万吨左右,仅次于巴西、美国和中国,居世界第四,年出口 320 万吨,居世界第一。 　　葡萄种植和葡萄酒生产闻名于世,葡萄酒生产居世界第三,其中以红葡萄酒最为出名。啤酒年产量近 25 亿升。
畜牧业	肉制品加工业十分发达,产量在欧盟居第二位。全国拥有肉食加工厂 3 800 多家。风味独特的西班牙火腿(JAMON)闻名世界。
渔业	西班牙是捕鱼大国,在欧盟中居首位。西养殖业比较发达,特别是牡蛎、海红的养殖。水产品消费仅次于日本,居世界第二。

贸易大看台

对外贸易是西班牙经济的重要组成部分,占国内生产总值的 40% 以上,故对国外市场的依存度较高。据欧盟统计局统计,2008 年西班牙进出口总额 6 719.5 亿美元,比上年同期增长 4.5%。其中,出口 2 689.8 亿美元,增长 6.1%;进口 4 029.7 亿美元,增长 3.4%。贸易逆差 1 339.9 亿美元,下降 1.7%。

1. 国际贸易地区结构

从国别(地区)看,2008 年西班牙对法国、德国、葡萄牙和意大利的出口额分别占西出口总额的 18.3%、10.5%、8.7% 和 7.9%,为 491.1 亿美元、283.4 亿美元、233.0 亿美元和 213.6 亿美元,对法、德、葡三国出口分别增长 3.1%、4.0% 和 6.1%,对意大利出口下降 5.3%,对上述四国出口占西班牙出口总额的 45.4%;自德国、法国、意大利和中国的进口额分别占西进口总额的 14.5%、11.1%、7.4% 和 6.3%,为 584.1 亿美元、448.0 亿美元、299.1 亿美元和 252.4 亿美元,除自中国进口增长 16.5% 外,自德、法、意三国进口分别下降 6.8%、10.5% 和 11.9%。

2. 进出口货物构成

主要进口石油、工业原料、机械设备和消费品,主要出口汽车、钢材、化工产品、皮革制品、纺织品、葡萄酒和橄榄油等。

3. 中西经贸关系

据欧盟统计局统计,2008年中西双边贸易额为284.2亿美元,增长15.7%,高出西班牙货物贸易平均增幅11.2个百分点。其中,西班牙对中国出口31.8亿美元,增长9.6%;自中国进口252.4亿美元,增长16.5%;西方逆差220.6亿美元,增长17.6%,中国为西第七大贸易伙伴、第十六大出口目的地和第四大进口来源地。

此外,2002年中国航油(新加坡)股份有限公司成功购买了西班牙最大的石油设施公司CLH公司5%(350万股,6 000万欧元)的股权,是迄今我国在西班牙投资额最高的项目。

中国对西班牙的主要出口商品为:通用工业机械、电子机械及电信设备、服装、金属制品、鞋靴、有机化学产品、纺织品、旅游用品及水产品等;从西班牙进口的主要商品为通用工业机械及电子机械、有机化学产品、塑料及其制成品、钢铁、特种工业专用机械以及矿产品等。

西班牙之旅

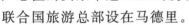

西班牙是欧洲最具吸引力的国家之一,有着美丽迷人的自然景观、精美别致的城市建筑和丰富灿烂的历史文化。在马德里、巴塞罗那等名城,随处可见许多被称为欧洲"三绝"的王宫、教堂和城堡。

旅游业是西经济的重要支柱和外汇的主要来源之一,2008年,西班牙接待外国游客5 740余万人次,旅游收入463亿美元,仅次于法国和美国居世界第三。旅游业对西班牙国内生产总值的贡献率达11%,提供就业岗位200余万个。

联合国旅游总部设在马德里。

1. 主要城市及其景区景点

(1)马德里(Madrid):西班牙的首都,海拔670米,是欧洲地势最高的首都。这里自然风光旖旎,阳光灿烂,每年的晴天日总数居欧洲各大城市之首,空气十分清新。市内现代化的高楼大厦与风格迥异的古建筑摩肩并立,相映生辉。树木、草坪和各种造型别致的喷泉,是都市的另一特征。

◆ **东方宫** 公元9世纪时为阿拉伯城堡,11世纪时为卡斯蒂利亚王国的军事要塞,1562年费利佩二世定都马德里后成为王宫。整个建筑由白色大理石砌成,气魄雄伟,典雅壮观,具有新古典风格,珍藏着大量油画、壁毯、古家具等文物、艺术品,卡洛斯国王登基后对市民开放,一些重要典礼活动也在此举行。宫后的御花园秀丽幽雅,花木掩映。

◆ **蒙克洛亚宫** 西班牙首相府。1606年,国王费利佩三世大兴土木,始建这片园林。此后的几百年间,这里一直是王公贵族的府第。现在,蒙克洛亚宫不仅是政府所在地,而且也是国家重点文物博物馆,宫内珍藏着大量极有价值的历史文物。

◆ **普拉多画宫** 建于 1758 年,是典型的新古典风格,原为自然科学博物馆,1819 年改为绘画博物馆,收藏绘画、雕塑佳作约 5 000 件,生动地记载了西班牙数百年来艺术风格的演变发展,许多珍品被誉为欧洲绘画史上的瑰宝。

◆ **蒂森博物馆** 以亨里希·蒂森·博内米萨男爵名字命名的博物馆,艺术品均属蒂森家族的私人收藏。该收藏始于 1920 年,800 多幅从早期的意大利艺术风格至 20 世纪的表现主义、流行艺术作品,充分展示了西方艺术史的演绎,主要画家有蒂齐亚诺、戈雅、凡·高、毕加索等。

◆ **大广场** 由著名建筑家埃雷拉设计。广场呈四方形,周围楼房阳台整齐划一。由于两次被大火烧过,18 世纪末进行过修缮。现在是马德里市民和外国游客散步休闲之处。

◆ **西班牙广场** 广场中央矗立着西班牙文学巨匠塞万提斯的纪念碑,碑身及碑前有骑士小说《堂·吉诃德》中的一些人物,比如策马向前的绅士堂·吉诃德和骑毛驴紧随其后的仆人桑丘·潘萨的铜像等。在塞万提斯碑的正后方,是两座百余米高的摩天大楼——西班牙楼和马德里塔。

◆ **哥伦布广场** 地处市中心交通繁忙地段,广场上最重要的建筑是 1886 年所建的哥伦布纪念碑。纪念碑的东侧是"大发现公园"。与纪念碑相对的是记载发现美洲大陆的大石雕。

◆ **欧洲门** 由两座外形一致、相对倾斜的塔楼组成。两塔楼均为 27 层,顶部均有直升机停机坪,全部工程于 1996 年 5 月完工。

◆ **皇家剧院** 始建于 1818 年,工程持续了 40 年,1965 年改成交响音乐厅,1991 年决定重建为歌剧院,1997 年 10 月 11 日修复工程竣工,再次启用。皇家剧院有目前世界上最先进的舞台设备,座位 1 700 个。整个剧院内部装饰豪华、富丽,既有皇家宫廷风格,又具有现代气派。

◆ **埃斯科里亚尔王陵** 又名圣·洛伦索修道院,是费利佩二世为纪念 1557 年圣金丁战役中打败法国侵略者而建造。正门有他的塑像,内藏大量珍贵文物。陵墓内室四壁用铜和深色大理石装修,西班牙历代君王棺柩都安放在这里,可供参观。

◆ **死难者山谷** 主要是为了纪念 1936—1939 年西班牙内战中的死难者而建,建有修道院和大教堂等,其中建于一个挖空的小山丘中的大教堂尤为气势宏伟、壮观,天顶高达 46 米,绘有巨幅基督画像。大教堂内葬有西班牙长枪党创始人何塞·安东尼奥和独裁统治者弗朗西斯科·弗朗哥。

(2) 巴塞罗那(Barcelona):西班牙的第二大城市,位于地中海之滨,工商业、文化艺术非常发达,有地中海曼哈顿之称。阳光、沙滩、浪漫的西班牙风情和迷人的地中海风光每年都吸引着数以万计的世界各地游客。市区依山傍海,地势雄伟,海滩平坦宽阔,气候舒适宜人,哥特式、文艺复兴式以及巴洛克式古建筑与现代化楼群交相辉映。

◆ **毕加索博物馆(Museu Picasso)** 世界上有两座毕加

索博物馆,一座在巴黎,另一座就在巴塞罗那旧市区(Montcada)蒙卡达路 15 号。馆中展出毕加索早期最重要的绘画、素描及写生作品,特别是创作于 1895—1904 年之间的作品。此外,这里还展出毕加索于 1917 年与俄罗斯 Diaghilev 芭蕾舞团合作以后的作品以及由此受启发而创作的《侍女》系列经典作品。

◆ **神圣家族教堂(Sagrada Familia)** 这座象征主义风格的教堂最初是由安东尼·高迪建造的。目前这座尚未建成的教堂共有 3 堵宏伟的立面,东面代表基督的诞生,西面代表基督受难与死亡,南面象征上帝的荣耀的立面是其中最大的。

◆ **兰布拉斯大街** 从和平门一直延伸到加泰罗尼亚广场。街道两旁商店林立、商品繁多、琳琅满目,尤以花鸟闻名遐迩。

◆ **神圣之家** 由许多尖塔和楼台组成的教堂群体,是加泰罗尼亚著名建筑家高迪的杰作,始建于 1882 年。建筑群古新结合、气魄雄伟,塔的四周雕梁画栋、飞檐翘角、结构奇特、错落有致。中心塔有螺旋形楼梯,登上塔顶,可以鸟瞰四周,饱览全市风貌。

◆ **大教堂** 建于 559 年,11 世纪经过修复,成为罗马风格教堂,13 世纪又修复成哥特式建筑,至今一部分穹顶仍保留罗马风格。教堂的突出特点是两座八边形的塔楼。整个教堂外形雄丽壮观,内部结构精细,陈设富丽。藏有金银器、绘画、雕塑等艺术珍品,供游人欣赏。

◆ **蒙锥克古城堡** 坐落在蒙锥克山山顶,是巴塞罗那市著名的历史古迹,1715 年至 1779 年间因其战略重要性重新修复,修复后的城堡呈五角星形。19 世纪初,拿破仑军队驻扎在此,自 1810 年改为监狱,1960 年转让给巴塞罗那市,同年修建成为军事博物馆,馆内收藏有大量的武器、军服和微型军队模型。

◆ **奥运中心** 蒙锥克山奥林匹克体育场和与其毗邻的圣乔尔迪体育馆为 1992 年奥运会的主要比赛场。该体育场气势恢弘,雄伟壮观,拥有 7 万个座位,1992 年奥运会的开幕式就在这里举行,内部设施及比赛器械均为世界一流水平。

(3) 格拉纳达(Granada):山区气候寒冷,穆拉森峰坐落其中。特殊的历史背景赋予了这座城市丰富的艺术财富,既有摩尔人修建的宫殿,也有基督教文艺复兴时期的建筑瑰宝。格拉纳达是适宜漫步遐想的城市,名胜古迹所显示出的艺术辉煌以及喷泉、池塘和公园所展现出的水光迷离之美,令人赏心悦目。城市狭窄的街道与华美的花园形成鲜明的对比。

◆ **阿兰布拉宫** 红宫依山为基,就岩起屋,有凌空欲飞之势。殿宇亭阁鳞次栉比,各有特色。正殿豪华无比,由 3 个反映阿拉伯特色的院子及建筑组成,其核心部分用来办理司法和公共事务,还有两部分分别是国王御座和私人住宅所在地。除此之外,还有大使厅、御花园、化妆室、浴室等。

◆ **王子公园** 与红宫相连的是王子公园。它是一座阿拉伯式庭院,院内亭台楼阁,曲廊通幽,景物深远,层次分明。此外,还有各种形状的水池喷出无数条水柱,在阳光照耀下碰撞出无数莹润的珍珠。院内繁花绿树,百鸟啼鸣,令人心旷神怡。

◆ **天主教堂** 典型的哥特式建筑,已有 400 多年的历史,完全用大理石砌成。外形庄严肃穆,殿内富丽堂皇,耀眼夺目,四周有精美的浮雕、塑像和油画。地下室是小教堂,正中安放着天主教国王和王后的遗骨,棺椁上有两人的石像,雕工精细,完美动人,灵柩上方有一组为他们歌功颂德的大型浮雕。

(4) 塞维利亚(Sevilla):全国第四大城市,也是西班牙唯一有内河港口的城市。1992 年在塞城曾举办过国际博览会。塞城街道宽阔、美观、整洁,绿化较好。

◆ **大教堂**　1519 年在原阿拉伯人清真寺废墟上重建而成,教堂的大尖塔是塞城的象征。

◆ **王宫**　原为阿拉伯城堡,14—16 世纪卡斯蒂亚王国进行改修后作为国王的行宫,目前是塞维利亚最重要的伊斯兰文化遗产。整个王宫具有阿拉伯、穆德哈尔和哥特式相结合的建筑风格,外部造型独特,内部装潢讲究。

◆ **西班牙广场**　1929 年伊比利亚美洲博览会所在地。整个建筑呈半圆形,外部用各种瓷砖镶嵌而成,楼群周围有一条人工护城河,上面建有数座小桥,气势不凡,别具一格。

◆ **美术馆**　原为修道院,从 1838 年起改为塞维利亚美术馆。该馆具有巴洛克式的建筑特点,共拥有 20 多个展厅。美术馆里的藏画件件是珍品,在西班牙艺术宝库中占有重要地位。

◆ **圣克鲁斯区**　原为犹太人居住区,现今是塞维利亚市最具特色和最别致的住宅区。该区的房屋均用石灰粉刷成白色;条条小巷错落有致,十分幽静;各家窗台上栽有花草,一年四季,花团锦簇,万紫千红。游人所至,如入画境。

◆ **世博会**　1992 年,西班牙举行了举世闻名的塞维利亚世界博览会。世博会共建有 98 个展馆,建筑面积达 65 万平方米,来自世界各地的 600 多名建筑师参与了这一堪称世界最伟大建筑群的设计和施工。

(5) 帕尔玛(Palma):市内教堂、寺院、城堡等文物古迹甚多,海滩平缓干净,海水清洁,是西班牙的最重要旅游胜地之一。

◆ **贝尔围尔(Bellver)城堡**　曾经是胡安二世国王的居住之地。1931 年,国家将城堡的建筑及其周围的树林转让给帕尔玛市政府,成为该市的历史博物馆及德斯布伊格古典雕塑博物馆。

◆ **肖邦故居**　1838 和 1839 年间的冬天,肖邦和他的情人、法国作家奥罗瑞·杜篷及她的两个儿子一起来到了卡尔特会修道院。杜篷在此完成了一部小说的创作,肖邦谱写了《第二叙事曲》、《两个波兰女子》和《马祖卡第二乐章》等著名的曲子。

2. 其他著名景区

四大海滨旅游区(海滨度假疗养旅游是西班牙的最大特色):

◆ **太阳海岸**　位于南部安达卢西亚地区的地中海沿岸海滨。这里阳光充足,空气新鲜,风景秀丽,气候宜人,全年日照平均达 300 多天,故有"太阳海岸"之称。

◆ **布拉瓦海岸**　位于东北部地中海之滨,全长 66 千米,沿岸连接几十个城镇,以省会赫罗纳市为中心,形成一个大旅游区。这里以阳光明媚、风景绮丽和名胜古迹众多著称。

◆ **巴利阿里群岛**　位于西地中海的西部,林木葱郁,海滩平浅,海风习习,风景秀丽,是避暑、避寒、划船、游泳和进行海水浴等健身旅游的理想佳境。

◆ **加那利群岛**　位于西非摩洛哥西岸的大西洋海面,既有"热带风光",又气候宜人,为旅游者所向往,其中的兰萨特罗岛有"火山天堂"之称。火山公园地热资源丰富,为旅游者所青睐。

◆ **阿尔塔米拉洞窟**　西班牙重要的文化遗迹,因有精美的史前绘画和雕刻而闻名。洞窟长 270 米,除无数壁画外,还有动物骨化石和石器。

礼节礼仪:

- 西班牙人热情、浪漫、奔放、好客,富有幽默感。他们注重生活质量,喜爱聚会、聊天,对夜生活尤为着迷,经常光顾酒吧、咖啡馆和饭馆。
- 西班牙人的作息时间较为独特:午餐一般在 14:00～16:00,一般在 13:00～16:30 停止办公,晚餐一般在 21:00～23:00。

饮食习惯:

- 西班牙人喜欢美食,口味厚重浓郁,爱饮啤酒和葡萄酒。

喜好:

- 西班牙人爱好十分广泛,喜欢旅游,酷爱户外活动,对足球、登山及自行车等运动情有独钟。
- 西班牙的斗牛、弗拉门戈舞闻名于世。

主要节日			
元　旦	1 月 1 日	国 庆 节	10 月 12 日
三 王 节	1 月 6 日	万 圣 节	11 月 1 日
圣　周	复活节前一个星期(在 3、4 月间)	宪 法 日	12 月 6 日
劳 动 节	5 月 1 日	圣母受孕日	12 月 8 日
圣母升天日	8 月 15 日	圣 诞 节	12 月 25 日

友情链接

　　服务业:在国民经济中占的比重约达 60%,其中发展最快的是金融、保险,此外运输、通信也取得了持续发展。观光旅游业是西班牙主要的获取外汇收入的来源之一,在弥补贸易收支赤字上起着重要作用。

　　新闻出版:全国共有报刊 155 种,全国性杂志 170 种。主要报纸有《国家报》、《阿贝塞报》、《世界报》、《加泰罗尼亚报》、《先锋报》。主要通讯社有埃菲社,是官方通讯社。

全国共有 200 多家电台,主要有西班牙国家广播电台和私营的西班牙广播公司、洲际电台、西班牙人民广播电台。

西班牙斗牛:斗牛一直被认为是西班牙的"国粹",一向受到世界公众的注目和赞赏。西班牙的斗牛历史悠久,可以追溯到公元前克里特岛的来诺斯文明,逐渐演变成一项民族娱乐性的体育活动。西班牙斗牛季节正式开始是在每年的 3 月 19 日,而结束于 10 月 12 日,每天下午四五点钟在圆形的露天沙地举行。场地直径 80 米,每场斗牛活动一般包括嬉逗野牛、骑士斗牛、镖师斗牛和斗牛士斗牛 4 个议程。

弗拉门戈舞(Flamenco):来源于吉卜赛、安达卢西亚、阿拉伯以及西班牙犹太人的民间歌曲。弗拉门戈的精华是歌,常常用吉他伴奏,同时表演即兴舞蹈。从 19 世纪起,吉卜赛人就开始在咖啡馆里跳舞,并以此为业。随着公开演出的增加以及商业性舞台的压力,现在已由经过排练的节目取代了弗拉门戈原先自娱性的表演。

马豪里卡珍珠(MAJORICA):马豪里卡股份有限公司于 1890 年生产出了第一颗珍珠,比日本发现及推广人工珍珠栽培技术还早 5 年。此后,马豪里卡公司经过长期悉心研究,于 1951 年生产出了以马豪里卡命名的新质量的珍珠,使珍珠身价倍增。经过 100 多年的努力,马豪里卡已成为世界首饰商品的著名商标之一。

艺术成就:西班牙在现代美术界最有影响的大师为毕加索和达利。毕加索生前画了 2 万余幅作品,给人类留下了宝贵的遗产;达利以探索潜意识的意象而著称,被称为意象派画家。当代西班牙拥有一批世界最优秀的歌唱家,如多明戈、卡雷拉斯、胡利奥·伊格莱西亚斯、普拉西多等。

希 腊

(The Hellenic Republic)

希腊是欧洲文化的摇篮,承接爱琴海文明,开辟地中海文明的曙光。这里是奥林匹克运动的发源地,保有世界上最古老的运动场;这里有无数的神庙,静静地述说着它久远的历史。慕名而来的游人无不叹息、赞赏,沉醉于思古追今的遐想之中。

 数据 DATA

国名:希腊共和国。

国旗:由 4 道白条和 5 道蓝条相间组成。靠旗杆一边的上方有 1 蓝色正方形,其中绘有白十字。

国徽:近似方形的盾徽。蓝色的盾面上镶嵌着 1 个白色十字,蓝地白十字盾徽由橄榄枝环抱。

国歌:《自由颂》。

国树:油橄榄树。

面积:约 13.19 万平方千米(包括希腊本土、爱琴海和爱奥尼亚海中的诸多岛屿)。

人口:约 1 100 万人(2008 年),绝大多数为希腊人,其余为土耳其人。

国语:官方语言是希腊语。

宗教:97％的人信奉希腊东正教。

首都:雅典,人口约 380 万(2008 年)。

誉称:"西方文明的摇篮"、"海员国"。

出行贴士

国际电话区号	0030	时　差	＋6 小时＝北京时间
电　压	220伏	最佳季节	4—10 月

遥望希腊

1. 地形

境内多山,沿海有平原,品都斯山脉纵贯西部,中部为色萨利盆地。最大半岛是伯罗奔尼撒半岛,最大岛屿为克里特岛。东部的奥林波斯山,海拔 2 917 米,是全国最高峰。

2. 河湖资源

河流短小,多港湾。主要河湖有阿谢洛奥斯河、奈斯托斯河、特里霍尼斯湖等。

3. 气候

典型的地中海气候,年平均降水量 500～1 500 毫米。

4. 资源

主要矿产有铝矾土(储藏量约 10 亿吨)、褐煤(储藏量 56 亿吨)、镍、铬、镁、石棉、铜、铀、金、石油、大理石等。森林覆盖率为 20％。

遥望希腊

1. 位置

希腊共和国位于巴尔干半岛的东南端,三面临海,北同保加利亚、马其顿、阿尔巴尼亚相邻,东北与土耳其欧洲部分接壤,西南濒伊奥尼亚海,东临爱琴海,南隔地中海与非洲大陆相望。

资　讯

全国分为 13 个大区、52 个州(包括北部享有很大自治权的圣山"阿苏斯神权共和国")、359 个市镇。各大区名称如下:色雷斯和东马其顿、中马其顿、西马其顿、伊皮鲁斯、色萨利、爱奥尼亚群岛、西希腊、中希腊、阿提卡、伯罗奔尼撒、北爱琴海、南爱琴海、克里特岛。

2. 交通运输

国内运输以公路为主,对外主要靠海运。2002 年希腊 1 000 吨以上的商船总数为 3 480艘。全国共有大小港口 444 个,主要港口有比雷埃夫斯、塞萨洛尼基、沃洛斯和佩特雷。

全国有 39 个机场,主要机场有雅典、塞萨洛尼基等。

希腊人

1. 人口

2008 年底人口约为 1 100 万。

2. 教育

希腊是欧洲文化的发源地,其哲学、艺术、文学以至法律和科学,对整个欧洲一直有深远影响。希腊实行 9 年义务教育制,公立中小学免费,大学实行奖学金制。

著名大学有雅典大学、萨洛尼卡大学、克里特大学、佩特雷大学、雅典工学院。

历史的脚步

1. 历史沿革

希腊是欧洲的文明古国,有 3 000 多年有文字记载的历史。公元前 5 世纪为希腊的鼎盛时期,1832 年宣布独立并成立希腊王国,第二次世界大战期间被德国占领,1944 年 10 月 15 日全国解放,于 1974 年改为共和国。

2. 政治制度

希腊为议会制共和国,总统为国家元首和陆、海、空三军统帅,由议会选出,任期 5 年,只能连任 1 次。总统有权任免总理和解散议会。议会为一院制,议员大部分直接选举产生,任期 4 年。主要政党有新民主党、民主中间派联盟和共产党等。

经济视角

希腊是欧盟中经济欠发达国家,经济基础比较薄弱,对外依赖较严重。

希腊是传统的农业国,航运业、旅游业和侨汇是其经济的三大支柱,工业门类不够齐全。2008 年希腊国内生产总值(GDP)约为 2 630 亿美元,人均 23 970 美元。

1. 主要产业部门

(1) 农业概况

农业产值约占国内生产总值的 12%,从事农业人数占全国总劳力的 25%,主要农作物包括小麦、大麦、玉米、燕麦、稻米、烤烟、甜菜、马铃薯、葡萄、橄榄等。畜产品包括肉类和牛奶。

(2) 工业概况

工业基础薄弱,技术落后,规模小,主要由采矿业、制造业、能源、建筑业组成。近年来,高科技工业特别是通信业、建材业和电器业呈现了增长势头,主要依赖于食品饮料加工和利用进口原油进行精炼以满足国内需要。

（3）服务业概况

在国民经济部门中增长势头最强劲，其产值约占国内生产总值的 60%，从业人员约占总劳动力的一半。旅游业发达，是获得外汇、维持国际收支平衡的重要经济部门。

贸易大看台

1. 国际贸易地区结构

据欧盟统计局统计，2008 年希腊进出口额 1 031.9 亿美元，较上年增长 3.3%。其中，出口 252.6 亿美元，增长 7.0%；进口 779.3 亿美元，增长 2.2%；逆差 526.7 亿美元，与上年持平。

从国别（地区）看，2008 年希腊对欧盟 27 国的出口额占其出口总额的 64.1%，增长 5.4%；自欧盟 27 国的进口额占其进口总额的 62.4%，增长 10.1%。2008 年希腊对意大利、德国、保加利亚和塞浦路斯的出口额分别占希腊出口总额的 11.6%、10.6%、7.1% 和 6.3%，其中德国下降 1.7%，其余三国增长 14.9%、17.5% 和 2.4%；自德国、意大利、中国和法国的进口额分别占希腊进口总额的 13.5%、13.1%、6.3% 和 5.7%，增长 7.3%、14.2%、28.1% 和 5.5%。

2. 进出口货物构成

希腊主要出口商品为：服装、燃油、烟草及卷烟制品、棉花、铝锭及铝制品、植物油、新鲜和加工蔬菜等；主要进口商品为：船舶、钢铁、锅炉和机械设备、汽车及配件、燃油、家用电器、医药品、塑料原料及其制成品、纸张和纸制品等。

3. 中希经贸关系

与中国建交日：1972 年 6 月 5 日。

中国和希腊在历史上早有贸易往来，新中国成立后，双边贸易曾一度中断。1955 年，中希恢复民间贸易往来。两国建交之后，根据两国签订的贸易协定，双方开始记账贸易。1981 年 1 月，希腊正式加入欧共体，按照欧共体的有关规定，中希双边贸易改为自由外汇。

据欧盟统计局统计，2008 年中希双边贸易额为 50.6 亿美元，增长 27.1%。其中，希腊对中国出口 1.5 亿美元，增长 1.4%；自中国进口 49.1 亿美元，增长 28.1%。希方贸易逆差 47.5 亿美元，增长 29.3%。中国是希腊第 31 位出口市场和第三大进口来源地。

中国出口希腊的主要商品有：纺织、服装、抽纱、鞋类、玩具、钟表、箱包、陶瓷、五金工具、室内装饰用品。近年来，化工原料、家具、马达、通信和船用设备、摩托车以及空调、电视、冰箱等家用电器也开始打入希市场。中国进口希腊的主要商品有：复合肥、大理石、旧船、橄榄油、棉花。

希腊是航运大国，拥有全球最大的商船队伍。航运领域的造船、修船和海员劳务输出是中希双边贸易中最重要的一部分。我向希输出海员劳务 1 000 多人次。

希腊之旅

希腊是历史悠久的文明古国,名胜古迹众多,山海相映,港湾交错,岛屿星罗棋布,旅游资源丰富,2007 年,希腊接待外国游客 1 700 余万人次,旅游收入约 150 亿美元,旅游业对国内生产总值的贡献率达 6.2%。

1. 主要城市及其景区景点

(1)雅典(Athens):希腊的首都,也是希腊最大的城市和工业中心,山海掩映,阳光璀璨,素以欧洲文明摇篮及丰富的历史遗迹而著称。雅典建城至今已经有 5 000 多年。古代雅典是西方文化的源泉,雅典人对艺术、哲学、法律、科学做出了杰出的贡献。公元前 5 世纪为雅典的极盛时期,出现了许多不朽的大师,大悲剧家欧里比德斯,大喜剧家阿里斯托芬,哲学家苏格拉底、柏拉图、亚里士多德,历史学家希罗多德等都在这里诞生或居住过。雅典市内有许多古希腊、罗马和拜占庭时代的古迹。

◆ **巴特农神殿**　雅典最著名的古迹之一,也是举世闻名的古代七大奇观之一。神殿建于公元前 447 年,至今已有 2 000 多年。神殿高 18 米,坐落在一个陡峭的高台上,全部用大理石建成,整个神庙是长方形的白色大理石建筑,四周共有 46 根直径 1.5 米、高 14 米的大理石柱,宏伟壮观、晶莹洁白。经过几千年的风风雨雨,现在的卫城巴特农神殿遗址大多已是断墙残垣了。

◆ **卫城**　雅典民主的象征,山顶荟萃着古希腊文明最杰出的作品。从这里可以俯瞰整个雅典城。

◆ **国家考古博物馆**　国内最大的古文物博物馆,以收藏希腊所发掘的 2 500 年以前的遗物为主,尤以古代大理石铜像最为著名。

◆ **无名英雄墓**　位于市中心宪法广场国会大厦前,最吸引人的是身穿艳丽民族服装的士兵,每小时都要进行 1 次换岗仪式。

◆ **宙斯神庙**　位于奥林匹亚村,建于公元前 5 世纪,供奉宙斯及其妻子天后赫拉。宙斯像是雅典建筑师与雕塑师菲迪亚斯用黄金和象牙雕成的杰作。后来,希腊人出于安全理由,决定把它移到君士坦丁堡(今伊斯坦布尔),但公元 462 年的一场大火彻底毁坏了雕像。

(2)塞萨洛尼基(Thessaloniki):雅典之外的第二大城市,既是希腊北方工业重镇,

又是整个巴尔干地区的商业中心,许多国际和地区组织就坐落在这座美丽的海滨城市,其中有黑海贸易和发展银行(该银行成员国由巴尔干和黑海地区的 11 个国家组成)、巴尔干贸易中心、负责巴尔干重建事物的欧盟办事处等。萨洛尼卡的主要名胜古迹有古城堡遗址、白塔和考古博物馆等。

(3)帕特雷(Patrai):位于伯罗奔尼撒半岛西北部,是希腊第三大城市。

◆ **帕特雷城堡**　建于公元 551 年,有保存比较完好的墙体、城门及垛楼。站在城堡上,可以俯瞰全城景色。

◆ **古罗马剧场**　建于公元 170 年,现在基本保持完整,有 2 300 个座位,夏季仍然举行露天音乐会。

◆ **考古博物馆**　希腊最有价值的考古博物馆之一,保存有古希腊城邦时期、罗马和拜占庭时期的许多文物,其中以罗马时期的马赛克拼装画最为著名。

(4)克里特岛(Crete Kriti):希腊神话的发源地,被称为"爱琴海上的皇冠",如今以碧海蓝天、迷宫建筑和遍地古迹,吸引着来自世界各地的观光和度假游客。克里特文明在克里特岛创造了 1 600 年的繁荣,这段文明的中心就在克诺撒斯。

◆ **马达拉**　拥有清净的海水和白色的细沙滩,早在 20 世纪 60 年代就成为"嬉皮士"的居住区。北面如立体雕刻般的岩石山洞,是史前时代人们居住和工作的洞穴。

◆ **克诺撒斯皇宫**　克里特岛最重要的遗址,皇宫建筑群背倚森林,濒临海洋。皇宫建于公元 2 000 年前,公元前 1 454 年圣托里尼岛火山爆发,皇宫受到严重损坏。

◆ **哈尼亚**　克里特岛最美丽的城市。市内古建筑呈现出拜占庭、威尼斯、土耳其、新古典主义等各种艺术形式,尤其以威尼斯风格建筑闻名于世。

2. 其他著名景区

◆ **奥林匹亚（Olympia）**　奥林匹克运动的发源地。这里气候宜人,景色优美,到处都是橄榄树、桂树和柏树,现存有世界最古老的运动场、宙斯神庙、赫拉神庙等遗迹。

◆ **米科诺斯岛**　有迷宫般的复杂小径、爱琴海特有的蓝天、白色小屋和风车。优质的海滩和缓坡山崖非常美丽动人。这里是欧洲游客最向往的海滨度假区。

◆ **纳克索斯**　到处是拜占庭教堂和中世纪钟塔,英国诗人拜伦曾称之为"梦幻之岛"。迷人的村庄及安静的沙滩,数个世纪以来一直深受游客和艺术家的喜爱。

◆ **帕罗斯**　素以"爱琴海的新娘"而闻名。它位于爱琴海的中心位置,岛上地势平坦,到处是葡萄园和度假地,五光十色的夜生活也具有特别的吸引力。

　亲身体验

礼节礼仪:

● 希腊人对老年人很尊重,和年长的人说话要带尊称。老年人在希腊有很大的权威,年轻人凡事都要谦让老年人。

- 希腊人见面没有固定的礼节,可以握手,也可以拥抱、亲吻。希腊人真诚待客,慷慨得使人难以置信。当你见到希腊人的一件东西时,千万不可大加赞赏,否则主人会执意把这件东西送给你。
- 午休时间,冬季通常为14：00～17：00,商店均不开门营业。夏季13：00～17：00为午休时间,店铺关门。这段时间保持宁静是礼貌的表现,不要在休息时间打电话到人家家里去。

饮食习惯：

- 希腊人在饮食上习惯吃西餐,其口味喜清淡,不爱油腻,
- 往往爱吃干炸的食品,如：干炸鸡、鸭、鱼、虾等。
- 不爱吃用甜汁浇的菜肴,如糖醋鱼、糖醋排骨、咕咾肉等。
- 一年四季都十分喜爱饮冰水。

喜好：

- 希腊人喜爱喝咖啡,饮酒。
- 希腊人喜欢大黄、绿、蓝色。
- 希腊人喜欢吸烟,在商务谈判和社交活动中都喜欢吸烟,甚至吃饭的时候也吸上几口。

主要节日			
元　旦	1 月 1 日	圣神降临节	6 月 12 日
主 显 节	1 月 6 日	圣 母 节	8 月 15 日
国　庆	3 月 25 日	抗击意大利入侵日	10 月 28 日
复 活 节	3、4 月间不定	圣 诞 节	12 月 25 日
迎 春 节	5 月 1 日（延续 8 天）		

友情链接

　　欧洲文明的发祥地：公元前 2800 至前 1400 年,克里特岛和伯罗奔尼撒半岛先后出现了米诺斯文化和迈锡尼文化,公元前 800 年形成了数以百计的独立城邦,雅典、斯巴达、底比斯等是其中最发达的城邦。希腊创造过灿烂的古代文化,在音乐、数学、哲学、文学、建筑、雕刻等方面都曾取得过巨大成就。

　　新闻出版：报纸杂志种类较多,但发行量有限。主要日报有《自由新闻报》《新闻报》。雅典通讯社是官方通讯社,马其顿通讯社是半官方通讯社。

　　希腊广播和电视组织：统一管理 3 个国营广播电视台。国营电台每天 24 小时广播。私人商业电视台有："大频道"、"29 频道"、"天线频道"、"新频道"等 4 个。

　　希腊的建筑：希腊的建筑艺术成就卓著,伯里克利时代兴建的雅典卫城建筑群,被认为是古典建筑的杰作。希腊人善用柱廊,创造了多利亚式、爱奥尼亚式和科林斯 3 种

不同柱式,建筑物显得庄严、和谐、精致,其代表作有帕特农神庙、伊利特盎神庙、奥林比昂神庙等,堪称建筑之精品,对欧洲建筑影响很大。

马拉松:距离雅典 42 千米。公元前 490 年,希腊人在马拉松地方同敌军作战,取得了胜利,有士兵斐迪辟从马拉松平原不停顿地跑到雅典,报捷后死亡。为了纪念历史上这一事迹,1896 年在希腊雅典举行的近代第一届奥运会中,就用这个距离作为竞赛项目,定名为"马拉松赛跑"。

意 大 利

(the Republic of Italy)

意大利曾是欧洲文艺复兴运动的中心,在这片土地上诞生了斯巴达克斯、但丁、米开朗琪罗、达·芬奇、伽利略、马可波罗等伟大的人物。艺术的意大利充满了热情与浪漫,它拥有风光无限的海岸线、世界闻名的音乐、激动人心的足球和丰富多彩的娱乐项目。

数据 DATA

国名:意大利共和国。

国旗:由 3 个垂直相等的长方形组成,从旗杆边开始依次分别为绿、白、红色。

国徽:是由 5 角星、齿轮、树枝、彩带 4 个部分组成的圆形徽章。

国歌:《马梅利之歌》。

国花:雏菊。

面积:约 30.13 万平方千米。

人口:约 6 000 万(2008 年),意大利人约占 94% 左右,此外还有法兰西人、加泰隆人、弗留里人等。

国语:官方语言为意大利语。

宗教;罗马天主教。

首都:罗马(Roma)。

出行贴士
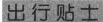

国际电话区号	0039	时 差	+7 小时＝北京时间
电 压	220 伏	最佳季节	5 月,9 月

遥望意大利

1. 地形

位于欧洲南部亚平宁半岛上,领土还包括西西里岛和撒丁岛等。

意大利地形结构复杂多样,除了大陆部分以外,还有 20 多个岛屿,其中最大的是西西里岛和撒丁岛。南北最长距离为 1 290 千米,东西最长距离为 240 千米,最短为 50 千米。意大利领土面积的 23% 为平原地带,35% 为山地,42% 为丘陵地带。意大利最大的平原是位于意大利北部地区的波河平原。境内多火山地震。

国土形似靴子,海岸线长 7 200 多千米,4/5 的面积为山丘。阿尔卑斯山脉位于北部,亚平宁山脉纵贯半岛。两山之间为平原。意、法边境上的勃朗峰海拔 4 807 米,为全国最高点。西西里岛上的埃特纳火山海拔 3 340 米,为欧洲最高活火山。

2. 河湖

意大利的河流特征与其地形和气候条件密切相关,最大的是波河,全长 652 千米,其他主要河流还有阿迪杰、皮亚伟、阿尔诺及台伯河。意大利的河流由于流量有限,而且随季节的变化很大,很少用于航运。

意大利拥有数千个大小不同、起源不同的自然和人造盆地。湖泊颇多,其中最著名的是位于意大利北部的马杰雷湖,面积最大的是加尔达湖,最深的是科莫湖。这些湖泊风景秀丽,气候宜人,是著名的疗养和旅游胜地。

3. 气候

大部分地区包括亚平宁半岛、西西里岛和撒丁岛属地中海气候,夏季炎热干燥、冬季温和湿润。1 月份平均温度在 10℃ 左右,7 月份平均温度在 24～26℃ 之间。南北气温夏季一般相差无几,但冬季相差较大。年平均降水量为 500～1 000 毫米。

4. 资源

意大利森林覆盖率约 21%,为 6.4 万平方千米。

自然资源以汞、天然气、大理石、硫磺蕴藏量较多,此外还有铝土矿、铅、锌、石油及少量的煤和铁矿等。

走遍意大利

1. 位置

资　讯

全国划分为 20 个行政区、103 个省、8 088 个市镇。20 个行政区是:皮埃蒙特、瓦莱·达奥斯塔、伦巴第、特伦蒂诺—上阿迪杰、威内托、弗留利—威尼斯·朱利亚、利古里亚、艾米利亚—罗马涅、托斯卡纳、翁布里亚、拉齐奥、马尔凯、阿布鲁齐、莫利塞、坎帕尼亚、普利亚、巴西利卡塔、卡拉布里亚、西西里岛、撒丁岛。

2. 交通运输

国内运输主要依靠公路,公路负担客运量的 2/3,货运量的 70%。

铁路:1995 年总长约 1.9 万千米,其中有铁路占 80%,其余为私营铁路。

公路:1995 年总长约 30 万千米。

水运:由于特殊的地理位置,所以船运一直是货物运输的主要手段。全国有热那亚、那不勒斯、威尼斯、的里雅斯特、塔兰托、里窝那、锡拉库萨等 19 个主要港口,由于在港口采取设立自主的管理机构,实行私有化和港口服务自由化等措施,其港口比地中海中部其他港口更具竞争力。

空运:主要机场有罗马的菲乌米奇诺,米兰的利纳特、马尔奔萨、都灵的卡塞莱等。

意大利人

1. 人口

绝大多数是意大利人,少数民族有法兰西人(西北部)、加泰隆人(撒丁岛)、弗留利人(东北部)、拉丁人和罗马人(北部的南蒂罗尔地区)。

2. 教育

意大利的高等教育主要由综合大学和两所多科技术大学提供,综合大学是意大利高等教育最重要的部分。意大利约有综合大学 64 所,共有 300 多个系和专业。这些大学既是文化学习和研究中心,也是职业培训中心。高等院校在法律规定范围内有权颁布自治规章,每所高等院校均有教育委员会。

主要高等院校有:

● 米兰工业大学:意大利一流的综合性理工科大学。

● 伯克力商学院:私立学校,费用高,但在欧洲很有名。

● 米兰音乐学院:国际一流的音乐学院。意大利是美声唱法的发源地。

● 米兰美术学院:作为文艺复兴的发源地,意大利的绘画艺术是世界一流。

● 欧洲设计学院:意大利的设计享誉全球,设计学院是设计师的摇篮。

● 都灵工业大学:都灵是 FIAT 汽车公司所在地,也可以说是意大利的汽车城。

历史的脚步

1. 历史沿革

意大利是欧洲的文明古国,公元前 2 世纪到公元 2 世纪为古罗马帝国的全盛时期,14 至 16 世纪的文艺复兴开始于意大利。意大利在长期分裂后,于 1870 年实现统一。1922 年墨索里尼上台,建立了法西斯统治;1940 年向英、法宣战,1943 年 9 月投降。1946 年 6 月 2 日意大利举行公民投票,正式宣告废除王国,成立意大利共和国。

2. 政治制度

意大利为多党制议会共和国,总统为国家元首,有权颁布法律、任命政府总理等。总统由议会两院及各大区代表联合选出,任期 7 年,可连选连任。议会为最高权力机构,由具有同等立法权的参、众两院组成,其议员任期均为 5 年。主要政党有天主教民主党、共产党、社会党、社会民主党、共和党等。

 经济视角

2008 年意大利国内生产总值(GDP)约为 20 900 亿美元,人均 35 980 美元。

意大利的工业以原材料加工为主,中小企业在意经济中占有重要地位,98% 以上的企业都是中小型企业。机械制造业是意大利工业的强项,其他工业还有建筑、纺织、服装、石油化工、医药、运输设备、首饰加工、食品加工等。在这些领域中,意大利的企业显示出专业化程度高、适应能力强、产品出口比例大等特点。

意大利的服务业目前约占国内总产值的 50% 以上,主要是商业、运输、通信、银行及保险等。

另外,意大利是旅游事业非常发达的国家,旅游收入是意大利的主要经济来源之一。

1. 主要产业部门及其分布

(1)工业:意大利是发达的资本主义工业国,以钢铁、石油化工、机械制造(汽车、造船、飞机)最重要,其次是纺织、食品加工等。80% 的工业分布在北方,主要中心有米兰、那波利、都灵、热那亚等。

同其他西方发达国家相比,意大利存在着资源贫乏、工业起步较晚的劣势。但意大利注意适时调整经济政策,重视研究和引进新技术,促进经济发展。意大利的原油年加工能力为 1 亿吨左右,有"欧洲炼油厂"之称。原油加工能力居世界第六位;钢产量居欧洲第二位;拖拉机产量居世界第六位;发电量居世界第九位。

伊利、埃尼和埃菲姆 3 大国营财团掌握着经济命脉,在全国工业产值中约占 1/3,经营范围涉及钢铁、造船、机械、石油、化工、军火等。

工 业	
钢铁工业	主要是在进口铁矿和优质炼焦煤的基础上发展起来的。位于南部的塔兰托是最大的以生产特种钢为主的钢铁生产基地,生产能力超过 1 000 万吨。西北部的钢铁生产基地对北部经济起着重要的作用。
机械工业	● 世界第四位,欧洲第二位的汽车生产大国。菲亚特公司是最大的汽车制造私人垄断集团。 ● 轻型机械制造:打字机和缝纫机闻名于世,电子计算机和办公室自动化装置产量猛增。高度集中在西北部的以米兰和都灵为中心的地区。

续　表

工业	
石化工业	原油加工主要分布在西部沿海和西西里岛东部。
纺织工业	历史最悠久的行业。北部的普拉托是纺织业的集中分布区，与曼彻斯特、里昂并称为欧洲三大纺织工业中心。 　　服装和制鞋业也在世界上享有盛誉。服装的产量和出口量居欧洲首位，其中滑雪鞋产量占世界总销售量的60％，有"制鞋王国"的称号。

（2）农业：意大利是世界三大橄榄生产国之一，葡萄和葡萄酒产量均居世界第一位，每年都有大量葡萄酒出口到法国、德国和美国，出口量居世界首位。大农场多集中在北部，主要农产品是小麦、玉米、稻米和甜菜，南部主要生产葡萄、油橄榄和水果。

波河平原是土地最为富饶和农业经营最发达的地区，是主要的小麦、玉米和水稻等谷物的种植区；北部的阿尔卑斯山区、波河流域以东和以北的亚平宁山区，以小自耕农经营小麦、葡萄、橄榄及饲养家畜为主；广大的南部以山地和丘陵为主，主要作物是小麦、玉米、甜菜、大麻、亚麻、蔬菜和番茄。

畜产品的产量和质量不能满足国内需求。

林业和渔业的规模很小。

（3）意大利也是欧洲最重要的旅游大国之一，旅游业在国民经济中占有重要地位。意大利旅游资源丰富，气候湿润，风景秀丽，文物古迹很多，主要旅游城市是罗马和佛罗伦萨。

 贸易大看台

对外贸易在意大利经济中占有十分重要的地位，是意大利经济的支柱和发展的动力。意大利的经济发展也完全受制于国际经济形势的发展，受国际市场需求的制约。但由于意大利特有的专业化产业结构和政府有效的鼓励出口政策，出口在近10年有了很大的增长，也使意大利能在风云变幻的国际经济发展中始终保持其出口强国的地位，并在外贸进出口中连续10年保持顺差，成为继日本、德国之后世界第三大贸易顺差国。

据欧盟统计局统计，2008年意大利进出口额10 957.8亿美元，较上年增长9.9％。其中，出口5 395.9亿美元，增长9.6％；进口5 561.9亿美元，增长10.1％；逆差166.0亿美元，增长30.5％。

1. 国际贸易地区结构

从国别（地区）看，2008年意大利对欧盟27国的出口额占其出口总额的58.4％，增长6.7％；自欧盟27国的进口额占其进口总额的54.1％，增长4.5％；对德国、法国、西班牙和美国的出口额分别占其出口总额的12.7％、11.1％、6.5％和6.3％，其中德国、法国和美国增长8.9％、7.6％和1.3％，西班牙下降2.5％；自德国、法国、中国和荷兰的进口额分别占其进口总额的 15.7％、8.5％、6.2％和 5.1％，增长 3.3％、4.3％、16.1％和 6.7％。

2．进出口货物构成

进口以石油、原料和食品等为主；出口以机械设备、化工产品、家用电器、纺织、服装、皮鞋、金银首饰等轻工产品为主。

3．对外贸易市场特点

意大利是西方七大工业化国家之一，但对外贸易仍以传统产品为出口主体，机械产品、高档生活用品和消费品为出口创汇的主要来源。

4．中意经贸关系

与我国建交日：1970 年 11 月 6 日。

意大利是中国在欧盟的重要贸易伙伴。近几年来，中意两国的进出口贸易合作在持续、快速地发展。据欧盟统计局统计，2008 年中意双边贸易额为 440.3 亿美元，增长 14.6％。其中，意大利对中国出口 94.5 亿美元，增长 9.5％；自中国进口 345.8 亿美元，增长 16.1％。意方贸易逆差 251.3 亿美元，增长 18.8％。中国是意大利的第 14 大出口市场和第三大进口来源地。

中国向意出口的主要商品有：服装及衣着附件、纺织纱线、织物及制品、鞋类、旅游用品和箱包、山羊绒、玩具、自动数据处理设备及其部件、塑料制品、医药品等。中国从意进口主要商品有：纺织机械、牛皮革和马皮革、电视显像管、金属加工机床、橡胶或塑料加工机械、医药品、烟草加工机械、金属铸造用型箱、电视、收音机和无线电信设备的零附件、计量检测分析自控仪器及器具等。

意大利旅游资源丰富，有火山奇观、湖光山色、漫长的海岸沙滩，同时又拥有悠久的历史文化、众多的文物古迹、大量的艺术珍品。意大利的城市各有特色：罗马的文明与文化、佛罗伦萨的绘画、威尼斯商业旅游业、米兰的工商业及展览业、都灵的菲亚特汽车制造业都令世人向往和赞叹。

2007 年，意大利接待外国游客 4 000 余万人次，旅游收入约 800 亿美元，旅游业对国内生产总值的贡献率达 12％。

1．主要城市及其景区景点

（1）罗马（Rome）：意大利的首都，显赫一时的罗马帝国建都于此。散布在罗马街道上的许多喷泉都伴着各式各样别出心裁的大理石雕像，无一不是艺术家的精心杰作。

◆ **罗马竞技场**　又名斗兽场，建于公元 1 世纪，是市中心最显著的标志。这座巨大的竞技场平面呈椭圆形，看台全用大理石建造，分为 4 层，东西长 133 米，南北长 101 米，可

容纳 24000 名观众。

◆ **万神庙**　迄今保存最完整的古罗马时代的建筑,与斗兽场和地下墓穴并称为罗马三大古迹。该庙是供奉阿波罗、丘比特众神的殿堂。

◆ **卡比托利欧广场**　米开朗基罗设计,地面上有放射状的几何图形,主要有皇帝骑马铜像、智慧之神和人面狮身 3 座雕像。

（2）米兰（Milan）：地处波河流域中心地带,是意大利第二大城市及金融业的中心。米兰工业发达,经济实力雄厚,其工业产值占意大利工业产值的一半以上,是世界三大服装之都之一。米兰是一座现代化的城市,同时也蕴藏着大量珍贵的文化艺术遗产及著名古迹。主要名胜古迹有杜奥莫大教堂、维多利亚埃玛努埃莱二世长廊、斯卡拉歌剧院、斯福尔扎城堡、圣玛丽亚·德拉格拉奇教堂,在附近的修道院内珍藏着达·芬奇的名画"最后的晚餐"及和平门等。

◆ **杜奥莫教堂**　也称米兰大教堂,是世界第三大教堂、欧洲最大的哥特式大教堂、米兰的象征性建筑物。整座教堂以纯白大理石砌成,长 157 米,高 56 米,屋顶尖塔林立,有 135 座之多,顶端的金像圣母玛丽亚是整座建筑的象征。

◆ **斯卡拉广场**　中央矗立着达·芬奇的雕像,雕像对面是意大利最大的歌剧院。

（3）威尼斯（Venice）：闻名于世的水上之城,有"水都"之称,是世界著名旅行家马可波罗的故乡,共有 118 个小岛、117 条水道、2300 条小巷、400 座桥梁。全城现存 400 多座宫殿、120 座教堂、120 座钟楼、64 座修道院,"刚多拉"上华丽和迷离的情调,是世界游客永远的梦。威尼斯城开门见水,出门乘舟,是世界上唯一没有汽车的城市。威尼斯也以生产珠宝玉石工艺品、花边、刺绣等著称。

◆ **圣马可广场**　被拿破仑称为世界上最美的广场。广场上坐落着富丽堂皇的王宫和罗马拜占庭式的圣马可大教堂。

（4）佛罗伦萨（Florence）：文艺复兴的发源地。城内古迹遍地,共有 40 余座博物馆和美术馆、60 多座宫殿,大小教堂无数,收藏了大量当时的艺术珍品,因此佛罗伦萨素有"西方雅典"之称。

◆ **市政广场**　市内最漂亮的广场,以海神喷泉和女妖石雕最具吸引力。

◆ **乌菲兹美术馆**　意大利最大的美术馆,收藏有文艺复兴时期最著名的绘画作品。

（5）那波里（Napoli）：意大利的第三大城市,濒临那不勒斯海湾。该城风光绮丽,是地中海最著名的风景胜地之一,也是世界级的考古之地。市内有大量的古希腊和古罗马的艺术精品。

（6）都灵（Torino）：历史名城,最早是加利塔乌里尼的中心,后来成为伦巴底公国的首府。都灵市工业发达,与米兰、热那亚构成了意大利工业三角地带。意大利最大的私营企业菲亚特汽车制造厂就设在都灵。

（7）热那亚（Genova）：著名的海港城市，也是意大利的第一大港。名胜古迹主要有圣马利亚教堂、圣乔治宫、罗索宫、斯皮拉诺宫及伟大航海家哥伦布故居和博物馆。在这里常年举办的主要活动有国际船业展览会、国际旅游产品展览会、葡萄酒及烈性酒展览会、欧洲植树节、海上赛船会、国际帆船大赛、赛马及举办哥伦布庆祝活动等。

2. 其他著名景区

◆ **比萨斜塔**　比萨城内比萨大教堂的钟楼，为 8 层圆柱形大理石建筑，高 54.5 米，外围 213 根石柱组成拱形门，塔内通过 294 级螺旋楼梯盘旋而上塔顶钟楼。该塔因斜而不倒而名声大噪。1590 年，意大利物理学家伽利略在斜塔上做了著名的自由落体实验，更使斜塔名闻全球，并成为比萨城的象征。

◆ **庞贝古城**　曾是一座建于公元前 8 世纪的繁荣城市，公元 79 年维苏威火山爆发，被埋在地下；1860 年开始挖掘，至今只挖出 1/3 的城市。古城现在已经成为研究古代社会生活和文化的天然博物馆。

◆ **苏莲托**　夏季是海水浴场，冬季是避寒胜地，也是意大利最著名的海滨旅游胜地之一。在这里可以眺望维苏威火山的雄姿。

 亲身体验

礼节礼仪：

● 意大利人热情好客，但时间观念不强，常常晚点。

● 应邀到朋友家做客时，特别是逢年过节，应给主人带点礼品或纪念品，礼品的包装要讲究。收到礼品后，主人会当着客人的面打开礼品，并说一些客套或感谢的话。

饮食习惯：

● 在意大利进餐时，意大利人的习惯是男女分开就座。

● 用餐时要注意礼节，每次要的不能太多。

● 意大利人喜欢吃通心粉、馄饨、葱卷等面食，爱吃牛羊肉、鸡、鸭、鱼、虾等。菜肴特点是味浓，尤以原汁原味闻名。烹调以炒、煎、炸、焖著称。

● 意大利人有早晨喝咖啡、吃烩水果、喝酸牛奶的习惯。

喜好：

● 意大利人喜欢喝酒，而且很讲究，一般在吃饭前喝开胃酒，席间依菜定酒；饭后饮少量烈性酒，可加冰块。意大利人很少酗酒，席间也没有劝酒的习惯。

主要节日			
主 显 节	1 月 6 日	国 庆 节	6 月 2 日
狂 欢 节	复活节前 40 天	八 月 节	8 月 15 日
复 活 节	3 月 22 日至 4 月 25 日之间	万圣节(亦称死人节)	11 月 1 日
解 放 日	4 月 25 日	圣 诞 节	12 月 25 日

友情链接

　　世界跑车中的极品——法拉利(Ferrari)：意大利是世界艺术的主要发祥地之一，而现代汽车艺术中又出了个"法拉利"。"法拉利"是 1929 年由安素·法拉利创建的一家小型的汽车公司，该公司以法拉利的姓氏命名，用法拉利(Ferrari)作为文字商标，用"腾马"作为图形商标。"腾马"的魅力和"法拉利"跑车独特的造型，使其超出了机械工艺的范畴。在世人看来，"法拉利"是超越时空的艺术品。

　　意大利的展览业：在意大利，每年约举行 40 个国际交易会，约 700 个全国和地方的交易会，展出内容多为领导市场潮流的新产品新技术，范围广泛，几乎涉及了各个生产领域。重要的生产领域如时装业、家具与室内装饰业、机床和精密机床、木材加工和纺织机械等都把国际博览会作为向国际扩展的跳板，大型的展览会是定期在国际展览中组织新产品展出的最佳途径，也是推出成熟的产品准备参与国际竞争的最佳场所。

　　新闻出版：主要报纸有《晚邮报》、《共和国报》、《新闻报》、《体育报》、《24 小时太阳报》、《信使报》、《今日报》、《小报》。主要综合性期刊有《展望》周刊、《快报》周刊、《时代》周刊、《欧洲人》周刊和宗教性期刊《基督教家庭》。安莎通讯社是意最大的通讯社。意大利广播电视公司属国营伊利集团，广播电台有 3 套节目，电视台有 3 个。

　　文艺复兴运动：14—16 世纪的文艺复兴运动始于意大利，后扩大到德、法、英等欧洲国家，其主要思潮是人文主义，主要表现是科学、文学和艺术的普遍繁荣和高涨。意大利在诗歌、绘画、雕刻、建筑、音乐等方面取得的成就突出，其雕塑和绘画在世界上享有极高的荣誉。同时，意大利也是歌剧的诞生地。

　　佛罗伦萨四杰：达·芬奇/代表作：《最后的晚餐》、《蒙娜丽莎》；米开朗基罗/代表作：《大卫》、《最后的审判》；拉斐尔/代表作：《西斯廷圣母》；但丁/代表作：《神曲》。

　　蓝色军团：把西西里岛和意大利本岛合在一块看，就像一只脚在踢球。意大利人与足球有不解之缘，拥有"蓝色军团"美誉的意大利队在世界杯历史上保有辉煌战绩，亚平宁半岛也培养出无数耀眼的球星，从罗西到巴乔，从皮耶罗到维埃里，蓝色军团经历了从混凝土防守到拉丁足球与欧陆风格的融合。每年 9 月到来年 5 月，世界著名的球星云集于有小世界杯之称的"意大利足球甲级联赛"，各展身手，泪水与欢笑齐洒绿茵场。

★**特别提示**：

意大利世界顶级时装品牌：范思哲（Gianni Versace）、华伦天奴（Valentino）、古驰（Gucci）、普拉达（Prada）、乔治·阿玛尼（Giorgio Armani）、卓路迪 1881（Cerruti 1881）、菲拉格慕（Salvatore Ferragamo）、杰尼亚（Ermenegildo Zegna）、费雷（GIANFRANCO FERRE）。

★**特别提示**：意大利的国中之国：梵蒂冈、圣马力诺。

马 耳 他

(The Republic of Malta)

马耳他是地中海上的一个美丽而富饶的岛国,被誉为"欧非大陆间的一颗宝石"。它除了拥有碧海蓝天之外,还是一个历史辉煌的金银岛。先民的遗迹、骑士的风貌、夕阳笼罩着的经历几千年风雨的古战场,以及古罗马要塞和各种风格的宫殿教堂,会让你经历难忘的欧洲文化之旅。

数据DATA

国名: 马耳他共和国。

国旗: 白、红竖纹旗,左上角为一轮旭日。

国徽: 中心图案是1艘航行在地中海的马耳他独特的棕、白两色渔船。1轮旭日升起在天边,国徽下端写着"马耳他共和国"字样。

国歌:《马耳他颂》。

面积: 约316平方千米

人口: 约41.2万(2008年)。

国语: 官方语言为英语、马耳他语。

宗教: 天主教为国教,少数人信奉基督教新教和希腊东正教。

首都: 瓦莱塔(Valletta)。

誉称: 地中海的心脏。

出行贴士

国际电话区号	00356	时 差	+7小时=北京时间
夏时制	3月31日—10月	度量衡	英制
电 压	220~240伏	最佳季节	3—11月(4月最佳)

遥望马耳他

1. 地形

全国共由 5 个岛屿组成,其中马耳他岛最大,多天然良港。全国丘陵起伏,西高东低,间有小盆地,无山脉、河流,缺少淡水。

2. 河湖

由于石灰岩洞穴渗漏严重,地面无常流河和湖泊,石灰岩下的不透水层是饮用水和农业用水的主要来源。海岸线长 180 千米。

3. 气候

属典型的地中海气候,冬季温和湿润,夏季炎热干燥,昼夜温差较大。全年分为夏(5—11 月)、冬(11—4 月)两季。夏季干旱少雨,冬季雨水略多,年平均降雨量 600毫米。

4. 资源

马耳他自然资源贫乏,除建筑用石灰岩外,无矿产资源。

 走遍马耳他

1. 位置

位于地中海中部的岛国,有"地中海心脏"之称。

资　讯

全国共有 67 个地方市政委员会,分为 6 个统计区。除戈佐—科米诺外,均位于主岛上。具体分为:马耳他主岛、南港、北港、北部、西北、东南、戈佐—科米诺。

2. 交通运输

(1)航空:马耳他航空公司以及法航、汉莎等各大航空公司运营的航线通往马耳他,从欧洲主要城市如法兰克福、罗马、巴黎、阿姆斯特丹等地都有定期航班飞往马耳他。

(2)公路:马耳他境内无铁路,各城市间的主要交通工具为公共汽车。全国公路近2 200千米,从首都瓦莱塔出发的公共汽车线路遍布全国。

(3)水运:从西西里岛乘船去马耳他非常方便。

马耳他人

1. 人口

马耳他人约占总人口的 90%。

2. 教育

马耳他沿袭了传统的英国教育体制,学生须完成 6 年制小学和 5 年制中学的义务教育,如希望继续深造,马耳他学生还需完成 2 年的学习加实习,13 年制的教育结束后,才可进入大学学习。

马耳他大学是最著名的国立大学,有很高的国际声望,其教学水平可与西方名牌大学媲美,与各国的名牌大学有密切的合作关系。

历史的脚步

1. 历史沿革

公元前 10—8 世纪,古代腓尼基人在此定居,公元前 218 年起受罗马人统治,9 世纪起先后被阿拉伯人、诺尔曼人、拿破仑军队和英国占领,1814 年沦为英国殖民地,1947年实行内部自治,1964 年 9 月 21 日宣布独立,为英联邦成员国,1974 年 12 月 13 日改政体为共和制。

2. 政治制度

马耳他为共和国,总统是国家元首,由议会选举产生,任期 5 年。众议院由普选产生,任期 5 年,为立法机构。主要政党有国民党和工党。

经济视角

马耳他土地贫瘠,适于耕种的土地不多,粮食、牛奶、植物油、水果等依赖进口。工业产值约占国内生产总值的 40%,主要工业部门有服装、食品加工、电子和电器产品、烟草、加工造船、印刷、玻璃等。修船造船、旅游业和印刷、纺织、服装等轻工业为国民经济的三大支柱。

2008 年马耳他国内生产总值(GDP)约为 85 亿美元,人均 16 049 美元。马耳他的消费水平比周边其他欧洲国家低。

1. 主要产业部门及其分布

工业以加工制造业和修造船业为主,主要生产电子、服装、皮鞋、家具、食品、饮料、化工等产品,其中附加值较高的电子产品占出口比例很大。

农副产品自给能力不足,主要农作物有:马铃薯、西红柿、卷心菜等,果树以柑橘、葡萄、柠檬、橄榄为主。

贸易大看台

对外贸易在马耳他经济中占重要地位,其进口总额超过了国内生产总值,出口总额占国内生产总值的一半。对等贸易历来是马耳他重要的贸易政策。据欧盟统计局统计,2008年马耳他进出口额74亿美元,比上年同期下降5.8%。其中,出口27.9亿美元,下降9.5%;进口46.1亿美元,下降3.4%。贸易逆差18.1亿美元,增长7.7%。

1. 国际贸易地区结构

从国别(地区)看,意大利、英国、德国和法国是马耳他的主要贸易伙伴,2008年马耳他对上述四国分别出口1.3亿美元、2.3亿美元、3.8亿美元和3.4亿美元,其中对意大利增长4.8%,对英国、德国和法国分别下降25.0%、9.8%和8.5%,四国合计占马耳他出口总额的38.6%;自上述四国分别进口12.9亿美元、6.2亿美元、3.4亿美元和3.8亿美元,其中对意大利增长7.6%,对英国、德国和法国分别下降9.3%、15.2%和34.3%,四国合计占马耳他进口总额的57.1%。美国是马耳他最大的贸易顺差来源国,顺差额为1.7亿美元,增长104.2%。贸易逆差主要来自意大利和英国,逆差额分别为11.6亿美元和3.9亿美元,增长7.9%和3.1%。

2. 进出口货物构成

主要进口化工产品、机械和运输设备、纺织品、原料、食品、纸制品等,主要出口产品有纺织品、服装、饮料、烟草及船舶等。

3. 中马经贸关系

与中国建交日:1972年1月31日。

中马贸易始于20世纪50年代,但贸易额很小。进入20世纪90年代以来,双边贸易呈现出较快增长势头,尤其我对马出口增幅较大,中方顺差较大。中国对马出口产品中,机电产品约占35%,其次为纺织品、塑料及皮革制品、医药化工品、玩具和体育用品等。中国自马进口的主要产品为集成电路和微电子组件等。据欧盟统计局统计,2008年中马双边贸易额为1.9亿美元,增长16.4%。其中,马耳他对中国出口3 597.5万美元,下降3.6%,占马耳他出口总额的1.3%;马耳他自中国进口1.6亿美元,增长22.3%,占马耳他进口总额的3.4%,提高0.7个百分点。马方贸易逆差1.2亿美元,增长33.1%。中国是马耳他第七大进口来源地和第12大出口市场。

 马耳他之旅

马耳他有得天独厚的地理位置、良好的地中海式气候、温暖明媚的阳光、浩瀚蔚蓝的大海、轻松柔软的沙滩、幽雅恬静的环境、有取之不尽、用之不竭的旅游资源,可以开展项目众多的旅游活动,如度假疗养旅游、避寒避暑旅游、国际会议旅游,以及阳光和海水浴、泛舟、游艇、游泳、冲浪等。

马耳他的主要经济支柱是旅游业,占国民生产总值的30％。

1. 主要城市及其景区景点

(1) 瓦莱塔(Valletta):马耳他首都,全国最大的海港和国际航线的重要港口。瓦莱塔是欧洲文化名城。该城建筑布局整齐,城街狭直,两旁建筑均为特有的石灰岩建成,呈灰白色。

◆ **总统府(The Palace of the Grandmasters)** 亦称骑士团首领宫,建于1571年,英国统治时为英国总督府,1974年后为马耳他总统府和议会所在地,以马耳他的传统风格布局,中心为院落,四周两层房屋,呈长方形,庄重肃静。总统府内藏有部分骑士团首领的画像、中世纪骑士穿戴的全身胄甲以及中国明朝瓷器等珍品,古色古香,独具魅力。

◆ **总理府—卡斯蒂利亚骑士旅馆(Auberge de Castille)** 总理府系由卡斯蒂利亚骑士的旅馆改建而成。该旅馆建于1574年,坐落于瓦莱塔的最高处,当时可俯瞰全城,1972年成为马总理府所在地,在此接待来访的外国政要。

◆ **圣约翰大教堂** 是首领和骑士举行重大宗教仪式和祭祀的场所。教堂外观苍白、朴素,但内部装饰却丰富多彩。教堂为早期巴洛克建筑风格,整个圆顶是一幅大壁画,大理石地面上刻着教堂下面埋葬着的出身高贵的骑士的名字。

◆ **大王宫** 建于16世纪后半叶,造型高贵庄严。目前这里是马耳他总统办公的地方。

(2) 古都姆迪纳(Mdina):又译为"麦地那",阿拉伯语中意为"城堡"。姆迪纳也称"静城",是欧洲仅存的几座中世纪和文艺复兴时期的城堡之一。姆迪纳也被称作教堂之城,内有多座教堂、修道院、小广场和一些贵族小宫殿,具有浓厚的贵族和宗教色彩。古城内有一处教堂博物馆,藏品丰富,建筑风格华美,是马耳他岛上巴洛克式建筑的典范,也是欧洲最精美的基督教博物馆之一。

(3) 戈佐岛(Gozo Island):仅次于马耳他岛的第二大岛。该岛比较封闭,因此较多地保持了自然风情和人文景观。岛上山道如织,绿树成行,古迹众多,田园四布,具有宁静的乡村风情,是马耳他人和外国人的休假、消闲胜地。

◆ **维多利亚城堡(The Victoria Citadel)** 因为纪念英国维多利亚女王25岁生日得名。登城墙远眺,景色极为壮观。

◆ **蓝窗(Azure Window)** 俗称天窗,因猛烈的海浪千百年来冲刷石灰石而形成。蓝窗两边有直径约100米的石墩,支撑着1个石盖,形成1个高约百米、宽约20米的"窗子",从中可以看到对面蓝色的波涛,因而得名。附近海边岩石高低大小不一,岩面布满远古鱼虫、植物化石。

2. 其他著名景区

◆ **姆斯塔圆顶大教堂(Mosta Rotunda)** 效仿罗马的万神庙,拱顶直径居欧洲第三,仅次于罗马的万神庙和圣彼得教堂。姆斯塔圆顶大教堂始建于1833年,由当地的教会自发筹资兴建。

◆ **弗达拉城堡(Verdala Castle)** 俗称夏宫,四周包围着小树林,骑士团的成员们曾在周围狩猎。城堡由两层楼组成。该城堡现在是马耳他国家元首夏季的寓所,许多官方的活动,如月光舞会(由马耳他总统夫妇倡导的马耳他慈善基金组织的活动)都在此举行。

◆ **哈扎伊姆神庙(Hagar Qim)** 一组史前神庙,建于 5 000 多年前。传说哈扎伊姆是"大石头"的意思。神庙有很多门,均由完整的大石头搭成,石上有雕刻和一些古代的书写符号。

 亲身体验

礼节礼仪:

● 马耳他人热情好客,无任何种族歧视倾向,在国际场合行握手礼,采用国际通用的称谓,即称男士为"先生",称女士为"夫人"、"小姐""女士"。

饮食习惯:

● 各式各样的海产品很多,南欧温和的气候更使这里物产丰富,不但可以饱餐味美的海鲜菜肴,当地特产的葡萄酒、点心和各式蔬果也会令你大快朵颐。

● 马耳他的主要饮食以蔬菜和海产品为主,价格适中。

● 马耳他的啤酒也非常有名,每年 7 月底在此举行的国际美食和啤酒节,吸引了无数旅客的光临。

喜好:

● 喜欢海味,橄榄油面包和奶酪糕是最受欢迎的点心。

● 马耳他美食非常多样化,不仅有马耳他传统美食,还兼有意大利菜、阿拉伯风味餐和地中海及欧陆特有的美食。

● 作为为一些赢得奥斯卡奖电影提供拍摄场地的国家,马耳他人自然而然地喜欢电影。

主要节日			
新　年	1 月 1 日	独立纪念日	9 月 21 日
圣保罗船难纪念日	2 月 10 日	圣灵怀胎日	12 月 8 日
复 活 节	3 月底 4 月初	共和国日	12 月 13 日
国 庆 日	3 月 31 日	圣 诞 节	12 月 25 日
守护圣人节	4 月到 9 月		

友情链接

新闻出版:主要报刊有《地平线》、《祖国报》、《时报》。马耳他电视台为国家电视台,还有工党开设的电视台——超级一台。私营有线电视台以播放娱乐性节目为主。

软性石灰岩：是马耳他的特产。这种岩石非常奇妙，人们称它为"奇特的马耳他石头"。它在地下埋藏时，含水量大，性质很软，可刻、可锯、可刨，甚至用指甲都可划出印痕，当石块里的水分被晾干后，就成了坚硬的石头，再也不能轻易地把它切开了。在马耳他的城市里，到处可以见到用这种石块建造的房屋。这些石块，不但供国内使用，同时还向国外出口。

美洲经济地理篇

北　美　洲

◆ **名称**　北亚美利加洲,简称北美洲。

◆ **位置**　位于西半球北部,东接大西洋,西临太平洋,北濒北冰洋,南以巴拿马运河为界与南美洲相分。

◆ **面积**　2422.8万平方千米(包括附近岛屿),约占世界陆地总面积的16.2%,是世界第三大洲。

◆ **地理区域**　分为东部山地和高原区、中部平原区和西部山地和高原区。

◆ **人口**　5.29亿(2008年),约占世界总人口的8%。全洲人口分布很不均衡,绝大部分分布在东南部地区,其中以纽约附近和伊利湖周围人口密度最大,每平方千米在200人以上;而面积广大的北部地区和美国西部内陆地区人口稀少,每平方千米不到1人。大部分居民是欧洲移民的后裔,其中以盎格鲁撒克逊人最多,其次是印第安人、黑人、混血种人,此外还有因纽特人、波多黎各人、犹太人、日本人和华人等。

◆ **语言**　通用英语、西班牙语,其次是法语、荷兰语、印第安语等。

◆ **宗教**　居民主要信基督教和天主教。

◆ **自然环境**　北美洲大陆北宽南窄,略呈倒置梯形,大陆海岸线长约6万千米。西部的北段、北部和东部海岸比较曲折,多岛屿和峡湾;南半部海岸较平直。岛屿多分布在北部和南部,总面积大约为400万平方千米,为岛屿面积最大的洲。格陵兰岛面积约218万平方千米,是世界第一大岛。

北美洲大陆地形可分为3个明显不同的南北纵列带:第一,东部山地和高原。圣劳伦斯河谷以北为拉布拉多高原,以南是阿巴拉契亚山脉,地势南高北低,北部海拔300~600米,南部海拔在1 000~1 500米之间,主峰米切尔山海拔2 037米。阿巴拉契亚山脉东侧沿大西洋有一条狭窄的海岸平原,西侧逐渐下降,与中部平原相接。第二,中部平原,位于拉布拉多高原、阿巴拉契亚山脉与落基山脉之间,北起哈得孙湾,南至墨西哥湾,纵贯大陆中部。平原北半部多湖泊和急流,南半部属密西西比河平原,平原西部为世界著名的大草原。第三,西部山地和高原,属科迪勒拉山系的北段,从阿拉斯加一直伸展到墨西哥以南,主要包括 3 条平行山地:东带为海拔 2 000～3 000 米以上的落基山脉,南北延伸 5 000 千米,是北美洲气候上的重要分界线;西带南起美国的海岸山岭,向北入海,形成加拿大西部沿海岛屿,海拔为 1 000～1 500 米;中带包括北部的阿拉斯加山脉、加拿大的海岸山脉、美国的内华达山脉和喀斯喀特岭等等。阿拉斯加的麦金利山海拔 6 193 米,为北美洲最高峰。东带和中带之间为高原和盆地,盆地底部海拔 1 300～1 800 米。盆地南部的死谷低于海平面 85 米,为西半球陆地的最低点。

北美洲的大河,除圣劳伦斯河外,均发源于落基山脉。落基山脉以东的河流分别流入大西洋和北冰洋,以西的河流注入太平洋,按河流长度依次为密西西比河、马更些河、育空河、圣劳伦斯河、格兰德河、纳尔逊河等。北美洲是多湖的大陆,淡水湖面积之广居各洲的首位。中部高平原区的五大湖,是世界最大的淡水湖群,有“北美地中海”之称,其中以苏必利尔湖面积最大,其次为休伦湖、密歇根湖、伊利湖、安大略湖。

◆ 气候 北美洲地跨热带、温带、寒带,气候复杂多样。北部在北极圈内,为冰雪世界;南部加勒比海虽受赤道暖流之益,但有热带飓风侵袭。大陆中部广大地区位于北温带,由于西部山地的阻挡,来自太平洋的湿润西风不能深入内地,所以大部分地区的降水来自东南方的大西洋,空气湿润,降水量从东南向西北逐渐减少,东南部大部分地区年平均降水量在 1 000 毫米以上,平原的西北部和落基山脉以西在 500 毫米以下,太平洋沿岸迎西风的地区降水量剧增,有的地方年平均降水量约在 2 000 毫米以上。加拿大的北部和阿拉斯加北部边缘属寒带苔原气候,加拿大和阿拉斯加南部地区多属温带针叶林气候。美国的落基山脉以东地区属温带阔叶林气候和亚热带森林气候。西部内陆高原多属温带草原气候。太平洋沿岸的南部属亚热带地中海式气候。

◆ 自然资源 北美洲矿物资源丰富,主要有石油、天然气、煤、硫磺、铁、铜、镍、铀、铅、锌等。北美洲的森林面积约占全洲面积的 30%,约占世界森林总面积的 18%,主要分布在西部山地,盛产黄杉、红杉、巨杉、铁杉等,南部出产红木等优质木材。草原面积占全洲面积 14.5%,约占世界草原面积的 11%。北美洲可开发的水力资源蕴藏量约为 24 800 万千瓦,占世界水利资源蕴藏量的 8.9%。北美洲沿海渔场的面积约占世界沿海渔场总面积的 20%,盛产鲑、鲽、鳕、鲭、鳗、鲱、沙丁、比目、萨门等鱼类,在加拿大东部边缘海区还出产鲸。北部沿海有海象、海豹以及北极熊等。加勒比海、纽芬兰附近海域是世界著名的渔场。

◆ 经济概况 北美洲是世界工业发达的地区之一,农业生产的专门化、商品化和机械化程度很高。采矿业规模较大,主要开采煤、原油、天然气、铁、铜、铅、锌、硫磺等,而锡、锰、钴、铝、金刚石、钽、铌等重要战略原料几乎全部或大部靠进口。主要工业品产量在世界总产量中的比重:铸铁、钢、铜、锌等均占 20% 左右,铝占 40% 以上,铅占 26% 左右,汽车约占 37%。北美洲中部平原是世界著名的农业区之一,农作物以玉米、小麦、稻子、棉花、大豆、烟草为主,大豆、玉米、小麦产量在世界农业中占重要地位。

南 美 洲

◆ **名称** 南亚美利加洲,简称南美洲。

◆ **位置** 位于西半球的南部,东濒大西洋,西临太平洋,北濒加勒比海,南隔德雷克海峡与南极洲相望,以巴拿马运河为界同北美洲相分。

◆ **面积** 约1 794万平方千米(包括附近岛屿),约占世界陆地总面积的12%。

◆ **地理区域** 从地理区域上划分为:南美北部诸国,包括圭亚那、苏里南、法属圭亚那、委内瑞拉和哥伦比亚。安第斯山地中段诸国,包括厄瓜多尔、秘鲁、玻利维亚。南美南部诸国,包括智利、阿根廷、乌拉圭、巴拉圭。南美东部国家巴西,面积约占大陆总面积的一半。

◆ **人口** 3.7亿(2005),约占世界总人口的5.6%。人口分布不平衡,西北部和东部沿海一带人口稠密,广大的亚马孙平原是世界人口密度最小的地区之一,每平方千米不到1人。人口分布的另一特点是人口高度集中在少数大城市。民族成分比较复杂,有印第安人、白人、黑人及各种不同的混血型,以印欧混血型最多。在3亿多人口中,白人最多,其次是印欧混血型和印第安人,黑人最少。

◆ **语言** 印第安人用印第安语,巴西的官方语言为葡萄牙语,法属圭亚那官方语言为法语,圭亚那官方语言为英语,苏里南官方语言为荷兰语,其他国家均以西班牙语为官方语言。

◆ **宗教** 居民绝大多数信天主教,少数信基督教。

◆ **自然环境** 大陆海岸线长约28 700千米,比较平直,多为与山脉走向一致的侵蚀海岸,缺少大半岛和大海湾,岛屿也不多,主要分布在大陆南部沿海地区。南美洲大陆地形可分为3个南北向纵列带:西部为狭长的安第斯山,东部为波状起伏的高原,中部为广阔平坦的平原低地。南美洲海拔300米以下的平原约占全洲面积的60%,海拔3 000米以上的高原和山地约占全洲面积的7%,全洲平均海拔600米。安第斯山脉由几条平行山岭组成,山体最宽处达400千米,全长约8 900千米,大部分海拔3 000米以上,是世界上最长的山脉,也是世界最高大的山系之一。安第斯山脉有不少高峰海拔6 000米以上,其中阿空加瓜山海拔6 960米,是南美洲最高峰。南美洲东部有宽广的巴西高原、圭亚那高原,其中巴西高原面积500多万平方千米。南部则有巴塔哥尼亚高原。南美洲平原自北而南有奥里诺科平原、亚马孙平原和拉普拉塔平原,其中亚马孙平原面积约560万平方千米,是世界上面积最大的冲积平原,地形坦荡,海拔多在200米以下。

南美洲水系以科迪勒拉山系的安第斯山为分水岭,东西分属大西洋水系和太平洋水系。太平洋水系源短流急,且多独流入海;大西洋水系的河流大多源远流长、支流众多、水量丰富、流域面积广。其中,亚马孙河是世界上最长、流域面积最广、流量最大的河流之一,其支流超过 1 000 千米的有 20 多条。南美洲水系内流区域很小,内流河主要分布在南美西中部的荒漠高原和阿根廷的西北部。南美洲除最南部外,河流终年不冻。南美洲多瀑布,安赫尔瀑布落差达 979 米,为世界落差最大的瀑布。南美洲湖泊不多,安第斯山区的荒漠高原地区多构造湖,如的的喀喀湖、波波湖等;南部巴塔哥尼亚高原区多冰川湖;内流区多内陆盐沼。西北部的马拉开波湖是最大的湖泊。

◆ **气候**　南美洲大部分地区属热带雨林和热带草原气候。气候特点是温暖湿润,以热带为主,大陆性不显著。全洲除山地外,冬季最冷月的平均气温均在 0℃ 以上,占大陆主要部分的热带地区平均气温超过 20℃。大部分地区夏季最热月平均气温介于26～28℃ 之间。各地气温的年较差较小。全洲降水充沛,年降水量在 1 000 毫米以上的地区约占全洲面积的 70% 以上,为各洲中沙漠面积较小的一大洲。

◆ **自然资源**　南美洲矿物资源丰富,有石油、铁、各种铁合金元素、有色金属、贵重金属,以及硝石、工业用的天然水晶、片云母等。其中尤以委内瑞拉的石油和天然气,巴西高原的铁、锰、天然水晶,圭亚那高原东北部苏里南的铝土矿、安第斯山区的铜、硝石等最具重要意义。铋、锑、银、铍、硫磺、锡、汞、铂、锂、铀、钒、锆、钍、金刚石等矿物储量也很丰富。

森林面积约占全洲总面积的 50% 以上,约占世界森林总面积的 23%,盛产红木、檀香木、铁树、木棉树、巴西木、香膏木、花梨木等贵重林木。草原面积约占全洲总面积的25%,占世界草原总面积的 14% 多。水力蕴藏量估计为 46 700 万千瓦,约占世界水力蕴藏量的 16.9%;已开发的水力资源为 560 万千瓦,约占世界水力资源总开发量的3.6%。南美洲沿海水产资源极为丰富,智利沿海盛产沙丁鱼、鳕和鲸,巴西、阿根廷沿海盛产鲈、鲻、鲽、鲭、鳕等鱼类,秘鲁沿海、巴西沿海为南美洲两大渔场。

◆ **经济状况**　南美洲各国经济发展水平和经济实力相差悬殊。巴西和阿根廷为经济最为发达的国家,加之委内瑞拉、哥伦比亚、智利和秘鲁,六国国内生产总值占全洲的 90% 以上。采矿业是南美洲的传统工业部门,金、银、铜、锡等贵重金属和有色金属开采历史悠久,不少矿物开采量在世界上占有重要地位。智利的铜和硝石、玻利维亚的锡和锑、巴西的铁和锰、委内瑞拉的原油产量,大多居世界前列或占重要地位。制造业是南美经济中发展最快的部门,钢铁、汽车、化工、橡胶、电器、金属制品、机械设备等部门已具相当实力。巴西的钢产量和汽车生产量已进入世界产量大国的行列。轻工业是南美多数国家制造业的主体,以肉类加工、制糖、饮料、皮革、纺织、服装、制鞋较为发达。南美洲土地辽阔,水热条件优裕,农业生产的潜力很大,盛产甘蔗、香蕉、咖啡、可可、橡胶、金鸡纳霜、剑麻、木薯等热带、亚热带农林特产,产量均居世界前列。其中,巴西的咖啡和香蕉产量均居世界第一位,巴西的可可产量居世界第三位,剑麻的产量也占重要地位;秘鲁的捕鱼量、鱼粉、鱼油产量,阿根廷的肉类产量均居世界前列。

美 国

(The United States of America)

美国具有高度发达的现代市场经济,其劳动生产率、国内生产总值和对外贸易额均居世界首位,有较为完善的宏观经济调控体制。美国是世界上最大的消费市场。

美国有丰富的旅游资源,也是旅游业非常发达的国家。科罗拉多大峡谷的雄伟、尼亚加拉大瀑布的气势、好莱坞的浪漫、迪斯尼乐园的轻松、赌城拉斯维加斯的辉煌等等,每年都吸引着数以万计的游客来到美国,此外还有五大湖区、夏威夷、佛罗里达大沼泽地、胡佛水坝等,令人神往不已。

数据DATA

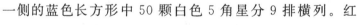

国名: 美利坚合众国。

国旗: 星条旗,由 7 条红色、6 条白色共 13 道宽条组成,靠旗杆一侧的蓝色长方形中 50 颗白色 5 角星分 9 排横列。红色象征强大和勇气,白色象征纯洁和清白,蓝色象征警惕、坚韧不拔和正义。

国徽: 白头鹰。它是力量、勇气、自由和不朽的象征,顶冠中镶着象征美国最初 13 个州的 13 颗 5 角星,鹰爪抓着橄榄枝和箭,象征着和平和武力,鹰嘴叼着的绶带上用拉丁文写着"合众为一"。

国歌:《星光灿烂的旗帜》。

国花: 玫瑰。

国鸟: 白头鹰(兀鹰)。

面积: 约 937.26 万平方千米,仅次于俄罗斯、加拿大和中国,为世界第四位。

人口: 2.83 亿(2001 年),其中白人占 80%,拉美裔占 15%,非洲裔占 13%,亚裔占 4.4%。

国语: 通用英语。

宗教：居民多信奉基督教新教和天主教。

首都：华盛顿哥伦比亚特区（Washington D.C.）。

出行贴士

国际电话区号	001	汇　率	CNY1＝USD0.15
东部时区 ET	＋13 小时＝北京时间	夏 时 制	4月第一个星期日
中部时区 CT	＋14 小时＝北京时间		—
山岳时区 MT	＋15 小时＝北京时间		10月最后一个星期日
太平洋时区 PT	＋16 小时＝北京时间		
阿拉斯加/夏威夷时区	＋18 小时＝北京时间		
应急电话	救急消防警察911	电话查询	411
电　压	110伏	最佳季节	6—9 月

 遥望美国

1. 地形

美国在地形上分为 3 个纵列带。

阿巴拉契亚山脉位于大西洋沿岸平原西侧，基本与海岸平行，长约 2 300 多千米，海拔 1 000～1 500 米，由几条平行山脉组成。内地平原呈倒三角形，北起美国与加拿大边界，南达大西洋沿岸平原的格兰德河一带。西部山系由西部两条山脉所组成，东部为落基山脉，西部为内华达山脉和喀斯喀特山脉。西部山间高原由科罗拉多高原、怀俄明高原、哥伦比亚高原与大峡谷组成，为美国西部地质构造最复杂的地区。大峡谷位于亚利桑那州西北部，由一系列迂回曲折、错综复杂的山峡和深谷组成，气势雄伟，岩壁陡峭，为世界上罕见的自然景观。阿拉斯加州的麦金利山海拔 6 193 米，是全国最高峰。

2. 河湖

美国河流湖泊众多，水系复杂，总体上分为 3 大水系：位于落基山以东的注入大西洋的河流都称为大西洋水系，主要有密西西比河、康涅狄格河和赫得森河，其中密西西比河全长 6 020 千米，长度居世界第三位。注入太平洋的河流为太平洋水系，主要有科罗拉多河、哥伦比亚河、育空河等。北美洲中东部的大湖群包括苏必利尔湖、密歇根湖、休伦湖、伊利湖和安大略湖，总面积 24.5 万平方千米，为世界最大的淡水水域，素有"北美地中海"之称，其中密歇根湖属美国，其余 4 湖为美国和加拿大共有。苏必利尔湖为世界最大的淡水湖，面积在世界湖泊中仅次于里海而居世界第二位。世界著名的尼亚加拉大瀑布，就位于伊利湖与安大略湖连接处，这里建有大型的水电站。

3. 气候

美国本土大部分地区属温带和亚热带气候。阿拉斯加州位于北纬 60 至 70 度之间,属北极圈内的寒冷气候区;夏威夷州位于北回归线以南,属热带气候区。

4. 资源

美国的农业、矿产和森林资源丰富。美国农业用地(耕地和牧地)约为 4.3 亿公顷,占地球全部农业用地的 10% 左右,粮食产量占世界总产量的 1/5,主要农畜产品如小麦、玉米、大豆、棉花、肉类等产量均居世界第一位。

美国的铁矿石、煤炭、天然气、铅、锌、银、铀、钼、锆等产量均居世界前列,但战略资源如:钛、锰、锡、钴、铬、镍等则主要依赖进口。煤炭的总储量为 35 996 亿吨,石油总储量为 240 多亿吨,天然气储量为 56 034 亿立方米。

美国拥有 18 亿公顷的森林,占全国土地总面积的 31.5% 左右,主要树种有美洲松、黄松、白松和橡树类。

走遍美国

1. 位置

美国位于北美洲南部,领土包括北美大陆南部本土和西北部的阿拉斯加以及太平洋中部的夏威夷群岛,北与加拿大接壤,南靠墨西哥及墨西哥湾,东临大西洋,西濒太平洋,海岸线总长达 22 680 千米,海洋交通便利,分 10 大地区:新英格兰地区、中央地区、中大西洋地区、西南地区、阿巴拉契亚山地区、高山地区、东南地区、太平洋沿岸地区、大湖地区和阿拉斯加与夏威夷。

资 讯

50 个州的名称为:亚拉巴马、阿拉斯加、亚利桑那、阿肯色、加利福尼亚、科罗拉多、康涅狄格、特拉华、佛罗里达、佐治亚、夏威夷、爱达荷、伊利诺伊、印第安纳、艾奥瓦、堪萨斯、肯塔基、路易斯安那、缅因、马里兰、马萨诸塞、密歇根、明尼苏达、密西西比、密苏里、蒙大拿、内布拉斯加、内华达、新罕布什尔、新泽西、新墨西哥、纽约、北卡罗来纳、北达科他、俄亥俄、俄克拉荷马、俄勒冈、宾夕法尼亚、罗得岛、南卡罗来纳、南达科他、田纳西、得克萨斯、犹他、佛蒙特、弗吉尼亚、华盛顿、西弗吉尼亚、威斯康星、怀俄明。

2. 交通运输

美国是世界上交通运输业最发达的国家,门类齐全、技术先进。

(1)铁路运输:美国拥有铁路 41.2 万千米,约占世界铁路总长度的 35%,居世界第一位。铁路网分布很不平衡,北部密度最大,全国最大的铁路枢纽是芝加哥。

(2)公路客运:美国拥有以高速公路和国家干线公路为主的现代化公路运输网,全国公路总长度为 640 万千米,为世界上公路最长的国家,其中高速公路约 8.8 万千米,占世界高速公路总长度的 70% 以上。北部公路网比较集中。

(3)管道运输:美国管道运输总长度为 82 万千米,约有 70% 左右的石油由管道运输,石油产品也有 30% 由管道运输。管道运输采用自动化操作,可以从 1 000 千米以外用电脑监控,运输速度每小时 8～10 千米。

(4)水路运输:内河航运以密西西比河水系和 5 大湖水系为主体,内陆水运航道约 5 万千米,其中以密西西比河水系的货运量为最大,占全国内河货运总量的 60% 左右。美国的海运以近海运输为主,共有商船 6 000 余艘,合 2 000 万注册吨,远洋运输仅占海运总量的 1/3 左右。在美国大西洋沿岸和太平洋沿岸,都建有世界一流的深水港口。

(5)航空运输:无论在客货总运量、航空线路、机场设施和各种类型飞机的数量和质量方面,美国都明显超过世界上任何其他国家。2004 年全世界 30 个最繁忙机场有 17 个位于美国。

城市名	机场名称
华盛顿	国家机场、巴尔的摩、杜勒斯
纽　约	肯尼迪、拉加第、纽窝域
洛杉矶	洛杉矶
旧金山	旧金山、奥克兰、圣何塞

美国人

1. 人口

人口数量排名世界第三,2008 年常住人口约 3.04 亿。人口密度较低,平均为每平方千米 31 人,以东北部人口较为密集。城镇人口占人口总数的 81%。美国现有人口超过百万以上的城市 20 个,大部分集中在东北部和西部太平洋沿岸。

美国人基本上都是移民或是移民的后裔,印第安人、爱斯基摩人和夏威夷人都是较早安居在美国土地的民族。

2. 教育

教育曾被称为美国的宗教。今天,有 5 600 万以上的美国人在全国各种学校与大学受教育。全国 18～25 岁的人,有一半在念大学。

中小学文化教育主要由各州教育委员会和地方政府管理,学校分公立、私立,多数州实行 10 年义务教育,各州学制不一,大部分为小学 6 年、初中 3 年、高中 3 年。高等教育有两年制的初级学院和技术学院,4 年制的大学本科和 2～4 年的研究生院。

美国有 3 600 多所高等院校,各个院校的水平并不平衡。美国一些权威机构和媒体常对学校的水平给予评价,定期排列出排行榜,供学生选择学校时进行参考。

历史的脚步

1. 历史沿革

原为印第安人聚居地,15 世纪末西班牙、荷兰、法、英等国开始向北美移民。到 1773 年,英已在密西西比河以东建立 13 个殖民地。1775 年,在波士顿首先爆发独立战争,1776 年 7 月 4 日通过《独立宣言》,正式宣布建立美利坚合众国,1787 年制定联邦宪法,成立联邦政府,1788 年华盛顿当选为第一任总统。在 1776 年后的 100 年内,美领土几乎扩张了 10 倍。

2. 政治制度

美国是联邦制国家,各州拥有较大的自主权,包括立法权,实行三权分立的政治体制,立法、行政、司法三部门鼎立,并相互制约。国会是最高立法机构,由众议院和参议院组成。政府采用总统制,总统为国家元首、政府首脑兼武装部队总司令。总统选举每 4 年举行 1 次,可连任 1 次。最高司法机构为联邦最高法院,有权宣布联邦和各州的任何法律无效。主要政党有民主党和共和党。

 经济视角

美国作为独立国家的历史始于 1776 年,于 19 世纪 80 年代成为世界头号工业强国。美国在两次世界大战中获得很大利益,使经济急剧增长,成为世界上最发达的资本主义国家。

1. 经济的基本特征

(1)经济规模宏大。美国是世界上经济实力最强大的国家。2008 年国内生产总值 14334 万亿美元,人均国内生产总值 47 025 美元。

(2)部门结构完整。以知识技术密集型的产业和服务业为主。第三产业产值约占国民生产总值的 70% 以上,工业产值不到 30%,工业体系完整,同时拥有发达的农业体系,为世界上最大的农产品出口国。

(3)生产力水平高。按人口平均计算的主要工农业产品产量、占有的机械数量、动力的消费量等都高于其他发达国家,用于新技术的研究与开发的绝对金额和相对值均居世界前列。

(4)垄断程度高。财团控制了国家的主要生产部门,军工生产是国民经济的重要组成部分。土地面积超过 1 000 公顷的大农场只占全国农场总数的 8%,而拥有的土地面积却占全国的 62.4%。

(5)经济跨国性强。美国是世界上最大的对外投资来源国和最大外国投资接受国。2002 年,美国对外的国际直接投资流量(FDI)共 1235 亿美元,约占当年全球吸收国际直接投资总额的 16.5%。美元在战后取代英镑,成为国际金融体系中的支付和储备货币。在全球化战略的支持下,共有超过 3 万家跨国公司。按《财富》杂志统计,2003

年全球 500 强中美国就占了 160 家以上,其中最大的 10 家中美国占 5 家。

2. 主要产业部门及其分布

美国科技力量雄厚,特别在计算机、医药、航天及武器装备等领域,技术水平居世界领先地位。农业、矿产和森林资源丰富,在世界上占有举足轻重的作用。其农业主要为大型农场经营,机械化程度很高,主要分畜牧业和耕作业两大部分。畜牧业以养牛为主,农作物以玉米、小麦、大豆、棉花为主,粮食总产量约占世界总产量的 1/5,小麦、玉米、大豆等的产量位居世界前列。

工业发展地区集中,但分布不平衡。如在底特律及其周围五大湖区各州,集中了美国三大汽车公司:通用汽车公司、福特汽车公司和克莱斯勒汽车公司,其汽车产量和销售额均占全国总数的 80% 左右。飞机制造及航天业则集中在西雅图、洛杉矶等西部地区;高技术工业,如电子计算机、光纤通信、激光技术、生物工程等则集中在加利福尼亚州的硅谷周围地区。

在对外投资的产业方面,20 世纪 70 年代后期,美国海外投资由采掘和初级产品开发大量转移到制造业,除了纺织、水泥、耐用消费品等行业外,投资者对中间产品和资本货物,如化学、石油化工、工程设备及高新技术产业的兴趣更浓。近 10 年来,越来越多地投向拥有尖端技术和微电子、金融等高科技产业和服务业。

工 业	世界上工业最发达的国家,2008 年工业产值为 4 800 亿美元。
采矿业	能源开采约占矿业产值的 85%。 煤炭资源丰富,产量世界第二;石油储量居世界第 10 位,产量世界第二,石油加工能力稳居世界第一;海上采油发达,是仅次于英国和沙特的第三大海上采油国。 金属矿主要开采铁、铜、铝、锌、金、银等,其中铁矿居世界第五位。有色金属国内消费量大,仍需大量进口。
制造业	汽车、钢铁、建筑历来被称为美国工业的三大支柱。 汽车产量居世界第一位,"汽车城"底特律产量最多。 钢铁工业是传统工业,产量仅次于中国,主要分布在芝加哥、匹兹堡、布法罗、克力夫兰、纽约、伯明翰和休斯敦等地。 建筑业现代化程度很高,设计技术和管理水平居世界领先水平。 航空航天业是美国最有竞争力的工业,主要生产飞机、导弹、人造卫星、航天飞机。主要中心有:西雅图、洛杉矶、圣迭戈、纽约、巴尔的摩、达拉斯和休斯敦。休斯敦有"宇航城"之称。 化学工业发达,产值约占世界总量的 1/4,石油化工是美国发展最快,也是最大的化工部门。纽约是最大的医药、化妆品、燃料等产品的生产中心。化学工业主要由杜邦、联合碳化物公司、孟山等公司所控制。 食品工业是轻工业中最大的产业部门,主要从事肉类、谷物、水果加工和饮料、烟草等。 纺织、制鞋、皮革等轻工业逐渐转移到发展中国家,服装、鞋类需要进口。

续　表

工　业	世界上工业最发达的国家,2008 年工业产值为 4 800 亿美元。
高技术产业	第一大产业,对 GDP 增长的贡献接近 1/3,包括:微电子技术、电脑软件、机器人、通信设备、计算机辅助设计、光纤技术、超导研究、生物工程等。目前美国占据世界电子计算机市场的 60%,以软件霸主微软公司和芯片制造商英特尔公司为代表的信息产业,取代了三大汽车公司的地位,成为新型产业和新的经济增长点。

农业	农业超级大国,世界最大的农产品出口国。
农场总收入	农场每年生产价值 900 亿美元的农产品。
种植业	生产高度社会化和专业化,农业生产率高。全国分为几个农作物带:乳畜带、玉米大豆带、小麦带、棉花带、亚热带作物带、放牧和灌溉农业区。 玉米:2.48 亿吨,占世界总数的 41.9%,世界第一; 大豆:7 400 万吨,占世界总数的 48%,世界第一; 小麦:6 900 万吨,占世界总数的 11.8%,世界第二; 棉花:410 万吨,占世界总数的 17%,世界第二。 农产品 1/3 可供出口。
畜牧业	主要是养牛、养鸡和养猪。

贸易大看台

美国是世界上最大的商品和服务贸易国。2007 年,美国商品和服务贸易总额为 39 652 亿美元,出口 16 284 亿美元,进口 23 369 亿美元,位居世界第一。其中服务贸易进出口总额达到约 8 514 亿美元,是世界上最大的服务贸易进出口国。

第二次世界大战后,美国的资本输出一直维持在很高的水平上,成为世界上最大的资本输出国,同时也是吸收外国投资最多的国家。

1. 国际贸易地区结构

2007 年,美国主要的贸易伙伴分别是加拿大、中国、墨西哥、日本、德国、英国、韩国、法国、中国台湾、韩国。

发展中国家是美国工业制成品和农产品的销售市场,也是原材料和战略物资的供应地,与发展中国家的贸易一般占其贸易总额的 1/3。

2. 进出口货物构成

美国主要出口商品为:化工产品、机械、汽车、飞机、电子信息设备、武器、食品、药品、饮料等。主要进口商品是:食品服装、电子器材、机械、钢材、纺织品、石油、天然橡胶以及锡、铬等金属。

制成品进口占美国总进口的比重一直维持在80%以上,其次分别为矿物原料、农产品和其他物品。

3. 对外贸易市场特点

(1)市场容量大、变化快。美国是世界上最大的消费市场,高收入、高消费,很少储蓄,私人用品淘汰非常快。美国人喜欢猎奇,赶时髦,出口商品一定要赶上流行势头,不断更新产品。

美国劳动密集型的消费品生产多已转移到其他国家和地区,因此对日用消费品,从服装、鞋类、服装到日用小家电,需求量大。

(2)美国市场的接纳性很强。美国社会是一个大熔炉,其人口多是来自不同种族、不同国家的移民。同时,由于美国贫富差别较大,高低收入阶层均是相当可观的消费群体,因此来自世界各地的各种档次的产品在美国均有需求。

(3)美国市场是法规健全、规范有序的市场,一切都需依法律行事,有一套复杂而周密的销售渠道与网络。

(4)美国市场对产品质量的要求高。由于美国市场竞争激烈以及美国国内对产品质量的严格管理,因此对进入美国市场产品的质量要求非常严格。美国人最关心的是商品质量,其次是包装,最后才想到价格。

(5)美国市场的季节性较强。美国市场对各种商品的需求均有较强的季节性,通常分春季(1—5月)、夏季(7—9月)和节日季(11—12月)。每个季节都有商品换季的销售高潮,如感恩节(11月底)开始便是美国人冬季节日购物的季节,特别是圣诞节,是美国商品全年销售旺季。进口商进口订货均根据其国内销售季节来组织。

4. 中美经贸关系

自1979年1月1日,中美两国建立正式外交关系以来,双边经贸关系虽受两国总体关系的影响,经历了一些波折,但长期以来一直保持较快发展速度。

据中国海关统计,2006年中美贸易总额达2 626.8亿美元,其中中国对美出口2 034.7亿美元,自美进口592.1亿美元。美国和中国互为第二大贸易伙伴,美国是中国第一大出口市场。中国自美国进口的主要商品有农产品、飞机、电站设备、石油设备、电子产品、化工产品和机械设备等;中国向美国出口的主要产品有鞋类、服装、玩具、家电、普通机床、五金产品、灯具和家具等。

在对华投资的170多个国家和地区中,美国不论是资金投入水平、技术水平,还是资本运营水平,均居领先地位,投资涉及各个领域,包括金融、保险、外贸、会计、货运代理等试点行业。截至2006年底,美商在华投资项目累计达52 211个,协议投资金额为1 241.6亿美元,实际投入539.6亿美元,居世界各国在华投资第一位。通用、杜邦、施乐、克莱斯勒、摩托罗拉、福特等超级跨国公司都在中国设立了合资或独资企业。近年来,美商开始注重基础设施和一些长线项目的投资,对能源、交通等基础设施表现出浓厚的兴趣,对机场、地铁、电话、高速公路、石油勘探开发等方面的开发项目积极参加,同时尝试全方位的投资,如投资银行、金融机构、保险公司、零售业、服务业。

中美贸易也存在一些不容忽视的问题。一方面,中美贸易进出口不平衡,美国对中国出口管制不合理,多年来采取歧视性出口管制政策,对出口到中国的"受控商品"在"最终用户"、"最终用途"实施许可前检查和售后核实,实施24小时现场监控、随时抽样检验等;另一方面,美国仍把中国看成计划经济国家,美国频繁发起的反倾销诉讼限制了双边贸易的发展,还为了政治问题在经贸往来上对我国施加压力。

美国之旅

美国是"旅游经济"大国,自然环境十分优越,旅游资源相当丰富,既有高大的山地、广阔的草原,又有众多的河流和湖泊、多样的气候和世界一流的现代化建筑。主要的旅游城市有华盛顿、纽约、洛杉矶、旧金山等。

1. 主要城市及其景区景点

(1) 华盛顿哥伦比亚特区(Washington DC):美国首都,是名副其实的世界政治中心,为法国名建筑师皮埃尔·朗法设计。这座城市的所有机构,包括白宫、国会大厦都向一般游客开放。漫步街头,随处可见翠绿的植物和洁白的楼群。特区内拥有世界最大的博物馆群(共15个,取名为史密森学会,入场免费),搜集了全球和全人类发展史上几乎所有文化遗产。

◆ **白宫** 美国总统宫邸,于1792年10月由华盛华总统亲临奠基,共有122个房间,分为东房、绿房、蓝房、红房和国家宴会厅。白宫东侧一楼的5个房间可供人们参观。美国参、众两院构成的国会就在这里举行会议。国会内天花板与墙壁上绘有以建国史为题材的壁画。

◆ **国会大厦** 白色大圆顶的国会大厦通常被视作城市的象征。其南侧为众议院,北侧为参议院。

◆ **华盛顿纪念碑** 为纪念第一任美国总统乔治·华盛顿而兴建。碑高555英尺(169.3米),是世界上最高的石质建筑(特区规定,不得建造高度超过此碑的建筑),内部中空,153米高度上设有瞭望台,乘电梯70秒可直达塔顶。

◆ **杰佛逊纪念堂** 为纪念杰弗逊总统而兴建。整个建筑物呈圆柱状,象征杰弗逊总统完整的人格。纪念堂内铸有5.8米高的杰弗逊总统青铜像,内壁上刻着由他起草的《独立宣言》的一部分和表明他政治理念的言辞。

◆ **林肯纪念堂** 为纪念林肯总统而兴建,是一座仿照古希腊巴特农神庙式的古建筑。纪念堂内正中是一座高达5.8米的林肯坐像,由28块白色大理石砌成。纪念堂的内壁上刻着《葛底斯堡演说》的内容"民有、民治、民享"。

◆ **国会图书馆** 世界上藏书量最大的图书馆,馆藏1.15亿册,并且每分钟新增资料10件,其中珍品包括《戈登堡圣经》,是世界上最早以活字印刷的《圣经》,现在全世界仅存3本。

(2) 纽约(New York):第一大城市和最大海港,别名大苹果,美国的商业、金融和贸易中心。以曼哈顿区为中心,它包括5个行政区。主要的观光景点和娱乐场所都集中在曼哈顿区。中城（Midtown）有著名的帝国大厦、第 5 大道、洛克菲勒中心华尔街（the Wall Street）；下城（Lower Town）是全球经济中心；上城为休闲娱乐中心。

◆ **帝国大厦**　是一座 102 层现代化办公大楼，地上建筑高度达 381 米。在第 86 楼上和 102 楼上设有展望台，天气晴朗时，可以眺望周围 100 千米远的景色。

◆ **自由女神像**　位于纽约湾的自由女神岛上，高约 46 米，底层为历史博物馆，可以乘电梯到达 10 层楼高的瞭望台，也可以从台阶攀缘而上 22 层楼，直到女神像的王冠尖顶。

◆ **洛克菲勒中心**　以金色的普罗米修斯而闻名的大型商业办公楼综合区，21 栋大楼林立，每天在这里上班的职员约 6.5 万人。

◆ **联合国总部**　位于曼哈顿区第一号街与东河之间占地 7 公顷的地段，是一块不属任何国家的"国际领土"。

◆ **华尔街**　是纽约曼哈顿一条大街的名字，长不超过 1 英里，宽仅 11 米。它是美国一些主要金融机构的所在地。世界最大的银行大厦，纽约股票交易所、美国股票交易所，以及国立纪念馆、联邦厅等，都在这条街上。华尔街是金融和投资高度集中的象征。

◆ **世界贸易中心遗址**　包括 2 栋外观完全相同的总高 110 层的双塔大楼（Twin Towers）和 4 个低层大楼（2 个 Plaza 大楼和美国海关大楼、Vista 国际饭店），1973 年完成。楼高 420 米，大楼表面以铝覆盖，一有阳光照射便熠熠生辉。2001 年 9 月 11 日，双塔大楼遭恐怖分子袭击后，1、2 号双塔楼及 7 号楼房被毁。

◆ **大都会艺术博物馆**　同英国的大不列颠博物馆、法国的卢浮宫并称世界三大艺术殿堂。红砖灰岩的建筑收集了 5 000 年人类文明史上的宝贵遗产，其中的欧洲美术部分和埃及美术收藏品都是世界上数一数二的。

（3）芝加哥（Chicago）：美国第三大都市，是典型的美国式都市，既是商业中心，又是交通要塞。

◆ **西尔斯大厦**　总共 110 层，高达 1 454 英尺（443 米）。从地面 1 层到第 103 层，有快速专用电梯直达，供游客鸟瞰整个芝加哥市；夜间登高远眺，迷人的夜景则会给人带来另一番感觉。

◆ **水塔**　始建于 1867—1869 年，所蓄水源来自密歇根湖，是 1871 年芝加哥大火中唯一幸免于难的公共建筑物，现已成为城市的象征。

◆ **商品市场**　位于芝加哥河北岸的 18 层楼建筑物，其规模仅次于五角大厦。在市场内出售的商品，自家具到机械，种类达 100 万种以上。

◆ **斐尔德自然史博物馆**　馆藏品有 1 600 万件以上。恐龙的骸骨、古代埃及的木乃伊、玛雅帝国的出土文物等，极为珍贵。

◆ **芝加哥期货交易所**　目前世界上规模最大的期货交易所，有会员 2 100 人，主要上市商品分成农、矿相关产品及其他金融商品。

◆ **林肯公园**　位于密歇根湖边，占地 480 公顷，是芝加哥最大的公园。园内有林肯、歌德、莎士比亚、贝多芬等塑像，还有动物园等设施。

(4) 旧金山(San Francisco)：美国西部最早开发的都市,它是早期华人集居的地方,因此亦称为"大埠"。整个城市小巧玲珑又很美丽,环山抱海,充满了诗情画意。它是美国太平洋岸的大商港,也是美国西部的金融中心。

◆ **金门大桥** 城市象征,被誉为全世界最美丽的桥梁。它横跨金门海峡,全长 2 789 米,可承受时速 100 英里的大风,在浓雾或夕阳的掩映下,气势雄伟。整座桥为鲜艳的砖红色。

◆ **渔人码头** 过去是意大利渔夫的停泊码头,如今是旧金山市最热门的去处。巨蟹标记是渔人码头的象征。

◆ **联合广场** 商业中心,购物者的天堂。以美西战争胜利纪念塔为中心,周围有美丽的花坛。

◆ **中国城** 美国最古老、规模最大的中国城,有中国牌楼。都板街是观光街,斯多克顿街则是老百姓购物的地方。

(5) 洛杉矶(Los Angeles)：美国第三大都市,著名旅游城市,位于充满阳光的西海岸。

◆ **迪斯尼乐园** 所在的阿纳海姆(Anaheim)市位于洛杉矶与圣迭戈之间,是当今世界各地迪斯尼乐园的祖师爷,也是名副其实的梦幻天堂,建于 1955 年。2001 年新建了迪斯尼加州冒险乐园,两个主题公园至少得花两天时间游玩。迪斯尼乐园内主要由"美国主街"、"边疆乐园"、"老鼠卡通城"、"梦幻乐园"、"未来世界"、"动物王国"、"冒险乐园"、"新奥尔良广场"等 8 个主题区域构成;迪斯尼加利福尼亚冒险乐园主题是加利福尼亚梦想,分为 3 个主题区：旧金山的黄金州桥、农家乐园、好莱坞电影世界。

◆ **好莱坞** 位于市区西北郊,是世界电影的"梦之厂",举世闻名的电影之都。1908 年好莱坞拍出最早的故事片之一《基度山恩仇记》,1911 年在此成立了第一家电影公司,到 1928 年已形成派拉蒙等"八大影片公司"。区内名胜有"好莱坞碗"(天然圆形剧场)、"朝圣者"圆形剧场、希腊剧院、中国剧院、加利福尼亚艺术俱乐部等。名人大道、日落大道、派拉蒙电影制片厂和好莱坞环球影城,都是最吸引人的去处。

◆ **贝弗利山庄** 闻名遐迩的高级住宅区,街道美丽,始终保持幽静的气氛。

(6) 费城(Philadelphia)：美国第五大城市,是起草与通过《独立宣言》的地方。

◆ **国家独立历史公园** 被誉为"合众国诞生地",《独立宣言》在这里通过了表决,第一届国会也在这里召开,有卡彭特大厅、独立大厅、自由之钟亭等许多地方值得一看。

◆ **艾尔弗兰斯巷** 是一条幽静的石铺小巷。两边房屋是建于 1728—1836 年间的美国最古老的住宅(约 30 幢)。

(7) 休斯敦(Houston)：以得克萨斯州的英雄萨姆·休斯敦的姓氏而命名,是全美医疗、航空机械及飞机制造业中心。

◆ **休斯敦航天中心**　自从 1969 年 7 月 20 日人类登上月球实验成功以来,宇航研究倍受世人瞩目。这里是阿波罗计划、空间轨道计划等美国国家航天和航空局(NASA)的主要计划中心。

◆ **天穹体育场和六旗太空世界游乐园**　可以容纳 7.6 万人,是世界上第一座室内球场,现在是美国职业棒球大联盟休斯敦太空人队的大本营。体育场对面就是州内最大的游乐园——太空世界游乐园,里面有 100 种以上的游乐设施和现场表演。

(8) 拉斯维加斯 (Las Vegas):位于内华达州东南角,1946 年出现大型赌场,20 世纪 50 年代发展为以赌博为特色的著名游览地,有"赌城"之称,60 年代开辟出了沙漠疗养区。城市经济主要依赖旅游业,每年接待游客约 1000 万。繁华商业街分为:高档饭店和赌场林立的斯觉普区(The Strip)和闹市区(Downtown)。每年 5 月的赫尔多拉多节,居民穿着古老的西部服装举行竞技表演和游行。

◆ **斯觉普区**　集中了大型主题饭店和赌场。每一个主题饭店不仅外观、内装修与主题相符,就连从业人员的服装也与主题一致。较有代表性的饭店有:曼德勒湾、卢克索、埃克斯卡伯利、纽约—纽约、蒙特卡罗、硬石饭店、阿拉丁等。

◆ **闹市区**　令人震撼的"弗里蒙特街经历",是一座异常吸引游客的娱乐场所。这里霓虹灯闪亮,常年使用中央空调,是舒适的步行者天国,每隔 1 小时有 1 次光的祭典,周围浮现各种映像,并有舞娘载歌载舞,全过程约 6 分钟。

◆ **观看表演**　主要有 3 种形式:免费表演(贝拉焦的喷水表演、金银岛的巴拉尼亚湾战争、海市蜃楼的喷火表演)、明星的实况音乐表演、制片厂运营的百老汇式表演(魔术和幻术表演水平世界一流)。

2. 其他著名景区

◆ **黄石国家公园**　是世界上第一个由政府主持开辟的国家公园,它以熊为象征。最吸引游客的是数以千计的温泉、喷泉和一座座泥山。在数不胜数的大小喷泉中,老忠实喷泉是其中最著名的,因为它每隔 65 分钟喷出 1 次,每次历时约 4 分钟,每次共喷出热水约 1 万加仑,高度达 40~50 米,水温 93℃。

◆ **尼亚加拉大瀑布**　居全球瀑布之冠,是世界著名的奇观。由两个主流汇合而成:一是宽 320 米、落差 55 米的"亚美利加瀑布",另一是宽 675 米、落差 52 米的"加拿大瀑布"。这两个瀑布奔腾交织在一起,从高达 35~58 米的峭壁上倾注而下,流入安大略湖,水流量为每秒钟 77.8 万加仑。架设在上面的桥梁,衔接着美国、加拿大两国,因为很多新婚佳偶都站在这座桥上远眺尼亚加拉瀑布,因而获得"新婚小径"的别名。在彩虹桥上可看到尼亚加拉瀑布的正面,景观之雄壮,无与伦比。

◆ **大峡谷国家公园**　经过几亿年岁月之剑的雕琢,加上科罗拉多河湍急水流的冲刷,大自然最终呈现给人类宏伟深沉的杰作。全长 460 千米的大峡谷,以科罗拉多河谷为界,分成南缘与北缘两部分。

◆ **迪斯尼世界**　1971 年在奥兰多的湿地建立起来的灰白色的辛德瑞拉城堡。总面积为 110 平方千米的迪斯尼世界本身就是一座小城,它分为:魔幻王国、未来世界、迪斯尼米高梅电影城、动物王国四部分。

◆ **夏威夷群岛**　世界著名的旅游胜地,以热带景观和火山景观著称于世,其中的瓦胡岛是世界著名的海滨旅游度假区;夏威夷火山国家公园有著名的冒纳罗亚和基拉韦厄两座活火山,奔腾汹涌的火山熔岩使公园颇具特色,已列入世界遗产名录。夏威夷首府檀香山(火奴鲁鲁)和珍珠港也都是著名旅游区。

亲身体验

礼节礼仪：

● 稍微与人碰撞就说"Sorry",以示歉意;给别人添麻烦或要求别人让开时常说"Excuse me"。

● 在邮电局及公用卫生间等公共场所要排队等候。

● 一般公共场所都禁烟,除了固定的吸烟场地外,也严禁边走边吸烟。

● 给老人和孕妇让座。

● 不论在什么场合,与人打招呼,先说声"Hi"或"Good Morning"。

● 在酒吧等允许饮酒的场所,要携带身份证明(允许饮酒的年龄一般为21岁以上),严禁在公园边走路边饮酒。

● 有些餐厅对着装有严格的要求,穿休闲装的人不得入内,特别是高级饭店,预订座位时最好确认一下对服装的要求。

饮食习惯：

　　美国人的饮食习惯也是一日3餐,但通常在中午吃快餐。

● 早餐时间,一般在早上8点。早餐简单,可能为果汁、麦片、烤面包及咖啡。美国人的早餐通常在家里吃,不过有时也借早餐之机讨论业务或筹款,称为"工作早餐"。商界及政界人物有时也和同事一起用早餐,从而开始一天的工作。

● 午餐时间通常是中午12点到1点或午后1点到2点,因为时间短,常常吃些蔬菜和三明治、汉堡包或者意大利馅饼(Pizza)、热狗,再加1杯饮料。

● 晚餐在傍晚6时左右开始,一般比较丰盛,通常先上一份果汁或浓汤,然后上主菜。多数美国人喜欢饭后吃甜食,如蛋糕、家常小馅饼或冰激凌等,最后再喝咖啡。美国多数家庭有在睡觉前吃些小吃的习惯,孩子们通常喝杯牛奶,吃块家常小甜饼;成年人睡前则吃些水果和糖果。

喜好：

● 偏爱白色(象征纯洁)、黄色(象征和平)、蓝色(象征吉祥)等鲜亮颜色;喜欢白色秃鹰图案(国鸟)和白猫图案(象征逢凶化吉)。

● 送礼讲究单数,包装讲究。收到礼物一定要马上打开和欣赏,并立即道谢。

● 盛行"女士优先"原则。

● 他们喜欢中国的淮扬菜、粤菜、川菜。

主要节日			
元　旦	1 月 1 日	劳　动　节	9 月第一个星期一
马丁·路德·金诞辰纪念日	1 月第三个星期一	哥伦布日	10 月第二个星期一
华盛顿诞辰	2 月第三个星期一	退伍军人日	11 月 11 日
阵亡将士纪念日	5 月最后一个星期一	感　恩　节	11 月的第四个星期四
独　立　日	7 月 4 日(1776)	圣　诞　节	12 月 25 日

友情链接

高等院校：

哈佛大学http://www.harvard.edu

麻省理工学院http://web.mit.edu

哥伦比亚大学http://www.columbia.edu

加利弗尼亚大学伯克莱分校http://www.unex.berkeley.edu

斯坦福大学http://www.stanford.edu

芝加哥大学http://www.uchicago.edu

乔治华盛顿大学http://www.gwu.edu/

耶鲁大学http://www.yale.edu

加州理工大学http://www.caltech.edu

普林斯顿大学http://www.princeton.edu

杜克大学http://www.duke.edu

新闻出版：《纽约时报》、《洛杉矶时报》、《华盛顿邮报》为美国最有影响的三大报纸。美联社是美国最大的通讯社。美国最大的全国性广播网是全国广播公司(NBC)、哥伦比亚广播公司(CBS)、美国广播公司(ABC)。

牛仔服：牛仔曾被誉为当年西进运动中的"马背英雄"。其实,牛仔裤虽然产生于美国,但并不是牛仔们的最先发明,也不是牛仔最典型的服装。当年牛仔的形象是：头戴墨西哥式宽边高顶的牛仔帽,身穿紧身、口袋多、紧束袖的牛仔衣,颈围鲜艳的大方巾,脚蹬长筒皮靴——牛仔靴。而今日流传的牛仔裤是 19 世纪 50 年代开始在美国西部出现的,它最初是为淘金工人发明的服装。

NBA：是 National Basketball Association 的缩写(国家篮球协会),成立于 1946 年 6 月 6 日,成立时名为 BAA,当时只有 11 支球队。1949 年,它吞并了当时的另外一个联盟(NBL),并改名为 NBA。1949—1950 赛季,NBA 共 17 支球队。1976 年 NBA 吞并了美国篮球协会(ABA),球队增加到 22 支。1980 年,达拉斯小牛队加入 NBA。1988 年,夏洛特黄蜂队和迈阿密热火队加入 NBA。1990 年奥兰多魔术队和明尼苏达森林狼队加入 NBA。1995 年两支加拿大球队多伦多猛龙队和温哥华灰熊队加入 NBA，使 NBA 的球队达到 29 支。

选举制度：美国总统选举实行间接选举制，首先由各州选民投票选出本州选举人（人数与本州国会议员人数相等），再由各州选举人同时在各州首府投票选举正、副总统。议员选举实行直接选举制，众议员由各州选民直接选举；参议员最初由各州议会选举，1913 年生效的第 17 条宪法修正案规定参议员也由各州选民直接选举。州长、议员和某些州的法官、重要行政官员都由选民选举产生。各级选举一般都由两党包办。

政党制度：采用两党制。美国宪法虽然没有规定政党地位，但政党是美国政治制度的重要组成部分，其影响渗透于各种政治制度。(1) 共和党，1854 年成立，1861 年林肯就任总统是共和党首次执政；(2) 民主党，1791 年成立，当时称共和党，1828 年改为民主党。两党的主要职能是操纵和包办选举，特别是总统选举。民主党和共和党两党长期轮流执政。美国政党除两大党外，还有绿党和改革党等，但它们都无法影响两大党轮流执政的地位。

通用汽车公司：美国主要工业垄断组织之一，世界汽车制造业中最大的跨国公司，总部设在密歇根州底特律市。主要的子公司有：英国的沃克斯霍尔汽车公司、德国的亚当·奥佩尔汽车公司、澳大利亚的通用—霍尔登汽车公司，还有巴西通用汽车公司、阿根廷通用汽车公司和南非通用汽车公司等。

微软公司：Nasdaq 代号为 MSFT，成立于 1975 年，是世界范围内个人和商业计算软件、服务和 Internet 技术的领导者，是世界个人电脑软件行业的领袖。公司为商业和个人应用，提供范围广泛的产品和服务。每个产品或服务的使命是让人们更简单、更愉快地利用日常个人计算的全部功能。

航天中心：美国航天发射中心包括卡纳维拉尔角发射场和范登堡空军基地。发射场纬度较低，向东发射火箭，可利用地球自转附加速度，有助于卫星入轨。自 1950 年 7 月首次发射"下士"火箭以来，先后发射了"宇宙神"火箭、"大力神"火箭、"土星 V"火箭等，囊括了美国所有向地球同步轨道发射的任务，还发射了"阿波罗"飞船、"天空实验室"及各种行星际探测器。

纳斯达克：纳斯达克(NASDAQ)是美国全国证券交易商协会于 1968 年着手创建的自动报价系统名称的英文简称。纳斯达克的特点是收集和发布场外交易非上市股票的证券商报价，它现已成为全球最大的证券交易市场，目前的上市公司有 5200 多家。纳斯达克又是全世界第一个采用电子交易的股市，它在 55 个国家和地区设有 26 万多个计算机销售终端。

小费闲谈：在美国付小费有着约定俗成的习惯。在美国坐船或坐火车应付小费，但坐长途汽车和飞机则不必付；对车站或码头上的搬运工应付小费，但存取行李时不必付服务员小费；在旅馆中对帮你提行李或打扫房间的服务员应付小费，但对柜台上的服务员则不用付；在餐馆中对给你上菜上饭的服务员应付小费，但对领班服务员不必付；乘车时，对出租汽车司机应付小费，但对公共汽车司机则不必；对理发师和美容师应付给小费，但对售货员和自助洗衣店里的服务员则不必付。

加 拿 大

（Canada）

　　加拿大是地广人稀的经济大国,领土面积为世界第二。加拿大是世界上最适合居住的国家,同时也是世界上移民最多的国家。多种文化的交融,使这个国家充满了生机与活力。

数据DATA

国名: 加拿大。

国旗: 由红白两色组成。左右两条红边表示太平洋和大西洋,白的表示加拿大广阔的国土,中央绘有 1 片 11 个角的红色枫树叶。

国徽: 椭圆形盾徽。底部为 1 枝 3 片红色枫叶,上部图案是百合花、竖琴、雄狮和王狮。盾徽两侧,右为扶着法国百合花旗的马身狮尾独角兽,左为扶着英国"米字旗"的金狮,顶部还有 1 只头戴王冠的雄狮,在国徽底部有爱尔兰白花柞浆草和红色的法国百合花,衬托着 1 条用拉丁文写的格言"从大海到大海"的蓝色绶带。

国歌:《啊,加拿大》。

国花: 枫叶。

国树: 枫树。

面积: 约 997.06 万平方千米。

人口: 约 3 361 万(2009 年)。

国语: 英语和法语为官方语言。

宗教: 居民多信奉天主教和基督教。

首都: 渥太华(Ottawa)。

誉称: 枫叶之国。

出行贴士

国际电话区号	001	时　差	＋13 小时＝北京时间
			（有夏时制）
应急电话	急救　报警　911		
电　压	110 伏	最佳季节	6 月中旬—9 月中旬

遥望加拿大

1. 地形

地形西高东低,西部为科迪勒拉山系组成的高大山地,中部为北美大平原的一部分,东部是拉布拉多高原。

加拿大有五大地理区。东部区以渔业、农业、森林、采矿业等为主。中部的安大略和魁北克省是人口最密集的地区,加拿大制造业的 3/4 都位于这里。草原区包括马尼托巴、萨斯卡其万和艾伯塔 3 省,这里土地平坦肥沃,能源资源丰富。西部区是不列颠哥伦比亚省,是著名的山区和森林区,牧草丰美,又称"大草原",木材、水果、海洋渔产等资源丰富。北部区由育克地区和西北地区组成,其总面积占加拿大的 1/3,盛产石油、天然气、金、铅和锌。

2. 河湖

主要河流有马更些河、育空河和圣劳伦斯河等。马更些河是境内最长的河流,全长 4 241 千米。

加拿大是世界上湖泊最多的国家之一。著名的湖泊有大熊湖、大奴湖、休伦湖和安大略湖等。

3. 气候

领土大部分位于北纬 49°以北,大部分地区为亚寒带针叶林气候,冬季漫长寒冷;但南部水热条件较好,全国 7 000 万公顷的肥沃土壤集中于此,大部分地区降水较多而蒸发量小,水系水量大且稳定,适于发展农业。

4. 资源

加拿大地域辽阔,森林、矿藏、能源等资源丰富。矿产有 60 余种,其中镍、锌、铂、石棉的产量居世界首位,铀、金、镉、铋、石膏居世界第二位,铜、铁、铅、钾、硫磺、钴、铬、钼等产量丰富。艾伯塔省富含油沙,可开采的储量为 4 000 亿桶,占全国石油产量的 17%,辛克卢德油田为世界最大的油沙矿,已探明的原油储量为 80 亿桶。

森林资源丰富,覆盖面积达 440 万平方千米,产材林面积 286 万平方千米,分别占全国领土面积的 44% 和 29%。

可耕地面积约占全国土地面积 16%,其中已耕地面积约 6 800 万公顷,占全国土地面积的 8%。加领土面积中有 89 万平方千米由淡水覆盖,淡水资源占世界的 9%。

加拿大还有著名的纽芬兰渔场,沿海渔场面积达 50 多万平方千米。水利资源丰富,国内众多的河流湖泊用于发电,水电比重较高。

 走遍加拿大

1. 位置

加拿大位于北美洲北部,东临大西洋,西濒太平洋,北临北冰洋,南部接壤美国,西北部相邻阿拉斯加,海岸线长约 2 万千米,境内多波状起伏的低高原和平原低地。

资 讯

> 全国分 10 个省和 3 个地区。10 个省是:艾伯塔省、不列颠哥伦比亚省、马尼托巴省、新不伦瑞克省、纽芬兰—拉布拉多省、新斯科舍省、安大略省、爱德华王子岛省、魁北克省、萨斯喀彻温省。3 个地区是:西北地区、育空地区和努纳武特地区。各省设有省政府和选举产生的省议会。努纳武特地区是 1999 年 4 月 1 日正式设立的,由因纽特人自己管理。

2. 交通运输

交通运输业先进,人均铁路、公路长度世界第一。

铁路总长度约 5 万千米。高速公路里程达 1.6 万千米。

共有大型深水港 25 个,其他港口和多用码头 650 个。水运系统主要是圣劳伦斯湾经圣劳伦斯河与五大湖区连接的航道,每年有 4 个月的封冻期,需要破冰船开辟航道。

全国主要机场 68 个,包括多伦多、温哥华、卡尔加里、蒙特利尔等。

此外,加拿大还建成了贯穿全境的油气管道运输体系,以石油、天然气的主要产地艾伯塔为中心,东向魁北克、西向不列颠哥伦比亚延伸。

主要交通枢纽

城市名	简 况
渥太华	重要的铁路和水运枢纽。
蒙特利尔	世界重要的小麦输出港,集装箱码头泊位 4 个,泊位总长 1590 米。
多伦多	集装箱码头泊位 2 个,总长 2700 米。
温哥华	太平洋沿岸最大的港口,年吞吐量 5000 万吨以上,为不冻港。港区内可以容纳世界最大的商船队,可供任何吨位的船舶挂靠。集装箱码头泊位 3 个,总长 789.4 米。
魁北克	东部重要港口,集装箱码头泊位 2 个,总长 195.4 米。
哈利法克斯	不冻良港,集装箱码头泊位 2 个,总长 518 米。

加拿大人

1. 人口

加拿大是个地广人稀的国家,人口密度为 2.5 人/平方千米,分布极不均衡。

全国约 2/5 的人口集中在魁北克省和安大略省南部,沿美加边界约 1 000 千米的狭长地带。城镇人口占全国人口总数的 77%。

英裔居民占 42%,法裔居民约占 26.7%,其他欧洲人后裔占 13%,土著居民(印第安人、米提人和因纽特人)约占 3%,其余为亚洲、拉美、非洲裔等,其中华人约 100 万。

2. 教育

加拿大拥有完善的教育制度,政府对教育始终非常重视,教育经费位居世界前列。

加拿大教育由各省教育部管辖。教育部负责制定教育政策、课程内容和核定教师的资历标准,同时也为各学校提供财政协助。全国没有统一的教育制度,但全国有统一的水准。各省学制大体上可以分为初等教育、中等教育和高等教育 3 级结构。

高等学校的学费在西方世界中最低。著名的高等院校有:多伦多大学、女皇大学、西蒙弗雷泽大学、贵尔夫大学、英属哥伦比亚大学、麦吉尔大学、马科马斯特大学、阿尔伯特大学、萨斯喀彻温大学等。

历史的脚步

1. 历史沿革

原为印第安人和因纽特人居住地,16 世纪沦为法国殖民地,后又被法国割让给英国,1867 年成为英国的自治领。1926 年英国承认加拿大和英国有"平等地位",加拿大始获得外交上的独立,1931 年成为英联邦成员国。

2. 政治制度

国家结构为联邦制。英国女王为国家元首,女王任命总督为其代表。联邦总理为政府首脑。内阁由总理、副总理和各部长组成。最高立法机构为议会,由众议院和参议院组成。主要政党有进步保守党、自由党、新民主党等。

经济视角

加拿大经济发达,是世界七大工业国之一,工业部门齐全,制造业和高科技产业发达,同时是世界最主要的粮食出口国之一和世界上最大的渔产品出口国。旅游业十分发达,在世界旅游收入最高的国家中排名第九。

2007 年国内生产总值为 1 269 万亿美元,人均 43 674 美元。

1. 经济的基本特征

(1) 后起的经济发达的移民国家,保持了发展中国家的某种经济特征。

(2) 对外依赖性强,主要经济多由外资控制,特别是由美国资本控制。

(3) 对外贸易在国民经济中占有重要地位。

(4) 各地区经济发展不平衡。安大略、魁北克、不列颠哥伦比亚、艾伯塔 4 省的经济发达,4 省的生产总值占全国生产总值的比重超过 80%。

(5) 近年来,经济增长放慢。

2. 主要产业部门及其分布

制造业是加拿大最大的产业,主要包括纸张、技术设备、汽车、食品、服装等行业。石油化学工业在制造业中举足轻重。以通用、福特、克莱斯勒和美利坚 4 大汽车公司为首的美国资本约占加拿大汽车工业的 97%。纸浆及造纸业在世界上占突出的地位,生产的新闻纸占全世界产量的 1/3。

加拿大在原子能和水力发电、通信和空间技术、石油化工、地球物理勘探、环保、纸浆造纸、客运车辆和小型客机制造等方面均拥有先进技术设备。

工 业	
采矿业	采矿业非常发达,分为燃料、金属、非金属与建筑材料四大采矿部门。金属矿主要分布在劳伦高地,安大略省是重要的金属矿产品产地;中西部地区,如艾伯塔省的原油产量占全国总产量的 80%。
制造业	主要有钢铁、有色金属冶炼、汽车、木材加工、造纸、纺织等,其产品是主要的出口产品。 ● 钢铁企业分布在五大湖地区,汉密尔顿是最大的钢铁工业中心。 ● 新闻纸产量与出口量均居世界第一,纸浆的产量和出口量也名列世界前茅,主要分布在魁北克、安大略和不列颠哥伦比亚三省。蒙特利尔是全国最大的造纸工业中心。
汽车工业	● 汽车工业是第二次世界大战后新兴的工业部门,受美国资本控制程度较大。美国汽车城对岸的温泽是最大的汽车工业中心。
科技行业	包括电信部门在内的科技行业迅速成长,成为加拿大经济增长的主要推动力,最著名的是光纤网络的电子巨头——北方电讯公司。

农牧业机械化程度很高,从事农牧业生产的人口占全国劳动人口的 5%,主要农产品有小麦、大麦、燕麦和油菜籽等。加是世界第二大谷物出口国。

农 业	
种植业	小麦出口量居世界第二位,硬粒红春小麦是世界优良品种,在世界小麦市场享有盛誉。90％的谷物分布在被称为"加拿大谷仓"的草原三省:萨斯喀彻温、艾伯塔、马尼巴托。
畜牧业	以养牛业、养猪业、家禽饲养业为主。安大略与魁北克省畜牧业最集中,安大略省集中了肉牛和猪产量的近30％,魁北克则是乳牛的饲养中心。
林 业	大部分是原始森林。全国分为北部、哥伦比亚、五大湖、圣劳伦斯河等几大著名林区。
渔 业	年渔业捕获量约100万吨,纽芬兰渔场产量占其一半左右。淡水捕捞主要在五大湖和温尼伯湖区,水产品2/3供出口。

贸易大看台

加拿大是当今世界主要的贸易国家之一。同美国相比,加拿大的进出口贸易对国际市场依赖更大。加拿大出口多为资源性产品,进口中制成品所占比重较大。加拿大统计局数据显示,2008年对外商品贸易额约为8 647.5亿美元,其中进口4 082.1亿美元,出口4 565.4亿美元。

加拿大是世界贸易组织前身——关税及贸易总协定的缔约国之一,也是贸易及投资政策透明、自由化程度较高的国家之一。但是,为保护本国经济及产业的利益,同其他发达国家一样,加拿大政府在推动贸易投资自由化的同时,也采取了一些措施限制外国产品和外国投资进入加拿大市场。

1. 国际贸易地区结构

加拿大进出口所到的地区分布也不平衡,美国占据首位(对美出口占加总出口额的85％以上),其次是欧盟、中国、日本、墨西哥等。近年来,加拿大逐步加强了同亚太国家的贸易往来。加拿大政府还主张充分吸收和利用外资,已成为世界上外国资本渗透规模最大的国家之一。

2. 进出口货物构成(以2001年数据为例):

(1)进口:农渔产品占进口总额的5.30％,能源产品占5.10％,林产品占0.87％,工业品占20.12％,机械设备占35.02％,消费品占11.44％,汽车及零件占22.10％。

(2)出口:农渔产品占出口总额的6.71％,能源产品占12.99％,林产品占10.24％,工业品占16.17％,机械设备占26.22％,消费品占3.63％,汽车及零件占24.03％。

3. 对外贸易市场特点

(1)市场比较集中,与人口分布比较相应。

（2）国内消费严重依赖进口。

（3）商品流通渠道畅通、有序,效率较高。

（4）消费多样化,以中档商品为主。

4. 中加经贸关系

20 世纪 50 年代,中国与加拿大就开始了民间贸易交往。两国正式贸易关系始于 1961 年的中加小麦协定。1970 年 10 月两国建交,1973 年两国签订政府间贸易协定。自此以后,两国间的经济贸易联系不断加强。

据加拿大统计局统计,2008 年中加双边贸易总额 497.3 亿美元,其中中国对加出口 398.8 亿美元,进口 98.5 亿美元。中国是加拿大的第二大贸易伙伴,第四大出口目的地和第二大进口来源地。

中国对加拿大出口的主要商品是机电产品、服装、纺织品、鞋类、箱包、塑料制品、家具及玩具。中国从加拿大进口的主要商品是机电产品、高新技术产品、纸浆、化肥及粮食等。

 加拿大之旅

加拿大旅游业发达,也是世界重要客源国之一,每年出国旅游的人数较多,主要旅游胜地有尼亚加拉大瀑布、渥太华、多伦多、蒙特利尔和温哥华等。

1. 主要城市及其景区景点

（1）渥太华（Ottawa）：加拿大的首都,是联邦政府的所在地。

◆ **国会大厦**　渥太华和加拿大的象征,为新哥特式的建筑。和平塔高 90 米,是最醒目的建筑,在塔顶可以俯瞰全市。

（2）多伦多（Toronto）：位于安大略湖的西北岸,是加拿大第一大城市和世界上最适宜人类生活的城市,市内居民由 80 多个族裔组成,华裔、英裔、法裔、意裔和葡裔是人数最多的几个民族。多伦多同时为加拿大的重要财经中心,是全国性大机构的总部所在地。

◆ **多伦多电视塔（CN Tower）**　建于 1976 年,是世界上无支柱的最高建筑物,是多伦多的标志,顶层有 360 度旋转餐厅及瞭望台。

◆ **天穹体育馆**　紧靠电视塔,是世界第一座可以自动开关顶棚的全天候室内体育馆。

◆ **央街（Young Street）**　全世界最长的一条街,街上最著名的就是加拿大最大最现代化的百货公司伊顿购物中心。大街的南段是多伦多的金融区。多伦多的摩天楼仅次于纽约、芝加哥,居世界第三位。

（3）蒙特利尔（Montreal）：加拿大第二大城市,也是全球最大的法语城市,全国最大的海港和金融、商业、工业中心,是世界著名的小麦输出港。这里设有全国最大的蒙特利尔银行等金融机构的总部和股票交易所,在白求恩广场可以看到矗立在那里的中国人民赠送的汉白玉白求恩雕像。

纵览蒙市全景,大大小小、风格各异的教堂构成引人注目的文化奇观,其数量之多(约450座),甚至超过了古城罗马。

◆ **圣劳朗大街**　蒙特利尔的象征,将全市分为东西两个部分,是法语圈、英语圈和其他少数民族语言圈的结合点,被称为"移民走廊"。

◆ **圣母大教堂**　北美最大的圣母教堂,建于1827年,为新哥特式建筑风格。礼拜堂装饰尤其华丽,殿内有巨大的管风琴。

◆ **奥林匹克公园**　1976年举行夏季奥运会的旧址,其露天运动场和倾斜的塔台已经成为城市的象征。游客可以乘缆车到达塔台顶上,欣赏市区和圣劳伦斯河的迷人风景。

(4)温哥华(Vancouver):加拿大第三大城市,是加拿大最大的港口,加拿大第三大机场所在,有"太平洋之门"的美誉,市中心雄伟的现代化商业大楼与充满绿色生机的公园和市政园林建筑,为整个城市增添了大自然的恬静和温馨。

◆ **史坦利公园**　世界最大的城市公园之一。西区以景观为主,可以观赏巨大苍郁的林木、邮轮商船络绎不绝的英吉利海湾景致和壮观的狮门大桥;东区有图腾公园,园内矗立着7根印第安图腾柱。

(5)魁北克城(Quebec City):加拿大东部重要城市和港口。全城分新区和老区两部分。新市区高楼林立,商业繁荣,一派现代化城市风貌。旧市区仍保有18世纪时法国城市的风貌,挂有18世纪牌匾的店铺商行比比皆是,店员身着古装、梳古老发型,使整个市区充满了古色古香的情调。

(6)维多利亚(Victoria):城市秀美宁静精致,素有"花园城市"之称,以英国女皇维多利亚的名字命名。因受到传统英式生活的影响,你会觉得仿佛置身于欧洲。享有"世界最美花园"之誉的布查特花园占地30亩,分为新境花园、意大利花园、日本花园和玫瑰花园4部分,来此游客无不为其奇妙的构思、巧妙的设计与奇异的花卉赞叹不已。

(8)温尼伯(Winnipeg city):加拿大第七大城市,离美国国境仅96千米,是加拿大中部地区的重镇。"福克斯"是曼尼托巴省著名的历史游览点,位于温尼伯市中心,展示着超过6 000年的遗迹,包括远古人类生活及文化的各方面。温尼伯格湖和格兰德海滩(世界最大的海滩之一)等也是著名旅游景点。

2. 其他著名景区

◆ **尼亚加拉大瀑布**　位于加拿大和美国交界的尼亚加拉河上,丰沛而浩瀚的水汽和磅礴的气势,使所有前来观赏的游人都为之震撼。

大瀑布因其外表呈马蹄状,因而也叫"马蹄瀑布"。"马蹄瀑布"长约675米,落差56米,水流垂直而下,水声震耳欲聋。当阳光灿烂时,大瀑布的水花中便会升起一道七色彩虹。冬天时,在瀑布表面会结一层薄薄的冰,那时,瀑布便会寂静下来。

小瀑布极为宽广细致,很像一层新娘的婚纱,因此又称"婚纱瀑布"。"婚纱瀑布"长

320 米,落差 58 米,凹凸不平的岩石使水流呈漩涡状落下。

◆ **芬迪国家公园** 加拿大著名的旅游线路,长 294 千米,沿途可参观风格各异的法裔居民村、苏格兰人村和渔村,了解当地民俗风情;中心点是布雷顿角高地国家公园,这里海岸岩壁陡峭、森林密布、溪流纵横、生机盎然。

◆ **班芙—落基山脉** 是加拿大落基山地区最具有代表性的游览胜地,建于 1855 年,为加拿大第一个国家公园。在这个国家公园里,分布着数不尽的瀑布、溪流、山峰和温泉。

露易斯湖(Lake Louise)可谓是班芙的精华,周边围绕着各种各样的被秋风浸泡过的金黄色的树林,山峰和树木无比清晰地倒映在湖水中。

班芙国家公园也是加拿大最大的自然动物保护区之一。在这里,松鼠、麋鹿、羚羊会经常蹦跳到游客身边,有时还会有机会遇上黑熊或狐狸。

◆ **魁北克要塞** 北美洲最著名的军事要塞,位于魁北克市最高点,历来被认为是加拿大的战略要地,地势优越,使魁北克有"美洲直布罗陀"之称。

◆ **南海湾国家历史公园** 位于纽芬兰省北部。这里发现的 11 世纪古挪威人遗址,已被联合国教科文组织划定为世界文化与自然遗产。

亲身体验

礼节礼仪:

● 星期六晚一般是夫妇或情侣在一起庆祝。

● 加拿大人比较随和友善,易于接近。他们讲礼貌,但不拘于繁琐礼节。一般认识的人见面时要互致问候。男女相见时,一般由女子先伸出手来。

● 许多加拿大人喜欢直呼其名,以此表示友善和亲近。

● 加拿大人热情好客,亲朋好友之间请吃饭一般在家里而不去餐馆。应邀去友人家里吃饭时,一般不需送礼物,但如去亲戚朋友家度周末或住几天,则应给女主人带点礼品。离开主人家后,回到家中应立即给女主人写封信,告诉已平安抵家,并对受到的款待表示感谢。

● 正式场合穿着考究;非正式场合,穿着则比较随便。

饮食习惯:

● 烹调方式有煎、烤、炸等,喜欢酥脆食物;不喜欢过咸、过辣菜肴,不喜欢蒜味、酸辣味调料。

● 人们在正餐前吃沙拉,不管美食多么诱人,先上沙拉,然后是主菜。

● 经常吃花生奶酪(尤其是在早餐时)。

● 星期天,全家人聚在一起吃夜宵。

喜好:

● 加拿大人口味清淡,喜甜味,讲究营养、新鲜,特别喜爱烤制肉食。

主要节日			
元　旦	1月1日	加拿大日	7月1日
复活节	3月底到4月初	感　恩　节	为10月的第二个星期一
枫糖节	每年3—4月为"枫糖节"持续到6月底才告结束	圣　诞　节	12月25日

友情链接

多伦多大学http://www.utoronto.ca
蒙特利尔大学http://www.umontreal.ca
渥太华大学http://www.uottawa.ca

新闻出版：共有110家日报，英文报纸主要有《多伦多星报》；两家全国性日报《环球邮报》《国家邮报》；主要法文报纸有《蒙特利尔日报》。杂志有1 300种，主要杂志有《麦克林斯》。主要通讯社有加拿大通讯社，由110家日报共同拥有，成立于1917年，此外还有索瑟姆通讯社和加拿大合众社等。加拿大广播公司是加主要的一家国有的全国性电台、电视广播公司。

因纽特人：加拿大北部居住着因纽特人又称爱斯基摩人，主要依靠猎捕海生哺乳动物和陆地哺乳动物为食。夏天，因纽特人住在兽皮搭成的帐篷里；冬天则住在雪屋、石头屋或泥土块屋子里。

多元文化：土著人义化是唯一真正属于加拿大自己的本土文化。最早期的移民是从17世纪开始向加拿大迁移的，他们给加拿大带来了他们的着装风格、饮食爱好和风俗习惯。20世纪初，加拿大向世界各地敞开了移民的大门，并于1988年通过了《多种文化法案》，从而使加拿大的多元文化得到了正式承认。

墨 西 哥

(The United States of Mexico)

墨西哥是一个既神秘又风情万种的中美洲国家,国内到处是古城遗址,特别是玛雅文化遗址。杜伦古城就是屹立于加勒比海旁的后古典期玛雅文化遗址之一,在探索杜伦古城之秘后,畅泳于加勒比海碧波中,晒晒日光浴,更是别具风情。

 数据DATA

国名:墨西哥合众国。

国旗:从左至右由绿、白、红3个垂直长方形组成,中央绘有墨西哥国徽。

国徽:图案为1只嘴里叼着蛇的雄鹰,仁立在1棵从湖中岩石长出的仙人掌上。

国歌:《墨西哥合众国国歌》。

国花:仙人掌。

国鸟:雄鹰。

面积:约196.43万平方千米。

人口:1.07亿(2006年)。

国语:西班牙语为国语。

宗教:天主教是最主要的宗教,基督教是第二大宗教。

首都:墨西哥城(Mexico City)。

出行贴士

国际电话区号	0052	时 差	＋14 小时＝北京时间
电 压	110 伏	最佳季节	11 月—次年 4 月

遥望墨西哥

1. 地形

以高原和山地为主的国家,高原和山地占全国面积的 5/6。北回归线穿过墨西哥高原中部,著名的特万特佩克地峡将北美洲和中美洲连成一片。

2. 河湖

主要河流有北布拉沃河、巴尔萨斯河和亚基河。湖泊多分布在中部高原的山间盆地中,最大的是查帕拉湖。

全国最高峰奥里萨巴火山,海拔 5 700 米。

3. 气候

墨西哥高原终年气候温和,年平均气温在 24℃ 左右。全国大部分地区分为旱雨两季,最干旱月份为 2 月,降水量仅 5 毫米;降水最多月份为 7 月,降水量约 170 毫米。南部气候属热带气候,北部属地中海式气候和大陆性季风气候。

4. 资源

矿业资源丰富,地下天然气、金、银、铜、铅、锌等 15 种矿产品的蕴藏量位居世界前列,其中石墨储量居世界第一位;白银的产量多年来居世界之首,故有“白银王国”之称;镉、铋、重晶石和石英的产量居世界第二位;锑居第三位;碘、水银居第 4 位;硫磺居世界第 5 位;已探明的石油储量为 740 亿桶,居世界第六位;天然气储量为 700 亿立方米,是拉美第一大石油生产国和出口国,居世界第 13 位,在墨国民经济中占有重要的地位。

森林覆盖面积为 4 500 万公顷,约占领土总面积的 1/4。水力资源约 1 000 万千瓦。海产主要有对虾、金枪鱼、沙丁鱼、鲍鱼等,其中对虾和鲍鱼是传统的出口产品。

走遍墨西哥

1. 位置

墨西哥位于北美大陆南部,北邻美国,东南与危地马拉和伯利兹毗邻,南濒墨西哥湾和加勒比海,西南濒临太平洋。海岸线长 11 500 千米,沿海大港口 70 余个。

全国划分为 31 个州和 1 个联邦区(首都),州以下设市,联邦区下设区。

31个州和1个联邦区（墨西哥城），州下设市（镇）和村。各州名称如下：阿瓜斯卡连特斯、北下加利福尼亚、南下加利福尼亚、坎佩切、科韦阿拉、科利马、恰帕斯、奇瓦瓦、杜兰戈、瓜纳花托、格雷罗、伊达尔戈、哈利斯科、墨西哥、米却肯、莫雷洛斯、纳亚里特、新莱昂、瓦哈卡、普埃布拉、克雷塔罗、金塔那罗奥、圣路易斯波多西、锡那罗亚、索诺拉、塔巴斯科、塔毛利帕斯、特拉斯卡拉、韦腊克鲁斯、尤卡坦、萨卡特卡斯。

2. 交通运输

交通运输比较发达，以公路和航运为主。

水运方面：同欧美、中南美洲和加勒比地区、地中海地区等许多国家设有客运班轮。墨西哥有125万吨的商船队，居世界第四位；主要港口有墨西哥湾的阿尔塔米拉、韦拉克鲁斯和太平洋沿岸的曼萨尼略、拉萨罗—卡德纳斯。这4个港口的吞吐量占全国的60％。

2000年共有国际机场57个，主要有墨西哥城、瓜达拉哈拉、蒂华纳、坎昆、瓦利亚塔港和阿卡普尔科等。墨西哥城是美洲重要的国际航空站。

墨西哥人

1. 人口

总人口约1.07亿，其中印欧混血人种占90％，印第安人占10％。

居民中92.6％信奉天主教，3.3％信奉新教。墨西哥天主教的特点是信奉瓜达卢佩圣母。

2. 教育

墨西哥是印第安人古文化中心之一。闻名世界的古玛雅文化、托尔特克文化和阿兹台克文化均为墨西哥印第安人创造。

墨西哥小学实行义务教育，学制6年。中等教育分初中3年和大学预科（高中）3年，大学一般为4～5年，部分大学实行自治。

高等院校有：墨西哥国立自治大学，是全国最大的综合性大学，和国立理工大学。

历史的脚步

1. 历史沿革

墨西哥是美洲大陆印第安人古老文明的中心之一，1519年西班牙殖民者入侵墨西哥，1521年沦为西班牙殖民地，1522年在墨西哥城建立新西班牙总督区。1810年9月

16日,米格尔·伊达尔戈—科斯蒂利亚神父在多洛雷斯城发动起义,开始了独立战争(9月16日为墨西哥独立日),1821年8月24日宣布独立,翌年5月伊图尔比德建立"墨西哥帝国",1823年12月2日宣布成立墨西哥共和国,1824年10月建立联邦共和政体。

1917年颁布资产阶级民主宪法,宣布国名为墨西哥合众国。1929年国民革命党成立,执政至今,现称革命制度党。

2. 政治制度

根据宪法规定,国家为总统制的联邦共和体制,立法、行政和司法三权分立;总统由直接普选产生,任期6年,终身不得再任。总统是国家元首和政府首脑,执掌国家最高行政权。由参众两院组成的联邦议会是国家立法机构。内阁是政府行政机构,由总统直接领导。

经济视角

墨西哥是拉丁美洲经济发展水平较高、增长速度较快的国家,其工业、农业和服务业在国民经济中所占比重比较平衡。工业以采矿业、冶金、化工、纺织等工业为主,尤以采矿业著称;炼油工业发展快,增长迅速;钢铁、汽车等产品的产量增长尤为显著;钢铁工业仅次于巴西居拉美国家的第二位;纺织工业和食品工业较发达,均以本国原料为基础。

农业部门齐全,农林牧渔并举。主要农产品有玉米、小麦、豆类、稻米、棉花、甘蔗、烟草、剑麻和咖啡等。墨西哥是玉米的故乡,还是番茄、甘薯和烟草的原产地。墨西哥是世界主要蜂蜜生产国,年产量达6 000万公斤,居世界第四位,生产的蜂蜜90%用于出口,每年此项外汇收入约达7 000万美元。有"绿色金子"别称的剑麻产量居世界前列。

全国牧场占地7 900万公顷,主要饲养牛、猪、羊、马、鸡等,部分畜产品出口。林业、渔业在国民经济中的比重较小。

2006年国内生产总值达到7 474亿美元(按1993年固定价格计算),人均约为6 980美元。

贸易大看台

墨西哥是不结盟运动观察员和15国集团成员国,是美洲国家组织、里约集团、拉美经济体系、拉美一体化协会、拉美议会、加勒比国家联盟等地区组织成员国。石油在墨西哥国民经济中占有重要地位。在拉美国家中,墨贸易总额几乎是巴西、阿根廷、乌拉圭和巴拉圭4国贸易的总和,占拉美第一位,世界贸易总额排名第13位,如果把欧盟算作一个单位的话,墨西哥的出口则占世界贸易出口总额的第7位,进口占第8位。2002

年墨西哥进口总额约 1 686.79 亿美元,出口总额为 1 606.82 亿美元。

1. 国际贸易地区结构

墨西哥同 100 多个国家和地区有贸易关系。墨西哥主要出口市场是美国,其次是加拿大和日本。

2. 进出口货物构成

墨主要出口商品为原油、汽车、汽车配件、咖啡豆、蔬菜、钢材及化工、机械产品,进口商品为汽车材料、电器、化工产品、食品、饮料、纸浆、纺织、石化产品。

3. 对外贸易市场特点

由于过度依赖美国市场的历史传统没有改变,增加了墨西哥经济的脆弱性。墨西哥曾试图努力改变对美国严重依赖的情况,但因为历史、政治等因素,收效甚微。

4. 中墨经贸关系

与中国建交日:1972 年 2 月 14 日。

墨西哥是中国在拉美的重要合作伙伴,近年来双边贸易不断增长。根据我国海关统计,2002 年双边贸易总额为 39.79 亿美元,其中我国对墨出口 28.64 亿美元,自墨进口 11.15 亿美元。

中国向墨出口的主要产品有服装、纺织纱线、煤、焦炭、音响器材、玩具、医药品、石蜡等;从墨进口的主要商品有机电和高新技术产品、对苯二甲酸、铜矿砂和精矿、纺织用合成纤维、钢材、肥料、机器设备、食糖、聚乙烯等。

墨西哥之旅

墨西哥是古老而美丽的国家,它以得天独厚的自然风光、闻名世界的古代文化遗址和现代化的旅游服务设施,跨进了国际旅游业发达国家的行列。

悠久的历史文化、独特的高原风情、人文景观以及漫长的海岸线为墨西哥发展旅游提供了得天独厚的有利条件,居拉美第一的旅游业已成为墨西哥主要创汇来源之一。

1. 主要城市及其景区景点

(1)墨西哥城(Mexico City):始建于公元前 500 年,是美洲最古老的城市之一,现为全国政治、经济文化和交通中心。墨城是世界第四大城市,占地面积 1 525 平方千米,拥有人口 1 780 万。

城东南有水上花园,城西是森林公园,城北有著名的太阳、月亮金字塔等印第安人古迹。宪法广场的国家宫和总统官邸松林别墅是国家权力的中心。城市南角有拉美最大的高等学府——墨西哥国立自治大学,学生多达 30 万人。高高的大学城主楼四壁绘有灿烂夺目的大幅壁画。墨城到处可以见到壁画,故享有"壁画之都"的美称。

◆ **特奥蒂瓦坎古城遗址** 印第安人古城遗址。这里有世界著名的太阳金字塔和月亮金字塔。特奥蒂瓦坎城布局严谨、气势磅礴、规模巨大、中心突出,纵贯南北的逝者大道将古城主要建筑连成一体。

◆ **太阳和月亮金字塔** 特奥蒂华坎古城遗迹的主要组成部分。太阳金字塔体积100万立方米,分5层,高65米。月亮金字塔修建比太阳金字塔约晚200年。两塔分别位于古城主要街道"逝者街"的东侧和北端。街南端为古城的大建筑群,是当时宗教、贸易和行政管理中心,如今已成为博物馆、商场和管理办公室的所在地。街北端西侧是著名的蝴蝶宫,这里当时是古城最繁华的地区,宫内石柱上刻有十分精致的蝶翅鸟身浮雕,形象生动,色彩鲜艳。

◆ **人类学博物馆** 建于1964年,是墨西哥最大的博物馆,也是世界上出名的人类学博物馆之一,陈列了1521年西班牙殖民统治以前的文物2.7万件,按不同时期的文化分馆展出。

(2)坎昆(Cancun):新兴的旅游城市。岛上有玛雅文化的圣米盖里托古迹废墟,世界著名的库库尔坎金字塔坐落在距此不远的奇琴伊察;距坎昆130千米处有图伦遗址,是当今保存得最完好的一座玛雅和托尔特克人的古城。

2. 其他著名景区

◆ **尤卡坦半岛** 古玛雅文化摇篮地之一。半岛的海滩上棕榈、椰树成林,为疗养、旅游胜地。这里有巧夺天工的金字塔,是玛雅人用来观察天体的高台。

◆ **莫雷利亚大教堂** 莫雷利亚大教堂是巴洛克风格与丘里格拉风格的完美结合,是墨西哥经典的殖民建筑之一。大教堂始建于1660年,直到1744年才建成,工期长达84年。莫雷利亚因其完整地保存了西班牙殖民时代的建筑原貌,于1991年被联合国教科文组织列为世界文化遗产。

◆ **托卢卡植物园** 这座由墨西哥著名设计师莱奥波尔多·弗洛雷斯设计的植物园目前是世界上最大的彩色玻璃镶嵌,钢架结构式建筑,该建筑的镶嵌玻璃画主要以"宇宙与人"为主题,因此也被当地人称作"玻璃中的宇宙"植物园。

◆ **蝴蝶谷** 每年11月至次年3月间,从加拿大南部和美国东北部山区飞来的数百万只彩蝶云集这里。

亲身体验

礼节礼仪:

● 在墨西哥熟人见面时所采用的见面礼节,主要是拥抱礼与亲吻礼。在上流社会中,男士们往往会温文尔雅地向女士们行吻手礼。

● 惯用的称呼是在交往对象的姓氏之前,加上"先生"、"小姐"或"夫人"之类的尊称。

● 前去赴约时,一般都不习惯于准时到达约会地点,露面总要比双方事先约定的时间晚上一刻钟到半个小时。在他们看来,这是一种待人的礼貌。

饮食习惯:

● 墨西哥人的传统食物主要是玉米、菜豆和辣椒,它们被称为墨西哥人餐桌上必备的"三大件"。

- 墨西哥的菜以辣为主,有人甚至在吃水果时也要加入一些辣椒粉。

- 墨西哥人还以嗜酒闻名,宾客上门,习惯先以酒招待。

喜好:

- 墨西哥人还有吃仙人掌的嗜好。在他们看来,仙人掌与香蕉、菠萝、西瓜一样,可以当水果吃。

- 在墨西哥,许多人都有以昆虫做菜的爱好。

主要节日			
元　旦	1 月 1 日	种 族 节	10 月 12 日
宪 法 日	2 月 5 日	亡 灵 节	11 月 2 日
圣　　周	3 月底至 4 月初	革 命 节	11 月 20 日
劳 动 节	5 月 1 日	瓜达卢佩圣母节	12 月 12 日
独立日(国庆节)	9 月 16 日	圣 诞 节	12 月 25 日

友情链接

玛雅文化:玛雅文化是世界重要的古文化之一,是美洲的古典文化。玛雅人在 5 000 年前就出现在墨西哥和中美洲危地马拉的太平洋海岸,在美洲远古的石器时代就开始了他们的生产活动。玛雅(Maya)文明孕育、兴起、发展于今墨西哥的尤卡坦半岛、恰帕斯和塔帕斯科两州和中美洲的一些地方,包括今天的伯里兹、危地马拉的大部分地区、洪都拉斯西部地区和萨尔瓦的一些地方。这一地区的总面积达 32.4 万平方千米。

斗牛季节:每年 11 月到下一年 3 月是墨西哥的斗牛季节,许多外国游客都赶在这个时候去墨西哥,为的是一睹墨西哥斗牛士的风采。现在世界上大概只有 3 个国家还有斗牛,墨西哥便是其中之一(另两个国家是西班牙和哥伦比亚)。墨西哥城斗牛场,可容纳 8 万观众。这危险刺激的表演充分表现了墨西哥人粗犷勇敢的精神。

边走边舞:马里亚契音乐是墨西哥最具代表性的民间音乐,乐队一般由 3～5 人组成,使用的乐器主要是小提琴、吉他、小号。演奏时,乐手们头戴装饰讲究的宽边大帽子,身穿绣着精美花边的紧身"恰罗士"服站立,一字排开,每人手中一件乐器,边奏乐边引吭高歌。曲调欢快热烈,抑扬顿挫。无论是在大饭店、小酒店,还是在剧院、街心广场、家庭聚会,都会听到马里亚契音乐迷人的旋律。

新闻出版:全国有 270 种报纸和 100 多种全国性刊物。主要报刊有:《国民报》、《至上报》、《至上晚报》、《墨西哥太阳报》、《呼声报》等。

阿 根 廷

(Republic of Argentina)

南美洲曾经是欧洲众多国家的殖民地,在南美各国或多或少地留下了欧洲文化的烙印,但真正保持欧洲生活习俗的国家只有阿根廷。那里的人们使用欧洲语言,穿欧式服装,住欧式建筑,喜欢到欧洲旅行。

数据 DATA

国名:阿根廷共和国。

国旗:呈长方形,由浅蓝、白、浅蓝 3 个平行相等的横长方形组成,白色长方形中间是 1 轮"五月的太阳"。浅蓝色象征正义,白色象征信念、纯洁、正直和高尚,"五月的太阳"象征自由和黎明。

国徽:为椭圆形。椭圆面上蓝下白,为国旗色,上端有 1 轮"五月的太阳",寓意同国旗。椭圆形中有两只紧握着的手,象征团结;手中握有"自由之竿",象征权利、法令、尊严和主权;竿顶为红色的"自由之帽"。椭圆形图案由绿色的月桂树叶环绕,绿色象征忠诚和友谊,月桂树叶象征胜利和光荣。

国歌:《阿根廷共和国国歌》。

国花:赛波花。

国鸟:棕灶鸟。

面积:约 277.69 万平方千米(不含马尔维纳斯群岛)。

人口:约 3 954 万(2005 年),其中白种人约占 85%,多属意大利和西班牙后裔。

国语:官方语言为西班牙语。

宗教:多数居民信奉天主教。

首都:布宜诺斯艾利斯(Buenos Aires)。

国名释义:阿根廷由拉丁语"白银"一词演变而来。

出行贴士

国际电话区号	0054	时　差	＋11 小时＝北京时间
电　压	220伏	最佳季节	1—3 月

遥望阿根廷

1. 地形

阿根廷地形复杂多样,地势西高东低。

东部为大片冲积平原,海拔不到 200 米,但高耸的阿空加瓜山,海拔 6 960 米,为南美第二高峰。中部和东南部为辽阔富饶的潘帕斯大草原,是著名的农牧区。这里地势低平、土地肥沃,为阿根廷物产最丰富的地区。北部为格兰查科平原,多为沼泽地。南部是巴塔哥尼亚高原,是绵延起伏的半沙漠地带,河流稀少。火地岛是南美洲最南端的岛屿,高山终年积雪,东北沿岸为平原地区。

2. 河湖

阿根廷境内主要有两大水系,一为拉普拉塔河流域,这一流域以拉普拉塔河为主干,全长 290 千米,宽 50～220 千米,是仅次于亚马孙河的南美第二大河,流域支流繁多,构成了庞大的水系;另一水系为河川流域,主要由科罗拉多河、内格罗河、萨拉多河等组成,都发源于安第斯山脉并注入大西洋。此外,境内还有很多大小不一的湖泊,如那威瓦比湖、维达马湖、亚根提诺湖等。

3. 气候

气候复杂多样,北部属于亚热带气候;位于阿根廷最北端的大峡谷地区因为有南回归线的穿越,为热带气候;南部因靠近南极,气温较低;位于最南端的火地岛气温最低,年平均气温为 5.3℃。除南北温差悬殊外,横贯南北的安第斯山脉气温变化也很大,呈明显的气候垂直分布。海拔 1 500～2 500 米地带属热带和亚热带气候;海拔 2 500～3 500 米地区干燥而温和,日夜温差大;海拔 3 500～4 500 米地区干燥寒冷,夜间有冰冻;海拔 4 000 米以上地区终年积雪。

4. 资源

矿产资源丰富,主要有铅、锌、金、银、铍、铀、铜、石膏、硫磺等。铍矿仅次于巴西,居世界第二位;铀矿居拉美首位,储量达 2.94 亿吨;石油和天然气储量分别为 3.96 亿吨和 6 540 亿立方米。

水利资源丰富,水电占总发电量的 47％。

阿根廷林业资源丰富,森林面积占全国总面积的 1/3,主要分布在北部和西部的米西奥内斯、图库曼及查科平原。

走遍阿根廷

1. 位置

阿根廷位于南美洲南部,仅次于巴西,是拉美第二大国,东濒大西洋,西面同智利以安第斯山脉为界,北部和东部与玻利维亚、巴拉圭、巴西、乌拉圭接壤。

全国分 22 个省,1 个联邦首都区及 1 个直辖市。

资 讯

各省名称如下:布宜诺斯艾利斯、圣菲、科尔多瓦、门多萨、图库曼、恩特雷里奥斯、查科、科连特斯、萨尔塔、圣地亚哥德埃斯特罗、米西奥内斯、圣胡安、胡胡伊、里奥内格罗、福莫萨、丘布特、圣路易斯、内乌肯、拉潘帕、卡塔马卡、拉里奥哈、圣克鲁斯。

2. 交通运输

现有铁路总长约 4.4 万千米,居拉美首位;空运客运量 370 万人千米,各类机场 400 多个。

公路发展的瓶颈主要是车辆陈旧和路况安全问题,发展缓慢。

河运和海运是外贸运输的主要手段。港口建设成效显著,布宜诺斯艾利斯已经成为该地区成本最低的港口。沿海港口年吞吐量达 8 500 万吨。

阿根廷人

1. 人口

阿根廷人口中 85% 是白人,多属西班牙和意大利人后裔,多数居民信奉天主教。官方语言为西班牙语。当地居民的生活方式与风俗习惯与欧洲人相近。

2. 教育

阿根廷实行免费义务初等教育(6~14 岁),为拉美国家中文盲率最低的国家。

高等院校有:布宜诺斯艾利斯大学、拉普拉塔大学、科尔多瓦大学等。

历史的脚步

1. 历史沿革

阿根廷原为印第安人的居住地,1535 年沦为西班牙殖民地,1810 年 5 月 25 日爆发反对西班牙统治的"五月革命",1816 年 7 月 9 日宣布独立,1853 年制定宪法,建立联邦共和国。

2. 政治制度

根据宪法规定,议会是国家最高立法机构,内阁是政府执行机构。总统是国家元首、政府首脑和武装部队总司令,执掌国家最高行政权,通过直接选举产生。

经济视角

阿根廷是综合国力较强的拉美国家,工业门类较齐全,主要有钢铁、电力、汽车、石油、化工、纺织、机械、食品等,工业产值占国内生产总值的 1/3。核工业发展水平居拉美前列。食品加工业较先进,主要有肉类加工、乳制品、粮食加工、水果加工和酿酒等,阿根廷也是世界葡萄酒主要生产国之一。沿海渔业资源丰富,农牧业发达,素有"粮仓肉库"之称,是世界粮食和肉类主要生产和出口国之一,主要种植小麦、玉米、大豆、高粱和葵花等。

2007 年,阿根廷国内生产总值为 2 607 亿美元,人均 6 487 美元。

1. 主要产业部门及其分布

阿根廷工业技术水平在拉美国家中属前列。

工 业	
制造业	● 阿根廷钢铁产量居拉美第三位,全国共有 6 家大型钢铁厂,集中在罗萨里奥到圣尼古拉斯一带。 ● 阿根廷的汽车工业也是在第二次世界大战后才发展起来的,但很快就成为重要的工业部门之一。美国、法国、德国和意大利汽车制造厂家在哥多华、布宜诺斯艾利斯等设立了许多海外分厂。 ● 阿根廷的航空工业居于拉美领先水平。阿根廷能生产从军用喷气机、大型运输机和农用直升机,其中多数可供出口。 ● 阿根廷的造船工业水平居拉美第二位,全国共有 300 多家造船厂,除可制造大型远洋客货轮、油轮外,还可制造快艇、导弹驱逐舰等军用舰只和海上钻探平台等水上工业设施。
能源工业	● 阿根廷石油工业发展迅速,全国共有 13 家炼油厂,5 个天然气处理厂,石油工业占国内生产总值的 17% 左右。 ● 上世纪 70 年代前主要为火力发电,上世纪 70 年代后大力发展水力发电;阿根廷也是拉美最早从事核电工业的国家,目前阿根廷已拥有 2 座核电站。

阿根廷是世界主要谷物生产和出口国之一,其中小麦种植居于首位,是世界七大小麦生产国之一。玉米是国内第二大粮食作物,该国是世界十大玉米生产国之一,产品大部分外销,出口比重高于小麦。此外,高粱和大豆的生产也占有重要地位。除种植粮食作物外,还大量种植水果,主要生产苹果、柑橘、梨、桃等,葡萄生产居世界第四位。

阿根廷是世界主要的肉类生产国和出口国之一,其天然牧场和人工牧场占全国总面积的 55%,全国牲畜 80%集中在潘帕斯大草原。

阿根廷渔业发达,渔业产值占国民生产总值的 4.6%左右。

贸易大看台

阿根廷是传统的农牧业产品出口国。农牧产品在出口中占重要位置,约占出口总额的 50%,不少产品在世界市场上占较大份额,如阿根廷的豆油与葵花油出口量世界第一。2005 年出口总额为 400 亿美元,进口 287 亿美元,进出口总额约为 687 亿美元。

1. 国际贸易地区结构

主要贸易伙伴为巴西、美国、智利、荷兰、乌拉圭、西班牙、法国、德国、意大利、中国、日本等。

2. 进出口货物构成

出口产品有谷物、牛肉、皮革、羊毛、钢材、化工产品和机械等,农牧业产品出口占全年出口总值的 33%,粮食年出口约为 1 500 万吨。进口产品有化肥、石油产品、铁矿砂、煤炭、精密仪器等。

3. 中阿经贸关系

1972 年 2 月 19 日中阿建交。建交以来,两国关系发展顺利。据中国海关统计,2005 年双边贸易额 54.19 亿美元,其中中国出口 22.38 亿美元,进口 31.81 亿美元。中国目前是阿根廷第四大出口国和第三大进口国。

中国向阿出口的主要商品有:机械、电子仪器、录音录像设备、玩具、有机化工品、服装、鞋、箱包等轻工产品,机电产品自 1995 年以来一直保持第一位,其次是轻工产品和纺织品。中国主要从阿进口主要产品为小麦、大豆、豆油、皮革、钢材和原油等。

阿根廷之旅

1. 主要城市及其景区景点

(1)布宜诺斯艾利斯(Buenos Aires):阿根廷首都,全国最大的城市,位于拉普拉塔河口,环境优美,绿化程度极高,建筑物带有明显的欧洲文化色彩,被誉为"南美洲的巴黎"。

◆ **圣马丁广场** 何塞·德·圣马丁将军是阿根廷的民族英雄,他领导阿根廷人民进行了独立战争,为拉美独立做出了杰出的贡献,被称为"伟大的解放者"。广场中间矗立着解放者何赛·圣马丁的雕像,人像由整块铜雕刻而成,呈马跃腾空之势。

◆ **方尖碑和七·九大街** 为了庆祝布市建立 400 周年,1936 年由建筑师阿尔贝托·布莱比施(Alberto Prebisch)设计,修建了这座方尖碑。起初人们反对这个工程,1939年几乎被全部拆毁,现在它已成为布市不可替代的标志性建筑。碑高67.5米。七·九大街(1810年7月9日阿根廷宣布独立)由北向南横穿城市,宽约140米,据称是世界上最宽的马路。

◘ **议会大厦** 大楼始建于1898年,1906年初步落成并启用,1946年全部竣工,具有浓厚的欧洲古典建筑风格。议会大厦与总统府相距1.2千米,对称地坐落在5月大街的两端。大厦主要大厅有蓝厅、参众两院会议厅、宴会厅、迷途厅和贵宾厅。议会广场上是法国著名雕塑家奥古斯特·罗丹(Auguste Rodin)的雕像。

◘ **博卡区与探戈街** 博卡区(La Boca)是布宜诺斯艾利斯市第一个港口,这个地区以探戈和咖啡馆而著名,是布宜诺斯艾利斯市探戈发源地之一。在这里,从食品口味到建筑风格都扬溢着地中海风情。探戈街是博卡区最有代表性的一条街道,街两边的墙壁上有许多阿根廷艺人的浮雕作品。1959年,政府将这条街道变成"步行街道博物馆"。

◘ **五月广场** 五月广场由亚松森代理总督胡安·德卡拉伊(Juan De Garay)于1580年修建,是布宜诺斯艾利斯市最早的中心地区。从1810年(阿根廷于这年5月25日宣布自治)起,成为国家举办所有重大政治活动的场所。广场周围有不同历史时期的建筑:玫瑰宫(总统府)和市政府属于19世纪末20世纪初建筑风格,原市政厅属殖民时期建筑风格,大教堂属新古典派风格。

(2) 科尔多瓦:阿根廷第三大城市,阿根廷中部经济中心。南美最早的大坝之一普里梅罗河圣罗克水坝就建在这里,为该市的工业发展提供了充足的电力和水源。科尔多瓦为阿根廷中部地区铁路和公路的交通枢纽,又是重要的旅游胜地,该城内造型各异的欧洲古建筑,郊外山区的瑰丽景色和宜人气候吸引了大批外来游客。

(3) 乌斯怀亚:火地岛首府,地球最南端的城市之一,位于阿根廷最南端,中间有条名叫比格尔海峡的水道,是太平洋和大西洋的分界线。这里距南极洲大陆800千米,是各国南极考察队重要后方基地。

2. 其他著名景区

◘ **伊瓜苏大瀑布** 世界上最宽的瀑布,位于阿根廷北部与巴西交界处。瀑布呈马蹄形,宽约4千米,平均落差75米。阿根廷在这里修建了国家公园,以吸引更多游客前往。

◘ **阿根廷湖** 坐落于阿根廷南部圣克鲁斯省的冰川湖,以著名冰块堆积景观而闻名于世。湖畔雪峰环绕,山下林木茂盛,景色迷人,为阿根廷最引人入胜的旅游景点。

◘ **卡特德拉尔山** 阿根廷著名的滑雪中心,位于里奥内格罗省西部的纳韦尔瓦皮国家公园中,每年6月至9月欧美处于盛夏之际,这里大雪纷飞,银装素裹,成为天然的滑雪圣地,大批欧美滑雪爱好者蜂拥而至。

 亲身体验

● 阿根廷的许多风俗习惯都受到西班牙的影响。随着英国人的传统习俗和文化教育的不断渗透，又使得那里的人们既有南欧人的热情好动、爽快、好说话的脾气秉性，又不时地表现出西欧人的彬彬有礼、温文尔雅的风度。

● 去阿根廷人家里做客，可以给女主人送上鲜花或装饰精美的糖果，事后不要忘记给主人写感谢信。

饮食习惯：

● 阿根廷人在饮食上习惯吃欧式西餐。

● 烤全牲为传统的食品。阿根廷商人喜欢邀请客人至家中。阿根廷人以其"牛仔"文化为骄傲。

● 晚餐要到晚上九十点钟才开始，餐前会有鸡尾酒，也得等到七八点钟才会开始。在阿根廷商界，主人迟到，不必大惊小怪，别饿着肚子先走了。

喜好：

● 人们喜欢谈论足球运动和当地的公园如何美。

● 烤牛肉是阿根廷的第一名菜和家常菜，年人均消费量高达 50 多公斤。居民不仅家家设有烤炉，而且郊游时也携带原料到郊外烧烤。

主要节日			
元　旦	1 月 1 日	国 旗 日	6 月 20 日
耶稣受难日	4 月 5 日	独 立 日	7 月 9 日
国际劳动节	5 月 1 日	圣马丁将军逝世纪念日	8 月 17 日
国 庆 日	5 月 25 日	圣母受孕节	12 月 8 日
重申马岛主权日	6 月 10 日	圣 诞 节	12 月 25 日

友情链接

新闻出版：主要报纸有：《民族报》、《号角报》、《纪事报》、《新闻报》等。杂志月销售量 460 多万份，重要周刊有《市场》、《索莫斯》、《人物》等。

探戈：民间舞蹈探戈极其流行，并被阿根廷人视为国宝。它起源于 19 世纪末的布宜诺斯艾利斯，是集音乐、舞蹈、歌唱、诗歌于一体的综合艺术。其音乐节奏明快，独特的切分音是它鲜明的特点。探戈的舞步华丽高雅、热烈奔放。探戈以雅俗共赏的艺术魅力深受人们喜爱。

商务礼仪：从事商务活动时，男士必须穿保守式样的西装。阿根廷人经常以服装取人。因此，外国人因商务到阿根廷的公司或机关访问，私事到客商家庭拜访，甚至到

餐厅吃饭,男士都必须西装革履,整整齐齐。西装必须是 3 件头的,颜色也要注意。商界流行握手为礼,交换名片频繁。一般而言,谈生意的态度保守谨慎,给人印象较佳。阿根廷商人中许多会说英语。此外,意大利语和德语也是常用"外语"。

葡萄节:每年的 2 月 22 日到 3 月 9 日为阿根廷的传统节日——葡萄节。每当节日来临,人们都身着节日服装,载歌载舞,随着彩车游行。葡萄节的最高潮是全国选美比赛,每年都有 6 万名漂亮姑娘参加选美,经过多次预选,最后选出葡萄女王皇冠的获得者。选美结束后还要举行西班牙绘画、雕塑等艺术展览及盛大的探戈舞表演。

牧犊节:阿根廷人对牛、羊等牲畜有着特殊的感情。阿亚库乔区 1970 年首创牧犊节到现在,一直为全国牧犊节的中心。牧犊节节日期间,要举行传统的赛马和骑术表演,晚上还要由全国最优秀的艺术团体表演传统戏剧和歌舞,节日期间还要召开全国农业发展形势圆桌会议。

巴 西

(The Federative Republic of Brazil)

足球、桑巴舞、狂欢节——巴西是充满激情的国家,南美第一大国。多年来,巴西一直是世界上吸引外资最为成功的国家之一。巴西是一个多民族而又多姿多彩的国家,且以节日众多闻名于世。

数据DATA

国名: 巴西联邦共和国。

国旗: 绿色长方形中央为黄色菱形,菱形中央是咖啡色圆形。圆形为天球仪,白色绶带上书写着葡萄牙文"秩序与进步"。天球仪上有白色5角星,象征国家的26个行政区。

国徽: 中心图案是5角星。5角星中央有两个同心圆,小圆中央有5颗5角星,象征南十字星座。大圆周围有22颗5角星,象征各州和联邦区。外沿是咖啡叶和烟草叶构成的圆形。下方中央是1把剑。最下端是绶带,书以葡萄牙文"巴西联邦共和国1889年11月15日"。

国歌: 《巴西联邦共和国国歌》

国花: 毛蟹爪兰。

面积: 约854.7万平方千米。

人口: 约1.87亿(2008年)。

国语: 官方语言为葡萄牙语。

宗教: 约88%的居民信奉天主教。

首都: 巴西利亚(Brasilia)。

誉称: 咖啡王国。

国名释义: 以当地出产的名叫"巴西"的树木命名,在葡萄牙语里的意思为"红木"。

出行贴士

国际电话区号	0055		
时　差	＋11 小时＝北京时间	夏时制	12 月—次年 2 月
	（巴西跨越 4 个时区）		
电　压	110/220 伏	最佳季节	12 月—次年 2 月

遥望巴西

1. 地形

全境地形分为亚马孙平原、巴拉圭盆地、巴西高原和圭亚那高原,其中亚马孙平原约占全国面积的 1/3。

2. 河湖

有亚马孙、巴拉那和圣弗朗西斯科 3 大河系。亚马孙河是世界上流域面积最广的河流,横贯巴西西北部,在巴流域面积达 390 万平方千米;巴拉那河系包括巴拉那河和巴拉圭河,流经西南部,多激流和瀑布,有丰富的水力资源;圣弗朗西斯科河系,流经干旱的东北部,是该地区主要的灌溉水源。

3. 气候

巴西几乎全境属于热带气候。巴西高原属热带草原气候,分为旱、雨两季,年均气温在 22℃。最南端属亚热带气候。北部亚马孙平原属赤道气候,年平均气温 27～29℃。中部高原属热带草原气候,也分为旱、雨两季,南部地区平均气温 16～19℃。

4. 资源

巴西幅员广大,资源丰富,植物种类极为丰富,自然条件得天独厚,炎热多雨的气候孕育了世界上最繁茂的热带雨林,形成方圆 180 多万平方千米的莽莽林海,热带雨林面积居世界之首。亚马孙热带雨林是地球上最原始最辽阔的森林资源,保存了世界1/2的植物种类、名贵树种,其中以巴西木最为名贵,动物资源有多种猿猴和鸟类、5 000 多种淡水鱼,是人类非常珍贵的生物资源宝库。

巴西矿产资源丰富,主要有铁矿、铝矾土、铀、锰、锡、铬、镍、石油、天然气和煤等,其中已探明的铁矿储量为 650 亿吨,产量和出口量均占世界第二位;铀矿、铝矾土和锰矿储量均居世界第三位;铌矿探明储量已达 455.9 万吨;此外,铬、镍、金、石棉等矿产均储量丰富;石油储量已探明 54 亿桶,油页岩相当于 15 亿桶储量,天然气 2 330 亿立方米。

森林面积 442 万平方千米,全国森林覆盖率 52％,木材储量 658 亿立方米。水力资源丰富,水电占全国发电总量的 92％。

走遍巴西

1. 位置

巴西位于南美洲的东部,东濒大西洋,除智利和厄瓜多尔外,同所有的南美洲国家接壤。巴西的国土面积仅次于俄罗斯、加拿大、中国和美国,为世界第五大国家。

资 讯

全国共分为 26 个州和 1 个联邦区(巴西利亚联邦区),州下设市。

各州名称如下:阿克里、阿拉戈斯、亚马孙、阿马帕、巴伊亚、塞阿拉、圣埃斯皮里图、戈亚斯、马拉尼昂、马托格罗索、南马托格罗索、米纳斯吉拉斯、帕拉、帕拉伊巴、巴拉那、伯南布哥、皮奥伊、北里奥格兰德、南里奥格兰德、里约热内卢、朗多尼亚、罗赖马、圣卡塔琳、圣保罗、塞尔希培、托坎廷斯

2. 交通运输

(1)公路:全国公路总长约 150 万千米,公路运输是巴交通运输主力。

(2)铁路:总长约为 3.03 万千米,电气化率约 8%。

(3)水运:全国主要港口 44 个,年均内河货运总量 1 700 万吨左右,主要是将内地农产品输往沿海各港口。

(4)空运:全国共有 9 家航空公司,全国通航城市 150 个,公用民航机场 710 个,其中大型机场 29 个,年客运量 2 000 多万人次。圣保罗、里约、巴西利亚、累西腓、马瑙斯等国际机场为巴主要的航空出入境口岸,同世界主要国家和地区均有航班相连。

巴西人

1. 人口

白种人约 55%。印第安人是巴西土著民族,共有 35 万人,分属 227 个民族,讲 175 种不同的语言,生活在国家设立的 561 个印第安人保护区内,亚马孙州集中了全国 25% 的印第安人(1999 年)。

巴西是世界上天主教徒最多的国家,约 88% 的居民信奉天主教,少数居民信奉新教和犹太教。

2. 教育

教育分两级,基础教育和高等教育。基础教育又分 3 级:儿童教育、初级教育、中等教育。初级教育相当于中国的小学和初中,中等教育相当于中国的高中。高等教育是指各类大学教育,学制一般为 4 年。全国约 35.5% 的教育机构集中在圣保罗州,63% 的高等院校集中在东南部。

主要的高等院校有：圣保罗大学,里约热内卢联邦大学,圣保罗天主教主教大学,巴西利亚大学,戈亚斯联邦大学,伯南布哥联邦大学,圣玛丽亚联邦大学,圣卡洛斯联邦大学,南卡希亚斯大学(私立)。

历史的脚步

1. 历史沿革

古代巴西为印第安人居住地,1500 年 4 月 22 日葡萄牙航海家卡布拉尔发现巴西,16 世纪沦为葡萄牙殖民地。1807 年拿破仑入侵葡萄牙,葡王室逃到巴西后,巴西实际上成了葡的帝国中心。1821 年葡王室迁回里斯本,王子佩德罗留巴西任摄政王。1822 年 9 月 7 日,巴西获得独立,建立巴西帝国,1888 年 5 月废除奴隶制度。1889 年 11 月 15 日丰塞卡将军发动政变推翻帝制,成立共和国,1891 年 2 月 24 日通过第一部共和国宪法,定国名为巴西合众国,1960 年将首都由里约热内卢迁往巴西利亚。1964 年 3 月 31 日,军人政变上台,实行独裁统治。1969 年 10 月 30 日改名为巴西联邦共和国。

2. 政治制度

1988 年 10 月 5 日颁布的新宪法规定,总统是国家元首和政府首脑兼武装部队总司令,总统由直接选举产生,取消总统直接颁布法令的权力。1994 年和 1997 年议会分别通过宪法修正案,规定将总统任期缩短为 4 年,总统和各州、市长均可连选连任。国民议会由联邦参议院和众议院组成,为国家最高权力和立法机构。内阁为政府行政机构,内阁成员由总统任命。内阁主要有外交部、内政部、陆军部、财政部等。

主要政党有全国革新联盟、巴西民主运动、巴西共和党、巴西共产党。

经济视角

巴西是拉美第一经济大国,拥有拉美最为完善的产业体系,经济实力居拉美首位。2008 年国内生产总值为 16 650 亿美元,人均 8 900 美元。服务业对经济发展举足轻重,服务业部门主要包括银行金融业、电讯产业、不动产、旅游、保险、广告、传媒等。巴西的旅游业久负盛名,为世界 10 大旅游创汇国之一。

1. 经济的基本特征

(1)经济结构发生了很大变化,工业产值为农业产值的 3 倍多。

(2)经济依靠大量的外资和外债发展起来,75％投向制造业。

(3)本国的私人资本在经济中占重要的地位,控制着商业、建筑、农牧业及纺织、食品、制鞋、造船、汽车零配件等部门。

2. 主要产业部门及其分布

(1)工业：工业产值在拉美居首位,拥有较完整的工业体系,钢铁、汽车、造船、石油、化工、电力、制鞋等业在世界享有盛誉;核电、通信、电子、飞机制造、信息、军工等领域的技术水平已跨入世界先进国家行列。巴是南美钢铁大国,为世界第六大产钢国,也是拉美第一、世界第九大汽车生产大国。巴西是仅次于美国和德国的世界第三大糖果生产国,各类糖果产量每年达 800 亿颗,糖果业年产值为 5 亿美元,每年出口糖果 5 万吨左右。

工　业	
采矿业	● 采铁为主。伊塔比拉矿山产量占 2/3;卡拉雅斯山是世界上最大的铁矿山,蕴藏量达 177.5 亿吨。 ● 石油资源丰富,但仍需进口。
制造业	● 钢铁业主要分布在南部、东南部和东北部的广大区域,最大的沃尔塔—雷东塔钢厂位于里约市的西北部。 ● 大规模发展以酒精为动力的汽车,圣保罗州建成了世界最大的酒精厂。 ● 全国年造船能力 200 万吨,现有 15 家大型造船厂。里约市是全国最大的造船工业中心。
能源工业	● 1992 年,伊泰普水电站第 18 台机组投入运行,年发电量价值 790 亿美元,成为世界上最大的水电站。

(2)农业:全国可耕地面积达 2.6 亿公顷,人均 2 公顷,被誉为"21 世纪的世界粮仓"。巴西有"咖啡王国"的称号,咖啡产量和出口量均占世界第一位,甘蔗、可可、大豆、柑橘产量都名列世界前茅。巴西被誉为柑橘王国,其产量居世界第一位。

巴西的畜牧业非常发达,以养牛为主,家禽产量居世界第四位。

咖啡、甘蔗、柑橘产量居世界第一,大豆产量世界第二,玉米产量世界第三。

农　业	
种植业	● 咖啡是巴西的国民经济支柱,分布在圣保罗、巴拉那、米纳斯吉拉斯州; ● 甘蔗主要分布在东北部沿海低地和圣保罗州; ● 西南部里约格朗德州为大豆产区; ● 棉花产量世界第七,主要种植在圣保罗州、巴拉那州; ● 柑橘产在圣保罗州; ● 可可产在巴伊亚州。
畜牧业	● 养牛业主要分布在圣保罗州和纳斯吉拉斯州; ● 养猪业主要在圣卡塔林纳州; ● 养鸡业主要在南里约格兰德州。

贸易大看台

巴西从 20 世纪 80 年代起,外贸商品结构发生了重大变化。制造业产品在出口贸易中的比重不断上升,农、矿产品的比重显著下降、消费品在进口贸易中的比重显著下降,机器和运输设备的比重也有所下降,而燃料的比重则急剧上升。

2007 年全年出口约 1 979.42 亿美元,进口 1 732.07 亿美元,贸易盈余 247.35 亿美元。

1. 国际贸易地区结构

巴西传统的贸易对象国是美国、欧盟和日本。近 20 年来,与发展中国家的贸易往来有很大增长。目前,巴西是南共市(MERCOSUL)成员,市场辐射范围主要是南共市国家。

2. 进出口货物构成

巴西主要出口商品有咖啡、大豆、铁矿砂、钢材、运输器材、蔗糖、柑橘、可可、纸浆、机械设备、电器等。主要进口商品有石油、机器设备、光学仪器、化工原料、粮食、肥料等。

3. 中巴经贸关系

与中国建交日:1974 年 8 月 15 日。

新中国成立后,中巴两国就有民间贸易来往。1974 年两国建立了外交关系。经过双方的共同努力,两国的经贸关系取得了稳步发展。目前,巴西已成为中国在拉美最大的贸易伙伴。

据中国海关统计,两国建交的 1974 年,双边贸易额仅为 1742 万美元。2008 年双边贸易额 484.98 亿美元,其中中国从巴西进口 297.47 亿美元,对巴出口 187.50 亿美元,中方逆差 109.96 亿美元。

巴西之旅

巴西是南美洲的旅游大国,接待游客人数和旅游收入均占全洲的 65% 以上,游客多来自拉美、欧洲和美国。巴西旅游资源丰富,热带森林风光考察独具特色。里约、圣保罗、巴西利亚、亚马孙丛林、伊瓜苏大瀑布、大沼泽地等是主要的旅游景点。此外,一年一度的狂欢节彩车游行,构成了独特的人文旅游景观。

1. 主要城市及其景区景点

(1)巴西利亚(Brasilia):巴西的首都,建于 1956—1960 年,是世界上最新、最年轻的都城。巴西利亚以其独特的建筑闻名于世,在灯火通明的夜晚从空中俯视,巴西利亚宛如一架驶向东方的巨型飞机。整座城市沿垂直的两轴铺开——向机翼南北延伸的公路轴和沿机身东西延伸的纪念碑轴:机头是三权广场,机身是政府机构所在地,机翼则是现代化的立体公路。三权广场左侧是总统府,右侧是联邦最高法院,对面是国会参、众两院。两院会议大厅建筑外观如同两只大碗,众议院的碗口朝上,象征"民主"、"广开言路";参议院的碗口朝下,象征"集中民意"。国会的两座 28 层大楼之间有通道相连,呈"H"型,为葡语"人"的首字母。三权广场上的议会大厦、联邦最高法院、总统府和外交部水晶宫等是巴西利亚的标志性建筑。1987 年 12 月 7 日,联合国教科文组织宣布巴西利亚为"人类文化遗产"。

巴西利亚最高的建筑是高 224 米的电视塔,铁塔瞭望台位于 75 米处,可容纳 150 人,游客可免费乘电梯登台。每逢周末,铁塔周围有手工艺品市场。

(2)里约热内卢(Rio de Janeiro):全国最大的海港,可停靠万吨海轮,是全国工商业和金融中心。

◆ **科尔科瓦多山**　位于里约市蒂茹卡国家公园内,山顶有一座两臂展开、形同十字架的耶稣像,故又名耶稣山。巨大的耶稣塑像在全市的每个角落均可看到,是里约的象征之一。该塑像建于 1931 年,高 30 米,重 1 145 吨。

◆ **面包山**　此山因形似法式面包而得名,山高 394 米,登上山顶可将里约全景尽收眼底。

◆ **科帕卡巴纳海滩**　世界著名的海滩之一,沙粒细软平坦,洁白如雪,阳光和湛蓝的海水把这里涂抹成一幅鲜艳无比的油画。

(3)圣保罗:巴西的第一大城市,位于巴西东南部海拔 700 多米的高原上,距海仅 72 千米,与巴西旧都里约热内卢和米纳吉拉斯州首府贝洛奥里藏特成鼎足之势,构成巴西最发达的工业三角区。

◆ **PAULISTA 金融大街**　被誉为巴西"经济和金融大动脉",从圣保罗的商业中心和高级住宅区穿过,巴西第一座商业中心大楼和智能公寓都坐落于此。以 PAULISTA 大街为中心,各个城区向四外辐射,西南和东南方向是文化区,建有现代化的文化、教育和娱乐设施,有巴西第一高等学府圣保罗大学,有全国第二大足球场莫龙比体育场,有南美最大的综合文化设施圣保罗文化中心。

◆ **天主教大教堂**　1964 年圣保罗建城 400 周年时落成,是南美最大的教堂,用 800 吨象牙雕刻装饰。教堂内的大管风琴也是南美之最。

◆ **圣保罗美术馆**　馆藏堪称南美之最,著名藏品有拉斐尔、林布兰、罗丹大师的绘画和雕塑作品。

(4)萨尔瓦多:是巴西最早的首都,保留着浓厚的巴伊亚文化,葡萄牙天主教教堂及建筑艺术,非洲文化和土著色彩,再加上迷人的沙滩、椰林处处,一直以来都是巴西人的度假胜地。

(5)马瑙斯(Manaus):热带丛林中的现代化河港和工业中心,位于内格罗河与亚马孙河汇合处。内格罗河富含矿物质的黑色河水与亚马孙河相汇,白水中黑浪翻滚,长达 7 千米,其景堪称一绝。在附近密林中,附生性兰科植物悬于空中,被称为"热带雨林中的空中花园"。该市拥有世界上最大的浮动码头,全长 1313 米。

马瑙斯是著名的旅游城市,主要景点有海关大楼(砖瓦均从英国进口)、马瑙斯大剧院、印第安人博物馆等。距市区 80 千米就是野生热带雨林。

（6）伊瓜苏市（Foz do Iguazul）：伊瓜苏市位于巴西、巴拉圭、阿根廷三国交界的巴拉那河与伊瓜苏河汇合处。"伊瓜苏"在印第安瓜拉尼语中意为"大水"。伊瓜苏市是巴西第二大旅游中心，年均接待游客约 700 万人次，当地居民主要从事商业和旅游业。目前世界最大的水电站——伊泰普水电站距市区 12 千米，著名的伊瓜苏大瀑布距市区 28 千米。

2. 其他著名景区

 亚马孙河　发源于秘鲁中部的科迪勒拉山脉，河面宽广，支流众多，流域和流量均居世界第一，水量占世界淡水总量的 20%，也是世界公认的最神秘的"生命王国"。已开发的亚马孙国家公园面积近 1 万平方千米，可由马瑙斯前往。亚马孙流域适合植物生长，有浩瀚无际的原始森林，各种植物两万余种，盛产优质木材，被誉为"地球之肺"。

亲身体验

礼节礼仪：

- 巴西比较讲究男女平等，家庭中虽然男性的决定权较大，但女性的影响也很重要。
- 赡养老人是必须尽到的责任。
- 男孩子一般很小就去外打工来养家，家中的女性也会在外找零活支持家庭。巴西的家庭比较团结，靠相互支持来过活。

饮食习惯：

- 早餐通常为牛奶咖啡、面包、奶酪、柠檬汁和奶油。午餐和晚餐包括：豌豆、米饭、肉类、色拉、水果、土豆等。
- 吃饭时避免用手接触食物，饭后闲谈时喝一杯浓浓的加方糖的黑咖啡。

喜好：

- 巴西人酷爱咖啡，人们几乎随时随地都可以喝到浓郁芳香的热咖啡。
- 爱好吃虾。
- 在周末或节假日携家人或朋友到餐馆用餐。如果节假日恰逢星期二和星期四，巴西的公司通常会把工作日提前，把假日连起来。在商务旅行前请仔细核查日期。

主要节日			
元　旦	1月1日		
狂欢节/谢肉节	欧洲移民带到巴西的宗教节日。现已成为巴西最大的民间节日。里约狂欢节世界驰名,时间在天主教封斋节前3天开始,一般为公历2月,偶尔在1月底或3月初。		
耶稣受难日	4月2日	"圣母显灵日",也作儿童节	10月12日
巴西民族独立运动日	4月21日	万灵节/Finados	11月2日
劳　动　节	5月1日	共和国成立日	11月15日
圣体节(可变)	6月14日	圣灵感孕说	12月8日
独立日(1822年)	9月7日	圣　诞　节	12月25日

友情链接

　　世界杯与巴西：巴西队自1930年参加首届世界杯足球赛以来,是唯一参加了16届决赛阶段比赛的队伍,同时也是获得冠军最多的队伍,巴西队共获得了4次世界杯冠军。

　　桑巴舞：16世纪,起源于非洲西海岸的桑巴舞随黑奴传到巴西,吸收了葡萄牙人和印第安人舞蹈和音乐艺术的风格,演变成巴西的桑巴舞。这种舞蹈紧张、欢快、热烈、活泼,舞蹈者的每一块肌肉都在抖动,因而不同于一般的轻歌曼舞。从1910年起,巴西的音乐家们每年都要为狂欢节创作新的狂欢进行曲、桑巴舞抒情歌曲以及戏谑取闹的歌曲等。随着时间的推移,巴西的狂欢节已离不开桑巴舞,桑巴舞成为巴西狂欢节的代言词。

　　土著文化介绍：在白种人入侵之前,印第安人是美洲真正的主人。巴西是美洲印第安人主要聚集地之一。在卡布拉尔发现巴西之前,印第安人估计有300万之多。他们在这片富饶的土地上,创造了自己独特的文化和语言,在人类历史上留下了光辉的篇章。

　　咖啡王国：巴西以咖啡质优味浓而驰名全球,是世界上最大的咖啡生产国和出口国,咖啡的大面积种植,给巴西带来了财富和繁荣。20世纪初,巴西的咖啡产量占世界总产量的75%以上,从而赢得了"咖啡王国"的美称。咖啡是巴西国民经济的重要支柱之一,全国有大大小小的咖啡种植园50万个,种植面积约220万公顷,从业人口达600多万,年产咖啡200万吨左右,年出口创汇近20亿美元。近年来,由于出口结构的变化和国际咖啡市场不景气,巴西咖啡生产和出口量有所下降。

　　巴西石油公司：1953年10月成立。业务范围：石油、化工;已在哥伦比亚,玻利维亚、阿根廷、古巴等国开拓业务;总部设在里约热内卢。

拉丁汽车公司：1987 年由福特汽车公司和大众汽车公司合并而成。业务范围：汽车生产；总部在圣保罗。

新闻出版：2000 年，全国日报有 465 种，杂志 1 600 种，发行量在 15 万份以上的主要报刊有：《圣保罗页报》、《圣保罗州报》、《环球报》、《人民邮报》、《零点》等。主要杂志有：《请看》、《这就是》、《时代》等，均为周刊。

非洲经济地理篇

◘ **名称**　阿非利加洲,简称非洲。

◘ **位置**　位于东半球的西南部,地跨赤道南北,西北部的部分地区伸入西半球,东濒印度洋,西临大西洋,北隔地中海和直布罗陀海峡与欧洲相望,东北隅以狭长的红海与苏伊士运河紧邻亚洲。

◘ **面积**　约 3 030 万平方千米(包括附近岛屿),约占世界陆地总面积的 1/5,仅次于亚洲,为世界第二大洲。

◘ **地理区域**　在地理上,习惯将非洲分为北非、东非、西非、中非和南非 5 个地区。北非通常包括埃及、苏丹、利比亚、突尼斯、阿尔及利亚、摩洛哥。东非通常包括埃塞俄比亚、厄立特里亚、索马里、吉布提、肯尼亚、坦桑尼亚、乌干达、卢旺达、布隆迪和塞舌尔。西非通常包括毛里塔尼亚、塞内加尔、冈比亚、马里、布基纳法索、几内亚、几内亚比绍、佛得角、塞拉利昂、利比里亚、科特迪瓦、加纳、多哥、贝宁、尼日尔、尼日利亚。中非通常包括乍得、中非、喀麦隆、赤道几内亚、加蓬、刚果、刚果民主共和国、圣多美和普林西比。南非通常包括赞比亚、安哥拉、津巴布韦、马拉维、莫桑比克、博茨瓦纳、纳米比亚、南非、斯威士兰、莱索托、马达加斯加、科摩罗、毛里求斯等。

◘ **人口**　约 10 亿(2009),占世界人口总数 15%,仅次于亚洲,居世界第二位。非洲人口的出生率、死亡率和增长率均居世界各洲的前列,人口分布极不平衡。尼罗河沿岸及三角洲地区每平方千米约 1 000 人,撒哈拉、纳米布、卡拉哈迪等沙漠和一些干旱草原、半沙漠地带每平方千米不到 1 人,还有大片的无人区。非洲是世界上民族成分最复杂的地区,非洲大多数民族属于黑种人。

◘ **语言**　非洲语言约有 800 种,一般分为 4 个语系。

◘ **宗教**　非洲居民多信奉原始宗教和伊斯兰教,少数人信奉天主教和基督教。

◘ **自然环境**　大陆海岸线全长 30 500 千米。海岸比较平直,沿海岛屿不多,大多面积很小,岛屿的面积只占全洲面积的 2%。大陆北宽南窄,像一个不等边的三角形,海岸平直,少海湾和半岛。全境为高原型大陆,平均海拔 750 米,大致以刚果河(扎伊尔称为扎伊尔河)河口至埃塞俄比亚高原北部边缘为界。东南半部多海拔 1 000 米以上的高原,称为高非洲;西北半部大多在海拔 500 米以下,称为低非洲。非洲高大的山多数矗立在高原的沿海地带:西北沿海有阿特拉斯山脉,东部有肯尼亚山和乞力马扎罗山,南部有德拉肯斯山脉。乞力马扎罗山是一座活火山,海拔 5 895 米,为非洲最高峰。

非洲东部的大裂谷是世界上最长的裂谷带,南起希雷河口,北至西亚的死海北部,长约6 400 千米。裂谷中有不少狭长的湖泊,水深岸陡,其中埃塞俄比亚高原东侧的阿萨勒湖湖面在海平面以下 153 米,是非洲大陆的最低点。非洲的大河流受到地质构造和其他自然因素的影响,水系较复杂,多急流、瀑布,按长度依次为尼罗河(全长 6 671 千米,世界最长的河流)、刚果河(扎伊尔称为扎伊尔河)、尼日尔河、赞比西河、乌班吉河、开赛河、奥兰治河等。湖泊多分布在东非裂谷带,按面积大小依次为维多利亚湖、坦噶尼喀湖、马拉维湖、乍得湖等。

◆ **气候**　非洲大部分地区位于南北回归线之间,全年高温地区的面积广大,有"热带大陆"之称。境内降水较少,只有刚果盆地和几内亚湾沿岸一带年平均降水量在1 500毫米以上,属热带雨林气候。地中海沿岸一带夏热干燥,冬暖多雨,属亚热带地中海式气候。北非撒哈拉沙漠、南非高原西部雨量极少,属热带沙漠气候。其他广大地区夏季多雨,冬季干旱,多属热带草原气候。马达加斯加岛东部属热带雨林气候,西部属热带草原气候。

◆ **自然资源**　非洲矿物资源丰富,目前已知的石油、铜、金、金刚石、铝土矿、磷酸盐、铌和钴的储量在世界上占有很大比重。石油主要分布在北非和大西洋沿岸各国,估计占世界总储量 12％左右,铜主要分布在赞比亚与扎伊尔的沙巴区,金主要分布在南非、加纳、津巴布韦和扎伊尔,金刚石主要分布在扎伊尔、南非、博茨瓦纳、加纳、纳米比亚等地,此外还有锰、锑、铬、钒、铀、铂、锂、铁、锡、石棉等。森林面积约占全洲面积的21％。草原辽阔,面积占非洲总面积的 27％,居各洲首位。非洲可开发的水利资源丰富,沿海地区还盛产沙丁鱼、金枪鱼、鲐、鲸等。

◆ **经济状况**　非洲是世界上经济发展水平最低的洲,大多数国家经济落后。许多国家独立后,为了维护国家主权和民族利益,采取了有利于本国经济利益的政策和措施,取得了一定的成绩。全洲农业人口约占全洲总人口的2/3,许多经济作物的产量在世界上占重要地位:咖啡、花生各占世界总产量 25％左右,可可、丁香、棕榈油、棕榈仁的产量分别占 50％～80％,还有棉花、剑麻等。工业主要为农畜产品加工,重工业较发达的有南非、埃及、阿尔及利亚等。非洲主要矿物的开采量在世界上都占重要地位,原油约占世界总产量 10％,铜矿石约占 20％,金刚石、金均占 70％左右,锰、锑、钴、铬、磷酸盐、石棉、铀、铂、锂、钽、铍、铌 的产量均居各洲前列。

埃 及

(The Arab Republic of Egypt)

埃及,这个在人类历史上被称为"文明发祥地"的国度,在漫长的七千年间,创造了无与伦比的文明古迹和浩如烟海的知识财宝,在科技、艺术、文化、建筑及其他人文领域一直处于首屈一指的地位。埃及具有不同于其他文明和民族的独特性,在现今的地理疆界内,一直具有统一的社会结构,被认为是世界上最古老的国家。

正如名言所说:"埃及是尼罗河的礼物",古埃及人在尼罗河下游创造了灿烂的文明。今天,在这地中海岸的古老王国里,古代文化与现代文明交汇,东方风情与西方格调相融,人文荟萃,令人无限神往。

 数据DATA

国名: 阿拉伯埃及共和国。

国旗: 自上而下由红、白、黑3个长方形组成,中央为国徽图案。红色象征革命,白色象征纯洁和光明前途,黑色象征过去的黑暗岁月。

国徽: 为1只金色的鹰,称萨拉丁雄鹰,象征胜利、勇敢、忠诚。鹰的胸前为盾形的国旗图案。鹰屹立的座基绶带上写着"阿拉伯埃及共和国"。

国歌:《阿拉伯埃及共和国国歌》。

国花: 荷花。

面积: 约100.15万平方千米。

人口: 约8 200万(2008年)。

国语: 阿拉伯语。

宗教: 伊斯兰教为国教。

首都: 开罗(Cairo)。

国名释义: 阿拉伯人将"埃及"称为"米斯尔",意思是"辽阔的国家"。

出行贴士

国际电话区号	0020		
时　差	＋6 小时＝北京时间	夏时制	5 月 1 日—9 月 30 日
电　压	220 伏	最佳季节	10 月—次年 2 月

遥望埃及

1. 地形

全境地势平坦，沙漠占全国面积的 90％以上，耕地面积仅占 5.5％。东部凯瑟琳山海拔 2 637 米，为全国最高峰。地形可分为 4 个主要部分：

(1) 尼罗河流域与三角洲地带。尼罗河在开罗以北分成两个主要支流，一个叫杜姆亚特河，一个叫拉希德河，中间是尼罗河三角洲，是最肥沃的耕地之一。

(2) 西部沙漠的面积达 68 万平方千米。

(3) 东部沙漠的面积为 22.5 万平方千米。东部沙漠中有濒临红海的山地高原。

(4) 西奈半岛面积约为 6.1 万平方千米，是一个呈三角形的高原。

2. 河湖

尼罗河纵贯南北，全长 6 671 千米，在埃及境内长 1 530 千米。

南北方向有一条洼地，洼地上有湖泊群，最大的为提姆萨湖，苏伊士运河就穿过这条洼地。

3. 气候

全境干燥少雨，尼罗河三角洲和北部沿海地区属地中海气候，气候较温和，其余大部分地区属热带沙漠气候。地中海沿岸城市亚历山大平均降雨量约 200 毫米，沙漠地区和南部地区炎热干燥，终年无雨，开罗年降雨量约为 18 毫米。每年 3—5 月间刮"五旬风"，风力大，夹带沙石，常使农作物受害。

4. 资源

拥有大量矿产资源，特别是石油，还有磷酸盐、铁、锰。最主要的石材有花岗岩、大理石、石灰石及石英石等。

埃及为非洲第四大产油国，已查明石油储量 31 亿桶（约合 5 亿吨），远景地质储量 80 亿桶（约合 12 亿吨），目前天然气的日产量为 6 200 万立方米。

埃及的石油产区共分 4 块，即苏伊士湾产区、西奈半岛产区、西部沙漠和东部沙漠产区，其中以苏伊士湾产区的原油产量最大。

走遍埃及

1. 位置

埃及地跨亚非两大洲,大部分位于非洲东北部,只有苏伊士运河以东的西奈半岛位于亚洲西南;南北相距 1 024 千米,东西 1 240 千米,北濒地中海,东临红海,苏伊士运河将两海相连,东北同以色列、巴勒斯坦接壤,西临利比亚,南接苏丹。

资 讯

全国分为 27 个省:开罗、亚历山大、塞得、苏伊士、卢克索、代盖赫利耶、布海拉、伊斯梅利亚、米努夫、盖勒尤卜、杜姆亚特、谢赫村、吉萨、明亚、贝尼苏韦夫、法尤姆、艾斯尤特、阿斯旺、索哈杰、基纳、红海、新河谷、马特鲁、南西奈、北西奈。

2. 交通运输

(1)公路:2001 年共有公路近 48 000 千米。

(2)铁路和地铁:从 1851 年开始修建铁路,于 1852 年建立了全国第一条铁路——开罗—亚历山大铁路线,是英国之后世界上第二个拥有铁路的国家。铁路全长近 10 000 千米,每日乘客超过百万。

(3)海运和港口:沟通地中海和红海的苏伊士运河于 1869 年 11 月 17 日正式通航后,使西欧到印度洋之间的航程,比绕道非洲好望角缩短 8 000～10 000 千米,是世界上最重要的国际运河之一。

主要港口有位于地中海的亚历山大港、塞得港、杜姆亚特港和位于红海的苏伊士港、塞法杰港,其中亚历山大是最大港口,年吞吐能力 2 200 万吨。

(4)航空:目前机场有 21 个,其中国际机场 11 个。埃及的航线可达 72 个国外首都和大城市以及 12 个国内城市。埃及航空公司是中东北非地区最大的航空公司之一,另外还有 4 家私营航空公司。

埃及人

1. 人口

截止 2009 年 5 月,埃及人口约为 8 200 万,主要是阿拉伯人,其余为科普特人、贝都因人等。

2002 年初,在境外公民人数共约 272.6 万人,包括长期侨民和临时劳务人员。埃及侨民主要分布在海湾国家和利比亚、约旦等。另外,拥有其他国籍的海外埃及人 82 万,主要在美国、加拿大、澳大利亚、德国、法国、英国、奥地利等国家,其中有不少是科学家和专家。

2. 教育

从古埃及起,埃及人的音乐、舞蹈、雕刻(特别是建筑雕刻)无不精美绝伦。同时,埃及是阿拉伯文学的沃土,创造出古代神话、寓言、诗歌,今日长短篇小说和戏剧的辉煌。

埃及实行小学义务教育制度,学制与中国相同。埃及的基础教育和高等教育一样,存在着官办、民办和官民结合三种模式。

除了艾资哈尔大学和美国大学外,还有国立和私立大学 18 所,学院数为 419 个。著名院校有:开罗大学、亚历山大大学、艾因·舍姆斯大学、艾资哈尔大学等。

历史的脚步

1. 历史沿革

埃及是历史悠久的文明古国,公元前 3200 年形成统一的奴隶制国家,后被波斯人和马其顿人征服。公元前 30 年,罗马人占领埃及,进行了长达 600 年的统治。公元 639 年,阿拉伯人入侵埃及,建立阿拉伯国家,1517 年沦为奥斯曼帝国的一个行省。19 世纪 50 年代起,英、法势力日益渗入。1882 年,英国军队占领埃及,1914 年起,埃及沦为英"保护国"。1922 年埃及独立,1953 成立埃及共和国,1958 年 2 月同叙利亚合并,成立阿拉伯联合共和国,1961 年叙利亚脱离,1971 年改国名为阿拉伯埃及共和国。

2. 政治制度

埃及总统是国家元首、最高行政首脑和武装部队最高统帅,由人民议会提名,经公民投票选举产生,任期 6 年。人民议会为立法机构。主要政党有社会主义党、自由社会主义者党和民族进步统一集团党等。

经济视角

埃及经济以农业为主,农民占 60% 以上,主要农产品有棉花、稻谷、小麦、玉米等,大多分布在尼罗河谷地和尼罗河三角洲地区,优质长绒棉产量居世界首位。工业以轻纺工业为主,石油、钢铁、电力、化肥、水泥工业有较大的发展。苏伊士运河、旅游、石油出口和侨汇是埃及外汇收入的四大来源。

2008 年埃及国内生产总值(GDP)约为 1 583 亿美元,人均 1 739 美元。

苏伊士运河开挖于 1889 年,联通地中海和红海,为世界重要的人工水道。1996 年运河拓宽加深后,通航船舶吃水深度可达 58 英尺,是世界上最繁忙的国际运河之一。

1. 经济的基本特征

自 1952 年革命以来,经济先后经历了纳赛尔的"社会主义"国有化时期、萨达特的"开放经济"时期和穆巴拉克的政策调整、以西方债权国所提条件为框架的经济改革时期。

1991年以来,成功实施了经济改革计划,外国对埃投资明显增加,经济实力显著增强。1998年人均GDP增至4 800埃镑(1 410美元),进入中等收入国家行列。

2. 主要产业部门

(1)埃及是非洲工业较发达的国家之一,拥有初具规模的工业体系,但工业基础薄弱,行业发展不平衡,机电产品自给率较低,机械制造业主要以装配为主。2001年工业生产占其国内生产总值的18.4%。

纺织和食品加工业是埃及的传统工业部门,占工业总产值的一半以上。石油、电力、建材、钢铁、水泥、采矿冶金、汽车制造、制药、化工等行业也具备一定实力。近年来,成衣及皮革制品、水泥、化肥、制药、陶瓷和家具生产等发展较快。

埃及工业企业过去一直以国营为主体,从20世纪90年代初开始,埃及开始积极推行以私有化为主要目的的经济改革。

(2)农业:埃及是个传统的农业国,虽然可耕地只占全国总面积的5.5%,但劳动生产率比较高,农产品产值占GDP的18%。

由于农业所具有的比较优势,随着现代技术的推广和使用、农作物种子结构的优化、高产基因工程农作物的开发、信贷服务的提供、新加工技术的引进和营销服务的强化,埃及的农业产量和收入具有巨大的增长潜力。埃及的地理位置具有明显的区域合作优势,已成为该地区主要的农产品出口国。

棉花是埃及最重要的出口农作物。埃及的长绒棉被广泛用作高级的纺织品原料,超长绒棉几十年来一直被世界所选用。埃及的主要冬季作物是小麦、大豆、大麦和洋葱,主要夏季作物是棉花、水稻、粟和甘蔗。

贸易大看台

据埃及中央银行统计,2007/2008财年(2007年7月1日—2008年6月31日),埃及进出口额822亿美元,其中进口528亿美元,出口294亿美元。

1. 国际贸易地区结构

从国别(地区)看,埃及进口的主要来源地为欧盟180.1亿美元,其他欧洲国家41.2亿,美国98.3亿,阿拉伯国家54.7亿,亚洲98.7亿。美国、英国、德国、中国、瑞士、法国、意大利、阿联酋、荷兰和印度是埃前10大进口国。

2. 进出口货物构成

主要进口机械、运输设备、化工产品、牲畜及畜产品、粮食等,主要出口棉花、大米、纺织品、原油及其产品、洋葱、棉籽油和磷酸盐。近几年,随着工业的发展,出口商品结构发生了变化,改变了以农产品为主的状况,原油成为主要出口商品。

3. 中埃经贸关系

埃及是第一个承认中国并同中国建交的阿拉伯非洲国家,自1956年5月30日同中国建交后,两国友好合作关系不断发展。特别是进入 20 世纪 90 年代后,双边经贸合作的规模和领域不断扩大。据我国海关统计,2008 年中埃贸易额达到 62.4 亿美元,增长 33.6%,其中我对埃出口 58.2 亿美元,增长 31.2%。

中国向埃及出口的主要商品有机电产品、纺织品和服装、轻工产品、化工产品、食品等。中国从埃进口的主要商品是:花岗岩、大理石、原油。

中国公司在埃及开展承包劳务业务始于 1984 年。截止到 2003 年 3 月底,我国公司在埃及共签订承包劳务合同 151 项,合同总金额超过 5 亿美元,完成营业额 2.9 亿美元。截至 2003 年底,中国企业和公民在埃注册登记建立的合资、独资企业 99 家,中方投资金额为 5 540 万美元,投资领域主要分布在纺织服装、制鞋、大理石加工、石油钻井和修井服务、化工、建材和基础设施项目等行业。

埃及之旅

旅游是埃及经济发展的基本支柱,是国民收入的主要来源,为增加国家外汇收入发挥了作用。向地中海海岸延伸的避暑胜地,红海的珍稀鱼类和珊瑚礁,尼罗河谷历史悠久、丰富多彩的文物,七千多年来的文明古迹,使她成为世界上最伟大文明的熔炉。2008 年埃及吸引外国游客 1280 万人次,旅游收入为 110 亿美元,占国内生产总值的 8.5%,旅游业吸纳了埃及 13% 的就业人口。

1. 主要城市及其景区景点

(1)开罗(Cairo):开罗是非洲和中东第一大城市。开罗也是世界上最古老的城市之一,直至 1805 年穆罕默德·阿里成为埃及统治者,开罗才真正成为埃及的政治中心,今日的开罗已是一座现代化大都市。开罗曾被誉为"城市之母",是世界上古迹最多的地方,这里有古埃及的金字塔、狮身人面像,也有基督教和伊斯兰教的古教堂、清真寺、城堡等,是世界闻名的旅游胜地。尼罗河穿过市区,现代文明与古老传统并存:西部以现代化建筑为主,大多建于 20 世纪初,具有当代欧美建筑风格;东部则以古老的阿拉伯建筑为主,有 250 多座清真寺集中于此,清真寺的高耸尖塔,随处可见,故开罗又称"千塔之城"。

◆ 金字塔 埃及共发现金字塔 96 座,最大的是开罗郊区吉萨的 3 座金字塔。金字塔是古埃及国王为自己修建的陵墓。大金字塔是第四王朝第二个国王胡夫的陵墓,建于公元前 2690 年左右,塔身由 230 万块石头砌成,每块石头平均重 2.5 吨。据说,10 万人用了 20 年的时间才得以建成此塔。该金字塔内部的通道对外开放,设计精巧,计算精密,令人赞叹。

第二座金字塔是胡夫的儿子哈佛拉国王的陵墓,建于公元前 2650 年,比前者低 3 米,但建筑形式更加完美壮观,塔前建有庙宇等附属建筑和著名的狮身人面像。狮身人面像的面部参照哈佛拉,身体为狮子,高 22 米,长 57 米,雕像的一个耳朵就有 2 米高。整个雕像除狮爪外,全部由一块天然岩石雕成。由于石质疏松,且经历了 4 000 多年的岁月,整个雕像风化严重。

第三座金字塔属于胡夫的孙子门卡乌拉国王。当时正是第四王朝衰落时期,金字塔的建筑也开始衰落。门卡乌拉金字塔的高度突然降低到 66 米,内部结构纷乱。

胡夫金字塔南侧有著名的太阳船博物馆,胡夫的儿子当年用太阳船把胡夫的木乃伊运到金字塔安葬,然后将船拆开埋于地下。该馆是在出土太阳船的原址上修建的。船体为纯木结构,用绳索捆绑而成。

◆ **埃及博物馆**　坐落在开罗市中心的解放广场,1902 年建成开馆,是世界上最著名、规模最大的古埃及文物博物馆。该馆收藏了 5 000 年前古埃及法老时代至公元 6 世纪的历史文物 25 万件,其中大多数展品年代超过 3 000 年。该馆中的许多文物,如巨大的法老王石象、纯金制作的宫廷御用珍品、大量的木乃伊以及重 242 磅的图坦卡蒙纯金面具和棺椁,其做工之精细令人赞叹。

◆ **汗·哈利里市场**　位于开罗市中心地带(老城区),由分布在几十条小街巷里的几千家个体小店组成,许多店铺可追溯到公元 14 世纪。市场道路狭窄,街道两旁挤满了小店铺,主要出售金银首饰、铜盘、石雕、皮货及其他埃及传统手工艺品。它已成为开罗古老文化和东方伊斯兰色彩的一个象征,吸引着世界各地的游客。市场旁边有著名的艾兹哈尔清真寺和侯赛因清真寺。

(2)亚历山大(Alexandria):亚历山大是埃及第二大城市,埃及和东地中海最大港口,是埃及的"夏都"和避暑胜地,被誉为"地中海新娘",也是古代和中世纪名城,地中海沿岸政治、经济、文化和东西方贸易的中心,有灿烂的古代文化,至今仍保留着诸多名胜古迹。

◆ **亚历山大灯塔**　灯塔建于公元前 278 年,可惜在 1326 年毁于地震,仅留遗址,后又在遗址上建有航海博物馆。

◆ **夏宫**　密林环绕,是一个独具特色的花园。赫迪夫·阿拔斯二世在世纪之交所建的这座土耳其—佛罗伦萨式的建筑物,1952 年前一直是皇室家族的消夏避暑地,现海滨向游人和垂钓者开放。园内有法鲁克国王行宫(现为埃及国宾馆)。

◆ **"自由"号游艇**　由英国造船公司 1865 年修建,以燃煤蒸汽机为动力。该艇原为埃及王室私用,1868 年曾迎接欧洲国家元首来参加苏伊士运河国际通航典礼,是第一艘从北面进入苏伊士运河的船只,1952 年更名为"自由号",现为埃及海军拥有,埃海军以此展示其舰船维修保养水平。

(3)阿斯旺(Aswan):是埃及街道最清洁、最漂亮的城市。它是埃及与非洲其他国家进行贸易的重镇,也是通往苏丹的门户。市内保留大量寺庙和陵墓,如著名的菲莱神庙、阿布辛贝勒神庙等。旅游业兴盛,为冬季游览胜地,是现代埃及的骄傲。

◆ **菲莱神殿**　菲莱岛(Philae Island)在阿斯旺以南 15 千米。被称为"古埃及国王宝座上的明珠"的埃及古神庙群,修建在阿斯旺城南尼罗河中的菲莱岛上,以辉煌而奇特的建筑、宏伟而生动的石雕及石壁浮雕上的神话故事而闻名。

◆ **古采石场** 采石场沿尼罗河而建,约有 6 千米长。采石场遗址中有一个著名的景点:未完成的方尖碑。这个巨大的方尖碑横卧在采石场中,长 41 米,重达 1267 吨,原本是女王哈特舍普苏特修建的。

◆ **阿布·辛贝勒神殿** 建于公元前 1300—前 1233 年。庙高 30 米,宽 36 米,纵深 60 米,门前 4 座巨型石质拉美西斯坐像,每尊高 20 米,像旁边有其母、妻、子女的小雕像,无不栩栩如生,经过 3 000 年的风蚀仍完好无损。

(4) 卢克索(Luxor):公元前 1570 年左右,底比斯人赶走了西克索人(Hikusos),以此为中心重新统一了埃及。这个帝国维持了 1 500 多年,在此建造了众多宏伟壮观的神殿及王家陵墓,因此成为古埃及遗迹的宝库,是探访埃及古文明不可不到的地方。

◆ **卢克索神庙** 底比斯主神阿蒙的妻子穆特的神庙,规模仅次于卡尔纳克神庙,具有令人惊叹的雄伟气势,后来的拉美西斯二世又增建了大门和庭院,并在门口竖立了 6 尊塑像,现存 3 尊。庙内原来有两座方尖碑,其中一座被穆罕默德·阿里送给了法国,现在巴黎协和广场。

◆ **卡尔纳克神庙** 古埃及帝国遗留的最壮观的神庙,因其浩大的规模而闻名世界,仅保存完好的部分占地就达 30 多公顷。整个建筑群中,包括大小神殿 20 余座;巨型石柱,气势宏伟,令人震撼。

◆ **阿蒙神庙** 卡尔纳克神庙的主体部分,这里供奉的是底比斯主神——太阳神阿蒙。阿蒙神庙的石柱大厅最为著名,内有 134 根 6 人合抱的巨柱,每根高 21 米。这些石柱历经 3 000 多年无一倾倒,令人赞叹。庙内的柱壁和墙垣上刻有精美的浮雕和鲜艳的彩绘,它们记载着古埃及的神话传说和当时人们的日常生活。

◆ **门农巨像** 矗立在尼罗河西岸和国王谷之间原野上的两座岩石巨像,原来是"阿敏何特普(Amenhotep)三世"法老神殿前的雕像,但神殿本身已无踪影。巨像高 20 米,风化严重,面部已不可辨识。石像是由新王国时代鼎盛期的阿蒙荷太普三世建造的,人们认为石像是希腊神话中门农的雕像,故取名为门农像。

◆ **国王谷** 在与卢克索城相对的尼罗河西岸的山谷中,集中了许多国王和王室成员的陵墓,这就是著名的国王谷——巨大的岩石洞被挖成地下宫殿,墙壁和天花板布满壁画,装饰华丽。墓穴入口开在半山腰,有细小通道通向墓穴深处,通道两壁的图案和象形文字至今仍十分清晰。

2. 其他著名景区

◆ **尼罗河** 尼罗河发源于埃塞俄比亚高原,流经布隆迪、卢旺达、坦桑尼亚、乌干达、肯尼亚、扎伊尔、苏丹和埃及 9 国,全长 6671 千米,是世界上最长的河流,可航行水道长约 3 000 千米。尼罗河有两条上源河流,西源出自布隆迪群山,经非洲最大的湖——维多利亚湖向北流,被称为白尼罗河;东源出自埃塞俄比亚高原的塔纳湖,称为青尼罗河。青、白尼罗河在苏丹的喀土穆汇合,然后流入埃及。

尼罗河谷和三角洲是埃及文化的摇篮,也是世界文化的发祥地之一。这两条支流冲积形成尼罗河三角洲,面积约 2.5 万平方千米,是埃及最富饶、人口最稠密的地区。

开罗的尼罗河上有许多游船,其中仿法老时期船只修造的游船又名法老船。夜晚泛舟河上,可游览两岸旖旎风光,又可观赏船上著名的东方舞表演。

◆ **苏伊士运河** 位于埃及东北部,是欧、亚、非三洲交通要冲,沟通红海和地中海、大西洋和印度洋,具有重要战略意义和经济意义,1859—1869 年由法国人投资开挖,埃及有 10 万民工因此丧生。英国收买了运河公司 40% 的股票,英法共同掌握运河经营权。1956 年,纳赛尔总统宣布运河国有化,随即爆发了英、法、以 3 国侵埃战争。1967—1975 年因阿以战争,运河封闭停航达 8 年之久。埃政府进行几次大规模运河扩建工程,使运河的通航能力显著增加,扩建后的运河水深 23.5 米,最大宽度为 320 米,能通过 28 万吨的满载油轮。近年,通过苏伊士运河的船只日平均约 60 艘,运河年收入近 20 亿美元。现在,苏伊士运河货运量居世界运河之首。

 亲身体验

礼节礼仪:

● 埃及人正直、爽朗、宽容、好客,被称为"埃及风格"。

● 埃及人见面介绍行握手礼,有的见面也行亲吻礼。人们最广泛使用的问候是:"依库姆塞拉姆"(祝您平安),回答是:"而来塞拉姆而依库姆"(也祝您平安)。

● 星期五和星期天是伊斯兰教的休息日。进入清真寺时,要脱鞋;穿超短裙、短裤,不得进入。

● 宴席间如果有人为了祈祷而中途退席,客人要耐心等待。

饮食习惯:

● 埃及人主食为面饼,副食爱吃豌豆、洋葱、萝卜、茄子、西红柿、卷心菜、南瓜、土豆等。

● 正式宴会或富有家庭正餐的最后一道都是甜食。

● 埃及人有在咖啡摊上进午餐的习惯,他们买一杯咖啡和几块点心,边吃边喝。进餐时,一般不与人交谈。

喜好:

● 喜吃甜食,喝红茶和咖啡,著名甜食有"库纳法"和"盖塔伊夫"。

● 喜爱仙鹤和猫。

● 3、5、7、9 是钟爱的数字。

● 喜欢绿色和白色。

主要节日			
埃及节假日主要有3类		法定节假日、伊斯兰教假期及基督教假期。	
新　年	1月1日	英军撤退纪念日	6月18日
科普特教圣诞节	1月7日	国　庆　日	7月23日
西奈解放日	4月25日	武装部队日	10月6日
国际劳动节	5月1日		
斋　月	阿文叫做"拉玛旦",把斋是穆斯林的五功之一,封斋期间伊斯兰教徒在日出至日落一段时间内必须戒绝饮食和抽烟;日落时以鸣炮和念经为号,开始吃东西。但老年人、病人、儿童、长途旅行者、军队和重体力劳动者,可免斋月约束。		
开　斋　节	斋月结束以后就是开斋节,是为庆祝完满结束斋戒而设的。此节一般为期4天,是伊斯兰教重要的节日之一。		
宰牲节	又名"古尔邦节",为期5天,是伊斯兰教最大的节日,是为庆祝教徒圆满结束对麦加天房的朝觐而设立的。每逢这个节日,大家都要宰羊表示纪念,并把羊肉的1/3送给穷人,1/3送给亲友,其余留下自己吃。		
伊历新年	相传穆罕默德在麦加传教遭到反对后便迁徙到麦地那,在那里传播伊斯兰教,因此人们把这1天(公元622年7月2日)定为伊历元年的第一天。过年时人们互祝新年。		
穆罕默德生日	此节是伊历4月12日。在这一天,政府机关、学校、商店都放假,并举行纪念穆罕默德的活动。		

友情链接

宗教信仰:伊斯兰教为国教,其教规是共和国立法的主要根据。政府在处理穆斯林、科普特人或犹太人问题时不会采取歧视政策。艾资哈尔是埃及最著名的清真寺和伊斯兰研究机构,其含义是"灿烂,光明"。

除穆斯林外,埃及还有大约九百万科普特人,即古埃及人后裔。在阿拉伯人于公元640年进入埃及后,逐渐被同化,但仍保持他们的宗教信仰。科普特人信奉科普特教,是希腊东正教的支派。科普特教会数以千计的文章、记录、理论研究是现代人类学的重要资料来源。寺院制度最早是在埃及创造的,起源于3世纪末年,在4世纪广为传播,全世界所有的基督教堂,直接或间接的都源于埃及模式。

新闻出版:主要阿拉伯文报刊有《消息报》、《金字塔报》、《共和国报》、《晚报》等。主要法文报有《埃及进行报》、《埃及日报》。中东通讯社是埃及唯一的国家通讯社,成立于1956年。国家广播电台历史悠久,创建于1928年。

开罗国际电影节:非洲最大的电影节之一,由埃及电影作家和评论家协会主办,创建于 1976 年,每年一届。参赛片必须不带政治色彩,其宗旨是发展世界电影,交换看法,促进各国之间的更好了解。

商务会见:(1)约见政府官员、公司和企业的负责人或者家访友人,必须预约,不宜当不速之客。但因特殊情况冒昧造访,好客的埃及人也不会像西方人那样见怪,他们始终微笑地表示欢迎,说:"我家(办公室)的大门一直为你开着,欢迎你随时来。"(2)工作性的会见均在办公室进行。

太阳节之谜:3 000 多年前的神庙设计者精确地运用天文、星象、地理学知识,按照要求把神庙设计成为只有在拉美西斯二世的生日(2 月 21 日)和奠基日(10 月 21 日),旭日的霞光金辉才能从神庙大门射入,穿过 60 米深的庙廊,洒在神庙尽头的拉美西斯二世石雕巨像的全身上下,而左右的其他巨型石雕都享受不到太阳神赐予的这种厚爱,人们把这一奇观发生的时日称作太阳节。为了保留太阳节的奇观,联合国教科文组织派出当今国际第一流的科学技术人员,运用最先进的科技测算手段,将阿布辛贝勒神庙原样向上移位 60 米,以确保在阿斯旺高坝修建后,神庙不会被水淹没。尽管煞费心机,竭尽一切努力,太阳节的时辰还是被错位而挪后了一天。

★**特别提示**:在埃及著名的哈利里市场,可以买到非常好的东西,特别是香料、香水、黄金、白银、地毯、黄铜、皮革制品、玻璃制品和陶器。

摩 洛 哥

(The Kingdom of Morocco)

摩洛哥,当年曾因经典电影《北非谍影》成为最走红的非洲国家。其实,身处大西洋及地中海之间的摩洛哥最具吸引力的地方绝对不止电影中的卡萨布兰卡(Casablanca)。摩洛哥既有地中海的温柔与精巧,又有大西洋的雄奇和广博,既有茂密的橄榄树,又有赤地千里的大沙漠,既有细沙如棉的度假海滩,又有崎岖峻峭的山岭。

 数据DATA

国名: 摩洛哥王国。

国旗: 呈长方形,红色为底,中央的"所罗门王图章"用绿色线条仿照5角星形状绘成。

国徽: 即王徽。盾徽上端的王冠象征王国是君主立宪制,绿色5角星是摩洛哥国旗的标志。5角星上端是1轮光芒四射的太阳,太阳前面的图案象征阿特拉斯山;两侧的狮子象征力量;绶带上用阿拉伯文写着"你助真主,真主助你"。

国歌:《摩洛哥颂》。

国花: 康乃馨。

国树: 栓皮栎。

面积: 约45.9万平方千米。

人口: 约3 400万(2008年)。

国语: 阿拉伯语。

宗教: 伊斯兰教。

首都: 拉巴特(Rabat)。

誉称: 烈日下的清凉国土。

出行贴士

国际电话区号	00212	时　差	＋6 小时＝北京时间
电　压	220伏	最佳季节	4—5 月,9—10 月

遥望摩洛哥

1. 地形

境内以山地、高原为主。阿特拉斯山脉的主峰图卜卡勒山海拔 4165 米,是全国最高点。摩洛哥东南部是撒哈拉沙漠的一部分,南部为高原,中部为阿特拉斯山脉,北部为狭长的沿海平原,西部沿岸为一系列的平原和内陆高平原。

2. 气候

摩洛哥属亚热带地区,夏季干燥炎热,冬季温和潮湿,但北部沿海受地中海影响,基本为地中海式气候,四季温和,阿特拉斯山地区多雨雪;南部是撒哈拉沙漠,炎热少雨。

3. 河湖资源

主要河流为穆卢耶河、塞布河。

4. 资源

磷酸盐是摩洛哥的主要资源,储藏量 570 亿吨,占世界储量的 3/4,年产磷酸盐 2 300万吨,其他资源有钴、铅、锰、铁、铜和锌等。

走遍摩洛哥

1. 位置

摩洛哥王国位于非洲西北端的阿拉伯马格里布地区,西濒大西洋,北临地中海,隔直布罗陀与西班牙相望,是大西洋地中海的门户。全国海岸线长约 3 500 多千米。

资　讯

现有 65 个省(市)。

2. 交通运输

(1)公路:总计长度约为 6.4 万千米。摩洛哥目前拥有将近 700 千米的高速公路,连接了从地中海门户丹吉尔到首都拉巴特、国际大都会卡萨布兰卡及古城菲斯等主要城市。

(2)铁路:截至 2001 年共有铁路 2 958 千米。

(3)海洋运输:摩洛哥现有通商港口 24 个,其中 9 个港口为主要货物集散港,最著名的卡萨布兰卡港的年吞吐量达到 2 800 万吨。

卡萨布兰卡港口：摩洛哥最大港口，水陆交通运输的重要枢纽，其经济腹地是全国经济最发达地区，通过铁路、公路网与全国各地相连，与五大洲各国家、地区有贸易运输往来，是非洲最大的装卸作业港之一。2000 年，卡萨港吞吐量占全国港口业务总量的40%，进出货物主要有磷酸盐、粮食、杂货等。

（4）航空运输：摩洛哥的航空运输业由摩洛哥王家航空公司及一些国际航空知名公司（如法航、意航等）参与经营。摩洛哥有 15 个机场，其中 11 个达到国际水平，可以起降波音 747—400 级大型客货机种。

卡萨布兰卡穆罕默德五世机场为摩洛哥最为重要的航空港。

摩洛哥人

1. 人口

截止 2009 年 1 月，摩洛哥人口约为 3 400 万，居民主要是阿拉伯人，其余为柏柏尔人，还有少量的犹太人及黑人。

2. 教育

摩洛哥强调教育普及化，教材统一化，教师摩洛哥化和教学阿拉伯化，每年教育预算约占国家预算总支出的 1/4。全国文盲率已从 1960 年的 87% 降至 1998 年的 53%。国立中、小学教师已全部摩洛哥化，大学教师 97% 为摩洛哥人。

著名的高等学府有穆罕默德五世大学、哈桑二世大学、穆罕默德一世大学、卡迪伊亚德大学、卡鲁维因宗教大学和穆罕默德·本·阿卜杜拉大学。

历史的脚步

1. 历史沿革

柏柏尔人是摩洛哥的最初居民。公元前 15 世纪，摩洛哥受腓尼基人支配。公元前2—7 世纪，罗马帝国和拜占庭帝国先后是这里的主人。7 世纪开始，阿拉伯人进入这一地区，相继建立了一系列王朝，现在的阿拉维王朝是第七个阿拉伯人的王朝，建立于1640 年。15 世纪起，土耳其、法国、西班牙、意大利、德国先后入侵。1912 年，摩洛哥沦为法国的"保护国"。第二次世界大战后，亚非拉民族解放动风起云涌。摩洛哥于 1956年 3 月 2 日宣告独立。

2. 政治制度

摩洛哥是个君主立宪国家，国王世袭，议会为一院制，政府由国王任命。主要政党有独立党、人民力量社会主义联盟等。

经济视角

摩洛哥经济以农牧业为主，农业人口占 61%，主要农作物有小麦、大麦、玉米、柑橘、橄榄、甘蔗等,主要牲畜以绵羊和牛为多,渔业以出口沙丁鱼最多。2008 年摩洛哥国内生产总值(GDP)约为 830.6 亿美元,人均 2 664 美元。从最近 10 年来的增长趋势来看,摩洛哥国内生产总值增长受农业生产的影响相当大。

1. 经济的基本特征

在阿拉伯世界仅次于埃及,是第二大农业国。摩洛哥可耕地面积为 830 万公顷,灌溉面积仅占耕地的 10% 左右。其中,粮食种植面积为 450 万公顷,主要种植小麦;蔬菜种植面积 60 万公顷,向欧洲大量出口;果树 50 万公顷,主要生产柑橘;油料及其他作物种植面积 15 万公顷,主要种植向日葵和棉花等。

森林面积约 550 万公顷,其中,软木林约 40 万公顷。牧业比较发达,饲养牛、羊、骆驼、驴、骡等。

政府十分重视农业的发展,大力兴修水利。目前,全国已建成大中型水库 60 多座,总蓄水量达 100 亿立方米,水浇地面已由 20 世纪 60 年代前的 20 万公顷增加到目前的 100 万公顷。

2. 主要产业部门及其分布

摩洛哥工业有下列三个特点:一是工业结构门类不全,仅若干加工工业具备一定发展水平;二是总体发展水平不高;三是摩洛哥政府相当重视工业发展,在力所能及的范围内努力促进工业的发展。

随着 2001 年底卡萨布兰卡德摩轧钢企业的开张,摩洛哥从此结束了没有重工业的历史。在加工工业领域,具有一定规模并具一定发展水平的工业部门分别是食品加工、纺织服装与皮革加工、化工与药品、机械制造、电力与电子。此外,摩洛哥的水泥制造业也具一定规模,基本可以满足国内需求。

摩洛哥工业企业以中小企业和民营企业为主。就地域分布而言,摩洛哥的工业50% 集中在大卡萨布兰卡地区,其次分布在北部重镇丹吉尔(新建的工业区和免税区)等地。

此外,摩洛哥的传统手工业也是工业部门重要的组成部分。

摩洛哥矿业主要集中在磷酸盐、钴矿开采加工以及小型铅、锰、重晶石矿开采。

农 业	
种植业	● 摩洛哥主要农作物有粮食、豆类、油料及经济作物四大类。粮食作物主要有硬小麦、软小麦、大麦、玉米等,还有一部分燕麦、高粱和少量大米。豆类作物有蚕豆、豌豆、鹰嘴豆、香豌豆等。油料作物主要有向日葵、花生。 ● 经济作物主要有甜菜、甘蔗、棉花。 ● 摩洛哥的水果、干果生产也是比较重要的传统产业,按其产业习惯划分,分为橄榄、水果(包括杏、苹果、梨、桃、李子、樱桃等)、椰枣、柑橘、葡萄、香蕉、无花果、胡桃等。而近年发展较快的出口蔬菜种植亦已成为主要的创汇来源之一。

续　表

农　业	
畜牧业	畜牧业是摩洛哥农业经济中的重要组成部分,而牛羊肉则是当地穆斯林居民日常饮食中最主要的蛋白质来源,所附属的皮革加工又是主要的传统手工业之一。
渔业	摩洛哥渔场鱼的种类丰富且密度相当高,是世界上少数优良渔场之一。渔业是其重要的经济部门,有超过 50 万人从事与渔业有关的工作,年鱼产量在 80 万吨左右,年产值在 50 亿地拉姆左右,在国内生产总值中占有一席之地。

贸易大看台

摩洛哥外管局最新统计数据显示,摩 2008 年对外贸易总额约为 780 亿美元,较上年同期增长了 19 个百分点。其中进口约 454 亿美元,同比增长 24.1%,出口约 326 亿美元,同比增长 13.2%。贸易逆差约 128 亿美元,较上年同期增幅达 64.4%。

1. 国际贸易地区结构

从国别(地区)看,摩洛哥的主要贸易伙伴为欧盟、其他欧洲国家、美国、阿拉伯国家和亚洲的一些国家。

法国、西班牙、英国、意大利、美国是摩洛哥的主要贸易伙伴。

2. 进出口货物构成

摩洛哥主要进出口商品有食品、饮料、烟草,能源与润滑油类,初级产品(包括源自动植物的和源自矿物的初级产品),半成品,机械设备(分农业、工业机械设备),制成消费品等。

摩洛哥的进口商品依次集中在以下几个大类:制成消费品、机械设备、半成品、能源类产品,以及食品类产品和初级产品。

3. 中摩经贸关系

1958 年中摩两国正式建交并签订第一个政府间贸易协定。近几年,两国贸易发展较快,贸易额有了大幅度的增加。据摩洛哥统计局公布的数据,2008 年,中摩双边贸易总额为 24.6 亿美元,增长 26.8%。其中,摩洛哥对中国出口 9 052 万美元,下降 17.8%;自中国进口 23.7 亿美元,增长 21.1%。

摩洛哥之旅

摩洛哥旅游资源比较丰富,旅游业是其支柱产业之一。在自然环境方面,摩拥有广阔的海滩、明媚的阳光,冬季还有滑雪场;在文化方面,摩洛哥的阿拉伯历史文化遗产很多,有的可以追溯到古罗马时期,比如在古城菲斯、梅克内斯等都有列入联合国教科文组织历史文化世界遗产的古建筑;在地缘方面,摩洛哥地处北非,与欧洲最为接近,特别能吸引欧洲旅游者。

摩洛哥 2007 年接待游客数量达到 745 万人次,比上年增长 13%;旅游收入约 72 亿美元,比上一年增长了 12%。

1. 主要城市及其景区景点

(1)拉巴特(Rabat):摩洛哥首都,历史名城。这里有新城和旧城之分。新城里西式楼房、阿拉伯民族风格的精巧住宅和街心花园比比皆是;旧城围以红色城墙,城内多古老的阿拉伯建筑清真寺,市面繁荣,有许多手工艺品作坊,居民的生产和生活方式依然保存着浓厚的中世纪风采。

◈ **拉巴特王宫**　位于拉巴特市中心,是典型的阿拉伯宫殿建筑。宫殿式样各异,其中以里雅德宫最为宏伟壮丽。

◈ **乌达雅堡**　始建于 12 世纪柏柏尔王朝。现存乌达雅堡对外开放区域分三部分:一是院内花园,具有安达鲁西亚园林建筑的典型风格;二是博物馆,展出历代珠宝乐器和历代民族服装;三是高空平台,为古时空中市场遗迹。

◈ **舍拉废墟遗址**　舍拉古城和摩洛哥梅里尼德王朝时期皇家陵寝遗址,1980 年被列为国家重点保护文物。舍拉(古语"土地"的意思)古城原为腓尼基、迦太基和古罗马帝国时代北非重要港口城市。舍拉在 1775 年一场以里斯本为震中的著名大地震中被夷为废墟。

(2)达尔贝达(Darel Bei Da)(卡萨布兰卡):是全国最大港口,经济交通中心,濒临大海,树木常青,气候宜人,有绵延数十千米的细沙、海滩,是天然的游泳场地。沿岸的旅馆、饭店和各种娱乐设施掩映在一排排整齐而高大的棕榈和橘子树下,绮丽多姿,为西欧旅游者避寒胜地。

◈ **哈桑二世清真寺**　1993 年 8 月 30 日落成。清真寺耗资 5 亿多美元,3/5 的经费由国内外捐赠,其中 1/3 的面积建在海上,以纪念摩洛哥的阿拉伯人祖先自海上而来。整个清真寺可同时容纳 10 万人祈祷,是世界第三大清真寺,排在沙特阿拉伯的麦加和麦地那清真寺之后,据说是世界上现代化程度最高的清真寺,被誉为穆斯林世界的一大"宝物"(Joyau)。内外装修十分精美,是摩建筑工艺的代表作。

(3)菲斯(Fes):摩洛哥最古老的城市,处处充满古旧风貌,墙壁图案更别具风味,店铺货品又相当精致。这里的皮革制品、毛丝织品、陶器和地毯等很有名。从建城到 20 世纪初,一直是摩洛哥历代王朝的都城。

(4)马拉喀什(Marrakech):全国第二大城,曾是历史上南方之都,有长达 7 千米由红砖砌成的古城,城堡上还筑有 200 个高塔。马拉喀什的夜市热闹非凡,有"不夜城"之称。库图比亚清真寺尖塔的墙壁香气四溢,是最吸引游人的地方。

(5)阿加迪尔:摩洛哥苏斯地区的首府,是摩南方的门户,1960 年遭受地震后建设成为现代化的旅游胜地。这里全年气候温和,阳光充足,海滨浴场长达 9 千米。阿加迪尔是北非最大的远洋渔港。

（6）丹吉尔：摩洛哥北部重要城市。充足的阳光、数不尽的海滩和大量的历史古迹吸引了四方众多的游客。市区有天主教堂、大教堂、炮楼等一些19世纪的建筑。

2. 其他著名景区

◆ **最火红撒哈拉**　撒哈拉沙漠浩瀚辽阔,面积跨越了非洲数国,摩洛哥境内的沙漠地带特别有名,拥有赤红的沙漠。身处在红土飞扬的沙漠之中,感觉也会变得特别炽热。

亲身体验

礼节礼仪：

- 人和人见面握手后,要抽回手来摸一下胸部或额头,以示尊敬。
- 款待贵宾的最高礼遇有两样东西：一是堆得冒尖的一大盆椰枣,二是盛一小碗鲜牛奶放在托盘里。

饮食习惯：

- 喜欢吃用小麦粉加上清水、橄榄油、肉汤、牛羊肉、蔬菜等做成的家乡风味"古斯古斯"和鲜美浓郁的"烤全羊"、"烤鱼"、"烤虾"等,这些都是他们待客的佳肴。
- 习惯用盐腌渍橄榄果,认为腌渍出来的橄榄果别有风味。
- 很喜欢中国菜肴。
- 除在公共场合有时使用刀叉为餐具外,一般都习惯于用手抓饭吃。

喜好：

- 酷爱饮茶。一般他们都喜欢在绿茶中加些白糖和新鲜的薄荷叶,每天要饮4～5次,每次的饮量都挺大。

主要节日			
独立宣言日	1 月 11 日	国王与人民革命日	8 月 20 日
劳 动 节	5 月 1 日	青年节(国王生日)	8 月 21 日
国王登基日	7 月 30 日	绿色进军节	11 月 6 日
回 归 日	8 月 14 日	独 立 日	11 月 8 日
回历节日	回历新年,开斋节,宰牲节和先知生日(回历节日按回历计算,每年有所不同)。		
每年 8 月前后为摩洛哥休假期,摩政府等公职部门、企业等职员陆续休假。			

友情链接

　　新闻出版：目前出版的报刊共 560 多种,其中阿拉伯文版 375 种,法文版 185 种。主要报刊有：官方《新闻报》、半官方《撒哈拉晨报》、《舆论报》、《旗帜报》、《宣言报》、《马格里布报》、《民族使命报》。

　　新娘集市：柏柏尔部族的新娘集市,又叫穆塞姆节,每年 9 月举行,为期 3 天。它既是求偶盛会,也是一个贸易集市。在这个"集市"上,离过婚的妇女和寡妇最受欢迎,人们认为这样的妇女最会持家。

　　献羊节：摩洛哥历史最长、最具特色的传统节日,也是摩洛哥的和平节。每年 1 月 23 日,家家户户都要准备 1 只羊,摆设羊宴,邀请亲友邻里共同庆贺。节日献羊典礼是最隆重的活动。

　　★**特别提示：**摩洛哥的手工艺品品质优良、种类繁多,举世闻名。柔软的皮革、色彩丰富的地毯、银饰和陶器等都是摩洛哥的特色物品。

肯 尼 亚

(The Republic of Kenya)

肯尼亚有东非旅游之国的美称,被誉为"鸟兽的乐园"。它的旅游资源非常丰富,有生活着各种珍禽异兽的天然动物园,有闻名世界的东非大裂谷,还有赤道雪山。肯尼亚还是购物的天堂,乌木雕制的各种工艺品和猫眼石等多种宝石令人目不暇接。

 数据 DATA

国名: 肯尼亚共和国。

国旗: 自上而下由黑、红、绿 3 个平行相等的横长方形构成,红色长方形上下各有一白边。旗面中间的图案为一面盾和两支交叉着的长矛。黑色象征人民,绿色象征农业和自然资源,红色象征为自由而斗争,白色象征统一与和平。中央的矛和盾象征祖国的统一和为捍卫自由而斗争。

国徽: 为盾徽。其中 1 只握斧的雄鸡,是肯尼亚非洲民族联盟之标志,也象征着肯尼亚人民新的繁荣生活。盾徽之下是肯尼亚山,山坡上的咖啡、剑麻、菠萝等图案象征丰富的农产品。盾徽两旁各有 1 只象征力量的狮子。红色绶带上用斯瓦希里文写着"共处"。

国歌:《肯尼亚共和国国歌》。

国花: 兰花。

国鸟: 公鸡。

面积: 约 58.26 万平方千米。

人口: 约 3 860 万(2008 年)。

国语: 斯瓦希里语为国语,和英语同为官方语言。

宗教: 天主教、基督教新教等。

首都: 内罗毕(Nairobi)。

誉称: 人类摇篮(挖掘出人类远祖头盖骨化石)。

国名释义: 得名于肯尼亚山。

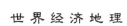

出行贴士

国际电话区号	00254	时　差	＋5 小时＝北京时间
电　压	240 伏	最佳季节	7—9 月

遥望肯尼亚

1. 地形

地形以高原为主,只在东南沿海有宽约 200 千米的平原地带。肯尼亚山的巴蒂安峰海拔 5 199 米,是非洲的第二高峰。国土面积的 18% 为可耕地,其余主要适于畜牧业。

2. 河湖

东非大裂谷内有众多的湖泊,著名的有塔纳湖、萨巴基河、图尔卡纳湖、维多利亚湖等。

3. 气候

肯尼亚位于热带季风区,大部分地区属热带草原气候,沿海地区湿热,高原气候温和。3—6 月、10—12 月为雨季,其余为旱季。年降雨量,自西南向东北,由 1 500 毫米递减到 200 毫米。

4. 资源

矿产资源比较贫乏,主要为纯碱、萤石、石灰石等,尚未发现石油,其中吉尔吉尔是世界最大的硅藻土矿之一。森林面积 17 700 平方千米。沿海及维多利亚湖,水产极为丰富。

走遍肯尼亚

1. 位置

肯尼亚位于非洲东部,赤道横贯国土中部,东非大裂谷纵贯南北,因此肯尼亚素有"东非十字架"的称号。肯尼亚东邻索马里,南接坦桑尼亚,西连乌干达,北与埃塞俄比亚、苏丹交界,东南临印度洋,海岸线全长 500 千米。

资　讯

肯尼亚全国分划分为 7 个省和内罗毕特区。省以下设区、县、乡和村。

2. 交通运输

肯尼亚空运设施比较发达。内罗毕、蒙巴萨、埃多有国际机场,内罗毕杰莫肯雅塔国际机场是非洲最繁忙的机场之一。蒙巴萨港现有 16 个深水泊位,年吞吐量 2 200 万吨,有 2 个大型输油码头,是非洲最现代化的港口之一。公路网络较发达,共有等级公路 15 万千米,是交通运输的主要方式,占客运总量的 80%、货运总量的 76%,但路况较差。铁路总长 2 765 千米,从蒙巴萨可通往坦桑尼亚或经内罗毕连接至乌干达。

肯尼亚人

1. 人口

全国共有 42 个部族,分成班图、尼罗和库施特三大语系,主要有吉库尤族、卢希亚族、卡兰金族、卢奥族、康巴族、凯西族等部族。

38% 的人信奉基督新教,28% 的人信奉天主教,6% 的人信奉伊斯兰教,其余信奉印度教和原始宗教。

2. 教育

肯尼亚重视发展教育,实行免费初等教育,教育体制比较完善,实行 8—4—4 学制,即小学 8 年、中学 4 年、大学 4 年。此外,肯尼亚还开办一些职业技术学校和专科学校。

著名高等院校有:内罗毕大学、肯雅塔大学、莫伊大学、埃格顿大学和肯雅塔农业技术大学。其中,内罗毕大学为肯尼亚最大的综合性大学。

历史的脚步

1. 历史沿革

肯尼亚是人类发源地之一。公元 7 世纪,阿拉伯人开始到此经商和定居,16 世纪初,葡萄牙殖民者占领肯沿海地带。1890 年,英、德两国瓜分东非,肯尼亚被划归英国,肯尼亚人民开展了有组织的争取独立运动。1963 年 5 月举行大选,肯尼亚非洲民族联盟(简称肯盟)获胜,同年 6 月 1 日成立自治政府,12 月 12 日宣告独立,1964 年 12 月 12 日成立肯尼亚共和国,为英联邦成员国。

2. 政治制度

实行总统内阁制,总统为国家元首、政府首脑兼武装部队总司令,由直接普选产生,每届任期 5 年。内阁由总统和总统任命的副总统、各部部长及总检察长组成。

国民议会是肯最高立法机构,实行一院制,每届任期 5 年,设 224 个议席。司法分 4 级,即地区法院、驻节法院、高等法院和上诉法院。

经济视角

实行以私营经济为主体的"混合经济"体制,私营经济在整个经济中占 70%。农业是经济的主体,产值约占 GDP 的 24%,农产品出口约占商品出口总额的 70%。工业在东非地区相对发达,国内日用消费品基本自给。旅游业较发达,是第二大创汇行业。

肯独立后经济发展较快,是非洲经济状况较好的国家之一。但 20 世纪 90 年代中期以来,由于自然灾害频繁、国际金融组织停止援助以及体制上的痼疾,经济增长乏力,近几年持续低迷不振。2008 年肯尼亚国内生产总值(GDP)约为 343.8 亿美元,人均 890 美元,增长率 1.7%。

1. 经济的基本特征

农业、服务业和工业是国民经济三大支柱,主要作物为玉米、小麦、咖啡、茶叶和除虫菊,粮食基本自给。茶叶、咖啡和花卉是农业三大创汇项目。工业以加工制造业为主,大型企业有炼油、轮胎、水泥、轧钢、发电、汽车装配等,其余大多数是劳动密集型的中小制造业和生产日用消费品的工厂,如纺织、制糖、畜产品加工、蔬菜和水果加工等。国内日用品 85% 由自己生产,其中服装、纸张、食品、饮料、香烟等还有小量出口。

2. 主要经济部门情况

工 业	
制造业	东非地区制造业最发达的国家,门类比较齐全,较大的企业有炼油、轮胎、水泥、轧钢、发电、汽车装配等。
建筑业	肯建筑业比较落后,主要由一些外国建筑公司在肯经营。近年来,由于政府财政紧张,投资锐减,成为制约经济发展的瓶颈之一。
能源业	● 肯尼亚石油依赖进口。位于蒙巴萨的肯尼亚石油精炼厂是东非地区最大的石油加工企业,产品除供国内消费外,还有部分出口。 ● 肯尼亚电力资源有水电、热电、地热发电、风力发电等,其中水电约占 70%。电力不能全部自给。

全国 80% 为干旱和半干旱土地,可耕地主要集中在西南部。

农 业	
粮食作物	主要粮食作物有玉米、小麦、水稻、粟类、豆类和薯类等,其中玉米是最重要的粮食作物。
经济作物	● 主要经济作物有茶叶、园艺产品、咖啡、除虫菊、甘蔗、剑麻、棉花、马卡达姆坚果(俗称夏威夷果)等,主要供出口。 ● 红茶是肯第一大创汇产品,2001 年产量达 29.46 万吨,出口额约 4.5 亿美元,主要出口至巴基斯坦、英国、埃及、阿富汗、苏丹和也门。 ● 园艺产品主要包括花卉、蔬菜和水果,2001 年总计出口额 3 亿美元。肯是目前非洲最大的鲜花出口国,占据欧盟 25% 的市场份额。 ● 肯是世界上除虫菊主产国,产量占世界总产量的 80%。

续　表

农业	
林业	● 森林面积约为 8.7 万平方千米,多分布在中部,林木储量 9.5 亿吨左右。由于采伐过量,林业资源正迅速减少,肯政府大力号召植树造林,并将保护森林作为环保的重要措施。
渔业	● 肯渔业资源丰富,主要来自境内的淡水湖泊,其中维多利亚湖淡水鱼产量占总产量的 90%,大部分向欧洲出口,主要品种为尼罗河鲈鱼。
畜牧业	● 肯大部分地区适宜发展畜牧业,主要产品是肉类和奶制品,另外还少量养蜂。

 贸易大看台

肯尼亚实行对外开放、自由竞争的经济贸易政策,外贸在经济中占有重要地位。由于工业基础薄弱,原油、机械设备、重要工业原料等均依赖进口,外贸严重逆差,主要依靠外援补足。2005 年肯尼亚对外贸易进出口总额为 93.74 亿美元,同比增长 16.5%。2005 年出口 34 亿美元,进口 60 亿美元,贸易逆差 16 亿美元。

1. 国际贸易地区结构

从国别(地区)看,肯尼亚主要贸易伙伴为英国、德国、阿联酋、荷兰、美国、法国、加拿大、日本以及乌干达、坦桑尼亚等。

2. 进出口货物构成

主要出口商品为茶叶、花卉、咖啡、水泥、剑麻、除虫菊精、纯碱、皮革和肉类等;主要进口商品为原油、机械、钢铁、车辆、电子、化肥、药品等。同时,它也是世界上最主要的茶叶出口国之一。

3. 中肯经贸关系

中肯于 1963 年 12 月 14 日建交。两国政府于 1978 年 5 月 23 日签订贸易协定,规定两国贸易以现汇支付。此后,双边贸易稳步发展。中国对肯主要出口商品为:机电产品、纺织品、医药品、服装、鞋类、轮胎、陶瓷、旅行用品及箱包等;中国从肯进口的主要商品为原木、锯材等。

据中国海关统计,2008 年双边贸易额达到 12.51 亿美元,同比增长 30.4%,创历史新高。其中我国对肯尼亚出口 12.16 亿美元,自肯尼亚进口 0.35 亿美元。

 肯尼亚之旅

肯尼亚气候温暖宜人,四季均可旅游。这里有数量众多的珍禽异兽、多姿多彩的赤道自然景观和风土民情,是非洲著名的旅游国家。

旅游业是肯第二大创汇行业,近年收入均在 3 亿美元左右,游客六成以上来自欧洲。肯尼亚 2008 年接待外国游客数量达到 72.9 万人次,旅游收入 7.6 亿美元。

1. 主要城市及其景区景点

(1) 内罗毕(Nairobi):肯尼亚首都,全国政治、经济、文化、工业和交通中心,东非最繁华的城市,距赤道不过 150 千米,但气温很少超过 27℃,气候凉爽,是避暑胜地。城外保留着大片原始森林,林内栖息着许多野兽,是世界唯一的城市野生动物园。

◪ **肯尼亚山** 位于国境中部,赤道近旁,海拔 5 199 米,是非洲第二高峰,虽身居赤道,但山顶终年积雪,并有常年不化的冰川 12 条,峡谷幽深,林木茂密,野生动物繁多,是大象、斑马、猎豹、羚羊等栖息繁殖的天然场所,现已辟为肯尼亚山国家公园。

◪ **内罗毕国家公园** 位于市南 8 千米处。园内有山有水,有林有地,无数的狒狒、鸵鸟、长颈鹿、犀牛、河马、野猪、斑马、狮子和羚羊等野生动物,散居在园中。

(2) 蒙巴萨:肯尼亚第二大城市,东非最大的港口。市内有 49 座清真寺,其中一座建于 1570 年,各地伊斯兰教徒络绎不绝地来这里朝拜。

2. 其他著名景区

◪ **东非大裂谷** 是纵贯东部非洲的地理奇观,世界最巨大的断层陷落带。大裂谷总长约 6 400 千米,包括一系列由块状断裂所形成的南北走向的裂谷和湖盆,两侧断壁悬崖,像筑起的两道高墙,大裂谷绵延不绝、深不见底,沿途湖光山色交汇成趣,其景致为世上绝无仅有。

◪ **察沃国家公园** 肯尼亚最大的野生动物园。园中地形复杂,有数千种植物,大象 2 万多头,是世界上野象最集中的地方。

◪ **马萨伊马拉野生动物保护区** 东非最大的动物保护区,幅员广大。这里有数万头斑马、南非羚羊、非洲水牛及大象,这里亦有较多犀牛、印度豹等罕见动物,每年约有数千头野生动物向塞连格迪平原移动,是非洲草原上难得一见的奇观。

◪ **沙漠明珠—图尔卡纳湖** 肯尼亚境内最大的咸水湖,也是鳄鱼的极乐世界,就是在这里发现了 250 多万年前人类的头盖骨,这是迄今为止所发现的最早的人类遗迹。

◪ **百鸟园—纳库鲁湖** 有白鹭等 350 多种、数以百万计珍禽异鸟,是世界最大的鸟类栖息地。

亲身体验

礼节礼仪:

- 肯尼亚人很讲礼貌,朋友见面必须打招呼、点头致意或行握手礼,还要加一连串的问候语。
- 肯尼亚人非常好客,亲朋好友到家,主人总是热情招待,拿出最好的东西让客人吃。如果客人对主人的东西不动一下,则被认为是一种失礼的行为。

饮食习惯：

● 肯尼亚人的主食有玉米、面粉,副食有肉类、鱼类、禽蛋、各种蔬菜、水果。

喜好：

● 肯尼亚盛产茶叶、咖啡,这也是肯尼亚人喜欢的饮料。

主要节日			
自 治 日	6 月 1 日	肯雅塔日	10 月 20 日
莫 伊 日	10 月 10 日	独 立 日	12 月 12 日

友情链接

新闻出版：肯尼亚报刊均用英文出版,主要有《旗帜报》、《民族日报》、《今日民族报》。《肯尼亚时报》为"肯盟"党报,发行量最大的英文报纸为《国民日报》。肯尼亚通讯社为官方通讯社,1964 年创建。"肯尼亚之声"(Voice of Kenya)是国家广播电视机构,又称肯尼亚广播公司(Kenya Broadcasting Corp)。1928 年开播的电台用英语、斯瓦西里语和 16 种非洲语言广播,1963 年开播的电视台用英语和斯瓦西里语向全国播放节目。肯尼亚电视网为第二大电视台,1990 年开播,主要用英语播报新闻等节目。

树顶旅馆：从纳库鲁市向东百余千米,是著名的树顶公园,因为野生动物经常出没到此地饮水和舔盐,故引来游人不断。为了游人观看安全起见,旅馆建在一棵硕大无比的合欢树顶,后被称之为树顶旅馆。1952 年 2 月,当时的伊丽莎白公主来到这里观光。未曾想上得树顶之后,伊丽莎白公主就接到了继承英国王位的诏书,走下树顶已尊为女王了,因而就有"树上公主树下女王"的故事。

★特别介绍：在非洲肯尼亚的蒙巴萨一带,婚姻习俗是女家招婿即"娶新郎"习俗。马赛族住宅简陋,以牛粪、黏土、树枝筑成圆形小屋,称蚕茧屋。马赛族人幼时双耳要穿孔,载重型耳环,长大后,耳垂巨大。肯尼亚人普遍喜爱动物,妇女喜用兽状装饰物,商店、旅馆、团体组织喜用动物命名。

南 非

(The Republic of South Africa)

南非是个美丽富饶的国度,旅游资源丰富,被誉为"彩虹之国"。南非国家历史算不上悠久,但七彩缤纷的人文文化,就像这片古老的大陆一样悠远宽广:从原始部落歌舞到欧陆风格的小镇,从古老的黄金城到现代化的大都会,这里应有尽有,多姿多彩。

数据 DATA

国名: 南非共和国。

国旗: 呈长方形,由黑、黄、绿、红、白、蓝6种颜色组成,象征民族和解。

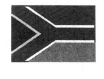

国徽: 由太阳、蛇鹫、山龙眼、长矛和圆头棒、盾牌、麦穗、象牙、人形等图案组成。

国歌:《南非的呐喊》。

国花: 大山龙眼。

国树: 罗汉松。

国鸟: 蓝鹤。

国石: 钻石。

面积: 约 122.10 万平方千米。

人口: 约 4 932 万(2008 年)。

国语: 英语和南非荷兰语为通用语言。

宗教: 基督教新教和天主教为主。

首都: 比勒陀利亚(Pretoria)为行政首都,开普敦(Cape Town)为立法首都,布隆方丹(Bloemfontein)为司法首都。

誉称: 黄金之国、世界矿库。

出行贴士

国际电话区号	0027	时 差	＋6 小时＝北京时间
电 压	220 伏（三孔圆插座）	最佳季节	4—7 月

遥望南非

1. 地形

总体以高原为主。南非可分为四个地理区域："大断崖"至沿海的平原，平均海拔 300 米；西南部的小卡鲁高原，平均海拔 460 米；南部的大卡鲁高原，平均海拔 600～900 米；东北部高地草原，平均海拔 1 200～1 800 米。与莱索托交界处的恩杰苏锡山海拔 3 446 米，为全国最高点。

2. 河湖

境内主要河流有两条：一条是自东向西流入大西洋的奥兰治河，全长 2 160 千米，系全非大河之一，水位季节性变化大，上游多急流瀑布，适于发电，下游水量小，无支流，无航运之利；另一条是主要流经博茨瓦纳、津巴布韦边界并经莫桑比克汇入印度洋的林波波河，全长 1 680 千米。

地下水是南非许多地区全年供水的唯一可靠来源，年地下水量为 22 亿立方米。

3. 气候

南非绝大部分地区属于热带草原类型气候，夏季多雨，冬季干燥。影响气温的因素主要是地势的高低和洋流的不同。由于受印度洋暖流和大西洋寒流的影响，南非东海岸和西海岸的气候差异非常明显，东部温暖、潮湿，而西部则比较干旱。

南非日照充足，但降雨较少，年均降雨量仅有 464 毫米，而且降雨量的分布也极不平均。

全国全年平均日照时数为 7.5～9.5 小时，尤以 4、5 月间日照最长，故以"太阳之国"著称。

4. 资源

南非是一个矿产资源非常丰富的国家，国内蕴藏有 60 多种矿石，其中最主要的有锰、铂族金属、铬、黄金、钒、铝矽酸盐、萤石、钻石、镍、锆族矿石、石棉、铁、磷、锑铅等。南非不仅矿种丰富，而且储量和产量也相当可观。

南非是一个缺少耕地的国家，适合农业的土地面积仅占全国土地面积的 11％，80％为牧场。南非大部分土地比较贫瘠而且多石，极易受水土流失的侵害。南非每年约有 2.33 亿到 2.63 亿吨的土壤白白流失。

南非的原始森林资源比较贫乏，但其人工林的种植在世界上比较有名。

南非三面临海，海岸线长达 2 954 千米，领海中拥有极为丰富的渔业资源。

走遍南非

1. 位置

南非位于非洲大陆最南部,北邻纳米比亚、博茨瓦纳、津巴布韦、莫桑比克和斯威士兰,东、南、西三面为印度洋和大西洋所环抱,其西南端的好望角航线,历来是世界上最繁忙的海上通道之一,有"西方海上生命线"之称。

资　讯

全国共分为 9 个省:东开普、姆普马兰加、夸祖鲁—纳塔尔、北开普、北方、西北、自由州、豪登、西开普。

---

2. 交通运输

铁路总长 3.41 万千米;公路总长 23.2 万千米,其中双向高速公路 1 440 千米,单向高速公路 292 千米。

主要的国际机场有 3 个:约翰内斯堡、德班和开普敦。

7 个主要的商业港口,从东北到西南海岸依次为德班、理查德湾、东伦敦、伊丽莎白港、莫塞尔湾、开普敦和萨尔达尼亚湾港。德班是非洲最大的集装箱集散地,日处理量 3 500 个。

南非还有约 2 700 千米的地下输油管道。

南非人

1. 人口

主要分非洲人(黑人)、白人、有色人和印度人(亚裔)四大种族,2000 年计分别约占总人口的 77.6%、10.3%、8.7% 和 2.5%,其他种族占 0.9%。城市人口占 53.9%,人口趋于年轻化。近年受艾滋病肆虐影响,2000 年人口增长率已降到 19‰。

2. 教育

南非有公立教育部门和私立教育部门。南非宪法规定,不同种族的人均享有受教育的权利。但黑人地区教育设施受到一定条件的限制,因此大多数黑人教育程度较低,甚至是文盲。

著名的大学有南非大学、开普敦大学、祖鲁兰大学、比勒陀利亚大学等。

历史的脚步

1. 历史沿革

南非最早的土著居民是桑人、科伊人及后来南迁的班图人。1652 年荷兰人开始入侵,19世纪初英国人侵。1867年和1886年在南非发现钻石和黄金后,大批欧洲移民蜂拥而至。1910年5月,英国将开普省、德兰士瓦省、纳塔尔省和奥兰治自由邦合并成"南非联邦",成为英国的自治领地,1961年5月31日,成立南非共和国。1994年,南非举行了首次由各种族参加的大选,曼德拉出任南非首任黑人总统,标志着种族隔离制度的结束和民主平等新南非的诞生。1996年,曼德拉签署新宪法,为种族平等的新型国家体制奠定了法律基础。

2. 政治制度

立法机构由国民议会和地方议院组成,政府分为中央、省和地方3级,任期5年,实行总统内阁制,总统是国家元首兼武装部队总司令,任期不得超过两任,内阁由总统、副总统及总统任命的不多于27个部长组成。主要政党有国民党、南非非洲人民国民大会、黑人大会和南非共产党等。

经济视角

南非为非洲经济最发达的国家,国内生产总值一度占全非洲的22%,对外贸易占全非洲24%。基础设施良好,资源丰富,是世界五大矿产国之一。矿业、制造业和农业是经济三大支柱。南非现已成为世界最大的黄金生产国和出口国,还是世界主要钻石生产国。南非德比尔斯公司是世界上最大的钻石生产和销售公司。南非的制造业是在第二次世界大战中发展起来的,20世纪60年代就已成为各生产部门中最重要的部门。南非旅游资源丰富,设施完善,是南非第三大外汇收入和就业部门,旅游业占国内生产总值的2%。

2008年南非国内生产总值(GDP)约为2 870亿美元,人均5 895美元。

1. 主要产业部门

(1)矿业:南非经济的主要支柱,矿产品出口约占出口收入的50%,全国约12%的劳动力从事矿业。南非的采矿技术和设备都非常先进,尤其是在深层采矿方面,其技术和设备居世界领先地位。

(2)制造业:南非拥有门类齐全的制造业,包括冶金、机械、化工、电子、纺织、服装、食品加工等部门,以及军事工业和核工业。

冶金和机械工业是南非制造业的支柱。冶金业的主要企业有南非钢铁工业有限公司(ISCOR)、高原钢钒公司、开普敦钢铁公司、联合钢铁公司等,其中ISCOR能满足南非所需碳素钢的3/4。哥伦布不锈钢合资工程的兴建,使南非成为世界第六大不锈钢生产国,并且使该项目成为世界上最大的不锈钢生产项目。

(3)农业仍然是南非经济的主要部门。各地区不同的土壤和气候条件,使南非农林渔业能够多方面发展。开普地区出产冬季谷物、水果和世界最优质的葡萄酒。南非是世界上第七大葡萄酒生产国,其葡萄酒产量占了全球产量的3%。

半干旱的草原主要用于牧羊。布尔山羊是世界著名的优良羊种。南非是世界上第四大羊毛出口国,羊毛是仅次于玉米的第二大出口农产品。北方省是重要的养牛地区。东北部平原盛产柑橘、亚热带水果和蔬菜。

南非商业捕捞船队有各种船只 500 多艘,全国有近 3 万人从事海洋捕捞业,主要捕捞种类为淡菜、鳟鱼、牡蛎和开普无须鳕。

(4)能源工业:由于南非缺少石油和天然气资源,因此它的能源主要来源于煤炭。到 1997 年底,南非有 13 座火力发电站,占发电量的 88.6%。南非的平均商业电价是每度 2.5～3 美分,是世界上电价最便宜的国家。

贸易大看台

南非经济基本上是开放型经济,对外贸易在经济中起着重要作用。南非进出口总额居非洲国家之首,南非国内生产总值的近 50% 来自于对外贸易。据南非国税局统计,2008 年南非货物贸易进出口 1 712.7 亿美元,比上年增长 14.3%。其中,出口802.1 亿美元,增长 14.8%;进口 910.6 亿美元,增长 13.9%。贸易逆差 108.5 亿美元,增长 7.9%。

1. 国际贸易地区结构

南非的贸易伙伴主要为欧洲国家,但近年来南非同亚洲和非洲国家的贸易发展也十分迅速。自从对南非的贸易禁运解除后,亚洲国家企业加大了开发南非市场的力度,因而推动了南非同亚洲国家贸易的发展。随着南部非洲政治形势的缓和,南非作为南部非洲的门户作用也进一步加强。

从国别(地区)看,2008 年南非对美国、日本、德国和英国的出口额分别占出口总额的 10.2%、10.0%、7.3% 和 6.1%,为 81.8 亿美元、80.1 亿美元、58.5 亿美元和 49.1 亿美元,增长 9.2%、11.8%、16.5% 和 0.3%,对上述四国出口占南非出口总额的33.6%;自德国、中国、美国和沙特阿拉伯的进口额分别占南进口总额的 11.2%、11.0%、7.8% 和 6.2%,为 101.8 亿美元、100.1 亿美元、71.0 亿美元和 56.4 亿美元,增长 9.3%、16.6%、15.9% 和 55.7%。前五大逆差来源地依次是中国、沙特阿拉伯、德国、伊朗和安哥拉,逆差额分别为 55.5 亿美元、53.0 亿美元、43.3 亿美元、32.1 亿美元和 19.2 亿美元;顺差首位美国,金额高达 55.0 亿美元;其次则为日本、荷兰和赞比亚,分别为 30.3 亿美元、20.8 亿美元和 16.9 亿美元,增长 59.6%、35.0% 和 56.3%。

2. 进出口货物构成

出口产品有:黄金、金属及金属制品、钻石、食品、饮料及烟草、机械及交通运输设备等制成品,主要进口机械设备、交通运输设备、化工产品、石油等。

南非出口结构非常单一,主要依赖金属制品和矿产品。宝石及半宝石、贵金属和矿产品 3 个类别的出口占了南非出口的 56.9%。非洲是南非制成品出口的主要市场,对欧洲和远东的制成品出口也在增加。

南非的进口结构长期以来变化不大,80% 以上为工业制成品,主要有机械设备、矿产品、化工产品、运输车辆、贵金属、塑料和橡胶制品、光学及科学设备、纺织品、食品和烟草、纸浆和纸制品、蔬菜和水果、宝石及半宝石、五金制品、石材、水泥及玻璃制品、牲畜类等。

3. 对外贸易特点

(1) 南非较大部分的国内生产总值是通过国际贸易来实现的。

南非资源丰富、制造业发达,农业生产水平也较高,开采出来的矿产品、生产出来的制成品和农产品,除满足国内需要外,相当一部分输往国际市场。同时,南非国内市场所需的产品包括生活消费品和生产所需要的原材料和资本货物,相当一部分需要从国外进口。

(2) 国际贸易在保持国际收支平衡方面起着重大作用。

南非具有现代化的金融市场,资本流入非常方便,但在受到不利因素影响时,资金流出也很方便。因此,出口收入增加、经常性项目稳定,对保持南非的国际收支平衡有重要的作用。

(3) 通过国际贸易同世界各国互通有无,可以弥补南非产业结构中轻工、纺织业不发达的缺陷,有利于繁荣市场和满足人民生活的需要。

新南非建立后,随着贸易禁运和制裁的解除以及国际环境的变化,南非的对外贸易继续发展,为其今后经济的进一步发展奠定了较好的基础。

4. 中南经贸关系

与中国建交日:1998 年 1 月 1 日。

南非是我国在非洲最大的贸易伙伴,中南贸易额约占中非贸易额的 27%,据南非国税局统计,2008 年中南双边贸易额为 144.6 亿美元,增长 15.2%,高出南非货物贸易平均增幅 0.9 个百分点。其中,南非对中国出口 44.6 亿美元,增长 12.2%;自中国进口 100.1 亿美元,增长 16.6%;南方逆差 55.5 亿美元,增长 20.3%,中国为南第三大贸易伙伴、第五大出口目的地和第二大进口来源地。我国对南非出口的产品主要有:机电产品、鞋类、服装及衣着附件、纺织品及轻工产品、陶瓷玻璃产品、塑料及橡胶产品、旅行用品及箱包等;从南非主要进口铁矿砂、钻石、原油、铜材、初级形状的塑料、未锻造的铝及铝材、煤、纸浆和纸及纸板等产品。

南非之旅

南非拥有极为丰富的自然和人文旅游资源,是世界最负盛名的旅游度假胜地之一。南非旅游资源包括:众多世界一流的国家公园和自然保护区、种类繁多的野生动物和各种奇花异草、阳光明媚的海滩和海滨浴场、巍峨的山脉和幽静的山谷、神秘的土著丛林、广袤的高山平原、壮观的瀑布、星罗棋布的矿泉和温泉、多姿多彩的民族和部族文化、繁荣丰富的夜生活场所、各种异国情调的烹饪等等,不胜枚举。

2008 年,到南非旅游的海外游客达到 959 万人次,比 2007 增长了 5.5%;海外游客在南非的消费增长了 23.5％,旅游业的收入自 2003 年以来首次突破了 534 亿美元。

南非政府、议会和最高上诉法院分处 3 个城市,故有 3 个首都。

1. 主要城市及其景区景点

(1)比勒陀利亚(Pretoria):南非的行政首都,政治、经济和文化中心,有"花园城"之称。市中心有教堂、广场、国家纪念馆、议会大厦、政府机关、联邦大厦、法院、国立历史博物馆、露天博物馆、银行等。

◆ **联合大厦** 由著名设计师贝克所设计,1913 年竣工,位于山顶,气势雄伟,山坡上的花圃和草坪非常美丽。1994 年和 1999 年,曼德拉和穆白吉先后在联合大厦前宣誓就职总统。

◆ **先民纪念堂** 比勒陀利亚南郊山丘上的巨大建筑物,用了 11 年时间修建(1938—1949 年),建筑呈四方形,基座四边和建筑高度都是 40 米。建筑物顶部的阳光孔道是经过特别设计的,每年 12 月 16 日,阳光正好直射到底层的石碑。游客可通过 260 多级台阶登上建筑物顶部,饱览比勒陀利亚景色。

(2)开普敦(Cape Town):南非的立法首都,全国第二大城市,位于好望角北端的狭长地带,濒大西洋特布尔湾。城市背山面海,市内有许多殖民地时代的古老建筑。开普敦是南非金融和工商业中心。

◆ **桌山** 开普敦的象征,因其在岩石组成的山顶上,像被刀砍了一样平坦,因此被称为桌山。在山上有狒狒、鹿、开普猫鼬、山猫等动物,还生长有很多种类的野生植物,整个山被指定为国家公园。

◆ **好望角** 非洲大陆西南端著名的岬角,它由一条细长的岩石组成,长约 4.8 千米。好望角航道是沟通欧亚的唯一海上通道,地理位置和战略地位十分重要。

◆ **奥赫拉比斯瀑布** 世界最大瀑布之一,位于开普敦西北部的奥兰治河上。瀑布最大落差高达 146 米,景色极为优美壮观。附近的奥赫拉比斯瀑布国家公园,占地面积达 5403 公顷。

(3)布隆方丹(Bloemfontein):南非的司法首都,为全国的地理中心,四周有山丘环绕,夏热、冬寒,现为重要的交通枢纽。848 年建成的古堡是市内最古老建筑;附近的富兰克林野生动物保护地,是南非的旅游胜地之一。

(4)约翰内斯堡(Johannesburg):南非第一大城市和仅次于开罗的非洲第二大城市,素有"黄金城"之称,是南非最重要的工矿业中心,附近方圆 240 千米一带有 60 多处金矿,金融、商业发达,南非证券交易所、各大公司和银行总部多设于此,是南部非洲金融中心。其中,以杉腾地区发展最快,已成为新的金融和商业区。约翰内斯堡是南非铁路和公路枢纽,30 余国在此设有总领馆、领馆或名誉领事。

南非最大的黑人城镇索韦托位于约翰内斯堡西南约 20 千米处,人口 100 多万,初为黑人矿工的合法聚居地,后形成黑人城市,20 世纪 50 年代后逐渐成为南非黑人反对种族隔离斗争的基地。新南非诞生后,非国大政府将索韦托树为黑人翻身做主的样板,大力改善黑人生活,加强基础设施建设等,成效明显。海克特·皮特森(Hector Peterson)纪念碑为索韦托的象征和著名旅游景点。

◆ **约翰内斯堡动物园** 拥有 3 000 种以上的哺乳动物、鸟类和爬虫类,狮子、大象、长颈鹿,大型猿类的围场四周只有壕沟划分,完全没有铁栏杆,因此大受游客欢迎。另外,新设计的北极熊栖息地、人可在里头来回走动的大鸟笼也同样受到游客的青睐。

(5)德班(Durban):南非的造船中心,也是非洲第一大港,世界海港排名第 14,制糖、炼油、汽车装配、机械、化工、纺织、食品等工业也较发达,拥有南非著名大学之一——纳塔尔大学。德班风景优美,是著名的旅游胜地,城市基础设施完备,多次举办大型国际会议。

(6)伊丽莎白港(Port Elizabeth):2000 年 12 月地方政府选举后更名纳尔逊曼德拉市(Nelson Mandela),系南非汽车工业中心,福特、通用、大众等多家国际汽车公司在此设有装配厂,人称"南非的底特律",是南非交通枢纽之一,机场、港口设施良好,风景秀丽,旅游业发达,享誉"友好之城"。

(7)金伯利(Kimberley):钻石之都。金伯利矿业博物馆院内的"大洞"是世界上最大的人工开挖井坑。金伯利是德比尔斯公司总部所在地,市内有多处博物馆、纪念碑以及历史性建筑物,如金伯利俱乐部、赫尔佐格广场纪念碑、罗得西雕像、欧本海默大楼、欧本海默纪念花园、英布战争先烈纪念碑、德比尔斯矿井观望台、岩画艺术馆等。

2. 其他著名景区

◆ **克鲁格国家公园** 创建于 1898 年,内有品种繁多的野生动物,种类和数量在世界上首屈一指,其中羚羊数量超过 14 万只,在非洲名列第一,其他还有野牛 2 万头、斑马 2 万匹、非洲象 7 000 头、非洲狮 1 200 只、犀牛 2 500 头。园内还有数量众多的花豹、长颈鹿、鳄鱼、河马、鸵鸟。克鲁格国家公园是南非旅游的精华之一。

◆ **太阳城** 南非的著名旅游胜地,有"世外桃源"的美誉。太阳城并非城市,而是一个青山绿水的超豪华度假村。太阳城中的重要景点是失落的城市(Lost City)。为了重现波之谷丛林,在太阳城里建造出规模庞大的人工雨林和沼泽区,可称是世界最大的人造雨林公园。

◆ **布莱德河峡谷自然保护区** 布莱德河(Blyde River)意为"欢乐的河流"。在这里可以观赏到布莱德河与 1 000 米高的大峡谷交织在一起的壮观景色,沿途还可见各种大小不同、景色各异的瀑布。

 亲身体验

礼节礼仪:

● 南非各族人现在正式社交场合一般都行握手礼,有的部族的黑人对受尊敬的人习惯用左手握住自己右手手腕,然后用右手与对方握手。当地有些黑人在与尊贵的客人相见或分别时,还常送上一支孔雀毛,所以有的客人的帽子上插满了羽毛。

- 南非黑人遇到高兴的事时常拍拍手掌,有时还情不自禁地跳起舞蹈。
- 布须曼人手势语极为丰富,并加上身体各部位的动作予以配合,可以传递各种信息。

饮食习惯:

- 当地白人的餐饮习惯仍保持欧洲传统,以吃西餐为主。
- 黑人部族主要食用面食,奶和肉食,有的部族喜欢用玉米或高粱煮稀饭,用牛奶提炼奶油做奶渣,还喜欢饮用一种用高粱酿制出的风味啤酒。

喜好:

- 南非著名的饮料是如宝茶。在南非黑人家做客,主人一般送上刚挤出的牛奶或羊奶,有时是自制的啤酒。客人一定要多喝,最好一饮而尽。

主要节日			
新 年	1月1日	共和国日	5月31日
人 权 日	3月21日	青 年 节	6月16日
耶稣受难日	复活节前的星期五	妇 女 节	8月9日
复 活 节	4月5—8日	开拓者日	9月5日
天 伦 节	复活节后的星期一	传承纪念日	9月24日
家 庭 日	4月17日	和 解 日	12月16日
宪政纪念日(自由日)	4月27日	圣 诞 节	12月25日
劳 动 节	5月1日	节 礼 日	12月26日
耶稣升天节	5月4日		

友情链接

新闻出版:定期出版的报刊数量有700多种,居非洲之首。发行量在40万份以上的主要报纸有:《星期日时报》(英文,全国性报纸)、《报道报》(阿非利卡文,全国性报纸)、《城市报》(英文)、《索韦托人报》(英文)、《星报》(英文)和《公民报》(英文)等。南非新闻联合社是全国性新闻机构。南非广播公司下辖广播电台和电视台。

商务礼仪:到南非从事商务活动的最佳月份是2—5月,9—11月,当地工商界人士在其他时间多休假。在商务活动中会晤,习惯事先联系,遵守约会时间,同时信守合同,交易方式力求正式,喜欢对方有话直说,不喜欢转弯抹角地拖时间。

特别介绍："南非之星"重 47.55 克拉，无色，梨形，原产于南非，是 1 颗极优质的净水钻，原钻石重 83.5 克拉。"南非之星"于 1974 年在日内瓦拍卖。

★**特别提示**：在南非，羊为宠物，对双角卷曲的羚羊尤为喜爱。约翰内斯堡有世界最大的黄金加工厂和唯一的室外金矿博物馆，因而获得"黄金城"之美誉。图盖拉瀑布是世界落差最大的瀑布之一。好望角是非洲大陆西南端大西洋和印度洋相汇处。

参 考 文 献

1. 杨万钟主编.经济地理学导论.上海:华东师范大学出版社,1999

2. 世界银行.2003 年世界发展报告.北京:中国财政金融出版社,2003

3. 陈才著.区域经济地理学.北京:科学出版社,2001

4. 宝胜,舒慧芳主编.客源国(地区)概况.北京:机械工业出版社,2004

5. 竺仙如主编.国际贸易地理.北京:中国对外经济贸易出版社,2003

6. 于志达主编,何云魁副主编.国际贸易概论.天津:南开大学出版社,2002

7. 俞坤一主编,于承锦副主编.国际经济贸易地理.北京:中国对外经济贸易出版社,2003

8. 谈世中,孙丽丽主编.世界经济年鉴 2003/2004 卷.北京:世界经济出版社,2004

9. 王成家主编.世界知识年鉴 2003/2004 卷.北京:世界知识出版社,2003

10. 王铮,杨妍.理论经济地理学.北京:科学出版社,2002

11. 张学政.世界贸易地理概论.武汉:华中科大出版社,2001

12. 孙玉琴.世界旅游经济地理.广州:华南理工大学,2003

13. 俞坤一,马翠媛.新编世界经济贸易地理.北京:首都经贸大学出版社,2003

14. 于志达.国际贸易地理概论.天津:南开大学出版社,2004

15. 周富强.美国经济概况.广州:中山大学出版社,2002

16. 王世浚主编.国际经济合作理论与实务.北京:中国对外经济贸易出版社,1997

17. 张迪详编著.国际经贸地理概论.北京:经济科学出版社,1997

18. 余永定,李向阳主编.经济全球化与世界经济发展趋势.北京:社会科学文献出版社,2002

19. 丁萍萍,程玉申主编.经济地理学.北京:中国物资出版社,2002

20. 新版各国概况.北京:世界知识出版社,2002

21. 吴昌华文.地球漫步——澳大利亚.北京:中国旅游出版社,2002

22. 金良浚主编.世界之旅.北京:旅游教育出版社,2003

23. 范跃进主编.世界经济年度报告.北京:中国财政经济出版社,2003

图书在版编目(CIP)数据

世界经济地理(修订版) / 郑胜华.潘海颖编著. —杭州:浙江大学出版社,2005.4(2025.7重印)

ISBN 978-7-308-04144-7

Ⅰ.①世… Ⅱ.①郑… ②潘… Ⅲ. 经济地理－世界－高等学校－教学参考资料 Ⅳ.F119.9

中国版本图书馆 CIP 数据核字(2007)第 015219 号

世界经济地理(修订版)

郑胜华　　潘海颖　编著

责任编辑	傅百荣
出版发行	浙江大学出版社
	(杭州市天目山路 148 号　邮政编码 310007)
	(网址:http://www.zjupress.com)
排　　版	杭州大漠照排印刷有限公司
印　　刷	浙江新华数码印务有限公司
开　　本	787mm×1092mm　1/16
印　　张	19.25
字　　数	438 千
版 印 次	2009 年 12 月第 2 版　2025 年 7 月第 16 次印刷
书　　号	ISBN 978-7-308-04144-7
定　　价	48.00 元